Der Eigentumsvorbehalt
im deutsch-italienischen
Rechtsverkehr

Europäische Hochschulschriften

Publications Universitaires Européennes

European University Studies

Reihe II

Rechtswissenschaft

Série II Series II

Droit

Law

Bd./Vol. 3127

PETER LANG

Frankfurt am Main · Berlin · Bern · Bruxelles · New York · Oxford · Wien

Klaus Neumann

Der Eigentumsvorbehalt im deutsch-italienischen Rechtsverkehr

PETER LANG
Europäischer Verlag der Wissenschaften

Die Deutsche Bibliothek - CIP-Einheitsaufnahme

Neumann, Klaus:

Der Eigentumsvorbehalt im deutsch-italienischen Rechtsverkehr / Klaus Neumann. - Frankfurt am Main ; Berlin ; Bern ; Bruxelles ; New York ; Oxford ; Wien : Lang, 2001
(Europäische Hochschulschriften : Reihe 2, Rechtswissenschaft ; Bd. 3127)
Zugl.: Saarland, Univ., Diss., 2000)
ISBN 3-631-37572-7

D 291
ISSN 0531-7312
ISBN 3-631-37572-7

www.peterlang.de

Meiner Familie

Vorwort

Die vorliegende Arbeit wurde im April 2000 von der Universität des Saarlandes als Dissertation angenommen. Ich darf an dieser Stelle Herrn Prof. Dr. Filippo Ranieri für seine Anregungen, seinen Rat und seine Unterstützung nochmals Dank sagen.

Zur Erstellung dieser Arbeit diente mir die Bibliothek der Ludwig-Maximilian Universität in München, die Bayerische Staatsbibliothek, die Universitätsbibliothek in Köln und der reichhaltige Bestand des Max-Planck-Instituts für Rechtsvergleich und internationales Privatrecht in Hamburg.

Die Darstellung bietet einen vollständigen Überblick über den Eigentumsvorbehalt mit all seinen Auswirkungen im Zivil- und Insolvenzrecht in Deutschland und Italien. Dabei werden stets die beteiligten Interessen der Vertragsparteien vorangestellt und anschließend die jeweilige nationale Lösung erörtert, so daß der Leser einen schnellen Vergleich der unterschiedlichen Rechtslagen erhält. Außerdem werden neben den aktuellsten Änderungen und Entwicklungen des internationalen Privatrechts in beiden Ländern auch die internationalen Vereinheitlichungsbestrebungen ausführlich dargestellt.

Inhaltsverzeichnis

Abkürzungsverzeichnis

a.A.	andere Ansicht
ABl.	Amtsblatt der Europäischen Gemeinschaften
Abs.	Absatz
AcP	Archiv für die civilistische Praxis
AG	Amtsgericht
AGB	Allgemeine Geschäftsbedingungen
AGBG	Gesetz zur Regelung der allgemeinen Geschäftsbedingungen
AktG	Aktiengesetz
Am. Bankr. L. J.	The American Bankrupty Law Journal
Anh.	Anhang
Anm.	Anmerkung
App.	Corte d'Appello
Art., Artt.	Artikel (Singular/Plural)
AS	Amtliche Sammlung des Bundesrechts (Schweiz)
BB	Der Betriebs-Berater
Bd.	Band
begr.	begründet
BGB	Bürgerliches Gesetzbuch
BGBl.	Bundesgesetzblatt
BGH	Bundesgerichtshof
BGHZ	Entscheidungen des Bundesgerichtshofs in Zivilsachen
BT-Drs.	Bundestagsdrucksache
bzw.	beziehungsweise
Cass.	Corte di Cassazione
c. c.	codice civile
c. d.	cosi detto
CISG	Wiener UN-Übereinkommen über Verträge über
den	internationalen Warenkauf
c. p. c.	codice di procedura civile
DB	Der Betrieb
ders.	derselbe
dies.	dieselbe
Dir. fall.	Il diritto fallimentare e delle società commerciale
dir. int.	diritto internazionale
dir. int. priv.	diritto internazionale privato
Diss.	Dissertation
DJT	Deutscher Juristen Tag
Doc.	document
EGBGB	Einführungsgesetz zum Bürgerlichen Gesetzbuch
EG	Europäische Gemeinschaft
EGInsO	Einführungsgesetz zur Insolvenzordnung,

EGV	Vertrag zur Gründung der Europäischen Gemeinschaft
Enc. giur.	Enciclopedia giuridica
EuGH	Gerichtshof der europäischen Gemeinschaft
EuGVÜ	Brüsseler EWG-Übereinkommen über die gerichtliche Zuständigkeit und die Volltstreckung gerichtlicher Entscheidungen in Zivil- und Handelssachen
EuIÜ	Europäisches Übereinkommen über Insolvenzverfahren
EuZW	Europäische Zeitschrift für Wirtschaftsrecht
EWG	Europäische Wirtschaftsgemeinschaft
EV	Eigentumsvorbehalt
EVÜ	Römisches EWG-Übereinkommen über das auf vertragliche Schuldverhältnisse anzuwendende Recht
f., ff.	folgende, fortfolgende
Fall.	Il Fallimento
FK- InsO	Frankfurter Kommentar zur Insolvenzordnung
FN	Fußnote
Foro it.	Il Foro italiano
Foro pad.	Il Foro padano
FS	Festschrift
gem.	gemäß
Giur. comm.	Giurisprudenza commerciale, società e fallimento
Giur. compl. cass. civ.	Giurisprudenza completta della corte Suprema di cassazione
Giur. it.	Giurisprudenza italiana
Giust. civ.	Giustizia civile
Giust. civ. mass.	Giustizia civile massimario annotato della cassazione
G. U.	Gazzetta Ufficiale
HabilSchr.	Habilitationsschrift
HHR	Höchstrichterliche Rechtsprechung
HK-InsO	Heidelberger Kommentar zur Insolvenzordnung
Hrsg., hrsg	Herausgeber, herausgegeben
IHK	Industrie- und Handelskammer
IIR	Internationale Insolvenzrecht
InsO	Insolvenzordnung
Int. Comp. L. Q.	The International and comparative Law Quarterly
IntSachR	Internationales Sachenrecht
IPR	Internationales Privatrecht
IPRax	Praxis des internationalen Privat- und Verfahrensrechts
IPRG	Riforma del sistema italiano di diritto internazionale privato
JbItalR	Jahrbuch für italienisches Recht

JR	Juristische Rundschau
JuS	Juristische Schulung
JW	Juristische Wochenschrift
JZ	Juristenzeitung
KO	Konkursordnung
KTS	Konkurs-, Treuhand- und Schiedsgerichtswesen
LG	Landgericht
Lit.	Lire italiane
M.	Main
MDR	Monatsschrift für Deutsches Recht
Mio.	Million
Monit. trib.	Monitore dei tribunali, giornali di legislazione e giurisprudenza
m. w. N.	mit weiteren Nachweisen
n.	nummero
NJW	Neue Juristische Wochenschrift
No.	number
Nov. Digesto	Novissimo Digesto Italiano
Nr.	Nummer
Nuova giur. civ. comm.	La nuova giurisprudenza civile commentata
o.	ohne
OLG	Oberlandesgericht
para	Paragraph
P. R. A.	Publico Registro Automobilistico
Pret.	Pretura
RabelsZ	Rabels Zeitschrift für ausländisches und internationales Privatrecht
RefE	Referentenentwurf
RGRK	Das Bürgerliche Gesetzbuch mit besonderer Berücksichtigung der Rechtsprechung des Reichsgerichts und des Bundesgerichtshofs
Rep. foro it.	Repertorio del foro italiano
RG	Reichsgericht
RGBl.	Reichsgesetzblatt
RGZ	Entscheidungen des Reichsgerichts in Zivilsachen
Riv. dir. proc.	Rivista di diritto processuale
Riv. dir. int.	Rivista di diritto internazionale
Riv. dir. int. priv. proc.	Rivista di diritto internazionale privato e processuale
Riv. pen.	Rivista penale
Riv. trim. dir. proc. civ.	Rivista trimestrale di diritto e procedura civile
RIW	Aussenwirtschaftsdienst des Betriebs-Beraters/ Recht der internationalen Wirtschaft
Rz.	Randziffer
S.	Seite(n), Spalte(n)

SJZ	Süddeutsche Juristen-Zeitung
Sp.	Spalte
SR	Systematische Rechtssammlung (Bundesrecht)
Sup.	Superiore
SZ	Zeitschrift der Savigny-Stiftung für Rechtsgeschichte, romanistische Abteilung
Trib.	Tribunale
u.	und
u. a.	und andere
UCC	Unifom Commercial Code
UNCITRAL	United Nations Commission on International Trade Law
UNIDROIT	International Institut for the Unification of privat law
Urt.	Urteil
US$	Dollar of the United States of America
U.S.A.	United States of America
VerbrKrG	Verbraucherkreditgesetz
vgl.	vergleiche
v.	von, vom
WM	Wertpapiermitteilungen
ZEuP	Zeitschrift für Europäisches Privatrecht
ZHR	Zeitschrift für das gesamte Handelsrecht und Wirtschaftsrecht
zit.	zitiert
ZfBR	Zeitschrift für Baurecht
ZfRV	Zeitschrift für Rechtsvergleichung, Internationales Privatrecht und Europarecht
ZfVglRWiss.	Zeitschrift für vergleichende Rechtswissenschaften
ZIP	Zeitschrift für Wirtschaftsrecht und Insolvenzpraxis
ZPO	Zivilprozeßordnung
ZR	Zivilrecht
ZZP	Zeitschrift für Zivilprozeß

A. Der Eigentumsvorbehalt im deutschen und italienischen Zivilrecht

I. Einleitung

Bei einem Kauf zahlt der Käufer den vereinbarten Kaufpreis und erhält hierfür den Kaufgegenstand übereignet. Meist hat ein Käufer nicht die ausreichenden finanziellen Mittel, um den Kaufpreis sofort zu bezahlen, benötigt aber die Sache sofort zur wirtschaftlichen Nutzung. Daraus ergibt sich für den Verkäufer eine widersprüchliche Interessenlage. Das Unvermögen sofortiger Kaufpreiszahlung veranlaßt ihn, vor vollständiger Kaufpreiszahlung seine Ware nicht übereignen zu wollen. Gleichzetig gefährdet er die Möglichkeit konkreter Vertragsabschlüsse bei Bestehen auf „cash on delivery“[1]. Deshalb entwickelten sich die unterschiedlichsten Instrumentarien, mit denen der Verkäufer seinen Zahlungsanspruch sichern kann. Das einfachste Kreditsicherungsmittel von diesen ist der Eigentumsvorbehalt (EV). Indem der Eigentumsvorbehalt (EV) die beidseitigen Interessen gleichermaßen berücksichtigt, ist er aus der heutigen Wirtschaftspraxis nicht mehr hinwegzudenken. Das zeigt die Gesetzgebung wie die Fülle von Literatur und Rechtsprechung, die zu diesem Thema ergangen sind. Der EV stellt mithin das Hauptsicherungsmittel des Verkäufers dar, falls keine sofortige Zahlung des Kaufpreises erfolgt.

Die Interessenlage der Beteiligten ist in Deutschland und Italien grundsätzlich identisch und spielt bei Entstehung, Behandlung und Regelung des EV in beiden Ländern eine tragende Rolle. Der Verkäufer ist primär an der Drittwirksamkeit seiner vorbehaltenen Eigentümerstellung interessiert, aufgrund derer er die Sache nicht nur vom Käufer, sondern auch von dessen Gläubigern herausverlangen kann. Für den Käufer steht hauptsächlich die sofortige Nutzung der Sache sowie die Sicherung dieser Nutzungsmöglichkeit im Vordergrund. Der EV, entstanden aus den gleichen Motiven[2], hat sich entsprechend den unterschiedlichen Rechtssystemen des deutschen und italienischen Zivilrechts auch verschiedenartig entwickelt. Dabei wird in Deutschland auf jede Form der Publizität der Eigentümerstellung verzichtet. Dieser Verzicht stellt eine Abkehr von der sonst bei Übereignungen aus Publizitätsgründen verlangten traditio dar[3].

Genau umgekehrt verhält es sich indessen in Italien. Das italienische Recht verzichtet auf die Publizität der Übergabe bei Eigentumsübergang, verlangt aber für den EV besondere Publizität. Diese Forderung nach Publizität mag ihre Ursache im Systembruch mit dem Konsensualprinzip haben[4]. Demgegenüber entwickelte sich in Deutschland eine „Publizität des Faktischen“, indem angenommen wird, jeder, der Kredit für sich in Anspruch nimmt, brauche nicht Eigentümer aller der sich in

---

1 Monti/Nejman/Reuter, Int. Comp. L. Q., 46 (1997), 866.

2 Dazu unten A II.

3 Stadler, Gestaltungsfreiheit, S. 121 weist zu Recht darauf hin, die Publizität des Besitzes sei für die heutige Verkehrswirtschaft äußerst fraglich geworden.

4 Roth, ZfVglRWiss 92 (1993), 371 (389), zum Konsensualprinzip ausführlich unten A II und III.

seinem Besitz befindlichen Gegenstände zu sein[5]. Das gilt insbesondere im kaufmännischen Verkehr, in dem strengste Erkundigungspflichten an einen Erwerber gestellt werden, sobald in der betreffenden Branche üblicherweise unter EV verkauft wird[6]. Zum Teil wird auch vertreten, es entspreche insgesamt der allgemeinen Lebenserfahrung, die unbedingte Übereignung einer Sache vor vollständiger Kaufpreiszahlung nicht erwarten zu können[7]. Daher kann der deutsche EV letztendlich nur einem ausländischen Beobachter noch als „heimliche“[8] Sicherheit erscheinen. Insbesondere dann, wenn die andere Rechtsordnung spezielle, den EV betreffende Publizitätsmittel vorsieht, um ihn Dritten gegenüber wirken zu lassen. Dennoch ist der EV im deutschen Rechtsverkehr omnipräsent. Das zeigt auch die Anzahl der Insolvenzverfahren, die mangels Masse nicht eröffnet wurden[9], stellt der EV doch eine Hauptursache für die fehlende Insolvenzmasse dar[10].

Außerdem treten aufgrund der unterschiedlichen Regelungen des EV im grenzüberschreitenden Rechtsverkehr schwerwiegende Probleme auf. Zwar ist der EV bei Veräußerungen an private Endverbraucher genauso verbreitet wie bei Handelsgeschäften. Im besonderen Maße sind im grenzüberschreitenden Verkehr Lieferanten von Maschinen und Anlagen an Sicherungsrechten interessiert, die im jeweils betroffenem Land Anerkennung finden. Denn bei Ihnen ist das Geschäftsvolumen so hoch, daß sich Mühen und Kosten lohnen, ein vereinbartes Sicherungsrecht in einem anderen Land tatsächlich geltend zu machen und gegebenenfalls gerichtlich zu verfolgen[11]. Wird doch häufig in der Handelspraxis die Tatsache übersehen, daß die „gefallenen“ Grenzen in Europa nicht eine gleichzeitige zivilrechtliche Rechtsangleichung in den EG-Staaten bisher mit sich gebracht haben[12]. Sichert der Lieferant seine Forderung bei grenzüberschreitenden Großaufträgen zumeist mit Hilfe von Banksicherheiten und Akkreditiven, hat gleichwohl die Bedeutung der Sicherung in Form eines EV kontinuierlich zugenommen. Der zusammenwachsende Wirtschaftsraum der EU, verbunden durch eine gemeinsame Währung, wird zukünftig zu einer weiteren Erhöhung des grenzüberschreitenden Warenverkehrs[13] wie auch zu einem damit einhergehendem steigenden Kredit- und Sicherungsinteresse führen[14]. Dabei lassen sich die Fragen des grenzüberschreitenden Rechtsverkehrs beim EV nicht auf Anerkennungs- und Rechtsvereinheitlichungsprobleme im internationalen Privatrecht reduzieren. Vielmehr spielt die Behandlung

5 BGHZ 77, 274 (278); Mormann, WM 1966, 2 (9); Hübner, ZIP 1980, 825 (830).

6 RGZ 143, 14 (18); 147, 321 (331); BGHZ 10, 14 (17); 77, 274 (278); BGH NJW 1989, 895 (897); vgl. dazu unten A VII 2 a (S. 98).

7 Dazu ausführlich unten A IV 3 a (S. 35 f.).

8 Sulpasso, Riv. dir. civ., 1995, I, 567 (575).

9 Zwischen 1985 und 1990 betraf das mehr als 75% der Verfahren, BT-Drs. 12/2443 v. 15. 4. 1992, S. 72.

10 Nerlich/Römermann- Balthasar, InsO, § 107, Rz. 1, vgl. auch B II 4 a, aa, bb.

11 Drobnig, International Payments, S. 212.

12 v. Bernstorff, RIW 1993, 365.

13 Drobnig, International Payments, S. 213 erwartete schon 1977 eine deutliche Zunahme in den nächsten 10 bis 20 Jahren.

14 Kreuzer, Stellungnahme, S. 94.

des EV in der internationalen Insolvenz eine entscheidende Rolle, machen doch die Auswirkungen der Insolvenz nicht an der Landesgrenze halt. Mit dem Anstieg des grenzüberschreitenden Warenverkehrs wird infolgedessen der EV im internationalen Insolvenzrecht zunehmend an Bedeutung gewinnen.

II. Historische Entwicklung

Das Bedürfnis des Verkäufers, sich bis zur vollständigen Kaufpreiszahlung gegen eine Zahlungsunfähigkeit seines Käufers sichern zu wollen, ist nich eine Erscheinung der Neuzeit, sondern entspricht einer schon in der Antike behandelten Interessenlage[1].

1. Italien

Im Zuge der Rezeption des römischen Rechts im 12. und 13. Jahrhundert tauchte der pactum reservati dominii als Vorläufer des EV in Italien vereinzelt in der Notariatspraxis bei Grundstücksgeschäften auf[2]. Im 14. und 15. Jahrhundert wurde diese Rechtsfigur dann auch vermehrt in der Literatur beachtet[3]. Seine ständig wachsende Verbreitung bei Immobilienverkäufen kann auf zwei Ursachen zurückgeführt werden: Beim Handel mit Grundstücken erwies sich zum einen das römische System der Kaufpreissicherung durch Hypotheken als unzureichend. Mit der Ausdehnung von Geschäftsbeziehungen auch zwischen privaten Personen traten die Mängel immer deutlicher zu Tage, die auf das Fehlen von Publizitätsmitteln zurückzuführen waren. Das führte im Laufe des 17. Jahrhunderts zu einem stark entwickelten Mißtrauen gegenüber Grundstückskrediten[4]. Um dem entgegenzuwirken, eilte die Praxis dem Gesetzgeber voraus und entwickelte den pactum reservati dominii als gängiges Sicherungsmittel, der dann im ausgehenden 17. Jahrhundert auch in mehreren Stadtstatuten seinen Niederschlag fand[5]. Die andere Ursache für die zunehmende Verwendung des pactum reservati dominii ist in der darin enthaltenen stillschweigenden Vereinbarung einer Miete bis zur vollständigen Kaufpreiszahlung zu sehen. Auf diese Weise ist es dem Verkäufer gelungen, unter Zuhilfenahme des pactum reservati dominii neben der Sicherungsfunktion einen legalen Kreditaufschlag auf seinen Kaufpreis zu erzielen, der ihm sonst nicht möglich war[6]. So konnte nicht verhindert werden, daß der Rechtsverkehr eine Figur wie den pactum reservati dominii als gängiges Sicherungsmittel schuf, das sich mit der Systematik des rezipierten Rechts nicht vereinbaren ließ[7]. In den ersten Jahrzehnten des 19. Jahrhunderts wurde dann der code napoleon in den meisten da-

1 Misera, FS für Serick, S. 276, 283; Coing, Europäisches Privatrecht, Bd. I, S. 308 f.

2 Schiemann, SZ 93 (1976), 160 (184, 205).

3 Schiemann, SZ 93 (1976), 160 (191) mit ausführlichem Nachweis in FN 146.

4 Ferrara Santamaria, Vendita, S. 13; Ferrara, Vendita, S. 11.

5 So in Lucca, Avignon, Mantova, Ferrara und Gubbio, vgl. Ferrara Santamaria, Vendita, S. 14.

6 Schiemann, SZ 93 (1976), 160 (193 f.).

7 Schiemann, SZ 93 (1976), 160 (205 f.).

maligen italienischen Territorien rezipiert[8], womit das italienische Zivilrecht sich dem romanischen Rechtskreis anschloß[9]. Diese Hinwendung zum romanischen Recht löste die bis dahin überwiegende Geltung des gemeinen römischen Rechts ab[10]. Damit wurde auch das Hypothekenrecht an die Prinzipien der Spezialität und Publizität angepaßt, wodurch der pactum reservati dominii seine Bedeutung bei Grundstücksgeschäften allmählich verlor[11].

Nach Zusammenbruch des napoleonischen Kaiserreichs folgten im größten Teil der italienischen Territorien die leggi civili von 1819 dem code napoleon. Diese blieben bis zum codice civile von 1865 in Kraft und stellten weitestgehend eine wörtliche Übernahme des französischen Modells dar[12]. Auch der 1865 in Kraft getretene codice civile di Regno d' Italia hat die französische Systematik übernommen[13]. Somit hat sich in Italien das Konsensualprinzip durchgesetzt, das von Art. 1125[14] des codice civile von 1865 auf alle dinglichen Rechte ausgedehnt wurde[15]. In Verträgen, die die Übertragung des Eigentums einer bestimmten Sache zum Gegenstand haben, wird das Eigentum durch die Wirkungen der Einigung (consenso) übertragen. Kaufvertrag und Übereignung fallen zeitlich zusammen und werden nicht getrennt gesehen, weshalb im Gegensatz zum deutschen Recht ein gesonderter dinglicher Vertrag entbehrlich ist.

Die Massenproduktion als Folge der Industrialisierung Mitte des 19. Jahrhunderts führte zu einem erhöhten Warenaustausch von beweglichen Sachen. Die dinglichen Sicherungsrechte, insbesondere das Pfandrecht, zeigten sich dabei als ungeeignet und kontraproduktiv, was zu einem sprunghaften Anstieg der Verwendung des EV führte[16]. Auch wenn kontinuierlich der EV bereits eine bedeutsamere Rolle im Wirtschaftsleben des 19. Jahrhunderts spielte, war dem codice civile von 1865[17] das Institut des EV gleichwohl unbekannt[18]. Das Konsensualprinzip ließ keinen Raum für eine Rechtsfigur wie den EV, wonach der Eigentumserwerb erst mit vollständiger Kaufpreiszahlung erfolgt, hat doch schon die Einigung die sofortige dingliche Wirkung der Eigentumsübertragung[19]. Wegen der zur Rechtslage konträren Wirtschaftsrealität und des Schweigens des Gesetzes wurde in der Literatur lebhaft diskutiert, inwieweit eine Eigentumsvorbehaltsklausel wirksam in einen Kaufvertrag eingefügt werden könne. Die zunächst eingenommene ablehnende

---

8 Coing- Ranieri, Handbuch der Privatrechtsgeschichte, Bd. III 1, S. 212.

9 Enciclopedia- Messineo, Contratto (dir. priv.), S. 789.

10 Coing- Ranieri, Handbuch der Privatrechtsgeschichte, Bd. III 1, S. 194.

11 Ferrara Santamaria, Vendita, S. 15; Ferrara, Vendita, S. 12

12 Coing- Ranieri, Handbuch der Privatrechtsgeschichte, Bd. III 1, S. 239.

13 Coing- Ranieri, Handbuch der Privatrechtsgeschichte, Bd. III 1, S. 306 f.

14 Der dem heutigen Art. 1376 codice civile entspricht.

15 Enciclopedia- Messineo, Contratto (dir. priv.), S. 817 weist darauf hin, daß das Konsensualprinzip im französischen Original nur für den Kaufvertrag vorgesehen war, Art. 1583 code civil.

16 Ferrara, Vendita, S. 13; Gatti, Riv. dir. comm., 1965, I, 1, 467.

17 Codice civile del regno d'Italia, legge v. 2. 4. 1865, n. 2215.

18 Enciclopedia- Lipari, Vendita con riserva, S. 527.

19 Art. 1125 codice civile von 1865.

Haltung lag insbesondere an dem Dogma des Konsensualprinzips, an dem unverrückbar festgehalten wurde und von dem sich die Vertragsparteien in keiner Weise lösen können sollten[20]. Doch setzte sich in der Lehre mehr und mehr die Meinung durch, den Vertragsparteien dürfe nicht die Möglichkeit entzogen sein, kraft ihrer Vertragsfreiheit auch die dinglichen Wirkungen des Konsenses aufzuschieben[21]. Zudem habe der Gesetzgeber in anderen Vorschriften indirekt gezeigt, eine zeitliche Zäsur zwischen Vertragsschluß und Eigentumsübertragung könne durchaus vorkommen[22].

Dieser von der Lehre entwickelte Trennung von Einigung und Eigentumsübertragung kraft Parteivereinbarung ist in zunehmenden Maße die Rechtsprechung gefolgt, bis sie nahezu einstimmig von der Gültigkeit solcher Abreden ausging[23]. Auch der Gesetzgeber erkannte allmählich die Zulässigkeit einer Vereinbarung an, mit der sich der Verkäufer das Eigentum bis zur vollständigen Kaufpreiszahlung vorbehalten konnte, indem solche Abreden Einzug in Nebengesetze fanden. So sah beispielsweise Art. 52 des Gesetzes vom 29. 6. 1902, n. 281 vor, daß „die dem enteigneten Schuldner zustehenden Rechte auf den Erwerber bei einer Versteigerung erst dann übergehen, wenn er den gesamten Preis gezahlt hat". Und Art. 46 der Ausführungsverordnung v. 29. 7. 1927, n. 1814 zum decreto legge v. 15. 3. 1927, n. 436 sieht vor, daß der Verkäufer eines Automobils die Eintragung eines Vorzugsrechts hinsichtlich des Restkaufpreises in das Automobilregister verlangen kann, wenn er mit dem Einverständnis des Käufers sich vorbehalten hat, das Eigentum erst mit der vollständigen Zahlung des Kaufpreises zu übertragen. Aber erst mit dem codice civile (c.c.) von 1942[24] wurde der Diskussion über die Zulässigkeit des EV ein längst fälliges Ende bereitet. In den Artt. 1523-1526 c.c. wird der Eigentumsvorbehalt (riserva di proprietà) nunmehr ausdrücklich kraft Gesetzes anerkannt. Gleiches gilt für die Artt. 72 Abs. 4, 73 Abs. 2 legge fallimentare (LF)[25].

2. Deutschland

In Deutschland trat erst mit der allmählichen Rezeption des justinianischen und spätmittelalterlichen italienischen römischen Rechts[26] der pactum reservati dominii als Sicherungsmittel der Kaufpreisforderung im 17. und 18. Jahrhundert in Erschei-

---

20 So insbesondere Bonelli, Riv. dir. comm., 1904, I, 98 (102); ihm folgend Butera, Rivendicazione, S. 198 f.; Gianturco, Compravendita, S. 179.

21 F. Ferrara, Urteilsanmerkung, Foro it. 1911, I, S. 494 (503); Ferrara, Vendita, S. 48; Degni, Compravendita, S. 153; ders., Riv. dir. comm., 1911, 860 (865); Gorla, Compravendita, S. 318 f.; Frisara, Contratto, S. 5; Ferrara Santamaria, Vendita, S. 59; Montessori, Riv. dir. comm., 1908, II, 577 (578); Ascoli, Riv.dir. comm., 1921, S. 65 (66); ders., Foro it., 1912, I, 214 (215); Finzi, Clausola, S. 9 f.

22 Enciclopedia- Lipari, Vendita con riserva, S. 527; Ferrara, Vendita, S. 44.

23 Ferrara, Vendita, S. 49 f. und Degni, Compravendita, S. 154, FN 83 mit ausführlichstem Nachweis.

24 Codice civile, regio decreto v. 16. 3. 1942, n. 262, G. U. v. 4. 4. 1942, n. 79 u. 79 bis.

25 Legge fallimentare, regio decreto v. 16. 3. 1942 n. 267, G. U. v. 6. 4. 1942, n. 81.

26 Schiemann, SZ 93 (1976), 160 (204).

nung[27]. Insbesondere bei Grundstücksgeschäften fand er in den Partikularrechten Verwendung, in denen sich eine hohe Verstädterung widerspeigelte. Denn die Stadtverwaltungen hatten ein ausgeprägtes Interesse an einer ungehinderten Veräußerbarkeit ihrer Grundstücke, wofür sich das römische Pfandrechtssystem als unzureichend erwiesen hatte[28]. Der pactum reservati dominii bei Mobilien hat sich hingegen erst relativ spät entwickelt. Er gewann seine Bedeutung erst im 19. Jahrhundert mit der Industrialisierung und dem damit einhergehenden Anstieg des Warenaustausches. Die Funktion des pactum reservati dominii ist durch die Pfandrechtsgesetze des 18. und 19. Jahrhunderts dann weitgehend beseitigt worden[29]. Vielfach wurde der pactum reservati dominii aufgrund der in ihm liegenden Durchbrechung des Faustpfandprinzips verboten oder kraft Gesetzes in eine Hypothek umgedeutet[30]. Selbst solch einschneidende Maßnahmen konnten die expansive Verbreitung des vorbehaltenen Eigentums des Verkäufers jedoch nicht aufhalten[31]. Um so erstaunlicher ist es, daß der EV in den Vorbereitungsarbeiten zum BGB erst relativ spät Beachtung fand. So sah noch der erste Entwurf der 1. Kommission zum BGB keine besondere Vorschrift über den EV vor; vielmehr sind allgemeine Bestimmungen zum Bedingungsrecht für ausreichend erachtet worden[32]. Erst in der zweiten Lesung ist dann § 475a (der spätere § 455 BGB) aufgenommen worden. Dabei wurde ein anderslautender Antrag abgelehnt, der sich nur auf einen schuldrechtlichen EV bezog. Aus Gründen des Verkehrsschutzes und der Tatsache, eine bedingte Übereignung stelle einen Widerspruch in sich dar, könne der Gesetzgeber eine bedingte Übereignung an sich verbieten[33]. Die Kommission hielt an einer zulässigen bedingten Übereignung jedoch fest und entschied sich für die Zulassung des EV. Da der Verkäufer häufig trotz fehlender Kaufpreiszahlung die Sache schon übergebe, sei eine besondere Regelung geboten[34]. Die Bedeutung des EV hat die Kommission darin gesehen, den Verkäufer bei einem zahlungsunfähig gewordenen Käufer vor dem Verlust der Sache zu schützen[35]. Auch im Zusammenhang mit den wirtschaftlich bedeutsam gewordenen Abzahlungsgeschäften[36] sollte die neue Regelung Anwendung finden, wobei man Umgehungen vermeiden wollte, die sich zu Lasten des wirtschaftlich Schwächeren ausgewirkt hätten[37]. Aus all diesen Gründen hat man eine aufschiebend bedingte Eigentumsübertragung als inter-

27 Schiemann, SZ 93 (1976), 160 (161 f.).

28 Schiemann, SZ 93 (1976), 160 (204).

29 Thiemann, Entwicklung, S. 48 f.

30 Schiemann, SZ 93 (1976), 160 (163).

31 Thiemann, Entwicklung, S. 56 f.; Hübner, NJW 1980, 729 (730).

32 Mugdan, Bd. II, S. 780 f.

33 Protokolle der Kommission für die zweite Lesung des Entwurfs des BGB, Bd. II, Belin, 1898, S. 80.

34 Protokolle der Kommission für die zweite Lesung des Entwurfs des BGB, Bd. II, Berlin, 1898, S. 81.

35 Protokolle der Kommission für die zweite Lesung des Entwurfs des BGB, Bd. II, Berlin, 1898, S. 81.

36 Das Gesetz betreffend der Abzahlungsgeschäfte vom 16. 5. 1894, RGBl. S. 450 f. hatte in § 5 S. 1 den EV ebenfalls ausdrücklich vorgesehen.

37 Protokolle der Kommission für die zweite Lesung des Entwurfs des BGB, Bd. II, Berlin, 1898, S. 81. Der Hinweis der Kommission auf den Mietkauf läßt sich aus § 6 des Gesetzes betreffend der Abzahlungsgeschäfte erklären, der eine entsprechende Anwendung vorschreibt,

essensgerecht angesehen[38], auch wenn auf sachenrechtlicher Ebene die Durchbrechung des Publizitätsprinzips in Folge einer bedingten Übereignung in Kauf genommen werden mußte. Letztendlich haben aber wirtschaftliche Aspekte über das Publizitätsprinzip gesiegt und den EV in das BGB einziehen lassen[39].

Es zeigt sich somit, daß Handel und Industrie sich in beiden Rechtsordnungen über die ursprünglich unterschiedlich bestehenden, systematischen Schwierigkeiten des Rechts hinwegsetzten und schließlich den Gesetzgeber dazu veranlaßt haben, den EV in das kodifizierte Recht aufzunehmen.

III. Die Rechtsnatur des Eigentumsvorbehalts

1. Deutschland

Unter dem Einfluß der Pandektistik und der älteren gemeinrechtlichen Theorien hat sich in Deutschland das Trennungsprinzip endgültig erst im 19. Jahrhundert durchgesetzt[40]. Das Trennungsprinzip ist im deutschen Recht zwingend, auch wenn es häufig den Vorstellungen der Teilnehmer am Rechtsverkehr nicht entspricht[41]. Dieses Prinzip führt zu einer Trennung von schuldrechtlichem Grundgeschäft und dingichem Erfüllungsgeschäft und wird durch das Abstraktionsprinzip ergänzt[42]. Danach hat der Bestand der schuldrechtlichen Verpflichtung keine Auswirkung auf die Wirksamkeit des dinglichen Verfügungsgeschäfts[43]. So verpflichtet sich bei einem Kaufvertrag der Verkäufer dazu, die Sache an den Käufer bedingungslos zu übereignen. Die Erfüllung des schuldrechtlichen Verpflichtungsgeschäfts erfolgt durch die Übereignung. Die Rechtswirksamkeit der nachfolgenden Übereignung wird durch den Bestand des Kaufvertrages nicht berührt, sondern ist als abstraktes Rechtsgeschäft im Sachenrecht normiert. Diese Trennung zwischen Schuld- und Sachenrecht kennzeichnet das deutsche Zivilrecht[44]. Das Abstraktionsprinzip wird bei einem Kauf unter EV durchbrochen[45]. Schuldrechtliche und dingliche Wirkungen sind, ausgehend vom gesetzlichen Leitbild der Auslegungsregel des § 455 BGB, eng miteinander verknüpft. Auf schuldrechtlicher Ebene ist der Kaufvertrag als Grundgeschäft unbedingt geschlossen worden. Auf sachenrechtlicher Ebene nimmt

---

38 Protokolle der Kommission für die zweite Lesung des Entwurfs des BGB, Bd. II, Berlin, 1898, S. 81.

39 Hübner, NJW 1980, 729 (731).

40 v. Caemmerer, RabelsZ 12 (1938/39), 675 (677).

41 Jayme, FS für Mühl, S. 341, zur Kritik hieran vgl. die umfassenden Nachweise bei Larenz, Schuldrecht BT II 1, § 39 II, S. 18, FN 18.

42 Jauernig, JuS 1994, 721 (726).

43 Baur/Stürner, Sachenrecht, § 5 IV 1, Rz 41.

44 Serick, Neue Rechtsentwicklungen, § 2 I 3, S. 58.

45 Roth, ZfVglRWiss 92 (1993), 371 (389, FN 97).

der Verkäufer aber die Eigentumsübertragung unter der aufschiebenden Bedingung vor, daß der Kaufpreis vollständig gezahlt wird. Bis zum Eintritt dieser Bedingung verbleibt das Eigentum vollständig beim Verkäufer. Die sonst von dem Kaufvertrag getrennte Übereignung wird durch diesen Vorbehalt von der Existenz und der Erfüllung des Kaufvertrages unmittelbar verbunden[1]. Die aufschiebende Bedingung zeigt die Abhängigkeit der Verfügung des Verkäufers von dem Kaufvertrag. Bei Eintritt der Bedingung kommt es ohne weitere Handlungen sofort zum Eigentumsübergang nach § 158 Abs. 1 BGB. Der Verkäufer kann diese Wirkung bei einem sich vertragsgemäß verhaltenden Käufer nicht verhindern[2]. Umgekehrt kann es nie zum Bedingungseintritt durch Kaufpreiszahlung und damit zur Eigentumsübertragung kommen, wenn der Kaufvertrag seine Wirksamkeit verliert. Da § 455 BGB nur eine dahingehende Auslegungsregel enthält, können die Parteien auch die beschriebenen Rechtsfolgen abändern, etwa indem sie statt einer aufschiebenden eine auflösende Bedingung vereinbaren.

2. Italien

Das geltende italienische Zivilrecht gehört aufgrund des maßgeblichen Einflusses des code napoleon dem romanischen Rechtskreis an[3]. Damit hat sich auch das aus dem Naturrecht stammende und vom code napoleon erstmals kodifizierte Konsensualprinzip endgültig durchgesetzt und wurde in Art. 1376 c.c. normiert[4]. Kaufvertrag und Übereignung fallen zusammen und werden nicht getrennt. Ein gesonderter dinglicher Vertrag ist genauso wenig zur Rechtssübertragung notwendig wie die Übergabe der Sache oder die Zahlung des Kaufpreises[5]. Denn das Eigentum wird schon durch die Wirkungen der Einigung (per effetto del consenso) übertragen. Jede weitere Handlung führt somit keine weitere Rechtsänderung herbei, sondern stellt lediglich die Ordnung her, die bereits durch die mittels Vertragsschluß geänderte Rechtsinhaberschaft hergestellt wurde[6]. Jedoch wird an dem Konsensualprinzip nicht mit der Absolutheit festgehalten, die im deutschen Rechtskreis beim Abstraktionsprinzip vorherrscht, sondern zeigt im Gegenteil mehr Fähigkeit zum Kompromiß. So sieht schon der codice civile selbst eine Reihe von Ausnahmen des Konsensualprinzips vor, weshalb in der italienischen Rechtslehre zwischen Verpflichtungskauf (vendita obbligatoria) und dinglichem Kauf (vendita con effetto reale) unterschieden wird[7]. Während ein dinglicher Kauf dem gesetzlichen Leitbild entspricht, liegt ein Verpflichtungskauf vor, wenn das dingliche Recht nicht in dem Moment des Vertragsschlusses übertragen, sondern auf einen späteren Zeitpunkt

---

1 Serick, Neue Rechtsentwicklungen, § 2 I 3, S. 62; Jauernig, JuS 1994, 721 (723); Roth, ZfVglRWiss 92 (1993), 371 (389).

2 Serick, Bd. I, § 11 II 1, S. 251.

3 Enciclopedia- Messineo, Contratto (dir. priv.), S. 789.

4 Ferrari, Riv. dir. civ., 1993, I, 1, 729 (739); Stolfi, Riv. dir. comm., 1977, I, 1, 1 (6).

5 Trimarchi, Istituzioni, S. 321; Ferrari, Riv. dir. civ., 1993, I, 729 (741).

6 Rescigno, Manuale, S. 787.

7 Statt aller Gazzara, Vendita, S. 214 ff.

hin verschoben wird[8]. Diese Unterscheidung ergibt sich aus Art. 1476 Nr. 2 c.c. Danach ist der Verkäufer zur Verschaffung des Eigentums verpflichtet, wenn dies nicht die unmittelbare Wirkung des Vertrages ist. Verträge, die eben nicht die unmittelbare Übertragungswirkung der Einigung haben, sind nach Art. 1378 c.c. der Gattungskauf, bei dem das Eigentum erst mit der Konkretisierung oder in einer von den Parteien vereinbarten Weise übergeht. Beim Verkauf zukünftiger Sachen, Art. 1472 c.c. erlangt der Käufer erst dann das Eigentum, wenn die Sache zur Entstehung gelangt ist. Beim Verkauf fremder Sachen wird das Eigentum an den Käufer erst in dem Moment übertragen, indem der Verkäufer selbst das Eigentum von dem ursprünglichen Eigentümer erhält. Bei einem Wahlkauf (vendita alternativa, Art. 1286 Abs. 1 c.c.) erfolgt die Übertragung mit der Wahl des Gläubigers[9]. Jedoch wird in all diesen Fällen für den Eigentumsübergang dann kein gesonderter dinglicher Vertrag verlangt[10]. Vielmehr erfolgt die Eigentumsübertragung aus dem Kaufvertrag und dem Eintritt des zukünftigen Ereignisses; die dinglichen Wirkungen sind somit aufgeschoben. Im Vergleich zum dinglichen Verkauf sind lediglich nur zusätzliche Voraussetzungen zu erfüllen, mit denen sodann die Übertragungswirkung eintritt[11]. Infolgedessen hat auch der Kassationshof[12] die Abdingbarkeit der dinglichen Wirkungen eines Kaufvertrages anerkannt. Demnach besteht heute in Literatur[13] und Rechtsprechung[14] Einigkeit darüber, daß die direkte Übertragungswirkung die regelmäßige Folge der Einigung ist. Dabei gehört das dingliche Element nicht zu den Essentialia des Kaufvertrages. Vielmehr können die Parteien kraft Vereinbarung das Konsensualprinzip abbedingen, indem sie einen Verpflichtungskauf schließen. Damit soll nur unterstrichen werden, daß der Vertrag zwar sofortige Gültigkeit hat, aber eben keine unmittelbaren dinglichen Wirkungen hervorruft[15]. Verzichten die Parteien auf eine solche Regelung, so treten die dinglichen Wirkungen unmittelbar mit Vertragsabschluß ein.

Dennoch bringt das „flexible" italienische Konsensualprinzip dogmatische Schwierigkeiten mit sich, wie sich besonders deutlich beim EV zeigt. Art.1523 c.c. ist die zentrale Vorschrift, die den Eigentumsvorbehalt (EV) im codice civile regelt. Sie lautet: *„Bei einem Ratenkauf mit Eigentumsvorbehalt erwirbt der Käufer das Eigentum an der Sache mit der Bezahlung der letzten Rate, übernimmt aber die Gefahren vom Moment der Übergabe"*. Dabei wird die vom Wortlaut her vorgegebene Beschränkung auf den Ratenkauf nicht eingehalten. Vielmehr gilt die

---

8 Capozzi, Contratti, Bd. I, S. 91; Trabucchi, Istituzioni, S. 718.

9 Der Wahlkauf war noch im codice civile (1865) in Art. 1449 Abs. 2 ausdrücklich geregelt, ergibt sich nunmehr allgemein aus den Regeln über die Wahlschuld, Jayme, FS für Mühl, S. 343.

10 Dabei wurde dies unter Geltung des alten codice civile (1865) zum Teil angenommen, vgl. Capozzi, Contratti, Bd. I, S. 95 f.

11 Gatti, Riv. dir. comm., 1965, I, 1, 467 (478).

12 Cass. civ., 4. 3. 1969, Nr. 692, Giur. it., 1969, I, 1, 2162 (2164).

13 Galgano, Diritto privato,S. 306 f.; Trimarchi, Istituzioni, S. 320; Cicu- Rubino, Compravendita, S. 429, Bianca, Vendita, S. 93; Capozzi, Contratti, Bd. I, S. 98.

14 Cass. civ., 18. 6. 1983, Nr. 4196, Giust. civ. mass., 1983, 1495; Cass. civ., 6. 12. 1983, Nr. 7267; Giust. civ. mass., 1983, 2475; Trib. Lecco, 24. 9. 1987, Giur.it., 1989, I, 2, 808 (815).

15 Rescigno, Manuale, S. 788.

Vorschrift nach einhelliger Meinung für alle Formen des Kaufs mit aufgeschobener Kaufpreiszahlung[16]. Die Besonderheit ist, daß in Abkehr vom Konsensualprinzip das Eigentum an der verkauften Sache beim Verkäufer verbleibt. Insofern fehlt es an der sofortigen dinglichen Wirkung der Einigung. Von dem Moment der Übergabe trägt der Käufer dennoch die Gefahr des zufälligen Untergangs der Sache. Das stellt eine Ausnahme zu dem Grundsatz dar, daß der Eigentümer auch die Sachgefahr trägt (res perit domino)[17]. Gleichzeitig erhält der Käufer schon mit Vertragsschluß das Recht an der Nutznießung der Sache. Dieses Nutzungsrecht wiederum ist ein dingliches Recht, welches sofort mit der Einigung übertragen wird[18]. So eindeutig die gesetzliche Regelung und der Wortlaut des Art. 1523 c.c auch ist, so schwer fällt es, den EV dogmatisch eindeutig zu erfassen. Die verschiedenen dinglichen und schuldrechtlichen Wirkungen sowie die verschiedenen Zeitpunkte, in denen sie eintreten, sind mit die Ursache, weshalb die Rechtsnatur des EV in Italien nach wie vor umstritten ist. Denn mit dem klaren Wortlaut der Vorschrift sind viele gegebene Einordnungsversuche nicht vereinbar. Entsprechend vielfältig sind die vertretenen Ansichten, wobei Widersprüche zur eindeutigen gesetzlichen Regelung im folgenden aufgezeigt werden sollen.

a. Terminkauf

Ein Teil der Lehre[19], insbesondere unter Geltung des alten codice civile, sah den EV als Terminkauf (vendita a termina) an. Bei einem Terminkauf geht das Eigentum an einem bestimmten, vorher vereinbarten Tag (dies certum) über. Nach dieser Konstruktion sollte das der Tag sein, an dem die vollständige Zahlung des restlichen Kaufpreises erfolgt ist. Diese Regelung führte aber dazu, daß das Eigentum auch mit Ablauf des bestimmten Tages übergeht, an dem die Zahlung des Kaufpreises vereinbart worden, aber noch nicht erfolgt ist[20]. Damit der Verkäufer sein Eigentum nicht verliert, müßte er eine Auflösungsklausel vereinbaren. Mit dieser könnte zwar nicht die Übertragungswirkung ipso iure aufgelöst werden, wohl aber hätte der Verkäufer sich das Recht vorbehalten, die Sache zurückzuerwerben[21]. Im Gegensatz zu dieser Regelung sieht aber Art. 1523 c.c. vor, daß eine Nichterfüllung der Zahlungspflicht aus sich heraus schon die Eigentumsübertragung verhindert[22] und daher eine solch aufwendige Rechtskonstruktion nicht erforderlich ist.

---

16 Statt aller Capozzi, Contratti, Bd. I, S. 127.

17 Galgano, Diritto privato, S. 308.

18 Capozzi, Contratti, Bd. I, S. 18.

19 Ascoli, Foro it. 1912, I 214 (218); derselbe Riv. dir. comm., 1921, I, 1, S. 65 ff., Gallo, Foro it., 1958, I, 4, 21 (23).

20 Darauf weist zu Recht Gatti, Riv. dir. comm. 1965, I, 1, 467 (475) hin.

21 Gatti, Riv. dir. comm. 1965, I, 1, 467 (475).

22 Schlesinger- Gazzoni, Art. 2643, S. 142.

b. Vorvertrag

Andere Autoren[23] haben den EV als Vorvertrag (contratto preliminare) zu charakterisieren versucht. In einem Vorvertrag verpflichten sich die Parteien zu dem Abschluß eines künftigen Vertrages, dessen Inhalt sie festgelegt haben[24]. Die schuldrechtlichen Wirkungen seien das Ergebnis eines Vorvertrages. Mit diesem verpflichteten sich die Parteien zugleich zum Abschluß eines weiteren Vertrages zur Eigentumsübertragung mit vollständiger Kaufpreiszahlung. Das Eigentum kann folglich erst mit Abschluß des endgültigen Kaufvertrages übergehen[25].

Diese Ansicht läßt sich mit dem Wesen eines EV schwerlich vereinbaren. Der Vorvertrag hat somit keine unmittelbaren Wirkungen, sondern verpflichtet die Parteien nur zu einem künftigen Tätigwerden. Bei einem Kauf unter EV kann der Erwerber mit Vertragsabschluß den Besitz an der Sache verlangen und trägt auch von diesem Moment an die Sachgefahr. Umgekehrt ist der Käufer zur Zahlung des Kaufpreises verpflichtet. Zudem ist die Einigung beim Kauf unter EV ausreichend für den, wenn auch erst später mit vollständiger Kaufpreiszahlung stattfindenden, Egentumsübergang. Eine weiteres Rechtsgeschäft ist hierfür nicht mehr nötig, sondern es genügt die erfolgte Einigung und die vollständige Kaufpreiszahlung[26]. Der Vorvertrag hingegen kann aber nur den Rechtsgrund für einen weiteren, noch abzuschließenden Vertrag bieten, mit dem dann das Eigentum übertragen werden soll.

c. Mietkauf

Unter Geltung des alten codice civile hat sich insbesondere der Mietkauf großer Beliebtheit erfreut[27], so daß zum Teil die Rechtsnatur des EV hierin gesehen worden ist[28]. Bei einem Mietkauf vereinbaren die Parteien, daß am Ende der vereinbarten Mietzeit das Eigentum auf den Mieter auf Grund des geleisteten Mietzins übergehen soll[29]. Im Ergebnis soll danach der Mietvertrag in einen Kaufvertrag mit vollständiger Kaufpreiszahlung übergehen. Folge einer Nichterfüllung seitens des Käufers wäre, daß der Übergang in einen Kaufvertrag nicht eintreten kann und der Vertrag aufgelöst wird. Die Ratenzahlungen wären dann aufgrund des Mietvertrages geleistet, also mit Rechtsgrund und stünden dem Verkäufer als Vermieter zu[30].

---

23 Nuti, Riv. dir. comm. 1947, I, 1, 307 (321); Bonelli, Riv. dir. comm., 1904, I, 1, 98 (135); ders., Riv. dir. comm., 1912, I, 1, 1 (10 ff.).

24 Capozzi, Contratti, Bd. I, S. 10; Roppo, Contratto, S. 93.

25 Roppo, Contratto, S. 93.

26 Gatti, Riv. dir. comm. 1965, I, 467 (475 f.); Enciclopedia- Lipari, Vendita con riserva, S. 528.

27 Denn mit dieser zulässigen Rechtsfigur wurde der Kauf unter EV häufig verdeckt und das Zulässigkeitsproblem einer solchen Klausel umgangen, Luzzatto, Compravendita, S. 546.

28 Montessori, Riv. dir. comm., 1908, II, 577 (578).

29 Cendon- Pisu, Art. 1526, S. 999.

30 Gatti, Riv. dir. comm. 1965, I, 1, 467 (476).

Um ein solches Ergebnis zu vermeiden hat der Gesetzgeber in Art. 1526 Abs. 3 c.c. für den Mietkauf die entsprechende Anwendung des Art. 1526 Abs. 2 c.c vorgeschrieben. Die Vorschrift sieht vor, daß die Parteien bei einem Kauf unter EV vereinbaren können, daß die bereits geleisteten Raten dem Verkäufer zustehen sollen, wobei der Richter aber die Höhe kürzen kann[31]. Der Gesetzgeber wollte damit anerkennen, daß der Mietkauf im wesentlichen der Natur eines Kaufs unter EV entspricht und eben als solcher behandelt und diesem angepaßt wird[32]. Dann ist es nicht nötig, den Kauf unter EV hinter einem Mietkauf verbergen zu wollen, da eine Gleichbehandlung durch das Gesetz erfolgt[33]. Daraus folgt auch, daß die Rechtsnatur eines Kaufs unter EV nicht in einem Mietkauf zu sehen ist, sondern daß vielmehr eine Funktionsäquivalenz besteht und mit der Vorschrift die kaufrechtliche Rechtsnatur des Mietkaufs anerkannt wird. Selbst wenn die Parteien eine Miete mit einer Kaufoption verbindeten[34], so würde diese Option nach Art. 1331 c.c. nur die Verkäuferseite verpflichten, während der Käufer auf die Geltendmachung seiner Option verzichten kann. Damit fehlt es am automatischen Eigentumsübergang mit Bezahlung des vereinbarten Kaufpreises nach Art. 1523 c.c.[35].

d. Bedingter Kauf

In einem großen Teil der Literatur[36] läßt sich die Tendenz erkennen, die Rechtsnatur des EV mit Hilfe der Bedingungslehre erklären zu wollen. Dabei unterwirft ein Teil[37] die Wirkungen des gesamten Vertrages einer aufschiebende Bedingung (condizione sospettiva), ein anderer beachtlicher Teil des Schrifttums[38] unterstellt

---

[31] Die Umgehung der Regeln des EV durch den Mietkauf mit den damit verbundenen Gefahren für den Erwerber hat auch den deutschen Gesetzgeber bei seiner Entscheidung beeinflußt, Protokolle der Kommission für die zweite Lesung des Entwurfs des BGB, Bd. II, Berlin, 1898, S. 81.

[32] Mirabelli, Art. 1523-26, S. 171; Cicu- Rubino, Compravendita, S. 445; Rescigno, Manuale, S. 797.

[33] App. Firenze, 31. 5. 1957, Rep. foro it. 1957, „vendita", Nr. 234; Scialoja- Greco/Cottino, Art. 1526, S. 375; Capozzi, Contratti, Bd. I, S. 131.

[34] Galgano- Bonfante, Vendita, S. 150.

[35] Capozzi, Contratti, Bd. I, S. 131.

[36] Barbero, Diritto privato, S. 768; Ferrara, Fallimento, 1. Aufl., S. 252; Trimarchi, Istituzioni, S. 471; Luzzatto, Compravendita, S. 519 f; Enciclopedia- Lipari, Vendita con riserva, S. 533; Ferrara Santamaria, Vendita, S. 78; Gorla, Compravendita, S. 320; Degni, Riv. dir. comm., 1911, 860 (866); Ferrara jr., Fallimento, S. 356; Lordi, Obbligazione commerciale, S. 149; Torrente/Schlesinger, Manuale, § 323, S. 580 f; Enciclopedia- Rescigno, Condizione, S. 784; Vidari, Riv. dir. comm., 1911, II, 876 (885); De Martini, Giur. compl. cass. civ., 1947, III, 452 (465); Giordano, Giur. compl. cass. civ., 1945, I, 198 (199 f.); Enc. giur.- Zanarone, Fallimento VII, S. 10; zuletzt Bonomi, Eigentumsvorbehalt, S. 70 f.

[37] Lordi, Obbligazione commerciale, S. 149; Torrente/Schlesinger, Manuale, § 323, S. 580 f; Enciclopedia- Rescigno, Condizione, S. 784; Vidari, Riv. dir. comm., 1911, II, 876 (885); De Martini, Giur. compl. cass. civ., 1947, III, 452 (465); Giordano, Giur. compl. cass. civ., 1945, I, 198 (199 f.); Enc. giur.- Zanarone, Fallimento VII, S. 10; zuletzt Bonomi, Eigentumsvorbehalt, S. 70 f.

[38] Barbero, Diritto privato, S. 768; Ferrara, Fallimento, 1. Aufl., S. 252; Trimarchi, Istituzioni, S. 471; Luzzatto, Compravendita, S. 519 f; Enciclopedia- Lipari, Vendita con riserva, S. 533; Ferrara Santamaria, Vendita, S. 78; Gorla, Compravendita, S. 320; Degni, Riv. dir. comm., 1911, 860 (866); Ferrara jr., Fallimento, S. 356; unklar Trabucchi, Istituzioni, S. 729.

nur die Eigentumsübertragung einer solchen. Die Konstruktion erfolgt in der Weise, daß die Klausel, die die Eigentumsübertragung bei vollständiger Zahlung des Kaufpreises vorsieht, die aufschiebende Bedingung darstellt.

Gegen diese Auffassungen, die die Wirksamkeit des gesamten Kaufvertrages von der Zahlung des vollständigen Kaufpreises abhängig machen, wird die Unvereinbarkeit der gesetzlichen Regelung des EV mit der Rechtsfigur der Bedingung nach Art. 1353 c.c. vorgebracht[39]. Nach Art. 1353 c.c. können die Parteien die Wirksamkeit eines Vertrages dem Eintritt eines zukünftigen und ungewissen Ereignis unterstellen. Während auf das Merkmal der Zukünftigkeit aus Praktikabilitätsgründen weitgehend verzichtet wird, kommt der Ungewißheit entscheidende Bedeutung zu[40]. Ungewiß ist ein Ereignis, wenn objektiv aus Sicht eines verständigen Betrachters der Eintritt des Ereignisses nicht mit erheblicher Sicherheit vorherzusagen ist[41]. So wird zum Teil angenommen, nicht die Zahlungspflicht, sondern die Vornahme der Zahlung sei objektiv ungewiß[42]. Die Ungewißheit der Kaufpreiszahlung bei einem Kreditkauf ist jedoch diesem Vertragstyp inhärent und daher nicht mit der Ungewißheit gleichzusetzen, die eine Bedingung im rechts-technischen Sinn charakterisiert[43]. Zumal die Ungewißheit der Kaufpreiszahlung auch nicht größer ist als bei jedem anderen Kreditkauf[44].

Daneben wird vorgebracht, ein wesentliches Element des Kaufvertrages kann nicht zu einer Bedingung gemacht werden, von der die Wirksamkeit des Vertrages abhängt[45]. Das verstößt gegen die allgemeine Bedingungslehre, wonach eine Bedingung nur eine Accidentialia, nicht aber eine Essentialia des Vertrages sein kann[46]. Eine Accidentialia ist ein für den Vertragstyp nicht wesentliches Tatbestandselement, welches auch fehlen kann, ohne den Vertrag in seinem Bestand zu gefährden[47]. Die Pflicht des Käufers zur Kaufpreiszahlung stellt für den Verkäufer das wesentliche Motiv dar, weswegen er den Vertrag abgeschlossen hat und bereit

---

39 Bianca, Vendita, S.585; Cattaneo, Riv. trim. dir. proc. civ. 1965, 945 (978); Gatti, Riv. dir. comm. 1965, I, 1, 467 (476); Capozzi, Contratti, Bd. I, S. 123, Camardi, Vendita, S. 61 ff.; hiergegen Bonomi, Eigentumsvorbehalt, S. 62 ff.

40 Perlingieri- Romano, Art. 1353, S. 404.

41 Perlingieri- Romano, Art. 1353, S. 404.

42 Ferrara, Foro it., 1911, I, 494 (507); Bonomi, Eigentumsvorbehalt, S. 67.

43 Cattaneo, Riv. trim. dir. proc. civ. 1965, 945 (978); Perlingieri- Principe, Art. 1523, S. 904; Camardi, Vendita, S. 69; Cicu- Rubino, Compravendita, S. 430; a. A. Bonomi, Eigentumsvorbehalt, S. 67, der auf eine mögliche Zahlungsunfähigkeit des Käufers abstellt; so auch Ferrara, Foro it. 1911, I, 494, (507); Pelosi, Proprietà, S. 227 f..

44 Cattaneo, Riv. trim. dir. proc. civ. 1965, 945 (978); Gatti, Riv. dir. comm. 1965, I, 467 (476).

45 Cass. civ., 7. 3. 1966, Nr. 649, Giust. civ. mass., 1966, 363 (364); Cass. civ., 14. 2. 1975, Nr. 566, Giust. civ. mass., 1975, 262 (263); Mirabelli, Art. 1523-26, S. 165; anders Cass. civ., 21. 2. 1983, Nr. 1432, Giust. civ. mass., 1983, 501 (502).

46 Ambrogio, Riv. dir. comm., 1949, I, 1, 143 (145); Gazzara, Vendita, S. 218; Digesto- Maiorca, Condizione, S. 276 f.

47 Nov. Digesto- Barbero, Condizione (diritto civile), S. 1097.

ist, sein Eigentum zu übertragen[48]. Deshalb kann die Pflicht, den Kaufpreis zu zahlen, keine Bedingung darstellen und nicht mit der Eigentumsübertragung verbunden sein[49].

Gegen eine aufschiebende Bedingung spricht zudem, daß erst der Eintritt der Bedingung den Vertrag ex tunc wirksam werden läßt, Art. 1360 Abs. 1 c.c.[50]. Erst zu diesem Zeitpunkt kann der gesamte Vertrag rückwirkend seine Wirkungen zwischen den Parteien entfalten. Der Kauf unter EV verpflichtet hingegen unmittelbar von Vertragsschluß an die Parteien[51]. Der Verkäufer kann mit Vertragsschluß die Kaufpreisraten verlangen und auch klageweise durchsetzen, da die Zahlungspflicht unbedingt entstanden ist. Wäre aber die Zahlung des Kaufpreises eine Bedingung, könnte sie nicht erzwungen werden[52]. Außerdem hat der Vertragsschluß auch unmittelbare Übertragungswirkung[53]. Zwar wird nicht das Eigentum, wohl aber das dingliche Nutzungsrecht sofort übertragen und der Verkäufer ist mit Vertragsschluß zur Übergabe der Sache verpflichtet[54]. Schließlich läßt sich die für den Erwerber unter EV speziell geregelte Gefahrtragung nicht mit der Gefahrtragung vereinbaren, die Art. 1465 Abs. 4 c.c. für aufschiebend bedingte Rechtsgeschäfte vorsieht[55]. Danach ist der Erwerber in jedem Fall von seiner Leistungspflicht befreit, wenn die Übertragung der Sache unter einer aufschiebenden Bedingung erfolgt und vor Bedingungseintritt die Leistung unmöglich geworden ist. Gewendet auf den Kauf unter EV würde der Käufer von seiner Zahlungspflicht befreit werden, ginge die Sache vor vollständiger Zahlung des Kaufpreises unter. Das steht im Widerspruch zu Art. 1523 c.c., wonach der Käufer die Sachgefahr ab dem Zeitpunkt der Übergabe trägt, unabhängig davon, ob die Sache vor vollständiger Kaufpreiszahlung und Eigentumsübergang bei ihm untergeht. Somit befreit der Untergang der Sache nicht den Käufer von seiner Zahlungspflicht[56].

Um diese Bedenken zu umgehen, unterstellt eine Ansicht[57] nicht den gesamten Vertrag, sondern lediglich die Übertragungswirkung der Bedingung der Kaufpreiszahlung. Sofern von Vertretern dieser Ansicht auf die deutsche Rechtslage und

---

48 Degni, Compravendita, S. 156; a. A. Bonomi, Eigentumsvorbehalt, S. 68, der jedoch die Frage nicht beantwortet, warum sonst ein Kaufvertrag abgeschlossen werden sollte.

49 Cicu- Rubino, Compravendita, S. 430; Stradella, Nuova giur. civ. comm., 1987, II, 321 (322), a. A. Bonomi, Eigentumsvorbehalt, S. 68 f.

50 Cicu- Rubino, Compravendita, S. 430; Stradella, Nuova giur. civ. comm., 1987, II, 321 (322), Schlesinger- Gazzoni, Art. 2643, S. 141; a. A. Bonomi, Eigentumsvorbehalt, S. 69 f.

51 Galgano- Bonfante, Vendita, S. 148; Mirabelli, Art. 1523-26, S. 165 f.

52 Darauf weisen Gatti, Riv. dir. comm. 1965, I, 1, 467 (478) und Camardi, Vendita, S. 63 hin.

53 Cicu- Rubino, Compravendita, S. 430; Tului, Riv. dir. comm., 1980, I, 1, 355 (358).

54 Capozzi, Contratti, Bd. I, S. 123; Mirabelli, Art. 1523-26, S. 165 f.; Cottino, Contratti commerciali, S. 41.

55 Gatti, Riv. dir. comm. 1965, I, 1, 467 (478).

56 Diesen Punkt übersieht Bonomi, Eigentumsvorbehalt, S. 70 f.

57 Barbero, Diritto privato, S. 768; Ferrara, Fallimento, 1. Aufl., S. 252; Barbiera, Garanzia, S. 234; Trimarchi, Istituzioni, S. 471; Luzzatto, Compravendita, S. 519 f; Enciclopedia- Lipari, Vendita con riserva, S. 533; Ferrara Santamaria, Vendita, S. 78; Gorla, Compravendita, S. 320; Degni, Riv. dir. comm., 1911, I, 860 (866); unklar Trabucchi, Istituzioni, S. 729.

insbesondere auf § 455 BGB Bezug genommen wird[58], werden dabei die wesentlichen dogmatischen Unterschiede in beiden Rechtsordnungen nicht ausreichend berücksichtigt. Denn nur das Abstraktionsprinzip ermöglicht es, die Übereignung zu bedingen, ohne Einfluß auf die Wirksamkeit des Kaufvertrages mit seiner sofort entstehenden Zahlungspflicht zu haben. Das Konsensualprinzip hingegen läßt das Bestehen von zwei getrennten Rechtsgeschäften nicht zu. Zudem sieht Art. 1353 c.c. nur vor, die Wirksamkeit des gesamten Vertrages einer Bedingung zu unterstellen, weshalb nicht die Möglichkeit besteht, einzelne Wirkungen des Vertrages herauszutrennen und zu bedingen[59]. Ist der Vertragsschluß bedingt, so wirkt sich das sowohl auf die Zahlungspflicht als auch auf die Eigentumsübertragung aus[60]. Denn Art. 1376 c.c. schreibt jede Übertragungswirkung ausschließlich dem Vertragsschluß zu[61]. Die Suspension der Vertragswirkungen als Folge der Bedingung würde daher nicht nur die Eigentumsübertragung, sondern auch die Zahlungspflicht umfassen. Schließlich wird darauf hingewiesen, daß der Eigentumserwerb gemäß Art. 1523 c.c. mit Zahlung der letzten Rate ex nunc eintritt, während bei einer Bedingung das Eigentum ex tunc erworben wird[62].

Ein anderer Teil der Lehre[63] vertritt die Ansicht, der Kauf unter EV stelle eine Rechtsfigur dar, auf die die Vorschriften über die auflösende Bedingung analog anzuwenden sind. Danach geht das Eigentum mit Abschluß des Kaufvertrages über und der Verkäufer kann diese Wirkung ex tunc beseitigen, falls die Bedingung nicht eintritt. Der Käufer erhält auflösend bedingtes Eigentum, während der Verkäufer eine Anwartschaft (aspettativa) auf den Rückerwerb erhält[64]. Mit der Nichterfüllung des Käufers tritt die auflösende Bedingung ein, löst den erfolgten Eigentumserwerb des Käufers auf und der Veräußerer wird wieder mit Drittwirkung versehener Eigentümer[65]. Dies steht jedoch im klaren Widerspruch zum Gesetzestext und seinem Zweck, nämlich den Verkäufer bis zur Zahlung der letzten Rate zu sichern, indem er Eigentümer bleibt[66]. Auch die speziellen Vorschriften über die Folgen einer Vertragsauflösung in Artt. 1525, 1526 c.c. wären überflüssig[67], in denen der Gesetzgeber vorgesehen hat, daß der Verkäufer für die Vertragsauflösung tätig werden muß[68].

---

58 Enciclopedia- Lipari, Vendita con riserva, S. 530; Rescigno- Carpino, Vendita, S. 317; Bonomi, Eigentumsvorbehalt, S. 71.

59 Cottino, Contratti commerciali, S. 42; Gazzara, Vendita, S. 218.

60 Capozzi, Contratti, Bd. I, S. 97, Bianca, Vendita, S. 96.

61 Rescigno- Carpino, Vendita, S. 317, vgl dazu bereits oben A III 2.

62 Cicu- Rubino, Compravendita, S. 430; Galgano- Bonfante, Vendita, S. 148; a. A. Bonomi, Eigentumsvorbehalt, S. 69.

63 Frisara, Contratto, S. 14 f.; Pelosi, La proprietà, S. 195 f., 230 f.

64 Pelosi, La proprietà, S. 196 f.

65 Pelosi, La proprietà, S. 197.

66 Camardi, Vendita, S. 70 f.

67 Tului, Riv. dir. comm., 1980, I, 1, 355 (359 f.); Perlingieri- Principe, Art. 1523, S. 905; Degni, Compravendita, S. 157, Camardi, Vendita, S. 70 f.; Bonomi, Eigentumsvorbehalt, S. 59.

68 Rescigno- Carpino, Vendita, S. 317, FN 7; Capozzi, Contratti, Bd. I, S. 119.

e. Verpflichtungskauf

Der überwiegende Teil der Lehre[69] faßt den EV als Form des Verpflichtungskaufs auf, da der EV unmittelbar obligatorische und hinausgeschobene dingliche Wirkungen hat[70]. Bei einem Kauf unter EV stellt die kreditierte Zahlung des Kaufpreises die bei einem Verpflichtungskauf erforderliche zeitliche Verzögerung zwischen Vertragsschluß und dinglicher Wirkung dar[71]. Die sofortigen obligatorischen Wirkungen werden in der vorweggenommenen Übergabe des Verkäufers und seiner Pflicht gesehen, den Eigentumserwerb zu ermöglichen. Der Käufer seinerseits ist sofort dazu verpflichtet, den vereinbarten Kaufpreis zu zahlen[72]. Die hinausgeschobene dingliche Wirkung wird, wie bei jedem Verpflichtungskauf, in dem späteren Eigentumserwerb gesehen und tritt in dem Moment ein, indem die dafür fehlende Handlung bewirkt wird[73].

Die Kritiker[74] dieser Auffassung wenden ein, den Verpflichtungskauf kennzeichnet nach Art. 1476 Nr. 2 c.c die Verpflichtung des Verkäufers, den Eigentumsübergang zu ermöglichen. Erfolgt die Zahlung bei einem Kauf unter EV vollständig, so erwirbt der Käufer nach Art. 1523 c.c. das Eigentum, ohne daß der Verkäufer hierfür erneut eine Handlung vornehmen muß[75]. Zudem erwirbt bei einem Kauf unter EV der Käufer unmittelbar ein sofortiges dingliches Nutzungsrecht an der Sache, welches der Erwerber auch gegenüber Dritten durchsetzen kann[76]. Da aber das Nutzungsrecht dinglich ist, stößt die Einordnung des EV als Verpflichtungskauf auf Schwierigkeiten. Die dinglichen Wirkungen bei einem Verpflichtungskauf sind ja bis zum Eintritt des späteren Ereignisses verschoben, weshalb diese Rechtsfigur die sofortige dingliche Wirkung bei einem Kauf unter EV nicht ausreichend zu erklären vermag[77].

---

69 Scialoja- Greco/Cottino, Art. 1523, S. 363; Perlingieri- Tatarano, Art. 1476, S. 784; De Cupis, Istituzioni, S. 374; Galgano, Diritto privato, S. 513 f.; Capozzi, Contratti, Bd. I, S. 125; Cicu- Rubino, Compravendita, S. 430 f.; Trabucchi, Istituzioni, S. 664; Cian/Trabucchi- Zaccaria, Art. 1376, S. 1282; Ghera, Giust. civ., 1961, I, 169 (173); Degni, Compravendita, S. 156; Gazzara, Vendita, S. 220 f.; S. 157. Zum Verpflichtungskauf vgl. bereits oben A III 2 e.

70 Capozzi, Contratti, Bd. I. S. 98.

71 Mirabelli, Art. 1523-26, S. 166; Scialoja- Greco/Cottino, Art. 1523, S. 363 f.; Capozzi, Contratti, Bd. I, S. 128.

72 Capozzi, Contratti, Bd. I, S. 128.

73 Capozzi, Contratti, Bd. I, S. 128.

74 Galgano-Bonfante, Vendita, S. 148; Camardi, Vendita, S. 70; Rescigno- Carpino, Vendita, S. 316; Lessico di dir civ.- patto di riservato dominio, S. 567; Pelosi, Proprietà, S. 200 ff.

75 Camardi, Vendita, S. 70.

76 Cattaneo, Riv. dir. comm., 1980, I, 1, 355 (369); Bianca, Vendita, S. 587.

77 Gatti, Riv. dir. comm., 1965, I, 1, 467 (478); Rescigno- Carpino, Vendita, S. 316; Cendon- Matteo, Art. 1476, S. 895.

f. Aufgeschobene Übertragungswirkung

So wird auch vertreten, daß die Rechtsnatur in einem Vertrag mit aufgeschobener Übertragungswirkung (negozio ad effetto traslativo differito) zu sehen ist[78]. In dieser aufgeschobener Übertragungswirkung wird zum Teil auch die Rechtsnatur eines Verpflichtungskaufs gesehen[79], so daß beide Ansichten sich nicht ganz streng voneinander trennen lassen. Die aufgeschobener Übertragungswirkung erfolgt in Konsequenz der allgemeinen Meinung, daß die dinglichen Wirkungen der Einigung kraft Parteivereinbarung abbedungen werden können[80]. Danach wird der Kauf unter EV dadurch charakterisiert, daß die Übertragungswirkung erst mit der vollständigen Zahlung des Kaufpreises eintritt[81]. Zudem wird die Übergabepflicht vorweggenommen. Der Verkäufer bleibt Inhaber des Eigentumsrechts, muß aber zugleich alles unterlassen, was den Erwerb des Käufers beeinträchtigen könnte[82]. Doch stellt diese Ansicht mehr eine Beschreibung der Rechtsfolgen dar als eine Erklärung der Rechtsnatur des Kaufs unter EV, wobei sich im Ergebnis vom Verpflichtungskaufs begrifflich, nicht aber inhaltlich distanziert wird.

In einem ähnlichen Sinne hat sich auch der Kassationshof geäußert. Nach ständiger Rechtsprechung des Kassationshofs[83] wird bei Käufen unter EV die Übertragungswirkung des Eigentums bis zur Zahlung der letzten Rate des Kaufpreises aufgeschoben. Ausgangspunkt all dieser Entscheidungen ist die fehlende Übertragung des Eigentums im Zeitpunkt des Vertragschlusses. Die Übertragung erfolgt erst mit der Zahlung der letzten Rate des Preises. Damit werden aber lediglich die Wirkungen beschrieben und der Gesetzeswortlaut des Art. 1523 c.c. wiederholt, ohne die Rechtsnatur des EV zu erklären.

g. Einzelmeinungen

Darüber hinaus hat sich eine Reihe von Meinungen gebildet, die jedoch überwiegend keinen großen Zuspruch, sondern zumeist Widerspruch erfahren haben.

So hat Comporti[84] die Rechtsnatur des EV mit der von ihm vertretenen „Theorie des doppelten Eigentums" erklärt. Er definiert das Eigentum nicht als ein unteilbares dingliches Recht, sondern nimmt eine Unterteilung je nach Funktion vor, so daß an

---

78 Rescigno- Carpino, Vendita, S. 316 f.; Mirabelli, Art. 1523-26, S. 166; Mignoli, Riv. dir. civ., 1962, I, 328 (330); Bin, Vendita, Bd. III, S. 937 f.; Cottino, Contratti commerciali, S. 41; Barbero, Diritto privato, S. 768; Luminoso, Compravendita, S. 140.

79 Capozzi, Contratti, Bd. I, S. 98; Gatti, Riv. dir. comm., 1965, I, 1, 467 (478).

80 Barbero, Diritto privato, S. 768, dazu bereits oben A III 2.

81 Capozzi, Contratti, Bd. I, S. 125.

82 Mirabelli, Art. 1523-26, S. 166.

83 Cass. civ., 3. 4. 1980, Nr. 2848, Giust. civ. mass., 1980, 943; Cass. civ., 1. 8. 1987, Nr. 6652, Foro it., 1988, I, 31 (32 f.); Cass. civ., 14. 4. 1989, Nr. 1802, Foro it., 1989, I, 3443 (3444); Cass. civ., 14. 6. 1982, Nr. 3630, Rep. foro it., 1982, „Agricultura", Nr. 107.

84 Comporti, Contributo, S. 374 f.

einer Sache verschiedene Formen von Eigentum bestehen können. Diese wiederum können auch verschiedene Eigentümer haben. So werden bei einem Kauf unter EV beide Parteien Eigentümer; der Käufer werde Eigentümer mit dem Vorbehalt der Kaufpreiszahlung (proprietà con riserva di pagamento) und der Verkäufer behalte ein extrem reduziertes Eigentum, daß nur seine Kaufpreiszahlung sichere (proprietà a garanzia del prezzo)[85]. Ihm stimmt Principe[86] zu, nach der die Sicherungsfunktion, der die Vereinbarung des EV dienen soll, zu einer Aufsplitterung oder Verteilung des Eigentums führe. Es entstehe eine Art „dynamisches" Miteigentum (comproprietà dinamica), daß dazu bestimmt sei, sich entweder auf der einen oder auf der anderen Vertragsseite in endgültiges Eigentum zu verwandeln.

Ambrogio[87] vertritt die Ansicht, daß der Käufer den Kaufpreiszahlungen entsprechend fortlaufend das Eigentum stückweise erwirbt. Dagegen ist vorgebracht worden, daß der Wortlaut des Art. 1523 c.c. vorsieht, daß der Erwerber mit vollständiger Kaufpreiszahlung das Eigentum erlangt, während vorher das volle Eigentum beim Verkäufer verbleibt[88].

Einen Schritt weiter geht Tului[89], der mit Blick auf die spezifische Interessenlage bei einem Kauf unter EV den Käufer mit Vertragsschluß sofort das volle Eigentum erwerben läßt. Der Verkäufer sei lediglich Inhaber eines reinen Sicherungsrechts, daß ihm die Wiedererlangung der Sache garantiere. Die Vereinbarung eines EV habe nur den Sinn, dieses Sicherungsrecht im Falle einer Interessenkonkurrenz Dritten entgegenhalten zu können[90]. Auch diese Ansicht steht im klaren Widerspruch zum Wortlaut des Gesetzes, wonach der Verkäufer Eigentümer bleibt und erst mit Kaufpreiszahlung das Eigentum übertragen wird[91].

Eine andere Ansicht hat Bianca[92] begründet, ausgehend von der reinen Sicherungsfunktion, die der EV für den Verkäufer habe. Der Verkäufer ist vom Gesetzeswortlaut her zwar Eigentümer, jedoch diene es nur noch der eventuellen Widererlangung des Kaufgegenstandes bei Nichterfüllung des Käufers. Vielmehr sei der Käufer als eigentlicher Eigentümer zu betrachten. Denn dieser sei bereits mit den

---

85 Comporti, Contributo, S. 375; kritisch dazu Capozzi, Contratti, Bd. I., S. 119; Campobasso, Contratti, S. 21 f, FN 2; Rescigno- Carpino, Vendita, S. 116, FN 6, die diese Ansicht für unvereinbar mit dem codice civile halten.

86 Perlingieri- Principe, Art. 1523, S. 905 f.; so auch Barbiera, Garanzia, S. 237.

87 Ambrogio, Riv. dir. comm., 1949, I, 143 (145 f.).

88 Gazzara, Vendita, S. 221; Enciclopedia- Lipari, Vendita con riserva, S. 529.

89 Tului, Riv. dir. comm., 1980, I, 1, 355 (390 ff.).

90 Tului, Riv. dir. comm., 1980, I, 1, 355 (398 ff.); hiergegen Bonomi, Eigentumsvorbehalt, S. 55 f. und ausdrücklich auch Cass. civ., 1. 8. 1987, Nr. 6652, Foro it., 1988, I, 31 (33); Cass., civ., 14. 4. 1989, Nr. 1802, Foro it., 1989, I, 3443 (3444). In Deutschland wird die Theorie des Verfallpfandrechts insbesondere vertreten von Blomeyer, Studien zur Bedingungslehre, Bd. II, S. 221 f., 269, und Hübner, NJW 1980, 729 (733 f.).

91 Capozzi, Contratti, Bd. I, S, 124.

92 Bianca, Vendita, S. 594; zustimmend Zuddas, Riv. dir. civ. 1975, I, 540 (543); Lessico del diritto civile- patto di riservato dominio, S. 567; Gazzoni, Manuale, S. 1043; Schlesinger- Gazzoni, Art. 2643, S. 142; Bellantuono, Foro it., 1988, I, 1, 31 (32).

Risiken, den Befugnissen und den Rechten ausgestattet, die einen Eigentümer charakterisieren. Daher könne der Inhalt des EV für den Verkäufer nicht mehr im Eigentum, sondern in der Inhaberschaft eines besitzlosen Pfandrechts gesehen werden[93], das vom Gesetzgeber anerkannt worden sei[94]. Gegen diese Auffassung wurde eingewendet, daß der Verkäufer durch die Rechtsstellung als Eigentümer und eben nicht als Pfandgläubiger geschützt werden soll[95]; auch habe das Gesetz für bewegliche Sachen kein besitzloses Pfandrecht vorgesehen, und wollte dies auch mit dem EV nicht schaffen[96]. Zudem beschreibe er nur ratio legis der verzögerten Übertragungswirkung und nicht die Rechtsnatur des EV[97].

h. Rechtsfigur eigener Art

In letzter Zeit verbreitet sich aufgrund der dargestellten Schwierigkeiten, die die Einordnung verursacht, die Ansicht, der EV sei ein vom Gesetzgeber geschaffene Rechtsfigur eigener Art[98]. So habe der codice civile von 1942 aufgrund der wirtschaftlichen Praxis den EV als ein Sicherungsmittel eigener Art anerkannt und in autonomer Form geregelt. Dabei stehe der Sinn und Zweck des Gesetzes im Vordergrund, dem Verkäufer eine Sicherheit für die noch ausstehende Kaufpreiszahlung in die Hand zu geben und gleichzeitig dem Käufer das Nutzungsrecht zu verschaffen[99]. Die Sicherung des Verkäufers durch das bei ihm verbleibende Eigentum, die unbedingte Zahlungspflicht sowie die sofortige Übertragung des Nutzungsrechts modifizieren den herkömmlichen Kaufvertrag. Daraus ergeben sich auch die Schwierigkeiten einer eindeutigen Einordnung, so daß die Rechtsnatur des EV sich eben nicht mehr auf die bekannten Institute des Kaufrechts zurückzuführen läßt. Die Rechte und Pflichten des Verkäufers und des Käufers müssen vielmehr immer unter Berücksichtigung der gesetzgeberischen Intention betrachtet werden, den Verkäufer zu sichern und den Käufer in den sofortigen Stand der Nutzung der Sache zu versetzen[100].

Bonfante[101] weist deshalb zu Recht darauf hin, daß die in der Literatur vertretenen Ansichten mehr eine „Flucht in beschreibende als in klassifizierende Lösungen" darstellen, zumal die Auswirkungen all dieser Meinungen auf die Rechtsfolgen des EV nicht von großer praktischer Relevanz sind. Denn die Rechtsstellungen des

---

93 Bianca, Vendita, S. 594 f.

94 Bianca, Vendita, S. 588.

95 Capozzi, Contratti, Bd. I, S. 125; Rescigno- Carpino, Vendita, S. 316; Cass. civ., 1. 8. 1987, Nr. 6652, Foro it., 1988, I, 1, 31 (32 f.); Cass. civ., 14. 4. 1989, Nr. 1802, Foro it., 1989, I, 1, 3443 (3444).

96 Tului, Riv. dir. comm., 1980, I, 1, 355 (377 f.); Cattaneo, Riv. trim. dir. proc. civ., 1965, 945 (977).

97 Cottino, Contratti commerciali, S. 42.

98 Cattaneo, Riv. trim. dir. proc. civ. 1965, 945 (974 ff.); Galgano- Bonfante, Vendita, S. 150; Micio, Foro it., 1951, I, 1195 (1200); dagegen Enciclopedia- Lipari, Vendita con riserva, S. 528.

99 Schlesinger- Bocchini, Art. 1523, S. 301 f.

100 Stradella, Nuova giur. civ. comm., 1987, II, 321 (322).

101 Galgano- Bonfante, Vendita, S. 150.

Käufers und des Verkäufers sind im wesentlichen schon vom Gesetzgeber so festgelegt worden, daß die unklare Rechtsnatur des EV keine Auswirkungen hat. Vielmehr ist die gesetzgeberische Absicht hinzunehmen, mit der Schaffung eines Kaufs unter EV den Bedürfnissen des Wirtschaftslebens entgegenzukommen. Die Natur des EV stellt, indem sie sich nicht widerspruchsfrei mit den traditionellen Rechtsinstituten erklären läßt, ein Beispiel der von Jayme[102] gelobten „Fähigkeit zu Elastizität und Kompromiß" der italienischen Rechtsordnung dar.

IV. Vereinbarung des Eigentumsvorbehalts

Die wirksame Vereinbarung des EV setzt voraus, daß an dem Kaufgegenstand überhaupt ein EV begründbar ist. Zudem ist auf die Form und den Zeitpunkt der Vereinbarung zu achten.

1. Kaufgegenstand

a. Deutschland

Die Vereinbarung eines EV ist in einem Kaufvertrag über bewegliche Sachen (§ 455 BGB) oder in einem Werkvertrag über vertretbare Sachen (§ 651 Abs. 1 BGB) möglich. Auch an Zubehör (§§ 97, 98, 314 BGB) oder an verbrauchbaren Sachen (§ 92 BGB) kann ein EV begründet werden. Er erstreckt sich zudem auf Früchte, die mangels Vereinbarung das Schicksal der Hauptsache teilen (§ 953 BGB)[103]. Nur wenn bewegliche Sachen nach §§ 93, 94 BGB nicht sonderrechtsfähig sind, kann ein EV an ihnen nicht vereinbart werden[104]. Zudem kann ein EV bei Grundstückskäufen nicht vereinbart werden, da § 925 Abs. 2 BGB ausdrücklich eine bedingte Auflassung ausschließt. Bei der Veräußerung von Sachgesamtheiten folgt aus dem sachenrechtlichen Spezialitätsgrundsatz, daß nur an jedem einzelnen Teil das Eigentum vorbehalten werden kann[105]. So kann ein EV nicht bei der Veräußerung eines Unternehmens vereinbart werden. Zudem würde sich der EV auf sonstige Güter erstrecken, für die er nicht vereinbart werden kann[106]. Bei dem Verkauf eines Warenlagers unter EV besteht hingegen kein Widerspruch zum sachenrechtlichen Bestimmtheitsgrundsatz, wenn die Sachen gänzlich in einem Gesamtpreis enthalten sind, mit einem Sammelausdruck bezeichnet werden und ohne weiteres individualisierbar sind[107].

---

102 Jayme, FS für Mühl, S. 342.

103 Staudinger- Honsell, § 455, Rz 4, 6.

104 MüKo- Westermann, § 455, Rz.7.

105 Palandt- Putzo, § 455, Rz. 4.

106 Staudinger- Honsell, § 455, Rz 5.

107 RGZ 144, 62 (64); BGH NJW 1992, 1161; BGH NJW 1994, 133 (134); Bülow, Kreditsicherheiten, Rz. 1094.

b. Italien

Auch in Italien wird ein Kauf unter EV bei Kaufverträgen von beweglichen Sachen vorgesehen, was schon die systematische Stellung im Abschnitt über den Kauf von beweglichen Sache im codice civile nahelegt. Der EV ist ebenfalls anwendbar für den Kauf von beweglichen Sachen, die in besondere Register eingetragen werden müssen, Art. 2683 c.c, insbesondere Autos, Flugzeuge und Schiffe[1]. Das ergibt sich aus Art. 1524 Abs. 3 c.c., wonach die Bestimmungen über registrierungspflichtige bewegliche Sachen durch den EV nicht berührt werden. Es wird zu Recht darauf hingewiesen, daß die Registrierung nur die Wirksamkeit Dritten gegenüber betrifft, nicht aber das Recht des Verkäufers beschränkt, seine offene Kaufpreisforderung durch einen EV zu sichern[2].

Bei einer verbrauchbaren Sachen (cosa consumabile) wird ein EV nur dann als zulässig erachtet, wenn der Käufer sich zudem verpflichtet, die Sache nicht vor vollständiger Kaufpreiszahlung zu verbrauchen[3]. Ansonsten erlösche mit dem Verbrauch die Möglichkeit, dem Verkäufer seine Sachen zurückgeben zu können. Die Gegenansicht[4] weist darauf hin, daß kein Grund ersichtlich sei, dem Erwerber einen Kauf unter EV für Sachen zu untersagen, die er verbrauchen könnte. Zudem erstrecke sich die Sicherung des Verkäufers in jedem Fall nur auf die Sachen, über die der Käufer im Zeitpunkt der Nichterfüllung disponieren kann.

Darüber hinaus kann der EV nach einhelliger Meinung des Schrifttums[5] und der Judikatur[6] auch beim Erwerb von Immobilien vereinbart werden. Dies wird aus dem Fehlen einer anderslautender Verbotsnorm wie auch aus dem Prinzip der Vertragsfreiheit (Art. 1322 c.c.) hergeleitet[7]. Zwar hat sich der EV im Rahmen des

---

1 Cass. civ., 10. 9. 1969, Nr. 308, Giust. civ. 1969, I, 1389; Trib. S. Maria Capua Vetere, 7. 3. 1960, Giust. civ., 1961, I, 169; Capozzi, Contratti, Bd. I., S. 126; Gazzoni, Manuale, S. 1042; Mirabelli, Art. 1523-26, S. 166; Cicu- Rubino, Compravendita, S. 431; Luzzatto, Compravendita, S. 517, 523; Trimarchi, Istituzioni, S. 472.

2 Bianca, Vendita, S. 601; Luzzatto, Compravendita, S. 517; Enciclopedia- Lipari, Vendita con riserva, S. 540, Gabrielli, Riv. dir. civ., 1985, I, 1, 605 (614).

3 Trib. Salerno, 30. 7. 1950, Giur. it. 1955, I, 2, 143; Mirabelli, Art. 1523-26, S. 167; Luminoso, Compravendita, S. 143, Luzzatto, Compravendita, S. 518; Cicu- Rubino, Compravendita, S. 431; Grugnola, Giust. civ., 1979, I, 1502 (1506).

4 Bianca, Vendita, S. 601; Gazzara, Vendita, S. 216; Romano, Vendita, S. 197; unentschieden Gazzoni, Manuale, S. 1042; Cendon- Pisu, Art. 1523, S. 993; Enciclopedia- Lipari, Vendita con riserva, S. 540.

5 Capozzi, Contratti, Bd. I, S. 126; Cendon- Pisu, Art. 1523, S. 993; Gazzoni, Manuale, S. 1042; Romano, Vendita, S. 195; Gazzara, Vendita, S. 215; Bianca, Vendita, S. 600; Mirabelli, Art. 1523-26, S. 166; Cicu- Rubino, Compravendita, S. 432; Trimarchi, Istituzioni, S. 472, Luzzatto, Compravendita, S. 517, 523; Lisi, Compravendita, S. 165 f.; Tilla, Vendita, S. 147; a.A. Scialoja- D'Orazi Flavoni, Art. 2684, S. 422, Gallo, Foro it., 1958, IV, 21 (25); wonach die Hypothek ausschließliches und ausreichendes Sicherungsrecht bei Grundstücken sei.

6 Cass. civ., 3. 4. 1980, Nr. 2167, Giust. civ. mass., 1980, 943; Cass. civ., 15. 4. 1988, Nr. 2975; Foro it., 1989, I, 3444 ff.; Cass. civ., 14. 4. 1989, Nr. 1802, Foro it., 1989, I, 3444 (3445 f.), a. A. noch Trib. Torino, 5. 1. 1950, Giur. it., 1950, I, 2, 748, das sich auf den systematischen Standort der Artt. 1523-1526 c.c und auf die fehlende Erwähnung der Immobilien in Art. 1524 Abs. 3 c.c. stützt.

7 Capozzi, Contratti, Bd. I, S. 126.

Verkaufs von Industriegütern entwickelt. Es wird aber heute keine Differenzierung nach Art des Kaufgegenstandes durchgeführt[8]. Dies ist deswegen möglich, da sich der Eigentumsübergang bei unbeweglichen Sachen wie bei Mobilien mit dem Vertragsschluß vollzieht, Art. 1376 c.c. Dem steht die öffentliche Bekanntmachung der Veräußerung durch Eintragung in das Immobilienregister (registro dei immobiliari) nach Artt. 2643, 2644 c.c. nicht entgegen. Anders als eine Eintragung nach dem BGB hat die Registereintragung keine konstitutive, sondern lediglich rein deklaratorische Bedeutung und dient ausschließlich der Publizität der Rechtshandlung. Die Registereintragung erlangt nur hinsichtlich der Drittwirksamkeit der erfolgten Veräußerung Bedeutung (Art. 2644 c.c.)[9]. Gerade die Sicherung eines Grundstückverkaufs durch einen EV wird in der Praxis häufig gewählt. Bei dem Kauf einer Immobilie kann der Verkäufer seinen Kaufpreis zwar auch mittels einer gesetzlichen Hypothek (ipoteca legale, Art. 2817 Nr. 1 c.c.) sichern. Demgegenüber bietet der EV Vorteile, indem mit ihm ein in der Rechtspraxis langwieriges Vollstreckungsverfahren zur Durchsetzung der gesetzlichen Hypothek vermieden werden kann[10].

2. Form der Vereinbarung

a. Deutschland

Abgesehen von dem speziellen Konsumentenschutz ist die Vereinbarung eines EV an keine Form gebunden. Nur bei Kreditverträgen zwischen natürlichen Personen und Kreditvermittlern schreibt § 4 Abs. 1 S. 1, Nr. 2 lit. f VerbrKrG die Schriftform von Kreditverträgen vor, mit denen ein EV vereinbart wird. Der EV wird aber regelmäßig zur Beweissicherung schriftlich im Kaufvertrag vereinbart[11]. Grundsätzlich kann bei Fehlen einer ausdrücklichen Abrede ein EV auch stillschweigend vereinbart werden[12]. Die Rechtsprechung[13] hat vereinzelt eine schlüssige Vereinbarung angenommen, wenn aus den Umständen Anhaltspunkte für diese Vermutung sprechen. Dies gilt insbesondere bei laufenden Geschäftsverbindungen, wenn in den vorherigen Verträgen immer unter Vereinbarung eines EV veräußert wurde[14]. Nach

---

8 Bianca, Vendita, S. 600; Capozzi, Contratti, Bd. I, S. 126; Luzzatto, Compravendita, S. 517.

9 Trabucchi, Istituzioni, S. 230 f.; Jayme, FS für Mühl, S. 345.

10 Capozzi, Contratti, Bd. I, S. 127; nennt das Verfahren eine „odiosa procedura esecutiva"; Cicu-Rubino, Compravendita, S. 432 hingegen „il fastidio di dover procedere all'espropriazione". Trimarchi, Istituzioni, S. 472; sieht den Vorteil in der Umgehung der anfallenden fiskalen Eintragungskosten der Hypothek.

11 Nach OLG Celle, KTS 1977, 175 spricht es aber gegen die rechtmäßige Vereinbarung eines EV, wenn schriftliche Unterlagen hierüber beim Besitzübergang fehlen.

12 Serick, Bd. I, § 5 II 3 a, S. 85. Beim Stillschweigen muß differenziert werden zwischen der schuldrechtlicher Vereinbarung, insbesondere im Zusammenhang mit AGB und der dinglichen Einigung, was nicht immer ganz konsequent durchgeführt wird.

13 OLG Düsseldorf, BB 1955, 941; OLG Köln, WM 1996, 214 (215); LG Aachen, MDR 1958, 514; OLG Stuttgart, ZIP 1981, 176 (178); LG Hagen, BB 1976, 723.

14 OLG Köln, WM 1996, 214 (215).

einem Teil der Lehre[15] entspreche die stillschweigende Vereinbarung des EV der Lebenserfahrung, wenn die Sache ohne vollständige Bezahlung bereits übergeben werde. Hiergegen wird vorgebracht, daß zwischen der grundsätzlich möglichen stillschweigenden Vereinbarung des EV und der Annahme, eine solche liege nach der Lebenserfahrung stets vor, getrennt werden müsse[16].

Die schuldrechtliche Vereinbarung des EV kann auch kraft gesetzlicher Verweisung durch die Annahme eines Handelsbrauch gemäß § 346 HGB erfolgen. Ein Handelsbrauch liegt vor, wenn er der tatsächlichen Übung der beteiligten Verkehrskreise entspricht[17]. Das kann nur bejaht werden, wenn die entsprechende Regelung auch ohne Empfehlung des Interessensverbandes freiwillig befolgt wird[18], was beim EV nach Auskunft der jeweiligen IHK eine Verwendung des EV bei mindestens 75-80% aller Handelskäufe erfordert[19]. Trotz der großen Verbreitung des EV im Wirtschaftsleben wird ein entsprechender Handelsbrauch von Literatur[20] und Rechtsprechung[21] nicht angenommen.

b. Italien

In Italien ist die vertragliche Vereinbarung des EV bei beweglichen Sachen grundsätzlich ebenfalls nicht an eine besondere Form gebunden. Das betrifft aber nur die Gültigkeit und Wirksamkeit des EV zwischen den Parteien. Eine stillschweigende Vereinbarung hat in der Praxis keine Bedeutung, da die Geltendmachung Dritten gegenüber an besondere Publizitätsvorschriften gebunden ist[22]. Der italienische Gesetzgeber hat durch die hohe Zahl der privaten Überschuldungen sich zur Verbesserung des Verbraucherschutzes veranlaßt gesehen[23]. Er erließ deswegen beim Ratenkauf zwei Spezialgesetze, in denen die wirksame Vereinbarung eines EV an besondere Formerfordernisse geknüpft wird. Das Gesetz vom 28. 11. 1965, n. 1329[24] sieht bei der Bestellung von neuen Maschinen für den Gebrauch

15 Schulte, BB 1977, 269; (270, 273 f.); MüKo- Westermann, § 455, Rz. 16 f; auf wertvolle Gegenstände beschränkend RGRK- Mezger, § 455, Rz. 3, dazu ausführlich unten A IV 3 a.

16 Serick, Bd. I, § 5 II 3 a, S. 86.

17 Baumbach/Hopt, § 346, Rz. 12.

18 Basedow, ZHR 150 (1986), 467 (486).

19 OLG Hamm, NJW-RR 1993, 1444.

20 RGRK- Mezger, § 455, Rz. 3; Soergel- Mühl, § 455, Rz. 14; Honsell, JuS 1981, 705 (706); a.A: Palandt- Heinrichs, § 2 AGBG, Rz. 30. Die in diesem Zusammenhang häufig zitierten „Tegernseer Gebräuche" im Holzhandel sind zwar als Handelsbrauch anerkannt, BGH NJW-RR 1987, 94, enthalten aber keinen EV, Brandner in Ulmer/Brandner/Hensen, Anh. §§ 9-11, Rz. 652, Roller, BB 1981, 587.

21 RGZ 143, 14 (18) ablehnend für KfZ- Branche, OLG Hamm, NJW- RR 1993, 1444 ablehnend für Lebensmittelbranche, LG Hamburg, ZIP 1981, 1238 f.; ablehnend für Maschinen und Gerätehersteller, hingegen nimmt das LG Marburg, NJW-RR 1993, 1505 einen Handelsbrauch für die Textilbranche an. Branchen- oder Handelüblichkeit reicht nach BGH NJW-RR 1992, 626 für einen Handelsbrauch nicht aus.

22 Dazu ausführlich unten A VIII 2 b.

23 Perlingieri- Principe, Art. 1523, S. 904.

24 Legge v. 28. 11. 1965, n. 1329, G. U. v. 14. 12. 1965, n. 311.

oder die Produktion bei einem Kaufpreis von über Lit. 500.000 in Art. 2 Abs. 1 vor, daß für den Kauf unter EV die öffentliche Beurkundung oder die beglaubigte private Unterschrift erforderlich ist.

Zum anderen enthält das Gesetz vom 15. 9. 1964, n. 755[25] in Art. 2 Abs. 1 die Regelung, wonach Verträge über Ratenkäufe von bestimmten Waren zwischen Kaufleuten und Privaten schriftlich geschlossen werden müssen[26]. Dabei verpflichtete Art. 2 dieses Gesetzes den Käufer, mindestens 25% des Kaufpreises anzuzahlen und beschränkte die Zahlungsfrist auf zwei Jahre. Mit dem Gesetz n. 843 vom 27. 12. 1973 ist diese Regelung aufgehoben und hinsichtlich von Ratenkäufen die Vertragsfreiheit wieder eingeführt worden[27]. In Umsetzung der Richtlinie 87/102[28] und 90/88[29] schreibt Art. 21 Abs. 1 des Gesetzes vom 19. 2. 1992, n. 142[30] die Schriftform für Kreditverträge mit Konsumenten vor, wobei gemäß Art. 21 Abs. 3 lit. c des Gesetzes auch die genauen Vertragsbedingungen in dem Dokument enthalten sein müssen, wenn das Eigentum nicht sofort mit Vertragsschluss übergeht. Bei dem Verkauf von Immobilien unter EV umfaßt das Schriftformerfordernis des Art. 1350 Nr. 1 c.c. auch die Vereinbarung des EV, da mit ihr das Eigentum übertragen wird, wenn auch zu einem späterne Zeitpunkt. Letztendlich kann also der EV mit Ausnahme der Gebrauchs- und Produktionsmaschinen mit einem Kaufpreis von über Lit. 500.000 in beiden Ländern formlos vereinbart werden.

3. Nachträglich vereinbarter Eigentumsvorbehalt

Die ausdrückliche Vereinbarung des EV im Kaufvertrag wirft zumeist keine Schwierigkeiten auf. Unterschiede zwischen der deutschen und italienischen Rechtslage ergeben sich, wenn die Vereinbarung des EV nicht zeitgleich mit dem Kaufvertrag oder sogar erst nachträglich erfolgt.

---

25 Legge v. 15. 9. 1964, n. 755, Regolamentazione della vendita a rate, G. U. v. 22. 9. 1964, n. 233, aufgehoben durch legge v. 27. 12. 1973, n. 843, G. U. v. 31. 12. 1973, n. 334.

26 Beabsichtigt war, die Verkäufe dieser bestimmten Waren auf Kredit zu limitieren, angesichts der hohen Zahl von privaten Überschuldungen, indem in Art. 2 eine Mindestanzahlung und eine maximale Ratenlaufzeit festgeschrieben wurde.

27 Galgano- Bonfante, Vendita, S. 145, FN 152.

28 Richtlinie 87/102/EWG des Rates zur Angleichung der Rechts- und Verwaltungsvorschriften der Mitgliedstaaten über den Verbraucherkredit vom 22. 12. 1986, ABl. Nr. L 42 v.12. 2. 1987, S. 48.

29 Richtlinie 90/88/EWG des Rates zur Änderung der Richtlinie 87/102/EWG zur Angleichung der Rechts- und Verwaltungsvorschriften der Mitgliedstaaten über den Verbraucherkredit vom 22. 2. 1990, ABl. Nr. L 61 v. 10. 3. 1990, S. 14.

30 Gesetz v. 19. 2. 1992, n. 142, G. U. v. 20. 2. 1992, n. 42.

a. Deutschland

In Deutschland muß streng zwischen schuldrechtlichen Verpflichtungs- und dinglichem Verfügungsgeschäft unterschieden werden. Wurde in dem Kaufvertrag ein EV nicht vereinbart, so ist der Verkäufer gemäß § 433 Abs. 1 S. 1 BGB grundsätzlich zur unbedingten Übereignung verpflichtet. Will der Verkäufer sich dennoch sein Eigentum vorbehalten, dann muß der Käufer mit der nur bedingten Eigentumsübertragung einverstanden sein.

Obwohl der Verkäufer nach dem Kaufvertrag zur unbedingten Übereignung verpflichtet ist, richtet sich dessen Erfüllung nach dem dinglichen Verfügungsgeschäft. Die dafür neben der Übergabe erforderliche Einigung ist vor der Übergabe frei widerruflich und nicht bindend[31]. Der Verkäufer kann daher vor oder spätestens bei der Übergabe erklären, nur bedingt übereignen zu wollen. Auch wenn er damit entgegen seiner kaufvertraglichen Verpflichtung handelt, wird in diesem Fall der bedingungslose Eigentumsübergang ausgeschlossen (einseitig nachträglicher oder vertragswidriger EV). Ursprünglich ist solch ein vertragswidriges Verhalten des Verkäufers für unwirksam gehalten worden[32]. Mit Blick auf das Abstraktionsprinzip hat der BGH dann den einseitigen nachträglichen EV sachenrechtlich zugelassen[33]. Lehnt der Käufer das Angebot zur bedingten Übereignung ab, so erwirbt er weder bedingtes Eigentum noch ein Anwartschaftsrecht, obwohl er aufgrund des Kaufvertrages einen Anspruch auf unbedingte Übereignung besitzt[34]. Nimmt hingegen der Käufer das bedingte Einigungsangebot[35] an, so erwirbt er sachenrechtlich aufschiebend bedingtes Eigentum. Die Auslegung des Parteiverhaltens ergibt dann meist, daß mit der bedingten Übereignung der Kaufvertrag nachträglich konkludent geändert (§ 305 BGB)[36] und der EV somit doch schuld- wie sachenrechtlich wirksam vereinbart wurde.

31 BGH NJW 1978, 696 (697); BGH NJW 1979, 213 (214); Baur/Stürner, Sachenrecht, § 5 III 2 b, Rz 36; RGRK- Mezger, § 455, Rz. 4; MüKo- Quack, § 929, Rz. 99; Schwab/Prütting, Sachenrecht, § 32 II, Rz. 373; a.A. Heck, Sachenrecht, § 55.7; S. 233; Westermann- Westermann, Sachenrecht, § 38.4, S. 280.

32 LG Karlsruhe, JW 1930, 2238 (2239); OLG Stuttgart, JW 1931, 550; Schalfjew, Eigentumsvorbehalt, S. 97 f; so ist auch der Beschluß des 51. DJT, IV, 9, NJW 1976, 2010 zu verstehen.

33 BGHZ 64, 395 (397); BGH NJW 1979, 213 (214); BGH NJW 1982, 1749 (1750); BGH NJW 1982, 1751; BGH ZIP 1986, 1052 (1054); BGH ZIP 1988, 781 (784). Ihm folgt die Literatur, Ulmer/ Schmidt, JuS 1984, 18 (23); MüKo- Westermann, § 455, Rz. 16 ff.; Staudinger- Honsell, § 455, Rz. 13; Serick, Bd. I, § 5 II 4, S. 89 ff; Bunte, JA 1982, 321 (323 f.); Huber, ZIP 1989, 750 (757); Honsell, JuS 1981, 305 (307).

34 Eckert/Nebel, WM 1988, 1545 (1548); Brox, JuS 1984, 657 (658). Der Käufer kann dann klageweise über § 894 ZPO die unbedingte Einigungserklärung erwirken, Reinicke/Tiedtke, Kaufrecht, Rz. 1110.

35 An die deutliche Erklärung des kaufvertragswidrigen EV bei der Übergabe werden strenge Anforderungen gestellt, BGH NJW 1953, 217 (218); BGHZ 64, 395 (397); Honsell, JuS 1981, 705 (707); Staudinger- Honsell, § 455, Rz. 13.

36 Bülow, Kreditsicherheiten, Rz. 643; Soergel- Mühl § 455 Rz. 17; MüKo- Westermann, § 455, Rz. 19; Honsell, JuS 1981, 705 (707); die Änderung in diesem Fall generell annehmend Baur/ Stürner, Sachenrecht, § 59 B I 1 b Rz. 11; zurückhaltend Staudinger- Honsell, § 455, Rz. 14; Reinicke/Tiedtke, Kaufrecht, Rz. 1112; kritisch Rühl, Eigentumsvorbehalt, S. 191 f.; Larenz, Schuldrecht, BT II 1, § 43 II a, S. 109.

In letzter Zeit mehren sich die Stimmen in der Literatur[37], die eine schlüssige Vereinbarung des EV bei der Einigung immer annehmen, wenn der Verkäufer die Ware ohne vollständige Bezahlung übergibt. Damit habe der Verkäufer nämlich auf die Einrede des § 320 BGB verzichtet, wonach er nur Zug um Zug gegen Zahlung des Kaufpreises zur Übergabe verpflichtet ist. Daher sei es lebensfremd[38] und unüblich[39], wenn der Käufer bei der Übergabe auch noch von einer unbedingten Übereignungserklärung ausgehe. Vielmehr könne ohne entsprechende Indizien nicht angenommen werden, der Verkäufer habe mit der Übergabe auch auf jegliche Sicherung der Rückabwicklung des Vertrages verzichten wollen[40]. Deshalb sei in allen Fällen, in denen keine vollständige Zahlung des Kaufpreises erfolgt, nicht ohne weiters von einer unbedingten Übereignungserklärung des Verkäufers auszugehen[41]. Vielmehr müsse Inhalt und Tragweite der dinglichen Einigungserklärung im Wege der Auslegung ermittelt werden[42].

Der überwiegende Teil der Literatur[43] geht jedoch in Übereinstimmung mit dem BGH[44] davon aus, der Verkäufer müsse in irgendeiner Weise den Willen hinsichtlich des vorbehaltenen Eigentums dem Käufer gegenüber deutlich zum Ausdruck gebracht haben. Fehlt diese Erklärung, so sei das vertragswidrige bedingte Einigungsangebot dem Käufer nicht zugegangen. In der Übergabe sei dann das Angebot zur geschuldeten unbedingten Übereignung zu sehen[45]. Trotz weiter Verbreitung im Wirtschaftsleben könne nicht davon ausgegangen werden, daß alle Kreditkäufe mit der stillschweigenden Vereinbarung eines EV verbunden seien[46]. Sonst werde der EV zum Regelfall, der zwar begrüßenswert, aber de lege lata nicht zu begründen sei[47]. Hat der Käufer die Sache in Kenntnis des vom Verkäufer

37 Schulte, BB 1977, 269 ff.; Huber, ZIP 1989, 750 (755 ff.); MüKo- Westermann, § 455, Rz.16 f.; Lieb, FS für Baumgärtel, S. 311 (320 f.); Westermann-Westermann, Sachenrecht, § 39 II 2, S. 285; Schurig, IPRax 1994, 28 (31), so auch LG Aachen, MDR 1958, 514.

38 Huber, ZIP 1989, 750 (757).

39 MüKo- Westermann, § 455, Rz.16.

40 Nach § 454 BGB ist das Rücktrittsrecht des Verkäufers ausgeschlossen, wenn die Sache übergeben und der Kaufpreis gestundet ist, wobei die Vorschrift restriktiv ausgelegt wird, vgl. Honsell, JuS 1981, 705, FN 8; Palandt- Putzo, § 454, Rz. 1.

41 LG Aachen, MDR 1958, 514. Nach MüKo- Westermann, § 455, Rz.16 entspreche es „im Zweifel der gewöhnlichen Auslegung, nur eine bedingte Übereignung als gewollt und geschuldet anzusehen".

42 Schurig, IPRax 1994, 28 (31).

43 Reinicke/Tiedtke, Kaufrecht, Rz. 1107; Palandt- Putzo, § 455, Rz. 12; Ulmer/Schmidt, JuS 1984, 18 (23 f.); Soergel- Mühl, § 455, Rz. 18; RGRK- Mezger, § 455, Rz. 4; Bunte, ZIP 1982, 449 (451); ders., JA 1982, 321 (324 f.); Erman- Grunewald, § 455, Rz. 5; Larenz, Schuldrecht, BT II 1, § 43 II , S. 111.

44 BGH NJW 1982, 1749 (1751); BGH NJW 1979, 213 (214).

45 de Lousanoff, NJW 1985, 2921 (2922); Ulmer/Schmidt, JuS 1984, 18 (21); während ein unbedingtes Einigungsangebot nicht angenommen wird, wenn jahrelange Geschäftsbeziehungen bestanden und dabei stets unter EV veräußert wurde, so BGH NJW 1982, 1751 oder der Käufer aufgrund der Allgemeinen Geschäftsbedingungen (AGB) des Verkäufers nicht von einer unbedingten Übereignungserklärung ausgehen durfte, vgl dazu ausführlich unten A IV 4 a, aa.

46 Honsell, JuS 1981, 705 (706); Soergel- Mühl, § 455, Rz. 10; Larenz, Schuldrecht BT II 1, § 43 II a, S. 109.

47 Bunte, JA 1982, 321 (324).

gewollten EV angenommen, erklärt er damit stillschweigend sein Einverständnis mit dem bedingten Übereignungsangebot, um sich zumindest das so für ihn entstehende Anwartschaftsrecht zu sichern[48]. Für das stillschweigende Einverständnis spricht zudem, daß sonst die im Interesse des Käufers vereinbarten Zahlungstermine ihren Bestand verlieren. Denn der Verkäufer könnte die andernfalls geschuldete unbedingte Übereignung[49] vom Erhalt der Gegenleistung nach § 320 BGB abhängig machen und jederzeit die vollständige Kaufpreiszahlung verlangen. Daher ergibt die Auslegung des Vertrages unter Berücksichtigung der Parteiinteressen, daß die Stundungsvereinbarungen nur ihre Gültigkeit behalten, wenn der Verkäufer bedingt übereignet hat[50].

Letztendlich hat sich der Begriff des einseitigen nachträglichen EV zwar etabliert, ist aber irreführend. Ohne Mitwirkung des Käufers kann ein einseitiger EV nicht zustande kommen, denn das bedingte Übereignungsangebot des Verkäufers erfordert die Annahme des Käufers[51]. Der Namensursprung ist vielmehr darin zu sehen, daß der Verkäufer bis zur Übergabe einseitig den unbedingten Eigentumsübergang verhindern kann[52].

Davon zu trennen ist die nachträgliche Vereinbarung des EV nach der Übergabe, wenn der Käufer schon unbedingter Eigentümer ist. Die ältere Rechtsprechung[53] teilt den Vorgang in zwei Rechtsgeschäfte auf. Danach übereignet zuerst der zum Volleigentümer gewordene Erwerber nach § 930 BGB die Sache an den Veräußerer zurück. Dieser wiederum nimmt dann eine erneute Übereignung nach §§ 929 S. 2, 868 BGB an den Käufer vor, diesmal jedoch unter EV. Die Literatur[54] hat diese Auffassung abgelehnt. Sie nimmt statt dessen eine nachträgliche Änderung des Kaufvertrages nach § 305 BGB an. Danach lebt die ursprüngliche, durch Erfüllung erloschene Pflicht des Verkäufers zur unbedingten Eigentumsübertragung auflösend bedingt wieder auf. Das Erfüllungsgeschäft erfolgt durch eine auflösend bedingte Rückübereignung an den Verkäufer, der das um die Anwartschaft gekürzte Eigentum erhält. Damit wird die Rechtslage hergestellt, die auch bei ursprünglicher Vereinbarung des EV besteht[55].

---

48 Lieb, FS für Baumgärtel, S. 322; MüKo- Westermann, § 455, Rz. 15.

49 Hoffmann, Jura 1995, 457.

50 Ulmer/Schmidt, JuS 1984, 18 (25); MüKo- Westermann, § 455, Rz. 15; Huber, ZIP 1989, 750 (756); Lieb, FS für Baumgärtel, S. 317 f.

51 Schlosser- Schlosser, AGBG, § 1, Rz. 8 sieht den nachträglichen EV als einseitiges Rechtsgeschäft an.

52 Ulmer/Schmidt, JuS 1984, 18 (21, FN 45); Honsell, JuS 1981, 705 (707, FN 29).

53 RGZ 49, 170 (173); 54, 395 (398); BGH NJW 1953, 217 (218); BGHZ 98, 160 (165).

54 So schon Flechtheim, JW 1911, 345; Raiser, Urteilsanmerkung, NJW 1953, 217; Honsell, JuS 1981, 705 (708); MüKo- Westermann, § 455, Rz. 22 f.; Brox, JuS 1984, 657 (658); Serick, Bd. I, § 5 II 5, S. 93; Bülow, Kreditsicherheiten, Rz. 647.

55 Baur/Stürner, Sachenrecht, § 51 E III 2, Rz. 34 eine Mindermeinung deutet den nachträglich vereinbarten EV in eine Sicherungsübereignung um, Rühl, Eigentumsvorbehalt, S. 72 f.; Heck, Sachenrecht, § 107.5, S. 433.

b. Italien

Die nachträgliche Vereinbarung des EV hat auch in Italien für Gerichte und Literatur immer wieder eine bedeutende Rolle gespielt. Dabei müssen zwei systematisch zu trennende Ausgangslagen auseinandergehalten werden. Ist bei Abschluß des Kaufvertrages ein EV nicht vereinbart worden, so hat der Käufer bereits unbedingtes Eigentum gemäß Art. 1376 c.c. erworben. Daher kann nach stehender Rechtsprechung[56] und überwiegender Ansicht der Literatur[57] die Vereinbarung eines EV nur gleichzeitig mit dem Abschluß des Kaufvertrages erfolgen. Das folge aus dem Wesen des Kaufvertrages und des EV. Der Verkäufer kann durch das nachträgliche Hinzufügen einer Vorbehaltsklausel an den Kaufvertrag nicht bestimmen, daß der Eigentumsübergang aufgeschoben werden soll, da er bereits mit Vertragsschluß eingetreten ist. Das gilt insbesondere für Klauseln, die lediglich auf dem Lieferschein des Verkäufers vorhanden sind, da es an einer rechtsgeschäftlichen Vereinbarung fehlt[58]. Ein nachträglich beigefügter EV wird vielmehr für nichtig gehalten. Das wird entweder auf das Fehlen eines Vertragsgegenstandes[59] (Artt. 1418 Abs. 2, 1325 Nr. 3 c.c.) oder auf das Fehlen einer causa[60] (Artt. 1418 Abs. 2, 1325 Nr. 2 c.c) zurückgeführt, da der Verkäufer kein Eigentum besitzt, dessen Übertragung er sich vorbehalten könnte.

Eine andere Ansicht wird von den Anhängern[61] vertreten, die die Rechtsnatur des EV in einem reinen Sicherungsrecht sehen. Danach fehle bei einer nachträglichen Vereinbarung die causa nicht, da diese in dem Sicherungszweck des EV zu sehen sei. Dieses Sicherungsrecht des Verkäufers habe der Käufer selbst bei einer unbedingten Übereignung nie erworben. Deshalb sei eine Vereinbarung auch nachträglich möglich, mit der dem Veräußerer vorübergehend das Sicherungsrecht eines EV eingeräumt wird. Die Vereinbarung berühre auch bereits entstandene Rechte Dritter nicht, denn die Geltendmachung des EV gegenüber Dritten hänge nur von den allgemeinen Anforderungen des Art. 1524 c.c. ab[62].

---

56 Cass., civ., 1. 2. 1967, Nr. 292, Foro it., 1967, I, 983 (986); Cass. civ., 15. 10. 1977, Nr. 4409, Giust. civ. mass., 1977, 1755; Cass. civ., 16. 1. 1979, Nr. 318, Giust. civ. mass., 1979, 147; Cass., civ., 30. 9. 1991, Nr. 9282, Giust. civ. mass., 1991, 1282; App. Bologna, 22. 5. 1965, Giur. it., 1965, I, 2, 792.

57 Massari, Giur. it., 1956, I, 2, 987 (989); Bucolo, Giur. it., 1968, I, 163 (165 f); ders., Foro it., 1968, I, 744 (746); Rescigno, Manuale, S. 797; Bin, Vendita, Bd. III, S. 938; Rescigno- Carpino, Vendita, S. 318; Cendon- Pisu, Art. 1524, S. 995; Galgano- Bonfante, Vendita, S. 146; Perlingieri-Principe, Art. 1524, S. 906; Pajardi- Angiolino, Art. 73, S. 314; a. A. Bianca, Vendita, S. 597; Libertini, Giur. comm., 1980, II, 16 (19).

58 Cass. civ., 30. 8. 1991, Nr. 9282, Rep Foro it., 1992, „Vendita", Nr. 79; Cass., civ., 30. 9. 1991, Nr. 9282, Giust. civ. mass., 1991, 1282.

59 Cass. civ., 5. 5. 1967, Nr. 863, Giur. it., 1968, I, 1, 162 (173); Bucolo, Foro it., 1967, I, 2412 (2418); ders, Giur. it., 1968, I, 163 (165 f.); Massari, Giur. it., 1956, I, 2, 987 (989); unentschieden Troike Strambacci, AnwBl. 1984, 304.

60 Cass. civ., 1. 2. 1967, Nr. 292, Foro it., 1967, I, 983 (986); Cass. civ., 15. 10. 1978, Nr. 2357, Giur. comm., 1979, II, 797 (801).

61 Bianca, Vendita, S. 598 f; Libertini, Giur. comm. 1980, II, 16 (19).

62 Bianca, Vendita, S. 599 f., dazu ausführlich unten A VIII 2 b.

Systematisch davon zu trennen ist die nachfolgende Frage, inwieweit ein EV auch nachträglich, also nach bereits erfolgter Eigentumsübertragung, von den Parteien vereinbart werden kann. Ein solche Vereinbarung wird grundsätzlich aufgrund der Vertragsfreiheit für zulässig gehalten. Dabei wird wie in Deutschland der Weg über zwei hintereinander vorzunehmende Rechtsgeschäfte beschritten. Der Käufer veräußert entweder die Sache an den Verkäufer zurück[63] oder die Parteien lösen den ursprünglichen Kaufvertrag nach Art. 1372 Abs. 1 S. 2 c.c. auf[64], damit der Verkäufer wieder Eigentümer wird. Anschließend erwirbt der Käufer die Sache unter einem gleichzeitig vereinbarten EV erneut.

Bonomi[65] sieht in der Rückübereignung eine Umgehung des Verbots des Verfallpfandrechts (pactum commissorium, Artt. 1963, Art. 2744 c.c.). wonach Verträge nichtig sind, mit denen das Eigentum an den Gläubiger zurückfällt, falls der Schuldner nicht ordnungsgemäß erfüllt[66]. Indem der Zweck einer nachträglichen Rückübereignung in der Sicherung des ursprünglichen Eigentümers liege, erhalte der Verkäufer auflösend bedingtes Eigentum, das mit Zahlung des Kaufpreises an den Käufer zurückfalle[67]. Diese Auffassung ist jedoch nicht mit der Rechtsnatur des EV und dem Sinn seiner nachträglichen Vereinbarung in Einklang zu bringen. Denn es soll nicht das Eigentum automatisch an den Verkäufer zurückfallen, sondern er soll bis zur vollständigen Kaufpreiszahlung wie jeder andere Vorbehaltsverkäufer auch Eigentümer bleiben.

Die Judikatur hat diese strikte systematische Trennung von wirksamer ursprünglicher und nachträglicher Vereinbarung zumeist nicht durchgeführt und sich nur inzident mit der Zulässigkeit des nachträglichen EV auseinandergesetzt[68]. Sie behandelt diese Frage vielmehr unter dem Gesichtspunkt, inwieweit ein nachträglich vereinbarter EV im Konkurs geltend gemacht werden kann. So muß die Vereinbarung des EV sich aus einem Schriftstück mit sicherem Datum (data certa) ergeben, daß vor der Konkurseröffnung liegt[69]. Dabei kann es zu einer zeitlichen Differenz zwischen Kaufvertragsschluß und der Erlangung des für den EV so wichtigen sicheren Datums kommen. Beispielsweise, wenn die Beglaubigung der Unterschriften nicht vorher möglich war oder um anfallende Registergebühren nicht sofort entstehen zu lassen[70].

---

63 Cass. civ., 15. 10. 1978, Nr. 2357, Giur. comm. 1979, II, 797 (801); Bucolo, Foro it., 1967, I, 2412 (1417 f.); Angelici, Giur. comm. 1979, II, 797 (807); Gorla, Compravendita, S. 324; Bianca, Vendita, S. 598.

64 Bin, Vendita, Bd. III, S. 938; Rescigno- Carpino, Vendita, S. 318, FN 10; Enciclopedia- Lipari, Vendita con riserva, S. 538.

65 Bonomi, Eigentumsvorbehalt, S. 26 f.

66 Vgl. hierzu auch ausführlich unten A IX 6 b.

67 Bonomi, Eigentumsvorbehalt, S. 26 f.

68 Das beklagte schon Bucolo, Giur it., 1968, I, 163.

69 Zum sicheren Datum unten A VI 2 b, aa, zum Konkurs unten B I.

70 Bianca, Vendita, S. 606; Mühl, Rechtsvergleich, S. 134; Stumpf- Zimmermann, Italien, S. 210.

Nach Ansicht der älteren Rechtsprechung[71] muß der Kaufvertrag dasselbe sichere Datum haben wie die Vereinbarung des EV. Ist das nicht der Fall, so wird das als Beweis dafür gewertet, daß der EV nicht gleichzeitig mit dem Kaufvertrag vereinbart wurde. Das wird auch angenommen, wenn die Übergabe der Sache an einem anderen Tag erfolgt als die Vereinbarung des EV[72]. Als Folge wird der Vereinbarung jede konkursrechtliche Wirkung abgesprochen, so daß der EV damit Dritt- oder Konkursgläubigern nicht entgegengehalten werden kann[73].

Bei der Begründung dieses Ergebnisses findet sich in der Judikatur keine einheitliche Linie. Als gemeinsame Grundlage dient die Annahme, wonach bei der nachträglichen Veräußerung unter EV das auf den Rückerwerb gerichteten Rechtsgeschäft meist ohne Gegenleistung erfolgt. Der überwiegende Teil der Judikate[74] sah darin ein unentgeltliches Rechtsgeschäft (atto a titolo gratuito), das den Konkursgläubigern gegenüber nach Art. 64 legge fallimentare (LF) unwirksam ist. Andere Urteile haben sich auch auf den Standpunkt gestellt, ein nachträglicher EV unterliegt der Konkursanfechtung nach Art. 67 LF[75]. Im Rahmen des Art. 67 LF ist dann die Anfechtung zum einen auf Art. 67 Nr. 1 LF gestützt, da für die nachträgliche Vereinbarung des EV keine entsprechende Gegenleistung erhalten wurde[76]. Auch wurde die Konkursanfechtung aus Art. 67 Nr. 2 LF hergeleitet[77]. Der nachträgliche EV sei ein anormales Zahlungsmittel, wenn damit offene Forderungen des Verkäufers gesichert werden sollen. Zum Teil wurde auch Art. 67 Nr. 4 LF entsprechend angewendet[78]. Dann wurde in dem nachträglichen EV ein Sicherungsvertrag gesehen, der seinem Wesen der Pfandbestellung ohne bestehende Schuld des Art. 67 Nr. 4 LF entspricht. Wieder andere Urteile haben die konkursrechtliche Unwirksamkeit des nachträglichen EV angenommen, ohne sich zwischen Art. 64 und Art. 67 LF zu entscheiden[79].

---

71 Cass. civ., 12. 8. 1963, Nr. 2308, Foro it., 1964, I, 107 (110); Cass. civ., 1. 2. 1967, Nr. 292, Foro it., 1967, I, 983 (987); Cass. civ., 26. 4. 1968, Nr. 268, Foro it., 1968, I, 3027 (3030).

72 Cass. civ., 26. 4. 1968, Nr. 1268, Foro it., 1968, I, 3027 (3030); Cass., civ., 18. 4. 1977, Nr. 1432, Giust. civ. mass., 1977, 617.

73 Cass. civ., 26. 4. 1968, Nr. 1268, Foro it. 1968, I, 3027 (3028); Cass. civ., 1. 2. 1967, Nr. 292, Foro it., 1967, I, 983 (986); Cass. civ., 5. 5. 1967, Nr. 863, Giur. it., 1968, I, 1, 162; (173); Cass. civ., 22. 6. 1972, Nr. 2040, Giust. civ. mass., 1972, I 1144 (1146); Cass. civ., 13. 12. 1975, Nr. 4100, Giust. civ. mass., 1975, 1918 f.; Cass. civ., 15. 10. 1978, Nr. 2357, Giur. comm., 1979, II, 797 (801).

74 Cass. civ., 16. 3. 1964, Nr. 590, Foro it., 1964, I, 880; Cass. civ., 6. 12. 1977, Nr. 5279, Giust. civ. mass., 1977, 2128 (2129); Cass. civ., 5. 5. 1993, Nr. 5213, Giust. civ. mass., 1993, 816; zustimmend Pajardi- Angiolino, Art. 64, S. 250; Cian/Trabucchi- Pavarin, Art. 1524, S. 1560; Bozza/ Schiavon, L'accertamento, S. 545; Lo Cascio, Fallimento, S. 278; Schlesinger- Bocchini, Art. 1523, S. 325.

75 Cass. civ., 1. 2. 1967, Nr. 292, Foro it., 1967, I, 983 (986); Cass. civ., 5. 5. 1967, Nr. 863, Giust. civ. mass., 1967, 439.

76 Cass. civ., 12. 8. 1963., Nr. 2308, Foro it., 1964, I, 107 (109).

77 Cass. civ., 1. 2. 1967, Foro it., 1967, I, 983 (986).

78 Trib. Alessandria, 4. 8. 1954, Foro pad., 1955, I, 1481 (1486) mit ablehnender Anmerkung Osimo, ebenda, S. 1484.

79 Cass. civ., 17. 5. 1979, Nr. 2826, Giust. civ. mass., 1979, 1220 (1221).

In der Folgezeit hat die Rechtsprechung[80] ihre Ansicht geändert und sich darauf besonnen, daß der Kauf unter EV auch mündlich wirksam geschlossen werden kann. Ist der Kauf unter EV formlos möglich, so können die Parteien zu einem beliebigen Zeitpunkt diesen Kaufvertrag schriftlich fixieren. Damit wird dann die bereits mündlich erfolgte Veräußerung unter EV nur anerkannt bzw reproduziert. Der Zweck einer solchen schriftlichen Wiederholung ist darin zu sehen, daß nur mit ihr ein sicheres Datum und damit Drittwirksamkeit für die Vereinbarung erlangt werden kann. Dann sind aber die unterschiedlichen Daten von Kaufvertrag und dem Schriftstück mit sicheren Datum kein taugliches Beweismittel mehr für die Annahme, der Kaufvertrag sei ohne gleichzeitige Vereinbarung des EV abgeschlossen worden. Vielmehr wird die Gültigkeit des Verkaufs unter EV von den unterschiedlichen Daten nicht berührt[81], weil das registrierte Schriftstück nicht der ursprüngliche Vertrag, sondern nur inhaltlich geeignet sein muß, die Individualisierung der unter EV verkauften Sachen zu gewährleisten[82].

Die geänderte Rechtsprechung findet breite Zustimmung in der Literatur[83], da die Registrierung ein formelles Mittel zur Geltendmachung des EV darstellt. Das Gesetz sieht in Art. 1524 c.c. nur das Vorliegen eines sicheren Datums für die Drittwirksamkeit vor, nicht aber, daß es dem Tag des Vertragsschlusses entspricht. Das Beweismittel kann folglich auch zu einem späteren Zeitpunkt dem ursprünglichen Kaufvertragsdokument beigefügt werden, ohne die wirksame Begründung des vereinbarten EV zu betreffen.

An der konkursrechtlichen Unwirksamkeit des nachträglichen EV hat aber auch die neuerliche Rechtsprechung nichts modifiziert. Zwar sieht sie jetzt in den unterschiedlichen Daten die Anerkennungsfunktion des unter EV erfolgten Kaufvertrages in den Vordergrund gerückt. Dennoch kann der Konkursverwalter beweisen, daß der EV erst nachträglich vereinbart worden ist, nachdem die Sache vorher bereits ohne eine solche Abrede veräußert worden ist. In diesem Fall unterliegt die

---

80 Cass. civ., 13. 12. 1975, Nr. 4100, Giust. civ. mass. 1975, 1918 f.; Cass. civ., 17. 5. 1979, Nr. 2826, Giust. civ. mass., 1979, 1220 (1221); Cass. civ., 6. 2. 1986, Nr. 723, Giust. civ. mass., 1986, 224 (225); Cass. civ., 17. 12. 1990, Nr. 11960, Giust. civ. mass., 1990, 2939; Cass. civ., 13. 5. 1991, Nr. 5324, Giust. civ. mass. 1991, 680 (681); Cass. civ., 5. 5. 1993, Nr. 5213, Giust. civ. mass., 1993, 816; Cass. civ., 20. 5. 1994, Nr. 4976, Foro it., 1995, I, 893 (895); Trib. Modena, 30. 4. 1994, Rep. Foro it., 1995, „Vendita", Nr. 82.

81 Cass. civ., 6. 2. 1986, Nr. 723, Giust. civ. mass., 1986, 224 (225); Cass. civ., 13. 5. 1991, Nr. 5324, Giust. civ. mass. 1991, 680 (681).

82 Bianca, Vendita, S. 604.

83 Rescigno- Carpino, Vendita, S. 318; Cendon- Pisu, Art. 1524, S. 995; Enciclopedia- Lipari, vendita con riserva, S. 538; Bianca, Vendita, S. 606; Bin, Vendita, Bd. III, S. 962; Galgano-Bonfante, Vendita, S. 146; Pajardi- Angiolino, Art. 73, S. 314; kritisch Angelici, Giur. comm. 1979, II, 797 (798); Cian/Trabucchi- Pavarin, Art. 1524, S. 1711; Pescatore/Ruperto, Art. 1524, S. 2717; Campobasso, Contratti, S. 23, FN 1; Cottino, Contratti commerciali, S. 43; Bozza/Schiavon, L'accertamento, S. 545; Stradella, Nuova giur. civ. comm., 1987, II, 321 (323); Lo Cascio, Fallimento, S. 278; Luminoso, Compravendita, S. 142; Cuneo, Procedure, S. 631; Schlesinger-Bocchini, Art. 1523, S. 323.

Vereinbarung auch weiterhin der Konkursanfechtung[84]. Wie auch im deutschen Recht ist somit in Italien eine einseitige nachträgliche Vereinbarung des EV nicht möglich. Es muß zuerst immer der bereits abgeschlossene Kaufvertrag einverständlich aufgehoben werden bzw. die Rückübertragung des Eigentums an den Verkäufer erfolgen, um den bereits erfolgten unbedingten Eigentumserwerb des Käufers rückgängig zu machen. Lediglich in Deutschland kann der Verkäufer aufgrund des Abstraktionsprinzips bis zur Übergabe einseitig den unbedingten Eigentumsübergang durch eine entsprechende Erklärung verhindern. In Italien hat der Verkäufer aufgrund des Konsensualprinzips hingegen nicht diese Möglichkeit, da bereits mit Vertragsschluß die Eigentumsübertragung erfolgt.

4. Vereinbarung durch AGB

Im kaufmännischen Geschäftsverkehr werden im weiten Umfang vorformulierte allgemeine Vertragsbedingungen (AGB) seitens der Lieferanten und Hersteller verwendet, worin häufig ein EV vorgesehen ist. Da das Recht der AGB in Deutschland und Italien eine jeweils unterschiedliche Ausgestaltung durch den Gesetzgeber erfahren hat, wirkt sich das auch erheblich auf den EV aus.

a. Deutschland

In Deutschland wird im AGBG[85] der EV nicht geregelt. Damit ein EV mittels AGB vereinbart wird, muß die entsprechende Klausel Vertragsbestandteil werden. Das richtet sich grundsätzlich nach den allgemeinen Einbeziehungs- und Inhaltskontrollen des AGBG. Die wirksame Einbeziehung nach § 2 AGBG verpflichtet den Verwender, auf seine AGB hinzuweisen und die Kenntnisnahme des Inhalts in zumutbarer Weise zu ermöglichen. Mit Einverständnis des Vertragspartners werden die AGB Vertragsbestandteil. Meist sind beide Seiten Kaufleute. Dann schließt § 24 Abs.1 Nr. 1 AGBG diese strenge Einbeziehungskontrolle aus und an die wirksame Einbeziehung der AGB werden geringere Anforderungen gestellt. Danach genügt für eine wirksame Vereinbarung der AGB jede ausdrückliche oder stillschweigende Willensübereinstimmung der Vertragsparteien zur Geltung der AGB gemäß §§ 145 ff BGB[86]. Die wirksame Einbeziehung erfordert zunächst einen erkennbaren Hinweis des Verkäufers auf seine AGB[87]. Der für die Einbeziehung erforderliche Hinweis kann bei Branchenüblichkeit der AGB entbehrlich sein, da der Kunde wußte

84 Cass. civ., 17. 5. 1979, Nr. 2826, Giust. civ. mass., 1979, 1220 (1221); Cass. civ., 6. 2. 1986, Nr. 723, Giust. civ. mass., 1986, 224 (225); Cass. civ., 17. 12. 1990, Nr. 11960, Giust. civ. mass., 1990, 2939; Cass. civ., 13. 5. 1991, Nr. 5324, Giust. civ. mass. 1991, 680 (681); Cass. civ., 5. 5. 1993, Nr. 5213, Giust. civ. mass., 1993, 816.

85 Gesetz zur Regelung der allgemeinen Geschäftsbedindungen vom 9. 12. 1976, BGBl. I, S. 3317, zuletzt geändert durch Gesetz zur Änderung des AGB- Gesetzes und der Insolvenzordnung vom 19. 7. 1996, BGBl. I, 1013.

86 BGH, NJW 1985, 1838 (1839); BGHZ 102, 293 (304); BGHZ 117, 190 (194).

87 Staudinger- Honsell, § 455, Rz. 10; v. Westphalen, Vertragsbedingungen, S. 25.

oder wissen mußte, daß AGB dem Geschäft zugrunde gelegt werden[88]. Diese Branchenüblichkeit wird für der Verwendung der AGB-Klauseln durch Banken, Versicherungen und Spediteuren anerkannt[89]. Aber selbst bei Branchenüblichkeit gelten diese noch nicht stillschweigend als vereinbart, sondern nur ein Hinweis auf die AGB als (eine) Voraussetzung für deren wirksame Vereinbarung entfällt[90]. Die Branchenüblichkeit der AGB ersetzt rein dogmatisch noch nicht das erforderliche Einverständnis mit deren Geltung. Die erforderliche Willenübereinstimmung wird meist aus den Umständen des Einzelfalls hergeleitet, insbesondere daraus, daß sich im branchenüblichen Verkehr der Kunde der Geltung der AGB unterwerfe[91].

Schwierigkeiten treten dann auf, wenn der Vertragspartner mit der Einbeziehung von AGB oder einzelnen Klauseln nicht einverstanden ist. Dafür muß er der Geltung bei der Leistungsannahme erkennbar widersprechen[92]. Uneinigkeit besteht in der Beurteilung, wie ein solcher Widerspruch zu erfolgen hat[93]. Damit eng verwoben ist auch die Frage, welche Erklärungswirkungen im Falle des Widerspruchs der Entgegennahme der Vertragsleistung zu entnehmen sind. Das betrifft insbesondere das Problem der beidseitigen Verwendung von AGB, wenn nicht endgültig geklärt ist, welche Klauseln gelten sollen und daher eine Kollision der AGB auftritt.

aa. Eigentumsvorbehalt und kollidierende AGB

Lange Zeit beschäftigte die Behandlung von inhaltlich sich widersprechenden oder ausschließenden AGB-Klauseln Literatur und Rechtsprechung. Im Laufe der Zeit entwickelte sich eine Vielzahl kollidierenden Klauseln, für die immer neue Einordnungsversuche unternommen wurden[94]. Im Ergebnis geht es aber stets bei kollidierenden AGB um die Frage des Zustandekommens und maßgeblichen Inhaltes dieser Vertragsbestandteile.

Die frühere Rechtsprechung[95] hat die sich insbesondere aus den Hinweisen auf AGB in modifizierenden Auftragsbestätigungen[96] ergebenden Probleme nach der sog. „Theorie des letzten Wortes“ gemäß § 150 Abs. 2 BGB gelöst. Danach stellte

---

88 Ulmer in Ulmer/Brandner/Hensen § 2 Rz. 83; MüKo- Kötz, § 2 AGBG, Rz. 24.

89 Ulmer in Ulmer/Brandner/Hensen, § 2, Rz. 85, Schlosser- Schlosser, AGBG, § 2, Rz. 100; Schlegelberger- Hefermehl, § 346, Rz. 6; v. Westphalen, Vertragsbedingungen, S. 17 mit ausführlichstem Nachweis.

90 BGH NJW-RR 1992, 626 f.

91 So zuletzt OLG Hamburg, RIW 1997, 70.

92 BGHZ 104, 129 (137); BGHZ 117, 190 (194).

93 Nach stehender Rechtsprechung ist der Widerspruch in Form von AGB ausreichend, BGHZ 61, 282 (288); BGH WM 1977, 451 (452); BGH NJW 1985, 1838 (1839); BGH NJW-RR 1986, 984; BGH NJW-RR 1992, 626 f.; BGH NJW 1995, 1671 (1672); a.A. OLG Köln, BB 1980, 1237 (1239); Bunte, JA 1982, 321 (324); Ulmer in Ulmer/Brandner/ Hensen, § 2, Rz. 97, 99; Erman- Hefermehl, § 2, Rz 49.

94 Dazu Wolf in Wolf/Horn/Lindacher, § 2 Rz. 73-80.

95 BGHZ 18, 212 (215); BGH BB 1951, 456; BGH BB 1954, 882; BGH WM 1956, 669; (670).

96 Dazu ausführlich unten A IV 4 a, bb.

die jeweils letzte Verweisung auf die eigenen AGB eine Ablehnung verbunden mit einem neuen Angebot dar. Mit der vorbehaltlosen Entgegennahme der Ware nahm der Käufer dieses Angebot an. Darin wurde sein stillschweigendes Einverständnis mit dem neuen Angebot und der Geltung der AGB gesehen.

Im Laufe der Zeit distanzierte sich die Rechtsprechung[97] mit Zustimmung der Literatur[98] von dieser Auffassung. Wird der Vertrag trotz kollidierender AGB ganz oder teilweise ausgeführt, geben die Vertragsparteien zu erkennen, daß die Kollision den Bestand des Vertrags nicht berühren soll. In der Entgegennahme der Vertragsleistung ist dann aufgrund des erfolgten Widerspruchs nicht mehr die Annahme eines modifizierenden Angebots zu sehen. Für die sich widersprechenden Klauseln treten gemäß des Rechtsgedankens des § 6 Abs. 2 AGBG die allgemeinen gesetzlichen Regelungen an deren Stelle. Bei Kollision der AGB gilt dennoch nicht ausnahmslos die gesetzliche Regelung. Vielmehr kann dem Parteiwillen entnommen werden, dispositives Recht ergänzen oder verändern zu wollen. Das ist der Fall, wenn in den kollidierenden AGB Regeln enthalten sind, die übereinstimmen und daher von beiden Seiten gewollt sind, womit die jeweiligen inhaltlich sich deckenden Klauseln Vertragsbestandteil werden (Prinzip der Kongruenzdeckung).

Die Willensübereinstimmung kann dann nicht angenommen werden, wenn sogenannte „zusätzliche Klauseln“ vorliegen. Zusätzliche Klauseln sind solche, die in den AGB der anderen Seite keine entsprechende Regelung enthalten. Bei der Frage, ob „zusätzliche Klauseln“ Vertragsinhalt werden, kommt es auf die Umstände an, ob ein Einverständnis mit der zusätzlichen Regelung anzunehmen ist[99]. Grundsätzlich handelt es sich bei den „zusätzlichen Klauseln“ um kollidierende Klauseln mit der Folge der Geltung des Gesetzesrechts[100]. Diese Folgerung wird weder vom Schrifttum noch von der Rechtsprechung gezogen[101]. Anstatt es bei der klaren Zweiteilung von Übereinstimmung oder Kollision von AGB zu lassen, wird durch die sogenannten „zusätzliche Klauseln“ eine erneute Unsicherheit geschaffen[102]. Das zeigt sich insbesondere beim EV. Betreffen die AGB von Käufer und Verkäufer gerade die Vereinbarung des EV, dann wird er grundsätzlich nach

97 BGHZ 61, 282 (288 f.); BGH WM 1977, 451; BGH, NJW 1985, 1838 (1839); BGH ZIP 1986, 1052 (1054); BGH NJW 1991, 1604 (1606); OLG Koblenz, WM 1984, 1347 (1348 f.); OLG Hamm, WM 1985, 785 (786) OLG Düsseldorf, NJW-RR 1997, 946 (947).

98 Ulmer in Ulmer/Brandner /Hensen § 2 Rz. 98; Wolf in Wolf/Horn/Lindacher § 2 Rz. 77 ff; Soergel-Mühl § 455, Rz.15; Beckmann/Sandrock § 6, Rz. 48 ; MüKo- Kötz, § 2 AGBG Rz. 31; Staudinger-Schlosser, § 2 AGBG, Rz. 83; Palandt- Heinrichs, § 2 AGBG, Rz. 27; de Lousanoff, NJW 1982, 1727 (1729 f.); Flume, Rechtsgeschäft, S. 674 f.; Lieb, FS für Baumgärtel, S. 312; Honsell, JuS 1981, 705 (706); Ulmer/Schmidt, JuS 1984, 18 (20); v. Westphalen, Vertragsbedingungen, S. 27.

99 BGH NJW 1985, 1838 (1839); BGH NJW 1991, 1604 (1606); OLG Düsseldorf, NJW-RR 1997, 946 (947).

100 A. A. Honsell, JuS 1981, 705 (707).

101 de Lousanoff, NJW 1985, 2921 (2924).

102 v. Westphalen, Vertragsbedingungen, S. 29. So untersucht beispielsweise BGH NJW 1985, 1838 (1840) eine Abwehrklausel darauf, ob sie sich nur gegen widersprechende oder auch gegen zusätzliche Klauseln richten soll.

dem Prinzip der Kongruenzdeckung nur Bestandteil des Kaufvertrages, wenn die AGB hierin übereinstimmen[103]. Ist der EV aber in einer „zusätzlichen Klausel" enthalten, dann soll es auf den zu ermittelnden Willen der Parteien ankommen.

Hierfür bemüht die Lehre[104] den Begriff der Branchenüblichkeit. Die Branchenüblichkeit des EV sei ein Indiz dafür, daß der Käufer mit der Vereinbarung eines einfachen EV einverstanden ist. Das Indiz kann widerlegt werden. Dabei reicht der Widerspruch in Form von AGB nicht oder nur bedingt aus, vielmehr muß er in anderer Form erfolgen. Unterbleibt dieser, wird letztendlich in der Annahme der Vertragsleistung das stillschweigende Einverständnis mit den AGB gesehen, die den EV enthalten. Der Parteiwille zeige sich in der Abnahme der Leistung. Jedoch wird die Branchenüblichkeit weder definiert noch eingegrenzt, so daß im Ergebnis der einfache EV im kaufmännischen Verkehr nahezu immer als vereinbart gilt, wenn der Vertrag ausgeführt wird. Auf diesen Weg wird die Einbeziehung des einfachen EV in AGB kraft Branchenüblichkeit erreicht, die einer Einbeziehung des EV in AGB nach § 346 HGB sehr nahe kommt.

Auch die Rechtsprechung[105] unterstellt die wirksame Einbeziehung von „zusätzlichen Klauseln" der zu ermittelnden Willensübereinstimmung der Parteien. Hat eine Seite ihren entgegenstehenden Willen deutlich zum Ausdruck gebracht, auch in Form von AGB-Klauseln, dann kann ein Einverständnis nicht angenommen werden[106]. Der Branchenüblichkeit des EV kommt zwar Indizwirkung für das stillschweigende Einverständnis mit der zusätzlichen Regelung zu. Dennoch sind bei einem erkennbaren Widerspruch weitere Anhaltspunkte für die Willensermittlung erforderlich[107]. Die Branchenüblichkeit oder Vertragsausführung reichen dann für die Annahme einer konkludenten Willensübereinstimmung nicht aus.

Weiterhin muß noch danach differenziert werden, ob ein einfacher EV oder eine Verlängerungsform[108] vorliegt. Die den einfachen EV enthaltende Klausel führt dazu, daß der Käufer bei der Übergabe der Sache nicht von einer unbedingten Übereignungserklärung des Verkäufers ausgehen kann. Die AGB des Verkäufers spielen bei der Auslegung des Einigungsangebots selbst dann eine Rolle, wenn sie nicht Vertragsbestandteil geworden sind; das ist kein Hindernis, ihren Inhalt bei

---

103 A. A. Flume, Rechtsgeschäft, S. 675, wonach der einfache EV nur eine Modifikation der gesetzlichen Zug um Zug Leistung darstellt und auch im Falle der Kollision gelten soll, während das OLG Hamm, WM 1985 187 (787) zu Recht darauf hinweist, dispositives Recht kenne keinen EV ohne entsprechende Vereinbarung.

104 Eckert/Nebel, WM 1988, 1545 (1548 f.); de Lousanoff, NJW 1985, 2921 (2924); Ulmer in Ulmer/Brandner/Hensen, § 2, Rz. 105; Wolf in Wolf/Horn/Lindacher, § 2, Rz. 80; Brandner in Ulmer/Brandner/Hensen, Anh. §§ 9-11, Rz. 653; Erman- Hefermehl, § 2, Rz. 49; Basedow, ZHR 150 (1986), 467 (486).

105 BGH NJW 1985, 1838 (1839); BGH NJW-RR 1986, 984 (985); OLG Düsseldorf, NJW-RR 1997, 946 (947).

106 Stehende Rechtsprechung, BGHZ 61, 282 (288); BGH WM 1977, 451; BGH NJW 1985, 1838 (1839); BGH NJW-RR 1986, 984; BGH NJW-RR 1992, 626 f.; BGH NJW 1995, 1671 (1672).

107 BGH NJW-RR 1992, 626 f.; BGH NJW-RR 1986, 984 (985); OLG Hamm, WM 1985, 785 (787).

108 Zu den Verlängerungsformen ausführlich unten A VI.

der Auslegung der sachenrechtlichen Übereignungserklärung zu berücksichtigen[109]. Hat der Käufer in Kenntnis der kollidierenden oder zusätzlichen Klausel die Sache angenommen, erklärt er damit entgegen seinem ursprünglichen Widerspruch gegen die den EV enthaltende Klausel nun stillschweigend sein Einverständnis mit dem bedingten Übereignungsangebot[110]. Der einfache EV wird somit auf sachenrechtlicher Ebene nach den Regeln über den nachträglichen EV behandelt[111]. Die Verlängerungsformen des EV hingegen benötigen in jedem Fall ihre schuldrechtliche Vereinbarung durch die Parteien. Die schuldrechtliche Vereinbarung setzt aber die wirksame Einbeziehung der zusätzlichen Klauseln in den Vertrag voraus. Diese scheitert nach der Rechtsprechung[112] an dem in den AGB erfolgten Widerspruch gegen die Einbeziehung. Wegen der Konsequenzen für den Käufer wird in diesem Zusammenhang auch vom „Ende der Abwehrklauseln" gesprochen[113]. Das Schrifttum[114] hingegen läßt die Einbeziehung scheitern, indem es die Branchenüblichkeit der Verlängerungsformen des EV verneint. Damit fehlt das regelmäßig in der Branchenüblichkeit liegende Indiz des stillschweigenden Einverständnisses mit der zusätzlichen Regelung bei Leistungsabnahme, so daß sich die fehlende Willensübereinstimmung voll auswirkt.

Zu Recht weisen aber einige Entscheidungen[115] auf das Kernproblem hin. Kommt es zur Vertragsausführung, dann wollen die Parteien den Vertrag nicht aufs Spiel setzen. Kollidieren die Klauseln und verzichten die Parteien bewußt auf eindeutige und endgültige Klärung, dann könne der Vertragsdurchführung auch kein Erklärungswert zukommen. Das soll auch nicht durch die Fiktion stillschweigender schuldrechtlicher oder dinglicher Willenserklärungen ausgehöhlt werden. Die Folge ist, daß weder ein einfacher EV noch eine Verlängerungsform vereinbart ist, sondern die Sache unbedingt übereignet wurde.

---

109 BGH NJW 1982, 1749 (1750); BGH NJW 1982, 1751; BGH ZIP 1986, 1052 (1054); BGH ZIP 1988, 781 (784); BGHZ 104, 129 (134); Ulmer/Schmidt, JuS 1984, 18 (24) de Lousanoff, NJW 1985, 2921 (2925); Graf Lambsdorff, ZIP 1987, 1370(1371).

110 Lieb, FS für Baumgärtel, S. 322; MüKo- Westermann, § 455, Rz. 15.

111 Dazu bereits oben A IV 3 a.

112 BGH NJW 1985, 1838 (1840); BGH NJW-RR 1986, 984 (985); BGH NJW 1995, 1671 (1672).

113 Graf Lambsdorff, ZIP 1987, 1370 (1371), zu den Konsequenzen vgl. unten A VI 1 a, 2 a.

114 Ulmer in Ulmer/Brandner/Hensen, § 2, Rz. 105; de Lousanoff, NJW 1985, 2921 (2925); Brandner in Ulmer/Brandner/Hensen, Anh. §§ 9-11, Rz. 653; Wolf in Wolf/Horn/Lindacher, § 2, Rz. 80; a.A. Schulte, BB 1977, 269 (274); Eckert/Nebel, WM 1988, 1545 (1550); OLG Düsseldorf, NJW-RR 1997, 946 (947) in einem Fall aus der Stahlbranche .

115 OLG Köln, BB 1980, 1237 (1240); OLG Hamm, BB 1983, 1814 (1815); LG Düsseldorf, WM 1980, 1272 (1273); zustimmend Flume, Rechtsgeschäft, S. 675 f.; de Lousanoff, NJW 1982, 1727 (1730 f.); v. Westphalen, Vertragsbedingungen, S. 29; Erman- Grunewald, § 455, Rz. 3.

bb. Kaufmännisches Bestätigungsschreiben und Auftragsbestätigung

Der EV kann zudem im kaufmännischen Verkehr durch ein Bestätigungsschreiben[116] vereinbart werden. Das kaufmännische Bestätigungsschreiben hält einen formlosen Vertragsschluß gegenüber dem anderen Teil fest. Im Interesse des Verkehrschutzes muß der Empfänger eines Bestätigungsschreiben den Inhalt bei dessen widerspruchsloser Hinnahme gegen sich gelten lassen[117]. Das Schweigen ist Ausdruck des Einverständnisses zum Inhalt des kaufmännische Bestätigungsschreibens und fingiert, daß ein Vertrag mit genau diesem Inhalt geschlossen wurde[118]. Damit kommt es auf den Inhalt der ursprünglichen Vereinbarung nicht mehr an, sondern der bereits abgeschlossene Vertrag erhält durch das Schweigen auf das Bestätigungsschreiben einen anderen Inhalt[119].

Auch der nachträgliche Hinweis auf die AGB im kaufmännischen Bestätigungsschreiben führt bei fehlenden Widerspruch grundsätzlich zu deren wirksamen Einbeziehung[120]. Enthalten diese AGB einen EV, so kann er auf diese Weise Vertragsinhalt werden. Die Einbeziehung scheitert dann, wenn der Absender nicht mit dem Einverständnis rechnen durfte und daher das Schweigen auf das Bestätigungsschreiben nicht als Zustimmung werten durfte[121]. Der Einbeziehung eines einfachen EV und seiner Verlängerungsformen stehen diese Bedenken nicht entgegen, da der kaufmännische Verkehr mit solchen Klauseln rechnen muß[122]. Kreuzen sich Bestätigungsschreiben und wird jeweils auf sich inhaltlich widersprechende AGB hingewiesen, besteht grundsätzlich die gleiche Rechtslage wie bei kollidierenden AGB[123]. Soweit die Klauseln inhaltlich übereinstimmen, spiegeln sie den Parteiwillen wieder und werden Vertragsbestandteil. Widersprechen sich die Klauseln inhaltlich, so gelten die gesetzlichen Bestimmungen[124]. Das Schweigen auf sich kreuzende Bestätigungsschreiben mit kollidierenden AGB kann keine Wirkungen entfalten, da für keine Seite ein Vertrauenstatbestand geschaffen wird[125].

---

116 Zu den Usancen ausführlich K. Schmidt, Handelsrecht, § 19 III, S. 571 ff.

117 Baumbach/Hopt, HGB, § 246 Rz. 18; Staudinger- Schlosser § 2 Rz. 76; Medicus, AT, Rz. 440.

118 BGHZ 7, 187 (189); 18, 212 (216); 40, 42 (46); 54, 236 (240). Strittig ist, worauf sich die Folgen des Schweigens stützen, vgl. Schlegelberger- Hefermehl, § 346, Rz. 120 m. w. N..

119 Wolf in Wolf/ Horn/ Lindacher § 2 Rz. 72; BGH NJW 1982, 1751.

120 BGH NJW 1964, 589; BGH NJW 1978, 2243 f; MüKo- Kötz, § 2 AGBG, Rz. 30; Ulmer in Ulmer/ Brandner/Hensen, § 2, Rz. 88; Wolf in Wolf/Horn/ Lindacher, § 2, Rz. 72; Canaris, Handelsrecht, § 23, S. 345; Röhricht- Wagner, HGB, § 346, Rz. 46; v. Westphalen, Vertragsbedingungen, S. 23; kritisch K. Schmidt, Handelsrecht, § 19 III, S. 583.

121 BGHZ 40, 42 (44); 61, 282 (286); BGH NJW 1982, 1751; BGH NJW 1987, 1940 (1942); Schlegelberger- Hefermehl, § 346, Rz.128; v. Westphalen, Vertragsbedingungen, S. 23.

122 v. Westphalen, Vertragsbedingungen, S. 24; zurückhaltend Canaris, Handelsrecht, § 23, S. 345.

123 Baumbach/Hopt, HGB, § 246 Rz. 22; Ulmer in Ulmer/Brandner/Hensen, § 2, Rz. 93;vgl dazu bereits oben A IV 4 a.

124 K. Schmidt, Handelsrecht, § 19 III, S. 599; Canaris, Handelsrecht, § 23, S. 345.

125 BGH BB 1966, 425; Röhricht- Wagner, HGB, § 346, Rz. 43.

Davon zu trennen ist die erstmalige Erwähnung des in AGB enthaltenen EV in einer Auftragsbestätigung. Die Auftragsbestätigung schließt die geführten Vorverhandlungen eines Kaufmanns ab und enthält die Annahmererklärung zu einem erteilten Auftrag[126]. Enthält die Auftragsbestätigung eine inhaltliche Änderung durch die Einbeziehung von AGB, so stellt das gemäß § 150 Abs. 2 BGB eine Ablehnung des Angebots in Verbindung mit einer neuen Offerte dar[127]. Das neue Angebot bedarf der Annahme. Das Schweigen auf die Auftragsbestätigung hat mangels rechtsgeschäftlicher Erklärung dabei grundsätzlich die Ablehnung dieses Vertragsangebots und damit das Scheitern des angestrebten Vertrages zur Folge[128]. Die Annahme des modifizierten Antrags kann jedoch stillschweigend erfolgen und wurde von der Rechtsprechung regelmäßig in der vorbehaltlosen Abnahme der Vertragsleistungen gesehen[129]. Diese Auslegung der Abnahme in Verbindung mit dem Schweigen auf eine Auftragsbestätigung war es, die zur „Theorie des letzten Wortes" geführt hat. Aufgrund der dargestellten Änderung der Rechtsprechung[130] wird die vorbehaltlose Abnahme und die darin liegende stillschweigende Annahmerklärung nicht mehr angenommen, wenn ein deutlich geäußerten Widerspruch gegen die Geltung der AGB erfolgt ist. Vielmehr sind bei der Frage einer Einbeziehung von AGB durch das Schweigen auf eine Auftragsbestätigung die dargestellten Grundsätze über kollidierende AGB und den nachträglichen EV anzuwenden[131].

b. Italien

In Italien sind die AGB (condizioni generali di contratto) in den Art. 1341 und 1342 c.c. und in den neu geschaffenen Art. 1496 bis - sexties c.c.[132] geregelt. Letztere gelten nur für Verbraucherverträge, die hier nicht weiter behandelt werden sollen. Art. 1341 c.c war mit der Schaffung des codice civile die erste Regelung ihrer Art, die das Phänomen der AGB kodifiziert hat[133]. Jedoch versäumte es der Gesetzgeber im Laufe der Zeit die Regeln den Spezialgesetzen in anderen Industrieländern anzupassen. Das System des codice civile beschränkt sich nahezu ausschließlich auf eine Einbeziehungskontrolle, während eine Inhaltskontrolle unterbleibt. In den 70er Jahren rückte der Verbraucherschutz unter starker Beachtung des AGBG in das Zentrum der Diskussion. Insbesondere das Fehlen einer Inhaltskontrolle als Instrument, mit dem ein gerechter Interessenausgleich zumindest

---

126 Baumbach/Hopt, HGB, § 246 Rz. 16.

127 Baumbach/Hopt, HGB, § 246 Rz. 16; Schlosser- Schlosser, AGBG, § 2, Rz. 111.

128 BGHZ 18, 212 (215); OLG Stuttgart, ZIP 1981, 176 (177).

129 BGHZ 18, 212 (215); BGH BB 1951, 456; BGH BB 1954, 882; BGH WM 1956, 669, (670).

130 So zuerst BGHZ 61, 282 (288), vgl auch oben A IV a, aa.

131 MüKo- Kötz, § 2 AGBG, Rz. 31.

132 Eingefügt durch Art. 25 legge v. 6. 2. 1996, n. 52, G. U. v. 10. 2. 1996, n. 34 als Umsetzung der Richtlinie 13/93/EWG des Rates der Europäischen Gemeinschaften über mißbräuchliche Klauseln in Verbraucherverträgen vom 5. 4. 1993, ABl. Nr. L 95 v. 21. 4. 1993, S. 29

133 Schlesinger- Patti, Art. 1341, S. 299.

nachträglich wieder hergestellt werden kann, wurde bemängelt[134]. Dabei schwebte den Autoren stets das Bild eines übermächtigen Unternehmens vor Augen, welches Verträge mit einem schwachen Kunden (aderente debole) abschloß[135].

Die Lehre hat bis in neuere Zeit teilweise[136] angenommen, die AGB haben normative Rechtsnatur. Der Inhalt des Vertrages, den dieser durch die Einbeziehung der AGB erhält, sei nicht das Ergebnis der Vertragsfreiheit. Die Unternehmen könnten vielmehr ihre wirtschaftlich überlegene Position durch die inhaltlich einheitlich gestalteten Verträge ausnützen. Die Gestaltungsfreiheit der Privaten auf den Vertragsinhalt habe sich so weit vermindert, daß in den Klauseln die normative Kraft der Unternehmen zu sehen sei. Zwar sei die Herstellung der AGB Ausdruck der Privatautonomie, dennoch könne man sich ihrer Geltung aufgrund der marktbeherrschenden Stellung der Verwender ohne inhaltliche Einflußnahme nur unterwerfen. Die AGB schafften für eine Vielzahl von Verträgen eine selbstbestimmte Regelung, die in Funktion und Auswirkung den gesetzlichen Normen vergleichbar seien[137]. Der Verwender habe die Souveränität, mittels seiner AGB das Recht für die Masse seiner Verträge selbst zu setzen, indem er in der Lage sei, seinen Willen einseitig dem anderen Vertragsteil aufzuzwingen. Wegen seiner wirtschaftlichen Stärke sei er auf einen Konsens mit der Gegenseite nicht mehr angewiesen; vielmehr obliege es ihm lediglich, seinen Willen erkennbar zu machen, um ihn in dem Vertrag zu verwirklichen. Mit dieser rein formellen Anforderung ähnelten die AGB einem Gesetz, das seinem Adressaten gegenüber dadurch verbindlich werde, daß eine Kenntnisnahme des gesetzgeberischen Willens stattfinden kann, ohne daß es auf die tatsächliche Kenntnisnahme ankommt[138].

Die überwiegende Ansicht erkennt heute insofern den rechtsgeschäftlichen Charakter der AGB als Ergebnis der Privatautonomie an[139]. Das wird mit der systematischen Stellung des Art. 1341 c.c. im Abschnitt über den Vertragsschluß begründet[140]. Die Wirksamkeit der Klauseln ist immer auch von einer vorhergehenen Eini-

---

134 Statt aller Bianca, Contratto, S. 370 ff.

135 Scognamiglio, Riv dir. comm., 1987, II, 425.

136 Bianca- Costanza, Condizioni generali., Bd. I, S. 159; Di Majo, Riv. dir. comm., 1970, I, 1, 192 (194 ff); ders., Riv.dir. comm, 1977, I, 1, 331 (333); Enciclopedia- Genovese, Condizioni generali,S. 803; Roppo, Contratti standard, S. 95; Rizzio, Condizioni, S. 27.

137 Bianca- Costanza, Condizioni generali, Bd. I, S. 159; Enciclopedia- Genovese, Condizioni generali; S. 803; Di Majo, Riv. dir. comm. 1970, I, 1, 192 (198).

138 Enciclopedia- Genovese, Condizioni generali; S. 803.

139 Galgano, Obbligazioni, S. 142; Perlingieri- Donisi, Art. 1341, S. 361, Schlesinger-Patti, Art. 1341, S. 328; Aloiso, Giust. civ., 1995, II, 239; Mirabelli, Art. 1341-1342, S. 132 f.; Scozzafava, Riv. trim. dir. proc. civ., 1979, 960 (973 ff.); Cesàro, Riv. trim dir. proc. civ., 1991, 55 (59); Gazzoni, Manuale, S. 851 f.; Alpa/Rapisarda, Riv. dir. comm., 1989, II, 530 (540); Richter, Giust. civ., 1993, I, 1880 (1882).

140 Patti, JbItalR 10 (1997) S. 79.

gung der Vertragspartner bei Vertragsschluß abhängig[141]. Auch im Hinblick auf die neu eingefügten Art. 1469 bis -sexties c.c. kann der rechtsgeschäftliche Charakter der AGB nicht mehr negiert werden[142].

aa. Einbeziehung der AGB

Die Artt. 1341, 1342 c.c. werden unabhängig von der rechtlichen Qualifikation der Vertragsparteien angewendet, so daß eine Unterscheidung zwischen Kaufleuten und Nichtkaufleuten unterbleibt. Die Gleichbehandlung der Vertragspartner geht auf den historischen Gesetzgeber zurück, der mit dem codice civile von 1942 eine „Kommerzialisierung“[143] des Zivilrechts vorgenommen hat und auf ein eigenständiges Handelsgesetzbuch verzichtete[144].

Nach Art. 1341 Abs. 1 c.c. werden allgemeine Geschäftsbedingungen dem Vertragspartner gegenüber wirksam, wenn dieser sie zum Zeitpunkt des Vertragsschlusses kannte oder bei Anwendung der üblichen Sorgfalt im Geschäftsverkehr hätte kennen müssen. Im Gegensatz zum deutschen Recht wird vom Wortlaut auf eine Willensübereinstimmung hinsichtlich der Geltung der AGB verzichtet. Danach kommt es für eine wirksame Einbeziehung der AGB nur auf die Kenntnis oder die ihr gleichgestellte schuldhafte Nichtkenntnis der Klauseln an. Für den Vertragsinhalt, der auf diese Weise durch die AGB festgelegt wird, verwendet das Gesetz nach Ansicht der Lehre[145] eine besondere Art des Vertragsschlusses. Das Gesetz sieht ausnahmsweise davon ab, daß der Wille des Annehmenden alle Vertragsinhalte umfaßt. Vielmehr hält es den Vertragsschluß als solchen für ausreichend, womit auch die Geltung der AGB akzeptiert wird[146]. Damit wird die Willensübereinstimmung hinsichtlich der Geltung von AGB gegen die Kenntnis oder reine Erkennbarkeit der AGB ersetzt[147]. Dafür muß der Verwender die Kenntnisnahme ermöglichen, während der Kunde die erforderliche Sorgfalt aufbringen muß, um die Existenz und den Inhalt der Klauseln zur Kenntnis zu nehmen[148]. Die Kenntnisnahme der Bedingungen ist in tauglicher Form zu ermöglichen, damit der Vertragspartner die Klauseln ohne überdurchschnittliche Anstrengung in Erfahrung bringen

141 Schlesinger- Patti, Art. 1341, S. 328; Galgano, Obbligazioni, S. 142; Bianca, Contratto, S. 343.

142 Costanza schwächt in ihren letzten Stellungnahmen ihre frühere Ansicht ab, vgl. Costanza, Le nuove leggi civili commentati, 1997, 788; dies., Giust. civ., 1994, I, 543 (544): „Il caso tipico di riferimento della norma dell'Art. 1341 c.c. è certamente quello dei contratti conclusi, secondo il (...) scambio del consenso, ma sottoposto, alla primaria fonte regolatrice delle condizioni generali di contratto“.

143 Roppo, Contratto, S. 57.

144 di Sabato, Riv. trim. dir. proc. civ. 1995, 657 (664).

145 Scialoja- Scognamiglio, Art. 1341, S. 252; di Sabato, Riv. trim. dir. proc. civ., 1995, 657 (671); Perlingieri- Donisi, Art. 1341, S. 262; Schlesinger- Patti, Art. 1341, S. 336; Bonell, Giust. civ., 1979, IV, 3 (4).

146 Schlesinger- Patti, Art. 1341, S. 336; Bianca, Contratto, S. 343.

147 di Sabato, Riv. trim. dir. priv. proc. civ., 1995, 657 (671).

148 Mirabelli, Art. 1341-1342, S. 138.

kann[149]. Für die Kenntnis kommt es auf die gewöhnliche Sorgfalt im Geschäftsverkehr an[150], so daß auf diese Weise die Differenzierung zwischen kaufmännischen und privaten Rechtsgeschäften wieder eingeführt wird. Bei einem Privaten entschuldigt der fehlende Hinweis auf die Klauseln regelmäßig die Nichtkenntnis und hindert so die wirksame Einbeziehung, während bei einem Kaufmann sich die Kenntnis zumeist aus der Branchenüblichkeit der AGB oder den Geschäftsbeziehungen ergibt[151]. Hat die andere Seite Kenntnis von den AGB erlangt, so sind die Umstände unerheblich, die zu deren Kenntnis geführt haben[152].

Soweit die mögliche Erkennbarkeit der AGB im Zeitpunkt des Vertragsschlusses für eine Einbeziehung ausreicht, bezieht sich dies auf die abstrakte Tauglichkeit, Gegenstand der Kenntnisnahme zu sein[153]. Die Kenntnis der Klauseln umfaßt nicht bloß deren reine Existenz, sondern auch ihren Inhalt[154]. Die Klauseln müssen folglich verständlich sein und dürfen keinen überraschenden Inhalt haben, sonst kann aus der Kenntnis ihrer Existenz nicht auch auf die Kenntnis ihres Inhalts geschlossen werden[155]. So hat beispielsweise die Vereinbarung eines EV mittels AGB in einem Kaufvertrag weder einen überraschenden Inhalt noch erscheint er als überraschende Klausel, wenn diese Klausel an zweiter Stelle im Klauselwerk vereinbart wird, da ein Weiterverkäufer mit ihm rechnen muß[156]. Klauseln, die der Vertragspartner nach alledem nicht kennt und auch nicht hätte kennen müssen, werden nicht Vertragsinhalt, da sie unwirksam sind[157].

Der klare Wortlaut des Gesetzes läßt keinen Raum für eine wirksame Einbeziehung durch nachträgliche Zusendung der AGB. Denn die Kenntnis oder die Erkennbarkeit der Klauseln muß im Zeitpunkt des Vertragsschlusses gegeben sein[158]. Das ist nicht der Fall, wenn die AGB dem Vertragspartner erst nach bereits erfolgtem Vertragsschluß mittels einer Auftragsbestätigung[159] oder auf einem Rechnungsformular[160] zugesendet werden.

---

149 Cass. civ., 5. 10. 1976, Nr. 3272, Giust. civ. mass. 1976, 1388; Galgano, Obbligazioni, S. 142; Schlesinger- Patti, Art. 1341, S. 339.

150 Bonell, Giust. civ., 1979, IV, 3 (6).

151 Bonell, Giust. civ., 1979, IV, 3 (5); Sicchiero, Riv. dir. civ. 1987, II, 215 (219 ff.); Bianca- Napoli, Condizioni generali, Bd. II, S. 69; Schlesinger- Patti, Art. 1341, S. 339; Gazzoni, Manuale, S. 851; Scialoja- Scognamiglio, Art. 1341, S. 253.

152 Scialoja- Scognamiglio, Art. 1341, S. 261; Schlesinger- Patti, Art. 1341, S. 338 f.;Rescigno- de Nova, Condizioni generali, S. 101.

153 Schlesinger- Patti, Art. 1341, S. 338; Sicchiero, Riv. dir. civ. 1987, II, 215 (219 ff.).

154 Rescigno-de Nova, Condizioni generali, S. 111; Aloiso, Giust. civ., 1995, II, 239 (240); Bianca, Contratto, S. 346; a A. Sicchiero, Riv. dir. civ., 1987, II, 215 (217); der Kennen mit Lesen gleichstellt.

155 Schlesinger- Patti, Art. 1341, S. 339; Aloiso, Giust. civ., 1995, II, 239 (240); Rescigno- de Nova, Condizioni generali, S. 111.

156 Trib. Verona, 9. 10. 1956, Riv. pen., 1957, I,136.

157 Patti, JbItalR 10 (1997), S. 79.

158 Mirabelli, Art. 1341-1342, S. 144; Sicchiero, Riv. dir. civ., 1992, II, 469 (470).

159 Schlesinger- Patti, Art. 1341, S. 341; Aloiso, Giust. civ. 1995, II, 239 (241).

160 Petzold, Exportverträge, S. 100; Aloiso, Giust. civ., 1995, II, 239 (240).

Auch das Schweigen auf ein Bestätigungsschreiben (lettera di conferma), dessen Verwendung im nationalen Rechtsverkehr gebräuchlich ist[161], führt nicht zu einer nachträglichen Einbeziehung von AGB. Grundsätzlich hat das Schweigen im Rechtsverkehr[162] und daher auch das Schweigen auf ein Bestätigungsschreiben keinerlei Folgen[163]. Ausnahmsweise kann sich aus den Geschäftsbeziehungen oder den Gepflogenheiten zwischen den Parteien aber die Pflicht ergeben, einem Bestätigungsschreiben zu antworten oder zu widersprechen[164]. Insbesondere, wenn die Parteien durch die Bestätigungsschreiben erklären, daß sie Verpflichtungen in der Form eingegangen sind, wie sie in dem Schreiben wiedergegeben werden[165]. Aus diesen Umständen kann dem Schweigen die Bedeutung eines inhaltlichen Einverständnisses zukommen, wenn dem Empfänger zudem nicht der Nachweis der inhaltlichen Unrichtigkeit des Schreibens gelingt[166]. Aus diesen vereinzelt gebliebenen Abhandlungen, die allesamt den internationalen Rechtsverkehr betreffen, kann nicht der Schluß gezogen werden, daß das Schweigen auf ein kaufmännisches Bestätigungsschreiben und damit die nachträglichen Einbeziehung von AGB in der Rechtspraxis Anerkennung gefunden hat[167]. Das liegt zum einen an den Formerfordernissen des Art. 1341 Abs. 2 c.c.[168] und zum anderen fehlt bei einem auf diesen Wege erzielten EV der Vereinbarung die für den Verkäufer wichtige Drittwirksamkeit[169].

bb. Inhaltskontrolle

Seit den 70er Jahren hat sich die Lehre[170] verstärkt für eine mögliche Inhaltskontrolle der AGB unter Verbraucherschutzgesichtspunkten ausgesprochen, um so die weitreichenden Gestaltungsmöglichkeiten der Verwender gegebenenfalls eindämmen zu können. Insbesondere sollte eine richterliche Kontrolle dort eingreifen, wo der mittels der AGB angestrebte wirtschaftliche Zweck den Grundsätzen von Treu und Glauben und der Billigkeit (Art. 1337, 11366, 1375 c.c.) widerspricht. Diese Versuche seitens der Lehre sind von der Rechtsprechung und dem

161 Ebenroth, ZfVglRWiss 77 (1978), 161 (170); Schlesinger- Gorla, Formation of contracts, Bd. II, S. 1186.

162 Enciclopedia- Messineo, Contratto (dir. priv.), S. 863.

163 Patti, Riv. dir. comm., 1991, I, 1, 135 (140); Salger- Glaßer, Handbuch der europäischen Wirtschaftspraxis, § 7, Rz. 148.

164 Schlesinger- Gorla, Formation of contracts, Bd. II, S. 1186.

165 Cass. civ., 3. 5. 1969, Nr. 1492, Giust. civ. mass., 1969, S. 763

166 Bianca- Bonell, Condizioni generali, Bd. I, S. 119; Patti, Riv. dir. comm., 1991, I,1, 135 (140); Schlesinger- Gorla, Formation of contracts, Bd. II, S. 1186, alle für den internationalen Warenkauf.

167 Schlesinger- Gorla, Formation of contracts, Bd. II, S. 1187; Ebenroth, ZfVglRWiss 1978, 161 (171).

168 Beckmann/Sandrock, § 8, Rz. 108.

169 Dazu unten A VIII 2 b ausführlich.

170 Bianca, Contratto, S. 370 ff.; Digesto- Morello, Condizioni generali, S. 394; Geri/Breccia/Busnelli/ Natoli, Obbligazioni, S. 492; Sacco- de Nova, Contratto, S. 299.

Gesetzgeber nicht aufgegriffen worden[171], so daß eine richterliche Inhaltskontrolle in Italien nach wie vor nicht stattfindet. Lediglich eine rein formale Inhaltskontrolle wird durchgeführt. Nach Art. 1370 c.c. werden unklare Regeln im Zweifel zu Lasten des Verwenders ausgelegt[172] und Art. 1342 Abs. 1 c.c. bestimmt den Vorrang der Individualabrede[173]. Die Individualvereinbarung kann in jeder Form erfolgen, also auch mündlich und ungeachtet einer Schriftformklausel, da der vereinbarte Formzwang auch stillschweigend oder konkludent aufgehoben werden kann[174].

cc. Besonders belastende Klauseln

Der Schutz der Vertragsparteien wird zudem durch eine formelle Einbeziehungskontrolle durchgeführt. Die bloße Erkennbarkeit der AGB reicht nach Art. 1341 Abs. 2 c.c. nicht mehr aus, wenn besonders belastende Klauseln (clausole vessatorie) vereinbart werden sollen. Die besonders belastenden Klauseln verschlechtern die Stellung des Vertragspartners im Vergleich zu seiner gesetzlichen Position[175]. Diese Klauseln entfalten nur bei gesonderter schriftlicher Annahme rechtliche Wirkungen. Der Schutzzweck der gesonderten Unterschrift wird darin gesehen, die Aufmerksamkeit des Vertragspartners auf den Inhalt der belastenden Klauseln zu lenken, damit er sie sich nochmals bewußt macht und sie erneut abwägen kann[176]. Die Unterschrift muß gesondert von der Unterzeichnung des Vertragstextes erfolgen. Deshalb hat sich die Praxis der doppelten Unterschrift entwickelt[177]. Die erste Unterschrift dient dem Vertragsschluß, während die hiervon getrennte zweite Unterschrift sich auf die vexatorischen Klauseln bezieht. Bislang ist keine Einigkeit erzielt worden, ob nur ein Verweis auf die Nummern der besonders belastenden AGB ausreicht[178] oder auch deren inhaltliche Wiedergabe erforderlich ist[179]. Fehlt die gesonderte Unterschrift unter den vexatorischen Klauseln, sind sie unwirksam und

171 Bianca- Jayme, Condizioni generali, Bd. I, S.193; Schlesinger- Patti, Art. 1341, S. 330; Patti, JbItalR 10 (1997), S 80.

172 di Sabato, Riv. trim. dir. proc. civ., 1995, 657 (661); Rescigno- de Nova, Condizioni generali, S. 115; Patti, JbItalR 10 (1997), S 80.

173 Bianca- Napoli, Condizioni generali, Bd. II, S. 71 ff.

174 Scognamiglio, Riv. dir. comm., 1987, II, 418 (423 f.).

175 Bianca, Contratto, S. 359.

176 Cass. civ., 22. 5. 1986, Nr. 3407, Riv. dir., comm., 1987, II, 418 (424); Cass. civ., 23. 3. 1993, Nr. 3418, Foro it., 1993, I , 2517; Sicchiero, Riv. dir. civ., 1992, II, 469 (474); Mirabelli, Art. 1341-1342, S. 151; Di Majo, Riv. dir. comm., 1977, I, 1, 331 (333).

177 Sicchiero, Riv. dir. civ. 1987, II, 215 (222).

178 Cass. civ., 14. 8. 1986, Nr. 5052, Giust. civ. mass., 1986, 1468; Cass. civ., 13. 7. 1991, Nr. 7805, Giust. civ. mass., 1991, 1061; Cass. civ., 8. 1. 1992, Nr 126, Giust. civ. mass., 1992, 15; Enciclopedia- Genovese, Condizioni generali, S. 339 ff.

179 Cass. civ., 8. 3. 1982, Nr. 1463, Foro it., 1983, I, 172 f.; Cass. civ., 7. 1. 1984, Nr. 103, Foro it. 1984, I, 398 (400); Cass. civ., 10. 1. 1996, Nr. 166, Giust. civ. mass., 1996, 22; Cass. civ., 23. 9. 1996, Nr. 8405, Rep. foro it. 1996, „contratto in genere", Nr. 266; Perlingieri- Donisi, Art. 1341, S. 365; Bianca, Contratto, S. 365; kritisch zu der Uneinigkeit Mirabelli, Art. 1341-1342, S. 151.

an ihrer Stelle tritt dispositives Gesetzesrecht[180]. Eine spezielle Unterschrift ist dann nicht erforderlich, wenn die Klauseln lediglich gesetzliche Bestimmungen wiedergeben[181].

Die Auflistung der besonders belastenden Klauseln in Art. 1341 Abs. 2 c.c. ist nach einhelliger Ansicht[182] abschließend. Eine analoge Ausdehnung wird von der Rechtsprechung[183] abgelehnt, jedoch ausgleichend hierzu eine extensive Auslegung zugelassen. Nach der Judikatur[184] und überwiegender Ansicht in der Literatur[185] gehört die Vereinbarung eines EV nicht zu den besonders belastenden Klauseln. Zumeist wird die Ansicht darauf gestützt, daß der Kauf unter EV beim Ratenkauf schon vom Gesetzgeber vorgesehen ist und der Vorbehalt eines der wesentlichen Elemente dieses Vertrages ausmache[186]. Dabei verändert der EV die gesetzlich vorgesehene Stellung des Käufers bei einem Ratenkauf nicht, weshalb er nicht den besonderen Schutz des Art. 1341 Abs. 2 c.c. benötigt[187]. Zudem behält sich der Verkäufer auch kein einseitiges Rücktrittsrecht in einer nicht vom Gesetz vorgesehen Form vor. Vielmehr müsse der EV im Zusammenhang mit der Vertragsauflösung wegen Nichterfüllung gesehen werden, wobei die Drittwirksamkeit der Vereinbarung im Vordergrund steht[188]. Die besonders belastende Natur der Klausel kann auch nicht darin gesehen werden, daß der Käufer nicht ermächtigt ist, die Sache an einen Dritten weiterzuveräußern. Denn das Veräußerungsverbot ist eine Folge der aufgeschobenen Übertragungswirkung und nicht eine direkte Folge des Vertrages[189]. Vereinzelt wird vertreten[190], der EV sei keine vom Gesetzgeber her vorgesehene Bestimmung, sondern müsse erst von den Parteien ausdrücklich vereinbart werden. Daher solle der EV nur dann nicht zu den vexatorischen Klauseln gehören, wenn er zu Handelsbräuchen einer bestimmten Branche gehöre. Dafür müsse auf die jeweilige Sammlung der Handelskammer zurückgegriffen werden[191].

180 Strittig ist, ob die Klauseln nichtig sind, so Galgano, Obbligazioni, S. 145; Schlesinger- Patti, Art. 1341, S. 360; Enciclopedia- Genovese, Condizioni generali, S. 116; Mirabelli, Art. 1341-1342, S. 140 oder nur unwirksam, so Bianca, Contratto, S. 365 für Unwirksamkeit der Klauseln.

181 Pescatore/Ruperto, Art. 1341, S. 2113.

182 Pescatore/Ruperto, Art. 1341, S. 2114; Genovese, Condizioni generali, S. 320 ff.; Rescigno- de Nova, Condizioni generali, S. 106; Sicchiero, Riv. dir. civ., 1992, II, 468 (471).

183 Bianca- Auletta, Condizioni generali. Bd. I, S. 6; Cesàro, Condizioni generali, Bd. II, S. 76, jeweils mit ausführlichen Rechtsprechungsnachweisen.

184 Trib. Alessandria, 4. 8. 1954, Foro pad. 1954, I, 1481; App. Milano, 6. 4. 1956, Foro it. 1957, I, 1856 f.; Trib. Reggio Emilia, 14. 2. 1966, Rep foro it. 1966, „obbligazioni e contratti", Nr. 191; Trib. Rimini, 11. 5. 1967, Foro it. 1968, I, S. 273 (275); App. Milano, 28. 9. 1982, Fall., 1983, 837.

185 Cesàro, Condizioni generali, Bd. II, S. 129; Schlesinger- Patti, Art. 1341, S. 397; Bianca, Vendita, S. 599; Cendon- Pisu, Art. 1523, S. 993; Kindler, Einführung, § 15, Rz. 21, FN 50; Lessico di diritto civile- Patto di riservato dominio, S. 567; Lisi, Compravendita, S. 144 f.

186 Trib. Rimini, 11. 5.1967, Foro it. 1968, I, 273 (275).

187 App. Milano, 6. 4. 1956, Foro it. 1957, I, 1856 f.; Trib. Reggio Emilia, 14. 2. 1966, Rep foro it. 1966, „obligazioni e contratti", Nr. 191; Trib. Rimini, 11. 5.1967, Foro it. 1968, I, 273 (275).

188 Trib. Alessandria, 4. 8 1954, Foro pad. 1954, I, 1481. Zur Drittwirksamkeit vgl. unten VII 2 b.

189 Patti, Condizioni generali, S. 571.

190 Bianca- Auletta, Condizioni generali, Bd. I. S. 39.

191 Bianca- Auletta, Condizioni generali, Bd. I. S. 39.

dd. Eigentumsvorbehalt und kollidierende AGB

Die Literatur hat sich im Zusammenhang mit den AGB nahezu ausschließlich auf den Schutz des Schwächeren gegenüber marktmächtigen Verwendern konzentriert, weshalb kollidierende AGB (battle of forms) ein bislang weniger beachtetes Problem darstellen.

Patti und Cubeddu[192] suchen die Lösung des Problems in den allgemeinen Regeln des Vertragsrechts. Kollidieren die AGB, stelle der jeweils letzte Verweis auf die Klauseln eine Ablehnung in Verbindung mit einem neuen Vertragsangebot gemäß Art. 1326 c.c. dar. Ein modifizierendes Angebot sei auch gegeben, wenn die Veränderungen nur von sekundärer Bedeutung sind[193], so daß es zu einer Anwendung der „Theorie des letzten Wortes" kommt.

Die Gegenansicht[194] sucht die Lösung in einer Überwindung des Prinzips von kongruenter Deckung von Angebot und Annahme. Sie weist insbesondere auf die im internationalen Handel entwickelten Gebräuche hin. Danach werden die wesentlichen Vertragsinhalte wie Menge, Preis und Liefertermin fernmündlich oder via Fax festgelegt, während die weiteren Vertragsbedingungen sich erst aus den später folgenden AGB ergeben. Dabei wird allgemein von einem wirksamen Vertragsschluß ausgegangen, wenn die Vertragsparteien sich über die fundamentalen Vertragsbedingungen geeinigt und den Vertrag ausgeführt haben, weil dabei deutlich wird, daß sie diese Einigung nicht von der Einigung über die Nebenabreden in Form von AGB abhängig machen wollen[195].

Draetta[196] hat rechtsvergleichend aufgezeigt, daß einige Rechtsordnungen diesen Handelsbrauch anerkannt haben, während in anderen Ländern der Dissens der Parteien über nebensächliche oder zweitrangige Elemente weiterhin den wirksamen Vertragsschluß ausschließt. Dabei gibt er zu bedenken, daß sich dieser Handelsbrauch ohne Rücksicht auf seine unterschiedliche nationale Anerkennung und damit verbundene Rechtserheblichkeit entwickelt habe. So wie sich das internationale Handelsrecht über die Herausbildung von Handelsbräuchen entwickele, so führten im Laufe der Zeit die Handelsbräuche aufgrund ihrer allgemeinen Verbreitung dann zu einer Angleichung der nationalen Rechtsordnungen[197]. Gleicher An-

---

192 Graf v. Westphalen- Patti/Cubeddu, Italien, Rz. 48.

193 Cass. civ., 23. 1. 1978, Nr. 298, Giur. it., 1979, I, 147; Cass. civ., 9. 2. 1985, Nr. 1072, Giust. civ. mass., 1985, 363 f.; Cass. civ., 7. 1. 1993, Nr 77, Giust. civ. mass., 1993, 14.

194 Draetta, Riv dir. int. priv. proc., 1986, 319 (320); Schlesinger- Patti, Art. 1341, S. 347; Sacco- de Nova, Contratto, S. 307.

195 Draetta, Riv dir. int. priv. proc., 1986, 319 (320); Schlesinger- Patti, Art. 1341, S. 347.

196 Draetta, Riv dir. int. priv. proc., 1986, 319 (322 ff.).

197 Draetta, Riv dir. int. priv. e proc., 1986, 319 (325 f.).

sicht ist de Nova[198], der sich auf Art. 19 Abs. 2 und 3 CISG[199] beruft. Zwar sei die Anwendung der Vorschrift auf AGB erwogen und abgelehnt worden, dennoch könne man daraus ersehen, daß zumindest der Vertrag als geschlossen gelten solle.

Hinsichtlich der anschließenden Frage nach dem maßgeblichen Vertragsinhalt wird die „knock out rule" vertreten[200], die der deutschen Rechtslage entspricht. Das führt dazu, daß der Vertrag als geschlossen betrachtet wird, wenn lediglich eine Divergenz zwischen Angebot und Annahme hinsichtlich der Geltung von Nebenabreden in Form von AGB besteht. Soweit die AGB sich inhaltlich widersprechen und die Parteien den Vertrag bereits ganz oder teilweise ausgeführt haben, kommt dispositives Gesetzesrecht zur Anwendung[201]. Diese Ansicht wird auch durch Art. 2.22 UNIDROIT-Grundsätze[202] unterstützt[203]. Danach ist ein Vertrag auf der Grundlage geschlossen, die sich aus der Einigung und den übereinstimmenden AGB ergibt, wenn diese sich teilweise widersprechen oder eine Vertragspartei ihren Widerspruch gegen deren Geltung geäußert hat. Als Spiegel der Handelsbräuche sollen die Grundsätze helfen, die Unzulänglichkeiten des internationalen Handels zu überwinden, die sich aus den verschiedenen nationalen Rechten ergeben[204]. Da der wirksame Vertragsschluß den Bedürfnissen des internationalen Handels entspricht, wird die Anwendung dieses Brauchs auch für den nationalen Rechtsverkehr vorgeschlagen[205].

Im Ergebnis bleibt festzuhalten, daß der EV durch AGB grundsätzlich in beiden Ländern problemlos vereinbart werden kann. In Deutschland setzt sich im Falle einer Kollision von AGB der einfache EV zumindest sachenrechtlich regelmäßig durch. Die wirtschaftlich interessanteren Verlängerungsformen des EV scheitern hingegen an den kollidierenden AGB, weshalb insgesamt betrachtet der Wert der eigenen AGB im Kollisionsfall meist nur von geringer Bedeutung ist. In Italien liegt der Schwerpunkt nicht auf der Vereinbarung des EV und den sich ergebenden Schwierigkeiten kollidierender AGB, sondern auf Fragen der Drittwirksamkeit der Vereinbarung[206], die durch die AGB nicht berührt oder gelöst werden. Deshalb nimmt dieser einen geringeren Stellenwert in der Diskussion ein.

198 Sacco- de Nova, Contratto, S. 307.

199 Wiener UN-Übereinkommen über Verträge über den internationalen Warenkauf vom 11. 4. 1980, BGBl., 1989, II, S.588, abgedruckt in Jayme/Hausmann, Internationales Privatrecht, Nr. 48.

200 Sacco- de Nova, Contratto, S. 308; Schlesinger- Patti, Art. 1341, S. 348 f.

201 Schlesinger- Patti, Art. 1341, S. 348 f.

202 Grundregeln der internationalen Handelsverträge (UNIDROIT-Grundsätze), abgedruckt in IPRax 1997, S. 205-224.

203 Sacco- de Nova, Contratto, S. 308.

204 Bonell, ZfRV 1996, 152 (153, 155).

205 Schlesinger- Patti, Art. 1341, S. 348 f.

206 Dazu ausführlich unten A VIII 2 b.

V. Beendigung des Eigentumsvorbehalts

Da der EV eine enge schuldrechtliche und sachenrechtliche Verknüpfung aufweist, besteht eine Vielzahl von Möglichkeiten, wie der wirksam begründete EV nachträglich wieder erlöschen kann.

1. Deutschland

Grundsätzlich sind schuldrechtliche und sachenrechtliche Ursachen auseinanderzuhalten, die zur Beendigung des EV führen. Aus schuldrechtlichen Gründen erlischt der EV, wenn die Bedingung eintritt und damit das Eigentum übergeht[1]. Dabei ist es unerheblich, ob die Bedingung in Folge der Kaufpreiszahlung eintritt, die durch den Käufer, einen Dritten (§ 267 BGB) oder durch Erfüllungssurrogate geleistet wird oder als Konsequenz des treuwidrigen Verhindern des Bedingungseintritts (§§ 162 Abs. 1, 242 BGB). Der EV erlischt zudem auch vor Bedingungseintritt, wenn die schuldrechtliche causa wegfällt, weil der Kaufvertrag durch Rücktritt aufgehoben wird oder von Anfang an nichtig ist. Die Verjährung der Kaufpreisforderung ist für den Bestand des EV ohne Einfluß, da mit ihr nicht der Kaufvertrag in seinem Bestand gefährdet wird[2].

Daneben erlischt der EV aus sachenrechtlichen Gründen, wenn der Verkäufer auf den EV verzichtet[3] oder das Eigentum nicht mehr übertragen kann, weil die Sache wirksam weiterveräußert wurde. Eine wirksame Weiterveräußerung liegt vor, wenn sie mit einer Ermächtigung des Verkäufers nach § 185 BGB unbedingt erfolgt ist[4] oder ein gutgläubiger Eigentumserwerb eines Dritten nach §§ 932 ff. BGB, 366 HGB stattgefunden hat[5]. Der EV erlischt auch durch einen Eigentumsverlust im Wege des Verarbeitung, Verbindung oder Vermischung nach §§ 946 ff. BGB. Der originäre Eigentumserwerb bei der Verbindung mit einem Grundstück (§ 946 BGB) tritt ein, wenn denn die Sache wesentlicher Bestandteil des Grundstücks wird. Das sind nach § 94 BGB Gebäude oder die zu ihrer Herrstellung eingefügten Sachen, was insbesondere für die Lieferanten von Baumaterial und Installationseinrichtungen unerfreulich ist[6]. Bei der Verbindung, Vermischung oder Vermengung kommt es zu einem Eigentumserwerb und damit zu einem Untergang des EV nur, wenn die einheitliche Sache als Hauptsache anzusehen ist (§§ 947 Abs. 2, 948 Abs. 1 BGB). Anderenfalls werden die bisherigen Eigentümer Miteigentümer an der

---

1 Serick, Bd. I, § 15 II 1, S. 411; Schwab-Prütting, Sachenrecht, § 33 II 4, Rz. 395.

2 Schlegelberger- Hefermehl, § 382 Anh. Rz. 59, zu den daraus sich ergebenden Folgen für den Verkäufer vgl A VIII 1 a, dd.

3 MüKo- Westermann, § 455, Rz. 25; Schlegelberger- Hefermehl, § 382 Anh. Rz. 54.

4 RGRK- Mezger, § 455, Rz. 7; Serick, Bd. I, § 15 IV 1, S. 427, zu den Erweiterungsfällen vgl. unten A VI 1 a.

5 Wobei die Rechtsprechung hohe Anforderungen an die Gutgläubigkeit bei der Veräußerung neuwertiger Sachen stellt, BGHZ 77, 274 (278).

6 Staudinger- Honsell, § 455, Rz. 23.

neuen Sache und der EV besteht nun am Miteigentumsanteil fort[7]. Bei einem Eigentumsverlust durch Verarbeitung nach § 950 BGB[8] ist erforderlich, daß eine neue Sache hergestellt wird und der Wert der neu hergestellten Sache den Wert der unter EV verkauften Sache um mindestens 40 % übersteigt[9]. Bei der Verarbeitung verschiedener Sachen gelten die §§ 947, 948 BGB entsprechend[10].

2. Italien

Grundsätzlich wird der EV gegenstandslos, wenn der Käufer oder ein Dritter (Art. 1180 c.c.) den Kaufpreis vollständig leistet, da damit das Eigentum übertragen wird. Selbst wenn der Verkäufer die angebotene Zahlung ablehnt, kann der Käufer das Geld gemäß Art. 1210 c.c. hinterlegen, womit er sich von seiner Zahlungspflicht befreit (Art. 1210 Abs. 2 c.c.) und daher Eigentümer wird[11]. Da die Lehre die den EV betreffende Vereinbarung als akzessorisch vom Bestand des Kaufvertrages ansieht[12], erlischt der EV bei Auflösung des Kaufvertrages. Die Auflösung des Kaufvertrages erfolgt in den Fällen der Nichtigkeit (nullità, Art. 1418 c.c.), der Anfechtbarkeit (annulabilità, Art. 1425 c.c.) oder der Aufhebung (risoluzione, Artt. 1453 ff.)[13].

Daneben erlischt der EV bei einem originären lastenfreien Eigentumserwerb eines Dritten. Dabei spielt insbesondere der gutgläubige Erwerb nach Artt. 1153 ff. c.c. eine Rolle, da der Käufer regelmäßig nicht zur Weiterveräußerung berechtigt ist, wenn ein EV vereinbart wurde[14]. Eine Besonderheit gilt hinsichtlich von Zubehörsachen (Art. 817 c.c.), die gemäß Art. 818 Abs. 2 c.c. Gegenstand besonderer Rechte Dritter sein können. Mit dem gutgläubigen Erwerb der Hauptsache erwirbt der Käufer auch gutgläubig das Eigentum an den Zubehörsachen, deren Schicksal sich nach dem der Hauptsache richtet (Art. 818 Abs. 1 c.c.)[15]. Der Verkäufer kann seinen EV aber einem gutgläubigen Erwerber gegenüber dann geltend machen, wenn die Zubehörsache einem Grundstück oder einer registrierungspflichtigen beweglichen Sache dient und der EV mit einem sicheren Datum[16] versehen ist (Art. 819 S. 2 c.c.).

---

7 MüKo- Westermann, § 455, Rz. 96; Serick, Bd. I, § 15 VII 2 a, S. 448; Thamm, BB 1990, 866 (867).

8 Zu dessen Umgehung durch eine Verarbeitungsklausel vgl. unten A VI 2 a.

9 BGH JZ 1972, 165 (166); BGHZ 56, 88 (90 f.), Baur/Stürner, Sachenrecht, § 53 B III 3, Rz. 19; Westermann- Gursky, § 53 II 4,S. 434.

10 Staudinger- Honsell, § 455, Rz. 25; Westermann- Gursky, § 53 II 4,S. 434.

11 Gatti, Riv. dir. comm., 1965, I, 1, 467 (479).

12 Enciclopedia- Lipari, Vendita con riserva, S. 537; Rescigno- Carpino, Vendita, S. 318.

13 Dazu ausführlich unten A VIII 1 b, bb.

14 Dazu ausführlich unten A VI 2 b.

15 Trabucchi, Istituzioni, S. 406.

16 Zum sicheren Datum ausführlich unten A VIII 2 b.

Der Verlust des vorbehaltenen Eigentums kann auch durch untrennbare Verarbeitung, Vermischung oder Verbindung erfolgen. Entsteht bei einer untrennbaren Verbindung oder Vermischung eine Hauptsache oder hat eine Sache einen erheblich höheren Wert als die mit ihr verbundenen, so wird der Eigentümer dieser Sache Alleineigentümer (Art. 939, Abs. 2, S. 1 c.c.), womit auch der EV untergeht. Anderenfalls wird entsprechend dem Wert der verbundenen Sachen Miteigentum erworben (Art. 939 Abs. 1 c.c.), an dem der EV fortbesteht[17].

Im Falle der Verarbeitung erwirbt der Verarbeiter das Eigentum an der neuen, untrennbaren Sache, wenn er dem Eigentümer den Wert der verarbeiteten Sache ersetzt, Art. 940 S. 1 c.c. Dabei findet allein aufgrund der Verarbeitung der originäre Eigentumserwerb statt, während der Wertersatz den Eigentumsübergang nicht bedingt, sondern eine Nebenpflicht darstellt[18]. Der ursprüngliche Eigentümer verliert sein Eigentum aber dann nicht, wenn der Wert der verarbeiteten Sache erheblich höher ist als der der Verarbeitung, Art. 940 S. 2 c.c. Die Vorschrift hat in der Praxis nur geringe Bedeutung, da Art. 940 c.c. dispositiv ist und die zwischen Auftraggebern und Herstellern geschlossenen Verträge vorgehen[19]. Daher erfolgt der Eigentumserwerb vorrangig aufgrund vertraglicher Grundlage und nur subsidiär nach Art. 940 c.c. Wird die Sache auf einem Grundstück oder in einem Gebäude eingebaut und läßt sie sich nicht ohne deren Beschädigung wieder trennen, so geht das Eigentum nach Artt. 934 ff c.c. auf den Grundeigentümer über. Sein Eigentumserwerb ist ausgeschlossen, wenn sich die Sache ohne nennenswerte Beschädigung vom Grundstück wieder trennen läßt und deren Eigentümer binnen sechs Monate die Trennung verlangt, Artt. 935 Abs. 2, 937 Abs. 2 c.c. Dann kann der EV dem Grundeigentümer gegenüber geltend gemacht werden, wenn er drittwirksam vereinbart wurde[20].

Maschinen i. S. d. Gesetzes vom 28. 11. 1965 n 1329 mit einem Kaufpreis von über Lit. 500.000 werden gemäß Art. 5 des Gesetzes trotz Einbaus in das Grundstück weiterhin den Regeln über bewegliche Sachen unterstellt, wenn sie mit dem an ihnen anzubringenden Schild[21] den Eigentümer ausweisen. Der Verkäufer bleibt dann in der Zwangsvollstreckung berechtigt, die Trennung der Sachen zu verlangen, wenn die Sachen vor dem Einbau in das gemäß Art. 3 Abs. 3 des Gesetzes für die Drittwirksamkeit erforderliche Register eingetragen wurden[22].

---

17 Bianca, Vendita, S. 602.

18 Perlingieri- Ricciuto, Art. 940, S. 265; Enciclopedia- Buccisaro, Specificazione (dir. priv.), S. 277.

19 Cass. civ., 18. 3. 1981, Nr. 1606; Giust. civ. mass., 1981, 621; Cendon- Paradiso, Art. 940, S. 243 f.; Digesto nov.- Tabet, Specificazione, S. 1089; Perlingieri- Ricciuto, Art. 940, S. 265; Enciclopedia- Buccisaro, Specificazione (dir. priv.), S. 277.

20 Cicu- Rubino, Compravendita, S. 441; zur Drittwirksamkeit unten A VIII 2 b.

21 Hierzu erging ein spezieller Ministererlaß, decreto ministeriale v. 10. 3. 1966, G. U. v. 24. 4. 1966, n. 37, ausführlich hierzu Stumpf- Zimmermann, Italien, S. 219-222.

22 Inwieweit die Eintragung den Eigentumserwerb ausschließen kann vgl. A VIII 2 b, ee.

Zusammenfassend zeigt sich in beiden Rechtssystemen die Abhängigkeit des EV vom Bestehen des Kaufvertrages und vom Fortbestand der Eigentumslage, die wiederum durch den Erhalt der körperlichen Integrität der Sache mitbestimmt wird.

VI. Verlängerungsformen des Eigentumsvorbehalts

Der einfache EV kann den Bedürfnissen eines auf Umsatz und Verarbeitung angelegten Handels und Industrie nicht genügen, da alle diesbezüglichen Handlungen zum Erlöschen der Sicherheit führen. Daher hat die Praxis Verlängerungsformen des EV entwickelt, die in Deutschland die Billigung durch die Rechtsprechung erhielten. Dabei wird zwischen vertikalen und horizontalen Verlängerungsformen unterschieden.

1. Horizontale Erweiterungsformen

Die horizontalen Erweiterungsformen richten sich am wirtschaftlichen Bedürfnis des Verkäufers aus, der den EV zur Sicherung auch anderer Forderungen als der reinen Kaufpreisforderung einsetzt.

a. Deutschland

Die gebräuchlichste horizontale Erweiterungsform ist der erweiterte EV. Dieser Begriff bezeichnet eine Vereinbarung, mit der der Verkäufer sich das Eigentum an der Sache bis zur Begleichung noch weiterer Forderungen vorbehält[1]. Die aufschiebende Bedingung der vollständigen Kaufpreiszahlung wird so um die Erfüllung zusätzlicher Forderungen erweitert und regelmäßig mit deren Vorausabtretung verbunden[2].

Dabei wird der erweiterte EV nach einem Kontokorrent- und Konzernvorbehalt unterschieden. Bei einem Kontokorrentvorbehalt vereinbaren die Parteien, daß der EV erst bei Bezahlung aller bestehender und künftiger Forderungen aus der Geschäftsverbindung endgültig erlischt[3]. Die hiergegen geäußerten Bedenken, der Käufer könne auf diese Weise praktisch nie das Eigentum erwerben[4], konnten nicht verhindern, daß die Vereinbarung eines Kontokorrentvorbehalt zumindest im

---

1 Reinicke/Tiedtke, Kaufrecht, Rz. 1172.

2 Staudinger- Honsell, § 455, Rz. 69.

3 BGHZ 26, 186 (190); 42, 53 (59); 94, 105 (112); 98, 303 (307); 125, 83 (87); Staudinger- Honsell, § 455, Rz. 66; Hoffman, Jura 1995, 457 (459); Flume, NJW 1950, 841 (849); MüKo- Westermann, § 455, Rz. 90; zurückhaltend hinsichtlich künftiger Forderungen Brandner in Ulmer/Brandner/ Hensen, Anh. §§ 9-11, Rz. 657; Weber, BB 1989, 1768 (1772).

4 Reinicke/Tiedtke, Kaufrecht, Rz. 1173 ff.; Weber, BB 1989, 1768 (1771 ff.); Drobnig, Gutachten zum 51 DJT, F 49; Larenz, Schuldrecht BT II 1, § 43 II 3, S. 126; Honsell, JuS 1981, 705 (707); Rühl, Eigentumsvorbehalt, S. 79 ff.

kaufmännischen Verkehr als unbedenklich angesehen wird[5], während im nichtkaufmännischen Verkehr Literatur[6] und Rechtsprechung[7] zurückhaltender sind. Soll der Kontokorrentvorbehalt durch AGB vereinbart werden und kollidieren die Klauseln hinsichtlich der Erweiterung, hindert das seine wirksame Einbeziehung in den Vertrag. Denn die Erweiterung der bedingten Einigung um die Erfüllung zusätzlicher Forderungen muß vereinbart werden, während die Kollision der AGB gerade die Willensübereinstimmung verhindert. Insbesondere wird in der Leistungsannahme nicht die Indizwirkung hinsichtlich eines Einverständnisses mit dem erweiterten EV gesehen, da der Käufer sich eigener Rechtspositionen (seiner künftigen Forderungen) begibt und nicht nur eine geringere Rechtsposition (bedingtes statt unbedingtes Eigentum) erwirbt[8].

Der in der Praxis seltenere Konzernvorbehalt erstreckt den EV zusätzlich auf alle Forderungen von konzernangehörigen (i. S. d. § 15 AktG) Unternehmen[9]. Größtenteils hat die Literatur[10] angenommen, die wirtschaftliche Bewegungsfreiheit des Käufers sei durch den Konzernvorbehalt erheblich eingeschränkt und daher die Klausel nach § 138 BGB nichtig. Durch den neu eingefügten § 455 Abs. 2 BGB[11] wird die Vereinbarung eines Konzernvorbehalts noch weiter an Bedeutung verlieren. Danach ist die Vereinbarung eines EV insoweit nichtig, als daß die Eigentumsübertragung von der Erfüllung von Forderungen eines Dritten, insbesondere eines mit dem Verkäufer verbundenen Unternehmens, abhängig gemacht wird. Forderung eines Dritten im Sinne des § 455 Abs. 2 BGB ist nicht eine Forderung, die zwischen den Kaufvertragsparteien begründet und einem Dritten lediglich abgetreten wurde[12]. In diesem Fall umfaßt der vereinbarte Konzernvorbehalt die Forderungen, die zwischen den Parteien entstanden sind, so daß im Ergebnis ein erweiterter EV wirksam vereinbart ist[13]. So kann die Vereinbarung eines Konzernvorbehalts nicht nach § 134 BGB verboten sein[14], vielmehr ist die Rechtsfolge seiner Vereinbarung eine geltungserhaltende Reduktion auf einen wirksamen Kern[15].

---

5 BGHZ 26, 186 (190); 42, 53 (59);98, 303 (307); 125, 83 (87); a. A. Honsell, JuS 1981, 705 (707), Reinicke/Tiedtke, Kaufrecht, Rz. 1173 ff., die Nichtigkeit des Kontokorrentvorbehalts annehmen.

6 Brandner in Ulmer/Brandner/Hensen, Anh. §§ 9-11, Rz. 657; Weber, BB 1989, 1768 (1771); Löwe/Trinkner/v. Westphalen, Bd. III, EV, Rz 48, Wolf in Wolf/Horn/Lindacher, § 9 Rz. E 33, kritisch hierzu Staudinger- Honsell, § 455, Rz. 69.

7 OLG Frankfurt/M., NJW 1981, 130; LG Braunschweig, ZIP 1981, 876 (877).

8 BGH NJW 1985, 1838 (1840); BGH ZIP 1986, 1052 (1054); OLG Köln, BB 1994, 1740; vgl. auch oben A IV 4 a.

9 Weber, BB 1989, 1768 (1769); Staudinger- Honsell, § 455, Rz. 67.

10 Hess- Hess, § 43, Rz. 34; Kuhn/Uhlenbruck, § 43, Rz. 44 b; Gottwald- Gottwald, § 45, Rz. 13; Serick, Bd. V, § 59 VIII 2, S. 239; Reinicke/Tiedtke, Kaufrecht, Rz. 1176; Larenz, Schuldrecht BT II 1, § 43 II 4, S.126; Schlegelberger- Hefermehl, § 382 Anh., Rz. 122; Honsell, JuS 1981, 705 (707); Serick, Bd. V, § 59 VII 2, S. 239; offengelassen in BGHZ 125, 83 (87); zurückhaltend Soergel- Mühl, § 455, Rz. 50; Wolf in Wolf/Horn/Lindacher, § 9, Rz. E 36.

11 Eingefügt durch Art. 33 Nr. 17 EGInsO vom. 5. 10. 1994, BGBl., I, S. 2911.

12 Schmidt-Räntsch, InsO, S.616.

13 Schmidt-Räntsch, InsO, S.616.

14 Palandt- Putzo, § 455, Rz. 19.

15 So zu Recht Schmidt-Räntsch, InsO, S.616.

b. Italien

Ein erweiterter EV hat bislang in der Praxis keine Beachtung gefunden. Auch wenn das OLG Koblenz[16] sich auf eine Zeugenaussage beruft, wonach ein Kontokorrentvorbehalt unter italienischen Kaufleuten allgemeiner Handelsbrauch sei, so läßt sich die Glaubwürdigkeit dieser Zeugenaussage zumindest nicht durch Fachpublikationen zu diesem Thema belegen.

Vielmehr hat sich einzig Bonomi[17] mit dem erweiterten EV befaßt. Soweit die Erweiterung des EV bereits bestehende Forderungen betrifft, ist nach Bonomi[18] diese Vereinbarung ohne weiteres zulässig. Die Vereinbarung stoße aber auf Probleme, sofern die Erweiterung weitere, künftige Forderungen mit einbeziehe. Denn bislang hat die Rechtsprechung[19] die Vorausabtretung für nicht möglich gehalten, wenn die künftigen Forderungen nicht bestimmbar sind, weil im Zeitpunkt der Abtretung das der Forderung zugrunde liegende Rechtsverhältnis noch nicht zustandegekommen ist. Daher seien die künftigen Forderungen des erweiterten EV als Vertragsgegenstand unbestimmbar, was nach Artt. 1325 Nr. 3, 1418 Abs. 2 c.c. zur Nichtigkeit des Vertrages führe[20]. Inwieweit diese Bedenken noch weiterhin dem erweiterten EV entgegenstehen, scheint angesichts des für Italien am 1. 5. 1995 in Kraft getretene UNIDROIT-Übereinkommen über das internationale Factoring[21] fraglich. Denn nach Art. 5 lit a des Übereinkommens ist die Abtretung künftiger Forderungen nicht deshalb unwirksam, weil sie im Zeitpunkt des Vertragsschlusses nicht bestimmt oder bestimmbar sind. Daher können die bisherigen strengen Anforderungen an die Bestimmbarkeit künftiger Forderungen bei einer Vorauszession nicht mehr im bisherigen Umfang aufrechterhalten bleiben[22]. Aber unabhängig von der Bestimmbarkeit künftiger Forderungen stellt sich zudem das Problem, daß mit erfolgter Tilgung des Kaufpreises der erweiterter EV sich funktional in Sicherungseigentum umwandelt[23]. Eine Sicherungsübereignung wird aber nach derzeitiger italienischer Rechtslage für unwirksam erachtet. Das findet mit seinen Grund darin, daß eine Sicherungsübereignung mit dem System des codice civile schwer vereinbar ist[24]. Entgegen einer ursprünglichen Akzeptanz[25]

---

16 OLG Koblenz, RIW 1991, 155 (156).

17 Bonomi, Riv. dir. int. priv. proc., 1992, 777 (818), Sulpasso, Riv. dir. civ., 1995, I, 567 (573) erwähnt den erweiterten EV nur in rechtsvergleichendem Zusammenhang, ohne auf die italienische Rechtslage einzugehen.

18 Bonomi, Riv. dir. int. priv. proc., 1992, 777 (817 f.).

19 Cass. civ., 24. 10. 1975, Nr. 3519; Giust. civ. mass., 1975, 1645; Cass. civ., 2. 8. 1977, Nr. 3421, Giust. civ. mass., 1977, 1361 (1362).

20 Bonomi, Riv. dir. int. priv. proc., 1992, 777 (817).

21 UNIDROIT-Übereinkommen von Ottawa über das internationale Factoring v. 28. 5. 1988, abgedruckt in Jayme/Hausmann, Internationales Privatrecht, Nr. 48 b.

22 Malatesta, La cessione, S. 172, FN 92.

23 Kieninger, Mobiliarsicherheiten, S. 113; vgl dazu ausführlich unten B IV 1 a.

24 Zur Entwicklung der Sicherungsübereignung im italienischen Recht ausführlich Mühl, Rechtsvergleich, S. 42 ff.

25 Vgl. die ausführlichen Nachweise bei Mühl, Rechtsvergleich, S. 55 ff.; zuletzt Cass., civ., 12. 12.1986, Nr. 7385, Foro it., 1987, I, 799.

durch die Rechtsprechung werden von der heutigen Rechtsprechung[26] strenge Kriterien angelegt. Danach ist ein Vereinbarung nichtig, deren Zweck darin liegt, daß der Gläubiger sofort Eigentümer wird und er sich gleichzeitig verpflichtet, die Sache seinem Schuldner bei Vertragstreue rückzuübereignen. Unerheblich ist, ob der Eigentumserwerb des Gläubigers auflösend bedingt ist oder ein Rückkaufsrecht (patto di riscatto) vereinbart wurde. Denn unter wirtschaftlicher und juristischer Betrachtung soll damit dem Gläubiger eine dingliche Sicherheit verschafft werden, die einem Verfallpfandrecht (Art. 2744 c.c) gleichsteht und daher aufgrund des Verbots der Gesetzesumgehung nach Art. 1344 c.c. nichtig ist[27]. Daher ist gegenwärtig davon auszugehen, daß Sicherungsübereignungen aus Gründen des Schuldner- und Drittgläubigerschutzes unwirksam sind[28].

Somit scheitert die Vereinbarung eines erweiterten EV zwar nicht an der Sicherungsabtretung künftiger Forderungen, jedoch kann er seine Sicherungsfunktion nach erfolgter Tilgung des Kaufpreises nicht wahrnehmen, da die Sicherungsübereignung nicht wirksam vereinbart werden kann.

Im Ergebnis ist eine horizontale Erweiterung des EV in Deutschland ein gebräuchliches Sicherungsmittel, während dieses in Italien weitgehend unbekannt ist und außerdem nach der derzeitigen Rechtslage seine erweiterte Sicherungsfunktion nicht wahrnehmen kann.

2. Vertikale Verlängerungsformen

Die vertikalen Verlängerungsformen des EV berücksichtigen das Problem des Verlustes der Sicherheit, wenn die Sache verarbeitet oder über sie verfügt wird. Die vertikalen Verlängerungen wollen dem Bedürfnis des Käufers Rechnung tragen, die Sache wirtschaftlich zu verwerten und gleichzeitig dem Verkäufer dennoch eine Kreditsicherung zukommen zu lassen. Weiterveräußerung und Verarbeitung stellen die nächste Stufe der Wertschöpfung dar, und häufig hängt die Bonität des Käufers von der erfolgreichen Verwertung der unter EV gekauften Sache ab.

a. Deutschland

Mit der Verlängerung des EV vereinbaren die Vertragsparteien, daß an Stelle des erlöschenden einfachen EV eine Sicherheit am wirtschaftlichen Surrogat entstehen

26 Cass. civ., 3. 6. 1983, Nr. 3800, Giust. civ. mass., 1983, S. 1350; Cass. civ., 6. 12. 1983, Nr. 7271, Giust. civ. mass., 1983, S. 2476; Cass. civ., 9. 6. 1986, Nr. 3815,Giust. civ. mass., 1986, 1083; Cass. civ., 16. 4. 1987, Nr. 3784, Giust. civ. mass., 1987, 1088, Cass. civ., 11. 1. 1988, Nr. 46, Foro it, 1988, I, 1, 387; Cass., civ., 3. 4. 1989, Nr. 1611, Foro it., 1989, I, 1428 (1446 f.); Cass. civ., 21. 4. 1989, Nr. 1907, Foro it., 1990, I, 205 (214 ff.).

27 Cass. civ., 12. 12.1986, Foro it., 1987, I, 799; Cass. civ., 11. 1. 1988, Foro it, 1988, I, 387.

28 Petzold, Exportverträge, S. 104, Gebhard, Zahlungssicherheiten, S. 234; Kieninger, Mobiliarsicherheiten, S. 103.

soll. Die Verlängerung erfolgt häufig in Form einer sogenannten Abtretungs- oder Verarbeitungsklausel. Mit einer Abtretungsklausel läßt sich der Verkäufer die Forderungen im voraus abtreten, die dem Käufer nach erfolgter Weiterveräußerung gegen seine Kunden zustehen[29]. Die Abtretung künftiger Forderungen ist grundsätzlich möglich, wenn die abgetretene Forderung hinreichend bestimmt oder bestimmbar ist[30]. Damit einher geht die Ermächtigung des Käufers zur Veräußerung der Sachen im Rahmen eines ordnungsgemäßen Geschäftsbetriebs, womit er wirksam dem Dritterwerber die Sache übereignen kann[31]. Damit verliert der Verkäufer sein vorbehaltenes Eigentum, weshalb die Ermächtigung nach § 185 BGB nur solche Weiterveräußerungen umfaßt, bei denen der Verkäufer die Forderung erlangt, von deren Erhalt er seine Einwilligung abhängig gemacht hat[32].

Die Weiterveräußerungsermächtigung wurde insbesondere im Zusammenhang mit zwischen dem Käufer und dessen Kunden vereinbarten Abtretungsverboten (§ 399 BGB) problematisiert, da eine gegen das Verbot verstoßende Vorausabtretung nach überwiegender Ansicht[33] absolut unwirksam ist. Als Folge verliert auch die Ermächtigung zur Weiterveräußerung ihre Gültigkeit und der Käufer verfügt folglich als Nichtberechtigter[34]. Diese Frage wird nun durch § 354a S. 1 HGB[35] entschärft. Danach ist ein Abtretungsverbot unwirksam, wenn die Forderung aus einem Handelsgeschäft stammt und beide Seiten Kaufleute sind, womit die Vorschrift gerade die Parteien betrifft, die regelmäßig Abtretungsverbote vereinbart haben[36]. Die Vereinbarung des verlängerten EV durch die Abtretungsklausel im kaufmännischen Verkehr erfolgt regelmäßig in AGB und trifft auf keine Bedenken[37]. Die Abtretungsklausel ist bei kollidierenden AGB nicht wirksam vereinbart. Es fehlt an der notwendigen Willensübereinstimmung für die Vorausabtretung, die auch nicht durch Stillschweigen ersetzt werden kann[38]. Denn immerhin verliert der Käufer ei-

29 Bülow, Kreditsicherheiten Rz. 1260; Serick, Bd. IV § 40 III 3 a, S. 20, Soergel- Mühl § 455 Rz. 28.

30 RGZ 67, 166 (168); BGHZ 7, 365 (368); 26, 186 (189); Palandt- Heinrichs, § 398, Rz. 11; Flume, NJW 1950, 841 (847); ders., NJW 1959, 913 (916).

31 MüKo-Westermann, § 455, Rz. 95; Brandner in Ulmer/Brandner/Hensen, Anh. §§ 9-11, Rz. 656 b.

32 BGHZ 30, 176 (181); BGH ZIP 1986, 1052 (1054); Staudinger- Honsell, § 455, Rz. 58.

33 Stehende Rechtsprechung, BGHZ 40, 156 (160); 70, 299 (301); 102, 293 (301); 108, 172 (176); Hadding/van Look, WM 1988, Beilage Nr. 7, S. 5, Bülow, Kreditsicherheiten, Rz. 1205; Serick, Bd. IV, § 51 I 1 S. 489; a. A. Denck JuS 1981, 9 (12); Wagner JZ 1988, 698 (705); Canaris, FS für Serick, S. 11 ff.

34 RGZ 136, 395 (399); BGHZ 40, 156 (160);102, 294 (308); Palandt- Putzo, § 455, Rz. 17. Ein gutgläubiger Eigentumserwerb des Dritterwerbers scheitert dann meist an der fehlenden Gutgläubigkeit gemäß §§ 932 ff. BGB, 366 HGB, BGHZ 77, 274 (278); MüKo- Westermann, § 455, Rz. 95; Reinicke/Tiedtke, Kaufrecht, Rz. 1209; Serick, Bd. IV, § 54 IV 2 a, S. 691 und Huber, NJW 1968, 1905 (1906 f.) nehmen sogar Nachforschungspflichten des Käufers an, ob ein EV des Verkäufers besteht.

35 Eingefügt durch Art. 2 des Gesetzes v. 25. 7. 1994, BGBl. I, S. 1682.

36 Baumbach/Hopt, § 354a, Rz. 1. Nach LG Bonn WM 1996, 930 (931) kommt es für die neue Rechtslage auf den Zeitpunkt des vereinbarten Abtretungsverbotes an.

37 BGHZ 7, 365 (368 f.); 26, 186 (189); Flume, NJW 1959, 913 (915); Brandner in Ulmer/Brandner/Hensen, Anh. §§ 9-11, Rz. 656, MüKo- Westermann,§ 455, Rz. 94.

38 BGH NJW 1985, 1838 (1839 f.); BGH ZIP 1986, 1052 (1054); OLG Köln, BB 1993, 1740.

nen Teil seiner künftigen Forderungen, und das Einverständnis hiermit kann nicht mit einem Hinweis auf die Branchenüblichkeit der Verlängerung oder konkludent aus der Annahme hergeleitet werden[39].

Bei eigentumsbegründender Verarbeitung der Kaufsache sucht der Verkäufer durch sogenannte Herrsteller- oder Verarbeitungsklauseln seinen EV zu verlängern. Damit soll einem Eigentumsverlust nach § 950 Abs. 2 BGB durch die Festlegung der Herstellereigenschaft entgegengewirkt werden[40]. Dabei haben sich im wesentlichen drei Meinungen herausgebildet. Von einem kleineren Teil der Lehre[41] wird § 950 BGB als dispositiv angesehen. Die überwiegende Ansicht[42] geht jedoch von dem Grundsatz aus, wonach die sachenrechtliche Zuordnung einer Verarbeitung zwingend sei, einzig der Begriff des Herstellers i.S.d. § 950 BGB solle unter Beachtung der Verkehrsanschauung vom Standpunkt eines objektiven Betrachters her bestimmt werden können. Danach sei nach der Lebensanschauung die Herstellereigenschaft des Verkäufers regelmäßig anzunehmen, wenn der Verkäufer eine Herstellerklausel vereinbart hat, wonach die Verarbeitung für ihn zu erfolgen habe[43]. Diese beiden Ansichten heben im Ergebnis die zwingende Zuweisung des § 950 BGB auf und legen sie in die vertragsgestaltenden Hände der Parteien[44].

Daher wird zunehmend die Meinung vertreten[45], daß die Herstellereigenschaft sich nur nach objektiven Kriterien bemessen lasse. Der Eigentumserwerb folge daraus, daß der Produzent auf eigenes wirtschaftliches Risiko die Sache herstellt. Nur wenn diese Funktion tatsächlich und nicht nur in Form von Herstellerklauseln auf den Verkäufer verlagert ist, sei auch sein Eigentumserwerb nach § 950 BGB gerechtfertigt. Fehlt es an dieser Voraussetzung, wird die Herstellerklausel zwar für wirksam gehalten, kann aber für sich genommen nicht den gewünschten Eigentumserwerb herbeiführen. Vielmehr wird die Herstellerklausel in eine antizipierte Sicherungsübereignung der neu hergestellten Sache an den Verkäufer umgedeutet, der auf diese Weise auch weiterhin eine Sicherheit für seine Restforderung in

---

39 OLG Köln, BB 1993, 1740.

40 Brandner in Ulmer/Brandner/Hensen, Anh. §§ 9-11, Rz. 654.

41 Flume, NJW 1950, 841 (843); Baur/Stürner, Sachenrecht, § 53 B II 3, Rz. 15, Soergel- Mühl, § 950, Rz. 3; Reinicke/Tiedtke, Kaufrecht, Rz. 1185; Heck, Sachenrecht, § 62.6, S. 262.

42 BGHZ 14, 114 (117); 20, 159 (163); 46, 117 (118 f.); BGH NJW 1991, 1480; (1481); RGRK- Pikart, § 950, Rz. 16; Serick, Bd., IV, § 44 III, S. 155, Sonnenberger, Quartalshefte, 1986/IV, S. 11; etwas anders Hofmann, NJW 1962, 1798 (1803), der den Begriff des Herstellers einer Parteivereinbarung für zugänglich hält.

43 BGH NJW 1991, 1480 (1481); Brandner in Ulmer/Brandner/Hensen, Anh. §§ 9-11, Rz. 654; Hoffmann, Jura 1995, 457 (459).

44 Wiegand, AcP 190 (1990), 112 (129); Erman- Hefermehl, § 950, Rz. 6.

45 Kilger/Karsten Schmidt, § 43, Anm. 3 b aa; Gottwald/Gottwald, § 45, Rz. 14; Erman- Hefermehl, § 950, Rz. 7; Westermann- Gursky Sachenrecht, § 53 III 2, S. 439; MüKo- Quack, § 950, Rz. 24; Häsemeyer, Insolvenzrecht, S. 325; Säcker, JR 1966, 51 f.; Staudinger- Wiegand, § 950, Rz. 35; Schlegelberger- Hefermehl, § 382 Anh. Rz. 73; Larenz, Schuldrecht BT II 1, § 43 II d 2; S. 122; Medicus, Bürgerliches Recht, Rz. 519.

den Händen hält[46]. Zwar sprechen die besseren Gründe für die dritte Ansicht, jedoch ist nicht davon auszugehen, daß die Rechtsprechung ihre Ansicht aufgeben wird.

Daneben haben sich noch als weitere Formen der horizontalen Verlängerung der weitergeleitete EV und der nachgeschaltete EV herausgebildet. Bei einem weitergeleiteten EV wird der Käufer verpflichtet, die Veräußerung nur unter Offenlegung des bestehenden EV vorzunehmen. Damit erlangt der Kunde erst dann Eigentum, wenn nicht nur er selbst, sondern auch der Käufer den Kaufpreis an den Verkäufer vollständig gezahlt hat, weshalb diese Form in der Praxis wenig Verbreitung gefunden hat[47]. Bei einem nachgeschalteten EV veräußert der Käufer seinerseits nur bedingt unter EV, weswegen der Verkäufer sein vorbehaltenes Eigentum erst verliert, wenn entweder der Käufer oder dessen Kunde den vereinbarten Kaufpreis vollständig bezahlt hat[48].

b. Italien

Während die Literatur in Deutschland zu vertikalen Verlängerungen des EV uferlos ist, hat dieses Problem in Italien weder die Judikatur noch die Lehre vergleichbar nachhaltig beschäftigt.

In einer einzigen Entscheidung[49] wurde die Verlängerung des EV auf die neu hergestellten Produkte als möglich angesehen. Danach sei es mit einem EV nicht unvereinbar, wenn er sich auf Gegenstände bezieht, die Bestandteil einer neuen Sache werden sollen oder bereits geworden sind. Die Zulässigkeit einer solchen Vereinbarung ergebe sich aus der Vertragsfreiheit. Die Rechtsprechung hat in zwei späteren Urteilen die Gültigkeit des verlängerten EV kraft Herstellerklausel verneint[50]. Diese mittlerweile recht betagten Urteile betrafen eine Parteiabrede, mit der sich der EV nach eigentumsbegründender Verarbeitung am Endprodukt fortsetzen sollte. Eine solche Absprache sei nichtig, da sie in sich widersprüchlich sei. Denn der Verkäufer behalte sich das Eigentum vor, um die sich noch in seinem Eigentum befindliche Sache gegebenenfalls zurückzuerhalten. Willige er aber gleichzeitig in eine eigentumsbegründende Verarbeitung ein, liege darin zugleich ein Verzicht des Verkäufers auf sein vorbehaltenes Eigentum. Dieser Widerspruch begründe die Nichtigkeit der Vorbehaltsklausel. Zudem befinde sich die Klausel im Widerspruch zur gesetzlichen Regelung des Art. 1523 c.c. Darin wird der Verkäufer schon

---

46 Erman- Hefermehl, § 950, Rz. 7; Staudinger- Wiegand, § 950, Rz. 30 f.; Westermann- Gursky, Sachenrecht, § 53 III 2, S. 441; Palandt- Bassenge, § 950, Rz. 13; MüKo- Quack, § 950, Rz. 31.

47 Reinicke/Tiedtke, Kaufrecht, Rz. 1181; Baur/Stürner, Sachenrecht, § 59 A II, Rz. 6; MüKo- Westermann, § 455, Rz. 102; Schlegelberger- Hefermehl, § 382 Anh. Rz. 125.

48 BGHZ 56, 34 (36); Reinicke/Tiedtke, Kaufrecht, Rz. 1183; Serick, Bd. I, § 5 I 3 a, S. 79; MüKo-Westermann, § 455, Rz. 102.

49 App. Firenze, 11. 7. 1941, Monit. trib., 1942, 80.

50 Trib. Salerno, 30. 7. 1954, Foro it. 1955, I, 618 (619 f.); App. Napoli, 5. 7. 1955, Foro it. 1956, I, 101.

durch die Rückgabe der Sache geschützt. Der gesetzlich vorgesehene Schutz des Verkäufers dürfe nicht noch weiter ausgedehnt werden. Etwas anderes soll dann gelten, wenn der Käufer sich verpflichtet, die Sachen nicht zu verarbeiten, bevor nicht der ganze Kaufpreis getilgt ist. In diesem Fall soll die Vereinbarung des EV weiterhin zulässig sein[51]. Neuere Rechtsprechung ist nicht ergangen, weil ein verlängerter EV in der italienischen Vertragspraxis nach wie vor eine geringe Rolle spielt[52].

Die ablehnende Haltung der Rechtsprechung fand in der Literatur[53] Zustimmung, wobei eine kritische Würdigung der Urteile und ihrer Begründung unterblieben ist. Das übertragene Nutzungsrecht des Käufers sei durch das gleichzeitig an der Sache bestehende Sicherungsinteresse des Verkäufers begrenzt[54]. Daraus wird die Verpflichtung des Käufers hergeleitet, die Integrität der Sache zu schützen, weshalb die Abrede über einen EV bei gleichzeitiger Vereinbarung einer Verarbeitungsklausel als nichtig erachtet wird. Anderer Ansicht sind Ferrara Santamaria[55] und Bianca[56] mit Blick insbesondere auf die dem germanischen Rechtskreis zugehörenden Rechtsordnungen. Der EV des Verkäufers könne auch an der verarbeiteten Sache fortbestehen. Das ergebe sich daraus, daß der Verkäufer sein Eigentum bei einem geringen Wert der Verarbeitung auch nicht verliere. Zudem sei der Vorrang der vertraglichen Abrede vor dem gesetzlichen Eigentumserwerb nach Art. 940 c.c. allgemein anerkannt[57]. Das erstrecke sich auch auf Kaufverträge[58]. Könne der Verkäufer kraft Vertrag Eigentümer werden, dann müsse er sich erst recht nur sein Eigentum vorbehalten[59] und Kraft Parteivereinbarung den EV auf die neu hergestellte Sache erweitern können[60]. Jedenfalls sei zumindest die Verein-

---

51 Cass. civ., 21. 6 1949, Nr. 1298, Rep. Foro it., 1949, „Vendita", Nr. 265; Cicu- Rubino, Compravendita, S. 432.

52 Siehr, RIW 1971, 10 (11); Bonomi, Eigentumsvorbehalt, S. 76.

53 Cendon- Pisu, Art. 1523, S. 994; Scialoja- Greco/Cottino, Art. 1523, S.366; Rescigno- Carpino, Vendita, S. 321; Mirabelli, Art. 1523, S. 167; Luzzatto, Compravendita, S. 519; Perlingieri-Principe, Art. 1523, S. 906; Enciclopedia- Lipari, Vendita con riserva, S. 540; Cicu- Rubino, Compravendita, S. 431; Romano, Vendita, S. 197; auf diese Rechtslage lediglich hinweisend Wunner, NJW 1960, 1846 (1847); Mühl, Rechtsvergleich, S. 125; kritisch Siehr, RIW 1971, 10 (11); Gravenhorst, Italien, S. 64 f., Kieninger, Mobiliarsicherheiten, S. 188.

54 Enciclopedia- Lipari, Vendita con riserva, S. 535; Luzzatto, Compravendita, S. 519; Cendon- Pisu, Art. 1523, S. 994; Etwas anders Gazzoni, Manuale, S. 1043, der in der Verarbeitung oder der Veräußerung die Beeinträchtigung des Sicherungsrechts des Verkäufers sieht und daraus das Verbot ableitet.

55 Ferrara Santamaria, Vendita, S. 198 f.

56 Bianca, Vendita, S. 602 f.; Sulpasso, Riv. dir. civ., 1995, I, 567 (585) erwartet von den Vereinheitlichungsbemühungen von UNIDROIT bei Sicherungsrechten (dazu unten C III 2 b, bb, einen Modernisierungsanstoß (stimolo alla modernisazione) an die Rechtsordnungen, die Verlängerungsformen bislang nicht anerkennen.

57 Cass. civ., 18. 3. 1981, Nr. 1606; Giust. civ. mass., 1981, S. 621; Cendon- Paradiso, Art. 940, S. 243 f.; Digesto nov.- Tabet, Specificazione, S. 1089; Perlingieri- Ricciuto, Art. 940, S. 265; Enciclopedia- Buccisaro, Specificazione (dir. priv.), S. 277.

58 Ferrara Santamaria, Vendita, S. 198 f., zurückhaltend Kieninger, Mobiliarsicherheiten, S. 76.

59 Bianca, Vendita, S. 602; Bonomi, Eigentumsvorbehalt, S. 94.

60 Lisi, Compravendita, S. 180; App. Firenze, 17. 11. 1941, Monit. trib., 1942, 80.

barung des EV nicht von Anfang an nichtig[61], solange der Käufer eine Verarbeitung nicht vorgenommen hat[62]. Ferrara Santamaria[63] geht davon aus, der Verkäufer könne sich ausdrücklich die Verlängerung auf den EV ausbedingen, und nur wenn er dies unterlasse, erlösche der EV im Moment der Verarbeitung.

Nahezu völlig unbehandelt geblieben ist in der italienischen Literatur und Rechtsprechung eine vertikale Verlängerung des EV durch eine erlaubte Weiterveräußerung verbunden mit einer Abtretungsklausel. Dabei wird grundsätzlich in der Veräußerung der noch im Eigentum des Verkäufers stehenden Sache eine strafbare Unterschlagung (reato di appropriazione) gesehen und daraus das Verbot zur Weiterveräußerung gefolgert[64]. Zudem können die Gründe, die für die Unwirksamkeit der Weiterverarbeitungsklausel, insbesondere aufgrund des inneren Widerspruchs zwischen vorbehaltenem Eigentum und Eigentumsverlust als Folge der Verarbeitung, entsprechend auf den Eigentumsverlust durch eine Weiterveräußerung angewendet werden[65].

Überraschenderweise hat dabei die erste ausführliche Behandlung des Fragenkomplexes einer möglichen Weiterveräußerung und anschließender Sicherung des Verkäufers durch Ferrara Santamaria[66] keine Beachtung in der Literatur gefunden. Ferrara Santamaria[67] geht von bestimmten Handelsbereichen aus, in denen der Käufer zur Weiterveräußerung der Sache ermächtigt werden könne. Dazu zähle auch der Erwerb unter EV, weshalb bei der Weiterveräußerung keine Unterschlagung seitens des Käufers vorliege. Nur wenn die vertraglichen Obliegenheiten den Käufer dazu verpflichteten, die Sache zu verwahren und die Veräußerung nicht im Rahmen des ordnungsgemäßen Geschäftsverkehrs erfolge, sei eine Unterschlagung gegeben[68].

Mehr als 50 Jahre später hat sich Bonomi[69] mit der Problematik des verlängerten EV durch eine Abtretungsklausel ausführlich auseinandergesetzt. Er hält die Ermächtigung des Käufers zum Weiterverkauf grundsätzlich für zulässig[70], so daß in der Einwilligung nicht ein Eigentumsverzicht des Verkäufers erblickt werden könne[71]. Zumindest im Innenverhältnis könne der Verkäufer den Käufer zur Weiter-

61 So aber Trib. Salerno, 30. 7. 1954, Foro it. 1955, I, 618 (619); App. Napoli, 5. 7. 1955, Foro it. 1956, I, 101.

62 Bianca, Vendita, S. 602 f; Schlesinger- Bocchini, Art. 1523, S. 294; Ferrara Santamaria, Vendita, S. 198; so auch ausdrücklich Cass. civ., 21. 6 1949, Nr. 1298, Rep. Foro it., 1949, „Vendita", Nr. 265.

63 Ferrara Santamaria, Vendita, S. 198.

64 Rescigno- Carpino, Vendita, S. 321; Capozzi, Contratti, Bd. I, S. 126; Geri/Breccia/Busnelli/Natoli, Obbligazioni, S. 324; Campobasso, Contratti, S. 22.

65 Bonomi, Eigentumsvorbehalt, S. 76, nicht differenzierend Wunner, NJW 1960, 1846 (1847).

66 Ferrara Santamaria, Vendita, S. 90 ff.

67 Ferrara Santamaria, Vendita, S. 92.

68 Ferrara Santamaria, Vendita, S. 94.

69 Bonomi, Eigentumsvorbehalt, S. 87 ff.

70 Bonomi, Eigentumsvorbehalt, S. 87 f.; so schon Ferrara Santamaria, Vendita, S. 94.

71 Bonomi, Eigentumsvorbehalt, S. 88.

veräußerung ermächtigen, was jedoch zu einem Durchgangserwerb des Käufers führe[72]. Andere Autoren[73] haben die Frage des verlängerten EV auf das Problem der rechtmäßigen Weiterveräußerung reduziert. Sie gehen vom Sicherungszweck des EV aus, wonach die Veräußerung rechtmäßig sei, wenn die wirksame Geltendmachung des EV seitens des Verkäufers durch die Verfügung nicht beeinträchtigt werde. Dann liege auch keine Unterschlagung vor, wenn der Verkäufer weiterhin sein Sicherungsrecht geltend machen kann oder die offene Forderung mit dem Kaufpreis aus der Weiterveräußerung getilgt wird[74].

An die zulässige Weiterveräußerung schließt sich die Frage einer möglichen Ersatzsicherung des Verkäufers durch eine Sicherungsabtretung der zukünftigen Forderung (cessione del credito futuro in garanzia) an, die prinzipiell möglich ist[75]. Bedenken wegen der Zession künftiger Weiterverkaufsforderungen sind ebenfalls in Hinsicht auf die bislang strengen Anforderungen der Rechtsprechung[76] an die Bestimmbarkeit zukünftiger Forderungen geäußert worden[77]. Neben den aus Art. 5 des Factoringübereinkommens von Ottawa folgenden Auflockerungen[78] begründet Bonomi[79] die Zulässigkeit der Vorauszession unter Hinweis auf die Rechtsprechung zur Frage der Bestimmtheit künftiger Forderungen im Rahmen von Globalbürgschaften bei Bankverträgen. Hier verzichtet die Rechtsprechung auf das Erfordernis des bereits bestehenden Vertrages, da sich das Bestimmtheitserfordernis aus der künftigen Geschäftsverbindung ergibt[80]. Dieses gelockerte Bestimmtheitserfordernis müsse entsprechend auf eine Vorausabtretung bei einem verlängerten EV anwendbar sein[81]. Zudem verweist Bonomi auf eine Änderung in der Rechtsprechung des Kassationshofs[82]. Darin wurde eine Vorausabtretung trotz Fehlen des begründenden Rechtsverhältnisses als bestimmbar erachtet, wenn sich die Höhe der Forderung und ihre voraussichtliche Entstehung genau bestimmen lassen. Zwar ließe sich noch nicht die Zulässigkeit der Vorausabtretung der künftigen Kaufpreisforderung aus diesem Urteil herleiten, so ergeben sich daraus aber zumindest Anhaltspunkte an die inhaltlichen Anforderungen für die kautelarjuristische Gestaltung von Verlängerungsklauseln. Dann müsse die Höhe der zedierten Forderung

---

72 Bonomi, Eigentumsvorbehalt, S. 87 ff.

73 Enciclopedia- Lipari, Vendita con riserva, S. 536; Bianca, Vendita, S. 593, Schlesinger- Gazzoni, Art. 2643, S. 142; Cendon- Pisu, Art. 1523, S. 994.

74 Bianca, Vendita, S. 593, Schlesinger- Gazzoni, Art. 2643, S. 142;

75 Dolmetta/Portale, Banca, borsa e titoli di credito, 1985, I, 258 (280); Ferrara Santamaria, Vendita, S. 96.

76 Dazu bereits oben A VI 1 b.

77 Bonomi, Eigentumsvorbehalt, S. 106 ff; Ferrara Santamaria, Vendita, S. 96 f.; Kieninger, Mobiliarsicherheiten, S. 101 f.

78 Dazu bereits oben A VI 1 b.

79 Bonomi, Eigentumsvorbehalt, S. 109.

80 Cass. civ., 5. 1. 1981, Nr. 23, Giust. civ. mass., 1981, 9; Cass. civ., 1. 8. 1987, Nr. 6650, Foro it., 1988, I, 104; Cass. civ., 20. 7. 1989, Nr. 3386, Giust. civ. mass., 1989, 806.

81 Bonomi, Eigentumsvorbehalt, S. 109; so auch Dolmetta/Portale, Banca, borsa e titoli di credito, 1985, I, 258 (267).

82 Cass. civ., 8. 5. 1990, Nr. 1822, Foro it. 1991, I, 2489 (2494 f.) mit zustimmender Anmerkung Simone, Foro it., 1991, I, 2490 (2493 f.).

sowie ihr voraussichtliches Entstehen bereits im Kaufvertrag festgelegt sein[83]. Die praktische Umsetzung einer solchen Klausel dürfte jedoch auf Schwierigkeiten stoßen, da sie den Verkäufer keine Sicherheit zu verschaffen vermag, wenn sich der zeitlich festgelegte Termin der Weiterveräußerung nicht einhalten läßt.

Eine Sicherung des Verkäufers ist daher bei dieser Rechtslage nur in Form eines Abtretungsvorvertrages zu erzielen[84]. Mit diesem verpflichtet sich der Käufer, dem Verkäufer die zukünftige Forderung abzutreten, sobald die Kaufpreisforderung entsteht[85]. Der Sicherung durch einen solchen Abtretungsvorvertrag haftet der Nachteil an, daß ein Durchgangserwerb der abgetretenen Forderung beim Käufer eintritt. Damit muß der Verkäufer bei einem zwischenzeitlich eintretenden Sinneswandel gegen den Käufer zwangsweise vorgehen. Zudem fällt die Forderung in der Insolvenz des Käufers in die Masse, so daß der Verkäufer in der Krise keine drittwirksame Sicherheit besitzt[86].

Letztendlich führt das zu dem Ergebnis, daß eine vertikale Verlängerungsklausel in Italien nach Ansicht der Rechtsprechung und der überwiegenden Literatur nicht nur nicht vereinbart werden kann, sondern zum Verlust des wirksam vereinbarten einfachen EV führt. Nur nach einer Mindermeinung bleibt zumindest der einfache EV bis zum Verlängerungsfall wirksam vereinbart. Selbst wenn man den Verkäufer zur Weiterveräußerung als ermächtigt ansieht, erhält er kein Sicherungsrecht für die noch offene Kaufpreisforderung, das ihn gegenüber Dritten zu schützen vermag. Es bleibt aber festzuhalten, daß eine horizontale Erweiterung wie auch eine vertikale Verlängerung des EV durch eine Abtretungs- oder Verarbeitungsklausel in Italien zur Zeit eher theoretische Probleme verkörpern, welche in die Praxis keinen Einzug gehalten haben. Ganz im Gegenteil zur deutschen Rechtslage, wo die Verlängerungsformen des EV allseitig als Sicherungsmittel anerkannt werden.

3. Übersicherung

Nachdem die deutsche Rechtsprechung ursprünglich in der Akzeptanz der horizontalen und vertikalen Verlängerungen großzügig war, führte sie später unter dem Gesichtspunkt der übermäßigen Beschränkung der wirtschaftlichen Bewegungsfreiheit des Käufers eine an den wirtschaftlichen Interessen der Beteiligten ausgerichtete Überprüfung der Vereinabrungen durch. Dabei rückte insbesondere der verlängerter und erweiterter EV in der Form revolvierender Sicherheiten in den Mittelpunkt. Unter dem Stichwort der sittenwidrigen Übersicherung wurde die Nichtigkeit der Vereinbarung des EV nach § 138 BGB bzw. § 9 AGBG angenommen, wenn der Käufer nicht durch eine Freigabeverpflichtung bei Überschreiten einer bestimmten Deckungsgrenze vor einer unverhältnismäßigen Übersicherung geschützt war, wo-

83 Bonomi, Eigentumsvorbehalt, S. 110.

84 Bonomi, Eigentumsvorbehalt, S. 109 f., kritisch dazu Kieninger, Mobiliarsicherheiten, S. 102.

85 Mühl, Rechtsvergleich, S. 83.

86 Bonomi, Eigentumsvorbehalt, S. 110 f.; darauf weist auch Bianca, Vendita, S. 592, FN 6 hin.

bei auf das konkrete Vorliegen einer Übersicherung verzichtet wurde[87]. Dabei hat sich eine uneinheitliche Kasuistik gebildet, die auf Kritik[88] stieß. Der Beschluß des Großen Senats[89] hat die Divergenzen ausgeräumt und die erforderliche Rechtssicherheit hinsichtlich revolvierender Sicherheiten wiederhergestellt, wonach nun von folgenden Grundsätzen auszugehen ist.

Das Überschreiten der Deckungsgrenze ist die Voraussetzung des Entstehens der Freigabeverpflichtung, wobei die Unwirksamkeit der Deckungsgrenze nicht mehr zur Unwirksamkeit der vereinbarten Sicherheit führt. Enthält die formularmäßige Sicherungsbestellung keine oder nur eine unangemessene Deckungsgrenze, so ist eine Übersicherung gegeben, wenn im Verwertungsfall der realisierbare Wert die gesicherte Forderung um mehr als 10% übersteigt[90]. Aus der Natur der Sicherungsabtretung als Treuhandvertrag ergibt sich im Falle der Übersicherung die Pflicht des Sicherungsnehmers, die Sicherheit zurückzugewähren, wenn und sobald sie nicht mehr benötigt wird. Folglich hat der Sicherungsgeber einen ermessensunabhängigen Freigabeanspruch. Dieser tritt an die Stelle von fehlenden oder nichtigen Regelungen, wenn keine[91] oder eine ermessensabhängige[92] Freigabeverpflichtung vorhanden ist. Um Bewertungsschwierigkeiten zu vermeiden, wird der Rechtsgedanke des § 273 BGB herangezogen. Der Freigabeanspruch des Sicherungsgebers entsteht demnach, wenn der geschätzte Verkehrswert des Sicherungsgutes 150% der gesicherten Forderung übersteigt[93].

VII. Eigentumsvorbehalt und andere Sicherungsrechte in Italien

Der Verkäufer in Italien ist mit seiner offenen Kaufpreisforderung beim Verkauf bestimmter Sachen durch ein Vorzugsrecht (privilegio) gesichert. Die italienische Rechtsordnung will damit Gläubiger bestimmter Forderungen bevorzugen, die dem Gesetzgeber als besonders schutzwürdig erschienen sind. Das Vorzugsrecht verschafft dem Verkäufer ein Recht auf vorzugsweise Befriedigung sowohl in der Zwangsvollstreckung (Art. 2741 Abs. 2 c.c.) als auch im Konkurs (Art. 54 LF). Dabei bestand lange Zeit über das Verhältnis des Vorzugsrechts zur Sicherung durch einen EV Uneinigkeit.

---

87 BGHZ 94, 105 (112); 98, 303 (307); 120, 300 (302); 125, 83 (88).

88 Staudinger- Honsell, § 455, Rz. 62; Neuhof, NJW 1993, 2840 (2845); ders., NJW 1994, 841 (843); Serick, JZ 1994, 714 (716 ff.).

89 BGH, Großer Senat, Beschluß vom 27. 11. 1997, NJW 1998, 671, zustimmend Heinrichs, NJW 1997, 1447 (1458); Serick, NJW 1997, 1529 (1532 f.).

90 BGH, Großer Senat, Beschluß vom 27. 11. 1997, NJW 1998, 671 (674).

91 BGH, Großer Senat, Beschluß vom 27. 11. 1997, NJW 1998, 671 (672 f.), BGH NJW 1998, 2206 (2207).

92 Eine solche Klausel ist, soweit sie in formularmäßigen Sicherungsvereinbarungen vereinbart wird, wegen Verstoßes gegen § 9 AGBG unwirksam, BGH Großer Senat, Beschluß vom 27. 11. 1997, NJW 1998, 671 (673).

93 BGH, Großer Senat, Beschluß vom 27. 11. 1997, NJW 1998, 671 (675 f.).

1. Maschinenprivileg

Nach Art. 2762 c.c. erwirbt der Verkäufer ein Recht auf vorzugsweise Befriedigung für den noch nicht bezahlten Kaufpreis an den verkauften und gelieferten Maschinen mit einem Kaufpreis über Lit. 30.000. Das Vorzugsrecht besteht auch dann, wenn die Sache mit einem dem Käufer oder einem Dritten gehörenden Grundstück verbunden wird, Art. 2762 Abs. 1 c.c. Das Vorzugsrecht ist jedoch abhängig von der erfolgten Eintragung in das Register von Art. 1524 Abs. 2 c.c. vorgesehene Register. Das Vorzugsrecht hat eine Dauer von drei Jahren und ist solange wirksam, wie sich die Maschine am Ort der Eintragung im Besitz des Käufers befindet, Art. 2762. Abs. 3 c.c.

Auch das Gesetz über den Kauf von fabrikneuen Werkzeug- und Produktionsmaschinen[1] sieht ein Vorzugsrecht zu Gunsten des Verkäufers vor. Dieses weist im Vergleich zu Art. 2762 c.c. einige Besonderheiten auf. Damit das Vorzugsrecht wirksam entsteht, ist erforderlich, daß der Verkäufer ein Ursprungszeugnis ausstellt. Dieses Zeugnis muß den Namen der Vertragsschließenden und die wesentlichen Vertragsbedingungen enthalten, Art. 2 Abs. 2 des Gesetzes. Das Zeugnis muß der Käufer bis zum Eigentumsübergang durch vollständige Kaufpreiszahlung aufbewahren. Zudem muß die Maschine bei der Übergabe an den Käufer mit einem Schild versehen werden (Art. 4 des Gesetzes), das erst nach Eigentumsübergang entfernt werden darf. Das Gesetz schreibt in Art. 2 dezidiert Inhallt und Form dieses Schildes vor[2]. Schließlich ist der Vertrag mit dem vereinbarten EV ebenfalls in dem örtlich zuständigen Landgerichten geführten besonderen Register einzutragen, Art. 1, 3 des Gesetzes. Mit der Eintragung des Vorzugsrechts kann der Verkäufer dieses dem Käufer wie auch seinen Gläubigern rechtswirksam entgegenhalten. Art. 6 des Gesetzes gewährt dem Verkäufer ein Vorzugsrecht i. S. d. Art. 2762 c.c. Die Dauer des Vorzugsrechts ist auf sechs Jahre verlängert und seine Wirksamkeit ist nicht vom Verbleib der Maschine in dem Landgerichtsbezirk abhängig, in dem die Eintragung erfolgte.

2. Verhältnis zum Eigentumsvorbehalt

Über das Verhältnis von Maschinenprivileg und EV bestand insbesondere bei deutschen Autoren keine Einigkeit. Gravenhorst[3] ist der Ansicht, daß beide Sicherungsrechte sich gegenseitig ausschließen. Denn den EV kennzeichnet, daß der Verkäufer noch Eigentümer der Kaufsache ist. Ein Vorzugsrecht hingegen setzt voraus, daß die Sache schon dem Vermögen des Schuldners zugehört. Angesichts behaupteter geringer praktischer Bedeutung sieht er davon ab, eine eigene Lösung zu bieten[4].

---

1 Legge v. 28. 11. 1965, n. 1329, G. U. v. 14. 12. 1965, n. 311.

2 Hierzu ausführlich Stumpf- Zimmermann, Italien, S. 221 f.

3 Gravenhorst, Italien, S. 65.

4 Gravenhorst, Italien, S. 66; diese Argumentation und das Ergebnis übernehmend Stumpf- Zimmermann, Italien, S. 217.

Überwiegend[5] wird vertreten, daß dem Verkäufer beide Rechte gleichrangig nebeneinander zustehen und er ein Wahlrecht habe, welchem Sicherungsrecht er sich bedienen will. Zu Recht weist Mühl[6] darauf hin, daß die Frage aufgrund der unterschiedlichen Behandlung beider Rechte im Konkurs entgegen der Ansicht von Gravenhorst nicht unentschieden bleiben kann. Der Verkäufer oder der Konkursverwalter eines noch nicht ganz ausgeführten Vertrages haben nach Art. 72 LF ein Wahlrecht, die Erfüllung des Vertrages zu wählen oder dessen Auflösung herbeizuführen[7]. Wird der Vertrag aufgelöst, so hat der Verkäufer hinsichtlich des Kaufgegenstandes, der sich noch in seinem Eigentum befindet, ein Aussonderungsrecht nach Art. 103 LF. Hinsichtlich der noch offenen Restaufpreisforderung wird der Verkäufer als normaler Konkursgläubiger entsprechend der Konkursqoute befriedigt. Besitzt er aber noch das Vorzugsrecht, so kann er aufgrund des Vorzugsrechts seine Kaufpreisforderung vorzugsweise aus dem Erlös der Masse befriedigen[8]. Somit ist der Verkäufer durch das Vorzugsrecht im Konkurs begünstigt, wenn er statt des EV auch das Vorzugsrecht besitzt und geltend macht[9]. Überdies ist zu bedenken, daß Ansprüche aus dem Vorzugsrecht nur dadurch durchgesetzt werden können, daß der Verkäufer oder ein Dritter die Zwangsvollstreckung gegen den Schuldner betreiben[10]; Ansprüche aus dem EV hingegen können auch ohne Vollstreckungsverfahren Dritten oder dem Käufer gegenüber geltend gemacht werden. Zudem erkennt das Gesetz vom 28. 11. 1965, n. 1329 das Nebeneinander beider Rechte an[11]. Das Gesetz ist speziell auf den Kauf unter EV zugeschnitten. Zusätzlich enthält es eine Regelung über das Vorzugsrecht. So läßt es erkennen, daß beide Rechte gleichwertig sind und nebeneinander bestehen können, auch wenn das Verhältnis beider Institute zueinander in dem Gesetz ungeregelt geblieben ist[12]. Daher ist davon auszugehen, daß sich die beiden Sicherungsrechte nicht gegeneinander ausschließen, sondern vielmehr nebeneinander an der gleichen Sache bestehen und dem Verkäufer ein Wahlrecht ermöglichen, welchem der beiden Rechte er sich bedienen will.

---

5 Gabrielli, Riv. dir. civ., 1985, I, 1, 605 (610); Mühl, Rechtsvergleich, S. 127; Schultz- Gerstein, Kauf unter EV, S. 36, Gebhard, Zahlungssicherheiten, S. 235; Siehr, RIW 1971, 10 (13), Cottino, Contratti commerciali, S. 41; Pajardi- Giudici/Angiolino, Art. 73, S. 315; Azzolina, Fallimento, S. 1233; Hanisch, I diritti reali, S. 163.

6 Mühl, Rechtsvergleich, S. 127.

7 Dazu ausführlich unten B II 3 b, 4 b.

8 Gassner/Wolff, DB 1969, Beilage Nr. 10, S. 5.

9 Mühl, Rechtsvergleich, S. 127; Gebhard, Zahlungssicherheiten, S. 245 weist darauf hin, für den Gläubiger ohne Vorzugsrecht sei der Konkurs des Käufers oft eine „herbe Enttäuschung".

10 Petzold, Exportverträge, S. 105.

11 Siehr, RIW 1971, 10 (13); Mühl, Rechtsvergleich, S. 127; Gabrielli, Quartalshefte,1986/IV, S. 73.

12 Mühl, Rechtsvergleich, S. 127; a. A. Gravenhorst, Italien, S. 66, FN 121 der genau aus diesem Umstand kein Argument für das Nebeneinander der Sicherungsrechte herleiten kann.

3. Kraftfahrzeughypothek

Die Kraftfahrzeughypothek ist eine Mobiliarhypothek und stellt ein dingliches Sicherungsrecht für den nicht bezahlten Teil des Kaufpreises an Kraftfahrzeugen dar[13]. Das an einem Kraftfahrzeug eine Hypothek entstehen kann ist in Art. 2810 Abs.2 c.c. vorgesehen und durch ein in Einzelheiten mehrfach geändertes königliches Dekret-Gesetz ausführlich geregelt worden[14]. Es schreibt das Führen eines öffentliches Kraftfahrzeugregister (Publico Registro Automobilistico, P. R. A.) beim italienischen Automobilclub vor, welches öffentlichen Glauben genießt. Die Verordnung sieht in Art. 2 vor, daß das Kraftfahrzeug auch ohne ausdrückliche Parteiabrede als Sicherheit des Restkaufpreises dient; wobei die Eintragung der Hypothek in das Kraftfahrzeugregister konstitutive Entstehungsvoraussetzung ist[15]. Die eingetragene Hypothek wirkt gegenüber jedem Dritten und verhindert einen gutgläubigen lastenfreien Erwerb[16]. Sie erlischt nach fünf Jahren, sofern die Parteien nicht eine Verlängerung um fünf weitere Jahre vereinbart haben.

4. Verhältnis zum Eigentumsvorbehalt

Die Rechtsprechung[17] früherer Jahre vertrat die Ansicht, daß die Forderung des Verkäufers einzig durch die Kraftfahrzeughypothek zu sichern sei. Dies wurde damit begründet, daß die Vereinbarung eines EV an weniger Voraussetzungen geknüpft sei als die Kraftfahrzeughypothek. Denn der EV ist im Gegensatz zur Kraftfahrzeughypothek zwischen den Parteien auch ohne Registrierung wirksam. Jedoch wird seit der Entscheidung des Kassationshofs[18] nahezu unstrittig die Ansicht vertreten, daß sich der Verkäufer auch durch einen EV sichern kann[19]. Denn die Drittwirksamkeit des EV ist für den Verkäufer von wesentlicher Bedeutung. Damit er die Drittwirksamkeit erhält, bedarf der EV ebenfalls der Registrierung in das P. R. A. gemäß Art. 1524 Abs. 3 c.c.[20]. So werden an den einen effektiven Schutz garantierenden EV vergleichbar hohe Publizitätsanforderungen gestellt wie an die Kraftfahrzeughypothek. Damit ist aber nur geklärt, daß der Verkäufer sich wahlweise auch über einen EV sichern kann, nicht aber, ob beide Sicherungsrechte nebeneinander bestellt werden können. Ein Teil der Lehre[21] ist der Ansicht, daß beide Formen der Sicherung nicht gleichzeitig auf denselben Kauf anwendbar

13 Zuddas, Riv. dir. civ., 1975, I, 1, 540 (541).

14 Decreto legge v. 15. 3. 1927, n. 436, G. U. v. 11. 4. 1927, n. 84.

15 Cass. civ., 27. 4. 1968, Nr. 1303, Giur. it., 1968, I, 1, 931 (933).

16 Gassner/Wolff, DB 1969, Beilage Nr. 10, S. 5; Mühl, Rechtsvergleich, S. 127.

17 Pret. Milano, 15. 3. 1956, Giur. it. 1956, I, 2, 923 (929) mit ablehnender Anmerkung Massari; App. Firenze, 18. 7. 1956, Rep. Foro it., 1956, „Autoveicolo", Nr. 40, 41.

18 Cass. civ., 10. 9. 1969, Nr. 3089, Giust. civ., 1969, I, 1389 (1391).

19 Trib. Latina, 19. 2. 1973, Giur. it., 1974, I, 2, 421 (428); Massari, Giur. it., 1956, I, 2, 923 (928); Cicu-Rubino, Compravendita, S. 431; Bianca, Vendita, S. 600, FN 5; Lisi, Compravendita, S. 170, kritisch ; Zuddas, Riv. dir. civ., 1975, I, 1, 540 (541).

20 Vgl. dazu bereits oben A VIII 2 b dd.

21 Zuddas, Riv. dir. civ., 1975, I, 1, 540 (541 f.);Ghera, Giust. civ., 1961, I, 169 (175).

sind. Denn es sei mit der Natur der Hypothek unvereinbar, da nach Art. 1808 Abs. 2 c.c. die Hypothek nur Sachen zum Gegenstand haben kann, die dem Schuldner oder einem sonstigen Dritten gehören. Beim EV verbleibt das Eigentum jedoch beim Verkäufer. Daher müsse der Verkäufer zwischen der einen oder anderen Form seiner Sicherung wählen.

Ein großer Teil der Lehre[22] und der Rechtsprechung[23] geht aber von einer gleichzeitigen Vereinbarkeit aus. Denn beide Sicherungsrechte haben verschiedenartige Voraussetzungen und Zielrichtungen. Der EV sichert die Kaufpreisforderung, indem der Eigentumsübergang aufgeschoben wird und der Verkäufer seine Sache im Falle der Vertragsauflösung wieder erlangen kann. Die Kraftfahrzeughypothek hingegen sichert die Kaufpreisforderung oder jede beliebige andere Forderung unabhängig von der Eigentümerstellung, wobei sie auch für andere Gläubiger als dem Verkäufer bestellt werden kann[24]. Die Kraftfahrzeughypothek berechtigt den Gläubiger, die Zwangsvollstreckung zu betreiben und sich vorzugsweise zu befriedigen, Art. 2808 Abs. 1 c.c. Dabei besteht die Gefahr, daß andere Rechte im Rang vorgehen[25]. All diese Unterschiede rechtfertigen das parallele Bestehen beider Sicherungsrechte auf denselben Kaufgegenstand[26].

5. Gesetzliche Hypothek

Nach Art. 2817 Nr. 1 c.c. hat der Veräußerer eines Grundstücks eine gesetzliche Hypothek (ipoteca legale) über die Erfüllung der Ansprüche, die aus der Veräußerung herrühren. Die gesetzliche Hypothek wird gemäß Art. 2834 c.c. von Amts wegen vom Grundbuchamt in das Register eingetragen. Daher ist der Verkäufer von Immobilien bei gestundeter oder gesplitteter Zahlung schon durch die gesetzliche Hypothek gesichert. Dies schließt nach herrschender Meinung[27] nicht aus, daß sich der Verkäufer auch mittels eines EV sichern kann. Rubino[28] ist feilich der Meinung, daß mit der Vereinbarung eines EV dann die gesetzliche Hypothek nicht entstehe. Denn die Funktion der Hypothek werde schon durch den EV in „energischerer" Weise erfüllt. Jedoch zieht er Parallelen zu der Automobilhypothek und beruft sich

22 Bianca, Vendita, S. 601; Massari, Giur. it. 1956, I, 2, 923 (928); Cicu- Rubino, Compravendita, S. 428; Gabrielli, Riv. dir. civ., 1985, I, 1, 605 (614); ders., Quartalshefte,1986/IV, S. 77; Lisi, Compravendita, S. 170.

23 Cass. civ., 10. 9. 1969, Nr. 3089, Giust. civ., 1969, I, 1389 (1391); Pret. Padova, 10.12. 1956, Foro pad., 1957, I, 631 (632); Trib. S. Maria Capua Vetere, 7. 3. 1960, Giust. civ., 1961, I, 169 (177); Trib. Latina, 19. 2. 1973, Giur. it., 1974, I, 2, 421 (428).

24 Gravenhorst, Italien, S. 67.

25 Nach Art. 2779 c.c. gehen die Vorzugsrechte der Artt. 2777, 2778 Nr. 1- 10 c.c. vor.

26 Mühl, Rechtsvergleich, S. 128 f.

27 Vgl. dazu oben A IV 1 b; Cass., Urt. v. 1. 12. 1962, Nr. 3250, Giust. civ. mass., 1962, 1517; Enciclopedia- Lipari, Vendita con risreva, S. 539; Trimarchi, Istituzioni, S. 472.

28 Cicu- Rubino, Compravendita, S. 432, FN 130bis, der davon ausgeht, daß der EV daß bessere Sicherungsmittel sei, da es den Verkäufer nicht den Ärger (fastidio) eines Zwangsenteignungsverfahren aufbürdet.

auf die damals vorherrschende, heute aber nicht mehr vertretene Ansicht[1]. Vielmehr ist auch hier wie bei den anderen Vorzugsrechten auf die unterschiedlichen formalen Entstehungsvoraussetzungen und die verschiedenen Schutzrichtungen von EV und gesetzlicher Hypothek hinzuweisen. Insofern gelten die gleichen Gründe, die bei den Vorzugssrechten für Mobilien die Annahme einer parallelen Vereinbarung rechtfertigen[2].

Zusammenfassend ist somit grundsätzlich davon auszugehen, daß der EV gleichzeitig neben anderen Sicherungsrechten wirksam vereinbart und geltend gemacht werden kann.

VIII. Rechtsstellung des Verkäufers

Die Rechtsstellung des Verkäufers wird von zwei verschiedenen Interessenlagen geprägt. Im Vordergrund steht für den Verkäufer die vollständigen Bezahlung des Kaufpreises, die durch den EV gesichert ist. Zudem wird die Rückabwicklung des Vertrages im Falle der Nichterfüllung gesichert. Soweit die Sicherungsfunktion des EV betroffen ist, muß danach differenziert werden, ob der Käufer selbst oder ein Dritter die Kaufsache besitzt.

1. Stellung des Verkäufers gegenüber dem Käufer

Den Verkäufer treffen seinem Käufer gegenüber eine Reihe von Verpflichtungen, die sich aus dem Kaufvertrag ergeben. Soweit der Kaufvertrag seitens des Käufers aber nicht oder schlecht erfüllt wird, ist der Verkäufer vornehmlich an dem Rückerhalt der Kaufsache interessiert.

a. Deutschland

aa. Pflichten des Verkäufers

Der Verkäufer ist aufgrund des Kaufvertrages verpflichtet, dem Käufer den Besitz zu verschaffen. Dabei begründet der Kaufvertrag ein Besitzmittlungsverhältnis, wonach der Käufer unmittelbarer Fremdbesitzer ist, der dem Verkäufer den Besitz mittelt[3]. Daneben ist der Verkäufer zur Eigentumsverschaffung verpflichtet, die mit Be-

1 Vgl. dazu oben A VII 4.

2 Enciclopedia- Lipari, Vendita con riserva, S. 539; Gallo, Foro it., 1958, IV, 21 (30); so wohl auch Cottino, Contratti commerciali, S. 41, während die anderen Autoren hierzu schweigen

3 Einhellige Ansicht, statt aller Flume, AcP 161 (1962), 385 (397).

dingungseintritt erfolgt, unabhängig vom fortbestehenden Übereignungswillen[4] oder einer weiteren Leistungshandlung des Verkäufers. Die Erfüllung durch den Verkäufer tritt erst mit dem Eigentumsübergang ein, was mittels § 107 Abs. 1 S. 1 InsO auch durch den Gesetzgeber klargestellt worden ist[5].

bb. Rücktritt

Der vereinbarte EV erleichtert mangels entgegenstehender Absprache nach der Auslegungsregel des § 455 BGB dem Verkäufer den Rücktritt, wenn der Käufer mit der Zahlung in Verzug kommt. Damit ist die nach § 326 BGB notwendige Nachfristsetzung entbehrlich, nicht aber der erforderliche Verzug des Käufers[6]. Da es sich um ein vertraglich vereinbartes Rücktrittsrecht handelt, kommen die Vorschriften des §§ 346 ff. BGB unmittelbar zur Anwendung. Dem Verkäufer steht daher nach § 347 BGB eine Nutzungsentschädigung zu, die er mit dem bereits erhaltenen Kaufpreis verrechnen kann[7]. Die Höhe der Nutzungsentschädigung kann wie auch ein eventueller Verfall der Teilzahlungen schon bei Vertragsschluß vereinbart werden[8]. Mit dem nach § 349 BGB erklärten Rücktritt erlischt das Recht des Käufers zum Besitz, so daß der Verkäufer die Sache nach § 985 BGB vindizieren kann. Während § 13 Abs. 3 S. 1 VerbrKrG die Ausübung des Rücktrittsrechts durch den Verkäufer fingiert, wenn er die gelieferte Ware wieder an sich nimmt[9], wird sonst in dem Herausgabeverlangen noch nicht die erforderliche Rücktrittserklärung nach § 349 BGB gesehen[10].

Daneben kann der Verkäufer auch nach § 326 BGB eine Nachfrist setzen und Schadensersatz wegen Nichterfüllung verlangen[11]. Mit Fristablauf erlischt die Pflicht des Verkäufers zur Eigentumsverschaffung, womit auch das Besitzrecht untergeht und der Verkäufer die Herausgabe der Sache verlangen kann[12].

---

4 BGHZ 28, 16 (21); 30, 374 (377); 35, 85 (89); a. A. RGZ 64, 204 (207); 95, 105 (107).

5 Die ältere Streitfrage, ob der Verkäufer bereits mit der bedingten Übereignung erfüllt hat, ist im Rahmen der Insolvenz von Relevanz gewesen, vgl. dazu ausführlich unten B II 1.

6 BGHZ 96, 182 (194); Soergel- Mühl, § 455, Rz. 67; Staudinger- Honsell, § 455, Rz. 30, Rühl, Eigentumsvorbehalt, S. 265; a. A. Bydlinski, JZ 1986, 1028 (1030).

7 BGH NJW 1984, 2937 f.; OLG Hamburg, DB 1951, 77; Erman- Grunewald, § 455, Rz. 12; MüKo-Westermann, § 455, Rz. 36; Soergel- Mühl, § 455, RZ. 69.

8 Baur/Stürner, Sachenrecht, § 59 B II 2 b, Rz. 19; MüKo- Westermann, § 455, Rz. 36.

9 Staudinger- Honsell, § 455, Rz. 30.

10 RGZ 144, 62 (65); Serick, Bd. I, § 7 II 3, S. 132 f.; RGRK- Mezger, § 455, Rz. 21; Bauknecht, NJW 1955, 1251 (1254); Staudinger- Honsell, § 455, Rz. 30.

11 Reinicke/Tiedtke, Kaufrecht, Rz. 1125.

12 RGZ 144, 62 (65); BGHZ 54, 214 (216); Honsell, JuS 1981, 705 (709); ReinickeTiedtke, Kaufrecht, Rz. 1126, Bauknecht, NJW 1955, 1251 (1253).

cc. Rücknahme der Kaufsache

Inwieweit der Verkäufer ohne entsprechende Abrede oder ohne vorherigen Rücktritt vom Kaufvertrag berechtigt ist, die Sache herauszuverlangen, wird lebhaft diskutiert. Die ältere Rechtsprechung[13] und ein Teil der Literatur[14] gehen davon aus, daß der Verkäufer die Herausgabe der Sache verlangen kann, auch ohne den Kaufvertrag vorher zu beseitigen. Der Verkäufer könne zu dem Druckmittel der Leistung Zug um Zug zurückkehren, wenn der Käufer sich nicht vertragsgemäß verhalte[15]. Damit müsse er aber noch nicht gleichzeitig auf seinen Erfüllungsanspruch aus dem Kaufvertrag verzichten. Denn er könne den Kaufvertrag aufrechterhalten und nur seine Vorleistung in Form der Besitzübergabe rückgängig machen. Zudem sei das Recht aus der Vorbehaltsabrede herzuleiten, welche das vertragsgemäße Verhalten des Käufers voraussetze und daher beseitigt werden könne, ohne das Interesse des Käufers am Erhalt des vereinbarten Kaufpreises zu beeinflussen[16].

Nach der Gegenansicht[17] kann der Verkäufer die Herausgabe der Sache auch bei einem sich vertragswidrig verhaltenen Käufer erst verlangen, wenn er den Kaufvertrag durch Rücktritt oder gemäß § 326 BGB beseitigt hat. Denn die Vereinbarung des EV diene im wesentlichen dem Kreditinteresse des Käufers. Im gewerblichen Handel bei hochpreisigen Investitionsgütern müsse er die gekauften Sachen nutzen können, um die Anschaffung zu finanzieren zu. Diesem Zweck des EV liefe ein vorübergehendes Rückholrecht ohne Vertragsbeseitigung aber zuwider[18].

dd. Verjährung der Kaufpreisforderung

Mit Eintritt der Verjährung des Kaufvertrages, die bei Kaufleuten bereits nach zwei Jahren eintritt (§ 196 Abs. 1 Nr. 1 BGB), ist ein Verzug des Käufers ausgeschlossen, da die Kaufpreisforderung nicht mehr durchsetzbar ist[19]. Dann kann der Verkäufer das Besitzrecht des Käufers durch Rücktritt nach §§ 326, 455 BGB nicht mehr beseitigen und es kommt zu einer dauerhaften Trennung von Besitz und Eigentum.

---

13 RGZ 119, 64 (68); 144, 62 (65); RG JW 1907, 315; BGHZ 34, 191 (197).

14 Staudinger- Honsell, § 455, Rz. 31; Müller, DB 1969, 1493 (1496); Palandt- Putzo, § 455, Rz. 27; MüKo- Westermann, § 455, Rz. 38; Serick, Bd. I, § 7 III 1 S. 137 ff.

15 Staudinger- Honsell, § 455, Rz. 31; ders., JuS 1981, 705 (710); Schlegelberger- Hefermehl, § 382 Anh., Rz. 47.

16 Staudinger- Honsell, § 455, Rz. 31; ders., JuS 1981, 705 (710); MüKo- Westermann, § 455, Rz. 38; Müller, DB 1969, 1493 (1498 f.).

17 BGHZ 54, 214 (222); 70, 96 (100); Reinicke/Tiedtke, Kaufrecht, Rz. 1130; Hoffmann, Jura 1995, 457 (458); Bülow, Kreditsicherheiten, Rz. 663; ders., Jura 1986, 169 (172); Raiser, Anwartschaften, S. 73; Bauknecht, NJW 1955, 1251 (1253); Baur/Stürner, Sachenrecht, § 59 B II 2 a, Rz. 18; Blomeyer, JZ 1968, 691 (692); Erman-Grunewald, § 455, Rz. 12; Soergel- Mühl, § 455, Rz. 67.

18 BGHZ 54, 214 (221); Reinicke/Tiedtke, Kaufrecht, Rz. 1130.

19 van Look/Stoltenberg, WM 1990, 661.

Die stehende Rechtsprechung[20] und die Literatur[21] ermöglichen dem Verkäufer dennoch, die Sache aufgrund einer entsprechenden Anwendung des § 223 Abs. 2 BGB herausverlangen zu können. Ursprünglich war die Vorschrift für besitzgebundene Sicherheiten konzipiert, wurde aber auf die Sicherungsübereignung mittels Besitzkonstitut analog angewendet, weshalb die entsprechende Anwendung auf den ebenfalls ohne Besitz gesicherten Verkäufer nicht schwer fällt[22]. Denn so kann der EV seinen Sicherungszweck auch bei ausbleibender Zahlung erfüllen und der Verkäufer die Herausgabe der Sache ohne vorherigen Rücktritt verlangen[23]. Dabei wird der Kaufvertrag nicht aufgelöst, weshalb der Verkäufer die erhaltenen Kaufpreisraten behalten können soll[24]. Diese Lösung wird als unsachgemäß angesehen und daher vorgeschlagen, die Rücktrittsregeln entsprechend anzuwenden[25] oder dem Verkäufer lediglich eine Nutzungsentschädigung zuzubilligen[26].

b. Italien

aa. Pflichten des Verkäufers

Der Verkäufer ist verpflichtet, die Sache dem Käufer zu übergeben und den Eigentumsübergang zu ermöglichen. Die Übertragung findet durch die vollständige Kaufpreiszahlung statt, ohne daß es auf den Übereignungswillen oder sonstige Handlungen seitens des Verkäufers noch ankommt. Dieser ist lediglich dazu verpflichtet, über die Sache nicht zu verfügen[27].

bb. Auflösung des Vertrages

Der Verkäufer kann nach Art. 1526 Abs. 1 c.c. die Rückgabe der Sache verlangen, wenn aufgrund der Nichterfüllung des Käufers die Auflösung (risoluzione) des Vertrages erfolgt. Bevor der Verkäufer sein vorbehaltenes Eigentum durchsetzen und die Rückgabe der Sache verlangen kann, muß er das Besitzrecht des Käufers durch gerichtliche oder gesetzliche Auflösung des Kaufvertrages beseitigen[28].

---

20 BGHZ 34, 191 (198); 70, 96 (98 f); BGH NJW 1979, 2195 f.

21 Staudinger- Honsell, § 455, Rz. 21; Soergel- Mühl, § 455, Rz. 68; van Look/Stoltenberg, WM 1990, 661 (666); Reinicke/Tiedtke, Kaufrecht, Rz. 1132; MüKo- Westermann, § 455, Rz. 40; Rühl, Eigentumsvorbehalt, S. 86 f.; Tiedtke, DB 1980, 1477 (1481 f.); a. A: Peters, JZ 1980, 178 (181).

22 Honsell, JuS 1981, 705 (711).

23 BGHZ 70, 96 (101) wobei diese Ansicht schwer vereinbar ist mit der oben unter A VIII 1 a cc dargestellten gegenteiligen Auffassung des BGH. Die konstruktiven Schwierigkeiten vermeiden MüKo- Westermann, § 455, Rz. 40; Staudinger- Honsell, § 455, Rz. 21, ders., JuS 1981, 705 (711), die das Besitzrecht aus der Vorbehaltsabrede herleiten.

24 BGH NJW 1979, 2195 (2196); Palandt- Putzo, § 455, Rz. 28; Erman- Herfermehl, § 223, Rz. 4.

25 MüKo- Westermann, § 455, Rz. 41; van Look/Stoltenberg, WM 1990, 661 (666 f.).

26 Reinicke/Tiedtke, Kaufrecht, Rz. 1133; Tiedtke, DB 1980, 1477 (1482).

27 Luzzatto, Compravendita, S. 519.

28 Cendon- Pisu, Art. 1526, S. 998; Luzzatto, Compravendita, S. 520.

Dabei spielt die gerichtliche Auflösung wegen Nichterfüllung (risoluzione giudiziale per inadempimento) nach Art. 1453 c.c. eine wichtige Rolle. Die Nichterfüllung schließt jegliche Verletzung einer Hauptleistungspflicht wie auch sämtlicher Nebenleistungspflichten ein[29]. Das betrifft zumeist die Nichtleistung der Zahlungen, aber auch die Verletzung anderer vertraglicher Pflichten kommt in Betracht. Insbesondere Handlungen, die darauf gerichtet sind, die Sache zu beschädigen, zu zerstören oder die Drittwirksamkeit des EV zu beeinträchtigen, gefährden das Sicherungsrecht des Verkäufers, weswegen er die Vertragsauflösung verlangen und die Zahlung sofort fällig stellen kann[30]. Bei Nichterfüllung hat der Verkäufer nach Art. 1453 Abs. 1 c.c. ein Wahlrecht, ob er die Erfüllung oder die Auflösung des Vertrages geltend machen will. Die Auflösung des Vertrages kann der Verkäufer nach ergangenem Zahlungsurteil sogar bis zum Zeitpunkt der vollständigen Erfüllung des Kaufpreises verlangen, Art. 1453 Abs. 2 c.c.[31]. Hat er die Auflösung gewählt, kann der Käufer seine Zahlungspflicht nicht mehr erfüllen, Art. 1453 Abs. 3 c.c. Damit erlischt der EV endgültig, weil der Käufer den Eigentumserwerb durch Kaufpreiszahlung nicht mehr herbeiführen kann.

Der Verkäufer kann die Herausgabe der Sache auch unabhängig von einem formellen Auflösungsverlangen begehren. Denn das Herausgabeverlangen in Ausübung des EV beinhaltet notwendigerweise die Auflösung des Vertrages[32]. Somit liegt in dem Rückgabeverlangen das konkludente Auflösungsbegehren. Um dieses für den Verkäufer, gerade hinsichtlich seines Interesses am Erhalt des vereinbarten Kaufpreises, nicht immer sinnvolle Ergebnis zu vermeiden, ist Bonomi[33] der Ansicht, die Parteien können kraft Privatautonomie Rücknahmeklauseln vereinbaren. Danach kann der Verkäufer die Sache im Falle einer Nichterfüllung wieder in Besitz nehmen, ohne daß der Vertrag dadurch als aufgelöst betrachtet wird. Die der italienischen Praxis unbekannten[34] Rücknahmeklauseln sollen dem Verkäufer ermöglichen, Druck auf den Käufer auszuüben, ohne damit auf seinen Zahlungsanspruch zu verzichten[35].

---

29 Kindler, Einführung, § 14, Rz. 33.

30 Enciclopedia- Lipari, Vendita con riserva, S. 536; Bianca, Vendita, S. 592, 614. Das hat insbesondere hinsichtlich der ablehnenden Haltung zu den Verlängerungsformen Bedeutung, vgl. oben A VI 1 b, 2 b.

31 Stehende Rechtsprechung, zuletzt Cass. civ., 30. 10. 1992, Nr. 11825; Giust. civ. mass., 1992, 1576 (1577); Cass. civ., 18. 5. 1994, Nr. 4830; Giust. civ. mass., 1994, 672; Perlingieri- Principe, Art. 1526, S. 909; Pescatore/ Ruperto, Art. 1525, 2720; Enciclopedia- Lipari, Vendita con riserva, S. 548.

32 Cass. civ., 14. 4. 1951, Nr. 290, Foro it. 1951, I, 1194 (1202); Bianca, Vendita, S. 613 f.; Bonomi, Eigentumsvorbehalt, S. 28.

33 Bonomi, Eigentumsvorbehalt, S. 36 ff., a.A. Bianca, Vendita, S. 614.

34 Bonomi, Eigentumsvorbehalt, S. 39.

35 Bonomi, Eigentumsvorbehalt, S. 36.

Die gesetzliche Vertragsauflösung (risoluzione di diritto) wegen Nichterfüllung gemäß Artt. 1454, 1456 f. c.c. kann auf verschiedene Weisen durch die Parteien bewirkt werden. Zum einen wird der Vertrag bei einer Mahnung mit Nachfristsetzung (diffida ad adempiere) mit Fristablauf gesetzlich aufgelöst, Art. 1454 Abs. 3 c.c.. Vorausgesetzt, der Verkäufer hat zuvor den Käufer zur Leistung aufgefordert und eine eindeutige Rücktrittserklärung für den Fall des erfolglosen Fristablaufs abgeben, Art. 1454 Abs. 1 c.c..

Die Vertragsauflösung kann auch mittels einer Auflösungsklausel (clausola risolutiva espressa) erfolgen, in der ausdrücklich die Auflösung des Vertrages vereinbart wird im Falle der Nichterfüllung bestimmter, vertraglich festgelegter Pflichten, Art.1456 Abs. 1 c.c.. Die Verpflichtungen und die Art und Weise ihrer Erfüllung müssen genau bezeichnet werden. Liegt dann eine entsprechende Nichterfüllung vor, so wird der Vertrag durch eine einfache Erklärung aufgelöst, wenn die an der Auflösung interessierte Seite von der Auflösungsklausel Gebrauch macht, Art. 1455 Abs. 2 c.c.. Betrifft die Klausel die Pflicht zur Kaufpreiszahlung, so kann unter Umständen nach Art. 1525 c.c. die Auflösung ausgeschlossen sein[36].

Eine Auflösung des Vertrages erfolgt zudem, wenn die Parteien für die Leistung eine Frist vereinbart haben, deren Einhaltung für die eine Seite wesentlich ist (termine essentiale), Art. 1457 c.c.. Soweit bei einem EV üblicherweise bestimmte Zahlungstermine bestimmt werden, reicht deren Nichteinhaltung für eine Auflösung nicht aus. Vielmehr muß ausdrücklich vereinbart sein, daß die Einhaltung dieser Zahlungstermine für den Verkäufer wesentlich i. S. d. Art. 1457 c.c. ist[37].

Darüber hinaus ist die Auflösung des Vertrages wegen nachfolgender übermäßiger Belastung (prestazione eccesivamente onerosa, Art. 1467 c.c.) möglich. Danach kann in nachträglich zu erfüllenden Verträgen (contratti a esecuzione differita) oder in Dauerverträgen (contratti a esecuzione continuata) von der Vertragsseite die Auflösung verlangt werden, für die die Erfüllung eine nachträgliche übermäßige Belastung aufgrund des Eintritts eines unvorhergesehenen und außerordentlichen Ereignisses darstellen würde. Der Kauf unter EV stellt zwar keinen Dauervertrag dar[38], aber diejenige Rechtsmeinung, die ihn als Verpflichtungskauf oder als aufschiebend bedingten Kauf auffaßt, eröffnet damit auch den Anwendungsbereich des Art. 1467 c.c., als insoweit ein nachträglich zu erfüllender Vertrag gegeben ist[39]. Das gilt aber nur für den Käufer, soweit er den Kaufpreis noch nicht vollständig geleistet hat. Der Verkäufer hingegen hat seine Leistung schon erbracht, weil der Eigen-

---

36 Dazu unten A VIII 1 b cc ausführlich.

37 Cass. civ., 11. 5. 1954, Nr. 1493, Riv. dir. comm., 1955, II, 236 (237).

38 Cass. civ., 23. 12. 1947, Nr. 1736, Foro it., 1948, I, 949; (952); Schultz- Gerstein, Kauf unter EV, S. 33 a. A. Enciclopedia- Lipari,Vendita con, S. 537, der dies aus dem langsam verlaufenden Charakter der gesamten Vertragsausführung herleitet.

39 Vgl. dazu bereits oben A III 2 d, e. Auf diese Konsequenz weist Enciclopedia- Lipari, Vendita con riserva, S. 537 hin, während Schultz- Gerstein, Kauf unter EV, S. 33 sich hierzu nicht äußert.

tumsübergang mit vollständiger Kaufpreiszahlung ohne seine Mitwirkung eintritt[40]. Die Auflösung steht daher in diesem Fall nur dem Käufer, nicht aber dem Verkäufer zu[41]. Das stellt aber ein unbilliger Ergebnis dar, da diese Vorschrift im wesentlichen auf Fälle außergewöhnlicher und unvorhersehbar starker Geldentwertung angewendet wird[42], die dann beide Seiten jedoch gleichermaßen betrifft.

Darüber hinaus wird der Kauf unter EV bei nachträglicher, nicht zu vertretender Unmöglichkeit aufgelöst[43], wobei Art. 1523 c.c. eine Sonderbestimmung enthält. Grundsätzlich wird bei einem dinglich wirkenden Vertrag nach Art. 1465 Abs. 1 c.c. der Käufer nicht von seiner Zahlungspflicht befreit, wenn die Sache beim Verkäufer nach Vertragsabschluß untergeht (res perit domino). Bei einem EV ist aber danach zu unterscheiden, ob die Übergabe der Kaufsache schon stattgefunden hat. Ist diese noch nicht erfolgt, so trägt der Verkäufer als Eigentümer die Preisgefahr und verliert beim Untergang der Sache den Anspruch auf die Gegenleistung des Käufers, Art. 1463 c.c. Fand die Übergabe der Sache an den Käufer schon statt, trägt dieser dann die Sachgefahr, Art. 1523 c.c. Er wird von seiner Zahlungspflicht daher nicht befreit, obwohl er noch kein Eigentümer geworden ist[44]. Zudem kann die Leistung des Käufers nie unverschuldet unmöglich werden, da Geld eine Wertverschaffungsschuld darstellt[45].

cc. Einschränkungen der Auflösung des Vertrages

Sind die Voraussetzungen für eine Vertragsauflösung gegeben, so ist die Einschränkung des Art. 1455 c.c. zu beachten. Danach kann die Auflösung des Vertrages nicht verlangt werden, wenn die Nichterfüllung nur von geringer Bedeutung für die andere Seite ist. Die Vorschrift ist auf Art. 1456 c.c.[46] und auf Art. 1457 c.c.[47] nicht anwendbar. Die Parteien haben in diesen Fällen schon bei Vertragsschluß durch die Auflösungsklausel oder den bestimmten Termin festgelegt, wann für sie die Nichterfüllung von Bedeutung ist. Für den Kauf unter EV ist in Art. 1525 c.c. eine Sonderregel enthalten, um den Käufer vor einer mißbräuchlichen Vertragsauflösung zu schützen[48]. Danach kann der Verkäufer die Vertragsauflösung nicht verlangen, wenn der Käufer lediglich eine Rate nicht leistet, die ein Achtel des Preises nicht übersteigt. Der maßgebliche Preis i.S.d. Art. 1525 c.c. umfaßt neben dem

40 Cass. civ., 12. 10. 1967, Nr. 2415; Giur. it., 1968, I, 1, 730; Cass. civ., 9. 10. 1971, Nr. 2815, Giust. civ., 1972, I, 111 (112 f.); Kindler, Einführung, § 16, Rz. 45.

41 Enciclopedia- Lipari, Vendita con riserva, S. 537.

42 Enciclopedia- Lipari, Vendita con riserva, S. 537; Roppo, Contratto, S. 235 f.; Bin, Vendita, Bd. III, S. 953.

43 Luzzatto, Compravendita, S. 543.

44 Damit entspricht nur in diesem speziellen Fall die Rechtslage der des § 446 BGB.

45 Trimarchi, Istituzioni, S. 349 f.

46 Cass. civ., 16. 4. 1992, Nr. 4659, Giust. civ. mass., 1992, 640; Cass. civ., 26. 11. 1994, Nr. 10102, Giust. civ. mass., 1994, 1493, Perlingieri- Grasso, Art. 1455, S.746; Maffeis, Risoluzione, S. 798.

47 Cass. civ., 22. 7. 1993, Nr. 8195, Giust. civ. mass., 1993, 1218 (1219); Bonomi, Eigentumsvorbehalt, S. 33.

48 Galgano- Bonfante, Vendita, S. 145; Enciclopedia- Lipari, Vendita con riserva, S. 549.

Kaufpreis auch die vereinbarten Zinsen der Ratenzahlung und die Transaktionskosten[49]. Das gilt selbst für eine vereinbarte Auflösungsklausel nach Art. 1456 c.c, die den Kaufpreis zum Gegenstand hat. Art. 1525 c.c. ist unabdingbar und jede anderslautende Vereinbarung nichtig[50], während die Einklagbarkeit der Kaufpreisforderung nach Art. 1453 c.c. nicht betroffen wird[51]. Übersteigt die Nichterfüllung die Schwelle des Art. 1525 c.c., oder ist der Käufer mit mehreren Raten hintereinander in Verzug, kann die Auflösung des Vertrages nach den allgemeinen Regeln erfolgen[52]. Das gilt auch, wenn der Käufer wiederholt immer nur eine Rate nicht leistet, die jeweils ein Achtel des Preises nicht übersteigt[53]. Dann muß nach Art. 1455 c.c. noch die Erheblichkeit der Nichterfüllung gesondert festgestellt werden[54]. Vereinzelt wurde vertreten, Art. 1525 c.c. beinhalte eine gesetzgeberische Abwägung, wann die Nichtleistung als bedeutsam i.S.d. Art. 1455 c.c. anzusehen sei[55]. Das ist jedoch mit der ratio legis nicht zu vereinbaren, die den Käufer vor zu schneller Vertragsauflösung schützen soll. Dieser Schutz würde vereitelt, wenn man dem Richter die Möglichkeit nimmt, die Bedeutung der Nichterfüllung nach der allgemeinen Regel des Art. 1455 c.c. abzuwägen, nur weil der Schutz des Art. 1525 c.c nicht mehr eingreift[56]. Dagegen spricht auch, daß eine analoge Anwendung des Art. 1525 c.c. auf Ratenkaufverträge, die nicht unter EV erfolgt sind, abgelehnt wird[57].

Bei Verbraucherkreditverträgen schreibt Art. 21 Abs. 4 des Gesetzes vom 19. 2. 1992 n. 142[58] vor, daß Art. 1525 c.c. entsprechend angewendet wird, wenn an der erworbenen Sache ein dingliches Sicherungsrecht vereinbart wurde, womit der Vorbehaltskauf erfaßt und ausdrücklich einem dinglichen Sicherungsrecht gleichgestellt wird[59].

---

49 App. Firenze, 22. 4. 1968, Rep. foro it., 1968, „Vendita", Nr. 133 f.; Bin, Vendita, Bd. III, S. 958; Enciclopedia- Lipari. Vendita con riserva, S. 549.

50 Cottino, Contratti commerciali, S. 44; Perlingieri- Principe, Art. 1526, S. 909.

51 Bin, Vendita, Bd. III, S. 959; Pescatore/Ruperto, Art. 1525, S. 2720.

52 Trib. Roma, 21. 3. 1957, Rep. foro it., 1957, „Vendita", Nr. 237; Cottino, Contratti commerciali, S. 44; Bianca, Vendita, S. 617 f.; Rescigno- Carpino, Vendita, S. 326; Galgano- Bonfante, Vendita, S. 145; Scialoja- Greco/Cottino, Art.1525, S. 371; Perlingieri- Principe, Art. 1526, S. 909; Luminoso, Compravendita, S. 145.

53 Galgano- Bonfante, Vendita, S. 145; Rescigno- Carpino, Vendita, S. 327; Bianca, Vendita, S. 616 f.; Cicu- Rubino, Compravendita, S. 543 f.

54 Mirabelli, Art. 1523, S. 170; Rescigno- Carpino, Vendita, S. 326; Bin, Vendita, Bd. III, S. 959; Geri/Breccia/Busnelli/Natoli, Obbligazioni, S. 347, FN 107; Galgano- Bonfante, Vendita, S. 145; Enciclopedia- Lipari, Vendita con riserva, S. 549; Pescatore/Ruperto, Art. 1525, S. 2720; Scialoja-Greco/Cottino, Art. 1525, S. 371; Cendon- Pisu, Art. 1525, S. 998.

55 Luzzatto, Compravendita, S. 543, FN 2.

56 Bianca, Vendita, S. 616, FN 2; Rescigno- Carpino, Vendita, S. 326 f.; Ferri, Diritto commerciale, S. 845; Schlesinger- Bocchini, Art. 1523, S. 330.

57 Cass., civ., 1. 3. 1995, Nr. 2347, Giust. civ. mass., 1995, 488 (489); Pescatore/Ruperto, Art. 1525, 2720 f.; a. A. Cottino, Contratti commerciali, S. 44.

58 Legge v. 19. 2. 1992, n. 142, G. U. v. 20. 2. 1992, n. 42.

59 Maffeis, Risoluzione, S. 796; Ferri, Diritto commerciale, S. 846.

Grundsätzlich kann der Verkäufer bei Verzug des Käufers auch die ausstehende Kaufpreisforderung gerichtlich geltend machen, anstatt den Vertrag aufzulösen, Art. 1453 c.c. Die Auflösung des Vertrages ist aber ausgeschlossen, wenn er in die unter EV verkaufte Sache zur Erfüllung der Kaufpreisforderung vollstrecken läßt[60].

dd. Folgen der Vertragsauflösung

Konsequenz der Auflösung des Vertrages ist die Verpflichtung des Käufers zur Rückgabe der Sache. Das ist die Folge des Art. 1458 Abs. 1 c.c., der die dingliche Rückwirkung der Vertragsauflösung zwischen den Parteien vorsieht[61]. Der Verkäufer muß nach Art. 1526 Abs. 1 c.c. die erhaltenen Kaufpreisraten zurückerstatten. Ihm steht aber ein Schadensersatzanspruch wie auch eine angemessene Nutzungsentschädigung (equo compenso per l´uso) zu. Für die Höhe der Nutzungsentschädigung ist der Wertverlust der Sache sowie der Nutzungswert zu berücksichtigen[62]. Auch müssen die Zinsvorteile des Verkäufers einkalkuliert werden[63]. Der zusätzliche Schadensersatzanspruch nach Art. 1526 Abs. 1 c.c. steht dem Verkäufer für entgangenen Gewinn sowie für eine außergewöhnliche oder schuldhafte Abnutzung der Sache zu, welche diese im Rahmen einer nicht ordnungsgemäßen Nutzung erleidet[64].

Art. 1526 Abs. 2 c.c trägt einer in der Praxis häufig wiederkehrenden Klausel Rechnung, die das Recht des Käufers ausschließt, im Falle der Vertragsauflösung die gezahlten Raten wiederzuerhalten. Die Klauseln sehen den Erwerb der Raten durch den Verkäufer aufgrund eines mit ihnen vereinbarten Abfindungs- oder Entschädigungsanspruchs (titolo di indennizzo) vor[65]. Dabei kann der Verkäufer mittels einer solchen Klausel nur die Schäden liquidieren, die aus der Vertragsauflösung herrühren[66]. Die Lehre[67] sieht hierin die Vereinbarung einer Verfallklausel (clausola di decadenza), die zu den vexatorischen Klauseln des Art. 1341 Abs. 2 c.c. zählt. Der Käufer ist besonders schutzbedürftig, da die Höhe der Summe, die dem Verkäufer später zustehen soll, zum Zeitpunkt des Vertragsschlusses noch nicht bekannt ist[68]. Da der Gesamtbetrag von dem Kaufpreis und dem Zeitpunkt der Vertragsauflösung abhängig ist, sieht Art. 1526 c.c. vor, daß der Richter die Höhe der vereinbarten Entschädigung gemäß den Umständen des Einzelfalls mindern

60 Dazu ausführlich unten A VIII 3 b.

61 Cicu- Rubino, Compravendita, S. 444.

62 Galgano- Bonfante, Vendita, S.146; Pescatore/Ruperto, Art. 1526, S. 2721.

63 Bianca, Vendita, S. 615.

64 Enciclopedia- Lipari, Vendita con riserva, S. 549. Zu den Problemen, die sich aus der Strafklausel in der Insolvenz des Käufers hinsichtlich der Gläubigergleichbehandlung ergeben, ausführlich unten B II 4 b.

65 Barbero, Diritto privato, S. 769.

66 Bianca, Vendita, S. 619; Rescigno- Carpino, Vendita, S. 327; Cicu- Rubino, Compravendita, S. 445; Gazzoni, Manuale, S. 1043.

67 Enciclopedia- Lipari, Vendita con riserva, S. 549; Bianca, Vendita, S. 616, Geri/ Breccia/Busnelli/ Natoli, Obbligazioni, S. 347.

68 Enciclopedia- Lipari, Vendita con riserva, S. 550.

kann. Entsprechend der für die Strafklauseln entwickelten Grundsätze erfolgt eine Minderung auch von Amts wegen, wenn ein auffälliges Mißverhältnis zwischen der erhaltenen Gesamtsumme und dem Nutzungs- und Schadensersatzanspruchs des Verkäufers besteht[69].

Im Ergebnis weist die Stellung des Verkäufers gegenüber dem Käufer in Deutschland und Italien keine grundlegenden Unterschiede auf. Der italienische Gesetzgeber will zusätzlich den Käufer vor einer zu schnellen Vertragsauflösung bei Zahlungsverzug und ihn benachteiligenden Entschädigungsklauseln mit den Artt. 1525, 1526 c.c. schützen.

2. Stellung des Verkäufers gegenüber Dritten

Das vorbehaltene Eigentum mit dem daraus sich ergebenden Verwertungsrecht dient dem Verkäufer zur Sicherung seiner Kaufpreisforderung. Dabei kommt es mit der Übergabe der Sache zu einer Trennung der Inhaberschaft des Eigentumsrechts und der konkreten Ausübung des Besitz- und Nutzungsrechts. Grundsätzlich ist der Besitz das Publizitätsmittel des Eigentums und des Fahrnispfandrechts. Jedoch wird beim EV auf dieses Publizitätsmittel verzichtet. Daraus ergeben sich dann Konflikte mit Dritten, die auf der am Besitz festgemachten Zuordnung der Sache vertrauen. Das betrifft das Verwertungsrecht des Verkäufers, wenn der Käufer über die Sache verfügt oder seine Gläubiger die Sache verwerten wollen. Dann muß der Verkäufer seine Eigentümerstellung diesen Dritten gegenüber entgegenhalten können, damit sein Sicherungsrecht nicht wertlos wird.

a. Deutschland

In Deutschland hat der Gesetzgeber mit § 455 BGB auf ein Publizitätsmittel beim EV verzichtet, das die Offenkundigkeit der Eigentümerstellung ersetzt.

Soweit der Käufer über die Sache verfügt, führt die fehlende Publizität des vorbehaltenen Eigentums zu keinen großen Schwierigkeiten. Denn schon das BGB hat dieser Interessenlage durch die §§ 932 ff BGB Rechnung getragen. Zudem ist der Käufer meist vom Verkäufer zur Weiterveräußerung der Sache im ordnungsgemäßen Geschäftsverkehr ermächtigt. Fehlt die Ermächtigung, kommt es auf den gutgläubigen Erwerb nach §§ 932 ff., 366 HGB an. Dabei hat die Rechtsprechung[70] hohe Anforderungen hinsichtlich des guten Glaubens an das Eigentum wegen des hohen Verbreitungsgrades des EV entwickelt. Scheitert an der Bösgläubigkeit der Eigentumserwerb, kann der Verkäufer sein Eigentum nach § 985 BGB vindizieren.

---

69 Gazzoni, Manuale, S. 1043; Bianca, Vendita, S. 620; Enciclopedia- Lipari, Vendita con riserva, S. 550.

70 RGZ 143, 14 (18); 147, 321 (331); BGHZ 10, 14 (17); 77, 274 (278); BGH NJW 1989, 895 (897); BGH WM 1998, 2352 (2354); dazu bereits oben A VI 2 a.

Aufgrund der fehlenden Publizität ist die Stellung der mit dem Verkäufer konkurrierenden Gläubiger wesentlich schwieriger. Soweit sie die unter EV verkaufte Sache beim Käufer pfänden lassen, kann der Verkäufer nach § 771 ZPO sein vorbehaltenes Eigentum mit der Drittwiderspruchsklage verteidigen[71]. Der Vollstreckungsgläubiger kann aber den Nachweis des Eigentums des Verkäufers verlangen, der durch Vorlage des Kaufvertrages, von Zahlungsbelegen oder in sonstiger Weise zu führen ist. Bei der Substantiierung des EV ist aber zu bedenken, daß das BGB auf ein Publizitätsmittel verzichtet hat[72]. Mag dies auch unerwünscht sein, so erscheint es doch bedenklich, wenn dieses legislative Versäumnis mittels prozessualer Anforderungen an die Beweisführung wieder beseitigt werden soll. Häufig ist daher der Käufer vertraglich verpflichtet, Zwangsvollstreckungsmaßnahmen anderer Gläubiger dem Verkäufer zur Verbesserung der Verteidigungsmöglichkeiten sofort mitzuteilen[73].

Ist die fehlende Publizität aufgrund des Prioritätsprinzips in der Zwangsvollstreckung noch hinzunehmen, sind die Konsequenzen in der Insolvenz des Käufers bedeutsamer. Zu Lasten der Gläubigergleichbehandlung ist der Verkäufer nach § 47 InsO zur Aussonderung beziehungsweise nach Eintritt des Verlängerungsfalls nach § 51 InsO zur Absonderung berechtigt[74]. Die damit einhergehende Verkürzung der Insolvenzmasse und die Erschwerung der Beurteilung der Bonität des Käufers mangels Publizität des EV hat insbesondere in der Diskussion über die Insolvenzrechtsreform kritische Stimmen[75] zu dieser Rechtslage hervorgebracht, die aber keine Berücksichtigung fanden.

b. Italien

Das italienische Recht hat den Konflikt zwischen dem Interesse des Verkäufers, seinen EV geltend machen zu können, und dem Verkehrschutz überwiegend zugunsten des Verkehrschutzes entschieden. Damit der EV Dritten gegenüber geltend gemacht werden kann, muß der Verkäufer bestimmte formelle Voraussetzungen beachten. Damit soll die verlorene Publizität der Eigentümerstellung wieder hergestellt werden, die sonst am Besitz festgemacht wird. Die Publizitätserfordernisse betreffen weder die Gültigkeit des EV noch seine Wirksamkeit zwischen den Parteien. Sie haben einzig den Sinn, den EV auch Dritten gegenüber wirksam entgegenhalten zu können und haben damit große Relevanz.

---

71 BGHZ 54, 214 (218); Georgiades, Eigentumsanwartschaft, S. 74; Serick, Bd. I, § 12 II 2, S. 296 ; Staudinger- Honsell, § 455, Rz. 47; MüKo- Westermann, § 455, Rz. 82, Baur/Stürner, Sachenrecht, § 59 B III 1 b, Rz 30; a. A. Raiser, Anwartschaften, S. 91 f., Braun, NJW 1962, 382 (383), die dem Verkäufer nur ein Recht aus § 805 ZPO zubilligen wollen.

72 MüKo- Quack, Einleitung vor § 854, Rz. 42 f. weist darauf hin, daß das Publizitätsprinzip bei beweglichen Sachen längst die Ausnahme geworden ist.

73 MüKo- Westermann, § 455, Rz. 83.

74 Dazu ausführlich unten B II 3 a.

75 Drobnig, Gutachten zum 51 DJT, F 58; Hartwieg, ZIP 1994, 96 (97, 113 f.).

Dabei ist nach Art und Wert des Kaufgegenstandes zu unterscheiden. Die gesetzliche Regelung des Art. 1524 c.c. differenziert nach Sachen mit einem Kaufpreis von über Lit. 30.000 (sog. Maschinenprivileg, Art. 1524 Abs. 2 c.c.), die in öffentliche Register eingetragen werden müssen (Art. 1524 Abs. 3 c.c.) und Sachen ohne Sonderstatus (Art. 1524 Abs. 1 c.c.). Weiterhin ist das Gesetz vom 28. 11. 1965, n. 1329 [76] für Werkzeug- und Produktionsmaschinen mit einem Kaufpreis von über Lit. 500.000 zu beachten. Da der EV auch auf den Kauf von Immobilien angewendet wird, sind auch hier die entsprechenden Sondervorschriften zu beachten. Hinsichtlich der Drittwirksamkeit (opponibilità) des EV muß zusätzlich zwischen Gläubigern (creditori) und Rechtsnachfolgern (aventi causa) des Käufers unterschieden werden.

aa. Das sichere Datum

Einen zentralen Platz der Publizitätsmittel nimmt das sichere Datum (data certa) einer privatschriftlichen Urkunde ein, deren Voraussetzungen von Art. 2704 c.c. geregelt werden. Denn nach Art. 1524 Abs. 1 c.c ist der EV den Gläubigern des Käufers gegenüber nur entgegenzuhalten, wenn er sich aus einer Privaturkunde mit einem sicheren Datum (data certa) ergibt, welches vor der Pfändung liegen muß. Die Anwendung der Vorschrift ist nicht auf die Zwangsvollstreckung beschränkt, sondern über den Wortlaut hinaus hat sie Bedeutung in der Insolvenz[77] oder gegenüber Gläubigern, die Vorzugsrechte an der Sache geltend machen[78].

Die Privaturkunde mit dem sicheren Datum ist ein reines Beweismittel[79]. Es fixiert das Vorhandensein des EV und soll verhindern, daß nach Pfändung oder Konkurseröffnung die Vereinbarungen von Eigentumsvorbehalten vorgetäuscht werden, um die Sachen dem haftenden Vermögen zu entziehen[80] Inhaltlich muß das Dokument geeignet sein, die Individualisierung der Sachen zu gewährleisten, die unter EV verkauft wurden[81]. Erst wenn die Individualisierung weder aufgrund des Kaufvertrages noch aufgrund einer späteren, zu beweiszwecken erfolgenden Bestätigung möglich ist, fehlt es am sicheren Datum[82].

---

76 Legge v. 28. 11. 1965, n. 1329, Provvedimenti per l'acquisto di nuove macchine untensili, G. U. v. 14. 12. 1965, n. 311, in Kraft getreten am 24. 4. 1966 gem. decreto ministeriale v. 10. 3. 1966, G. U. v. 24. 3. 1966, n. 73.

77 Bin, Vendita, Bd. III, S. 976; Bianca, Vendita, S. 603, FN. 1; Libertini, Giur. comm., 1980, II, 16 (17 f.).

78 Cass. civ., 2. 4. 1958, Nr. 1143, Giur. it., 1958, I, 662 mit zustimmender Anmerkung Berri, ebenda, S. 662 f.

79 Bianca, Vendita, S. 604; Schultz-Gerstein, Kauf unter EV, S.35.

80 Petzold, Exportverträge, S. 99.

81 Cass. civ., 20. 5. 1994, Nr. 4976, Foro it., 1995, I, 893 (895); Bianca, Vendita, S. 604.

82 Cass., Urt. v. 20. 5. 1994, Nr. 4976, Foro it., 1995, I, 893 (895).

Nach Art. 2704 c.c. ist das Datum einer Privaturkunde sicher und Dritten gegenüber berechenbar, wenn die Unterschriften notariell oder gerichtlich beglaubigt sind (Artt. 2704 Abs. 1, 1. Alt, 2703 c.c.). Soll die Sache nach Italien exportiert werden und erfolgt die Beglaubigung durch einen deutschen Notar, ist die Legalisierung durch einen italienischen Konsul gemäß Art. 3 des Übereinkommens von Rom zwischen der Bundesrepublik Deutschland und Italien über die gegenseitige Anerkennung von Rechtsakten[83] nicht notwendig[84]. Die dennoch erforderliche Übersetzung kann auch zu einem späteren Zeitpunkt erfolgen und wirkt sich nicht auf das sichere Datum aus. Zudem ist auch der italienische Konsul zur Wahrnehmung von Notariatsfunktionen gegenüber Italienern ermächtigt. Die Ermächtigung gilt gleichfalls gegenüber Nichtitalienern, wenn die Handlungen in Italien Wirksamkeit entfalten sollen oder Italiener an dem beglaubigtem Vorgang beteiligt sind[85].

Einer Beglaubigung ist die Registrierung gleichgestellt (Art. 2704 Abs. 1, 2. Alt c.c.). Die Registrierung erfolgt im Registeramt bei der Behörde für Registersteuer (ufficio del registro) und wird der Registersteuer unterworfen (imposta di registro). Der Steuer unterliegen die in Italien errichteten oder die sich auf italienische Vermögensobjekte beziehenden Urkunden. Zudem muß der Vertrag in Italien zustande gekommen sein, was sich nach dem Ort der Kenntniserlangung der Vertragsannahme richtet. Will ein deutscher Importeur, dessen Vertrag in Deutschland zustande kommt und sich nicht auf italienische Vermögenswerte bezieht, ein sicheres Datum für seinen EV durch die Registrierung erhalten, so gelingt ihm dies auf Kosten einer sonst nicht geschuldeten Steuer[86].

Das sichere Datum durch die Registrierung hat die Rechtsprechung im Zusammenhang mit dem EV häufig beschäftigt. Denn gerade in diesem Fall kam es zu zeitlichen Diskrepanzen zwischen Kaufvertrag und Vereinbarung des EV und dessen Registrierung. Wurde von der älteren Rechtsprechung in diesem Fall dem EV die Drittwirksamkeit versagt, hat die neuere Rechtsprechung ihre Ansicht geändert[87]. Danach sind die verschiedenen Daten kein taugliches Beweismittel, die gleichzeitige Vereinbarung des EV mit dem Kaufvertrag abzulehnen. Denn das Gesetz sieht nur vor, daß das sichere Datum vor der Pfändung liegt, nicht aber, daß das sichere Datum dem Tag des Vertragsschlusses entspricht.

Das sichere Datum tritt auch durch den Tod oder das absolute[88] nachträgliche körperliche Unvermögen zur Unterschriftsleistung einer der Unterzeichner ein (Art. 2704 Abs. 1, 3. Alt c.c.), oder wenn der Vertragsinhalt in einer öffentlichen Urkunde wiedergegeben wird (Art. 2704 Abs. 1, 4. Alt c.c.).

83 Übereinkommen zwischen der Bundesrepublik Deutschland und Italien über die gegenseitige Anerkennung von Rechtsakten von Rom v. 7. 7. 1969, G. U. v. 11. 5. 1973, n. 121, ratifiziert gemäß legge v. 12. 4. 1973, n. 176, G. U. v. 5. 3. 1975, n. 99.

84 Anchini/Cafgano/Pasqualis/Tassinari/Lops, Notarielle Fragen, S. 222 f.

85 Art. 19 des Konsulardekrets vom 5. 1. 1967, Nr. 200, G. U. v. 19. 4. 1967, n. 98.

86 Siehr , RIW 1971, 10 (19), Stumpf- Zimmermann, Italien, S. 210.

87 Dazu bereits ausführlich oben A IV 3 b.

88 Catenacci, Nuova giur. civ. comm., 1992, II, 112 (114).

Ausreichend ist auch der Eintritt einer anderen Tatsache, die in gleicher Weise den genauen Zeitpunkt der Urkundenerrichtung feststellen läßt (Art. 2704 Abs. 1, 5. Alt c.c.). Dabei ist der Zeugenbeweis als Beweismittel ausgeschlossen, nicht aber, um Tatsachen oder Situationen zu beweisen, die von Art. 2704 c.c. als Beweise anerkannt werden[89]. Dabei kommt dem Poststempel als andere Tatsache i.S.d. Art. 2704 c.c eine exponierte Stellung zu. Für die Annahme eines sicheren Datums kommt es entscheidend auf die körperliche Einheit des Poststempels mit dem Dokument an. Nur die körperliche Einheit ist eine geeignete Tatsache, das sichere Datum zu belegen, weil auf diese Weise sichergestellt ist, daß wirklich an diesem Tag der Verkäufer sich durch Versendung des Vertrages mit einem EV sichern wollte[90]. Ein normaler Brief erfüllt diese Voraussetzung nicht, da der Briefumschlag und der Inhalt zwei von einander getrennte Schriftstücke sind und daher nicht der sichere Beweis von Datum und Dokument gegeben ist[91]. Einzig der auf einem mit dem Vertrag fest verbundenem Blatt angebrachte Poststempel wird als ausreichend betrachtet[92]. Das ist bei einem Faltbrief erfüllt, während eine Postkarte zwar grundsätzlich tauglich, aber aufgrund des Platzmangels eher ungeeignet erscheint[93]. Denn das Dokument muß alle wesentlichen Vertragselemente enthalten, um das Vertrauen der Drittgläubiger in den EV sicherzustellen[94]. Das ist auch der Fall, wenn der Stempel auf der Rückseite angebracht ist, wobei aber dennoch die Gefahr der Manipulation gegeben ist, da keine inhaltliche Prüfung des gestempelten Dokuments vorgenommen wird und daher selbst bei der erforderlichen körperlichen Einheit letztendlich Sicherheitsdefizite bestehen[95]. Auch die Zusendung des Kaufvertrages als ein Einschreiben mit Rückschein stellt keine andere Tatsache i.S. d. Art. 2704 c.c. dar, aus der sich das sichere Datum ergibt[96]. Selbst wenn der Verkäufer dem Dritten mit einem eingeschriebenen Brief von dem vereinbarten EV vor der Pfändung Mitteilung macht, kann nicht ausgeschlossen werden, daß der EV erst zu einem späteren Zeitpunkt vereinbart worden ist, weshalb kein sicheres Datum vorliegt[97].

---

89 Cass. civ., 11. 10. 1985, Nr. 4945, Giust. civ. mass., 1985, 1515 (1516); Catenacci, Nuova giur. civ. comm., 1992, II, 112 (114 f.).

90 Cass. civ., 10. 7. 1980, Nr. 4427, Giust. civ. mass., 1980, 1894; Cass. civ., 11. 1. 1983, Nr. 186, Giust. civ. mass., 1983, 75; Cass. civ., 24. 8. 1990, Nr. 8692; Giust. civ. mass., 1990, 1606.

91 Enciclopedia- Lipari, Vendita con riserva, S. 542, FN 148; Nov. digesto- Levati, Data certa, S. 980; Catenacci, Nuova giur. civ. comm., 1992, II, 112 (115).

92 Cass. civ., 2. 8. 1963, Nr. 2296, Giust. civ. mass., 1963, 1080; Cass. civ., 17. 10. 1968, Nr. 3339, Giust. civ. mass., 1968, S. 1738; Cass. civ., 24. 8. 1990, Nr. 8692, Giust. civ. mass., 1990, 1606; Trib. Genova, 13. 3. 1973, Giur. it., 1973, I, 2, 293 (297); App. Milano, 19. 7. 1988, Banca, borsa e titoli di credito, 1989, II, 325 (327).

93 A. A. Siehr, RIW 1971, 10 (19).

94 Enciclopedia- Lipari, Vendita con riserva, S. 542.

95 Indem etwa Blankoformulare mit dem Poststempel versehen werden, Poggeschi, Riv. trim. dir. proc. civ., 1965, 344 (350); Mühl, Rechtsvergleich, S. 130.

96 Trib Genova, 13. 3. 1973, Giur. it., 1973, I, 2, 293 (297).

97 Cass. civ., 18. 6. 1958, Nr. 2105, Giust. civ., 1958, I, 1909 (1910); Trib. Genova, 13. 3. 1973, Giur. it., 1973, I, 2, 293 (297).

Hingegen ist es für das sichere Datum ausreichend, wenn sich in dem eingeschriebenen Brief ausdrücklich auf die Vorbehaltsklausel bezogen wird[98] oder das Einschreiben mit Rückschein ein unwiderrufliches Verkaufsangebot unter EV beinhaltet, daß zu einem späteren Zeitpunkt unverändert angenommen worden ist[99]. Das sichere Datum ist auch dann gegeben, wenn der Dritte, dem der Inhalt des Schriftstücks entgegengehalten wird, bereits Kenntnis von der Urkunde hatte[100]. Diese Kenntnis muß sich aus objektiven Umständen ergeben und kann auch mittels Zeugen bewiesen werden.

bb. Sachen ohne Sonderstatus

Ist der EV mit sicherem Datum vereinbart worden, so kann der Verkäufer Gläubigern des Käufers gegenüber diesen wirksam geltend machen, Art. 1524 Abs. 1 c.c. Inhaltlich müssen sich aus der Privaturkunde die Waren und die Forderungen ergeben, die dem vereinbarten EV zugrunde liegen[101]. Damit wird zwar keine Publizität hinsichtlich der Eigentümerstellung des Verkäufers geschaffen. Dennoch wird eine größere Rechtssicherheit erzeugt, da das Vertrauen der Gläubiger des Käufers in den Rechtsschein geschützt wird, den der Besitz vermittelt. Bei einem Zugriff auf die Sache müssen Dritte sich daher den inter partes wirksam begründeten EV nur entgegenhalten lassen, wenn er sich aus einer Urkunde mit sicherem Datum ergibt[102]. Ansonsten gilt der Käufer seinen Gläubigern gegenüber als Eigentümer[103].

Gegenüber Rechtsnachfolgern des Käufers kann der Verkäufer seine Rechtsstellung nicht so leicht verteidigen, da die Vorschriften über den gutgläubigen Erwerb beweglicher Sachen (Artt. 1153-1155 c.c.) durch das sichere Datum der Vorbehaltsabrede nicht verdrängt werden[104]. Nach Art. 1153 Abs. 1 c.c. kann an beweglichen Sachen gutgläubig originäres Eigentum durch ein zur Eigentumsübertragung geeignetes Rechtsgeschäft erworben werden. Zudem muß der Erwerber zum Zeitpunkt der Besitzerlangung gutgläubig sein, wobei die tatsächliche Besitzerlangung erforderlich ist, ein Besitzkonstitut reicht nicht aus[105]. Der gute Glaube, den

98 Bonomi, Eigentumsvorbehalt, S. 47 f.

99 Trib. Roma, 22. 6. 1964, Dir. fall., 1964, II, 559.

100 Cass.civ., 27. 3. 1964, Nr. 695, Giust. civ. 1964, I, 1687; Cass. civ., 6. 4. 1983, Nr. 2427, Rep. foro it. 1983, „Prova documentale", Nr. 11; a. A. Catenacci, Nuova giur. civ. comm., 1992, II, 112 (116).

101 App. Torino, 25. 11. 1955, Giust. civ. 1956, II, 1185; Bianca, Vendita, S. 604; Enciclopedia-Lipari, Vendita con riserva, S. 542; Lisi, Compravendita, S. 160.

102 Insoweit ist es nicht zutreffend, wenn Gravenhorst, Italien, S. 60, FN 90 meint, daß italienische Recht gleiche sich hier dem deutschen Recht an.

103 Wunner, NJW 1960, 1846 (1847); Mirabelli, Art. 1523-26, S. 169.

104 Cicu- Rubino,Compravendita, S. 437.

105 Luzzatto, Compravendita, S. 528.

Art. 1147 c.c. definiert, muß sich auf das Eigentumsrecht des Veräußerers beziehen. Damit hat der Gesetzgeber eine klare Entscheidung hinsichtlich des Verkehrsschutzes getroffen, da auch an abhanden gekommenen Sachen Eigentum erworben werden kann[106].

Durch den hochrangigen Verkehrschutz, der an die Publizität des Besitzes (pubblicità di fatto) geknüpft wird, bietet das sichere Datum dem Verkäufer keinen Schutz gegenüber Rechtsnachfolger des Käufers, die die Sache gutgläubig lastenfrei erwerben[107]. Der unter EV veräußernde Verkäufer genießt keinen größeren Schutz als ein sonstiger Eigentümer. Unberührt davon ist die Tatsache, daß der Verkäufer in einem Fall der unberechtigten Weiterveräußerung gegen den Käufer aufgrund einer strafbaren Unterschlagung vorgehen kann[108].

cc. Sachen, die unter das Maschinenprivileg fallen

Bei Maschinen mit einem Kaufpreis (nicht Kaufwert[109]) von über Lit. 30.000 benötigt der drittwirksame EV nach Art. 1524 Abs. 2 c.c eine besondere Eintragung (trascrizione). Danach ist die Vereinbarung des Eigentumsvorbehalts in ein Register einzutragen, daß bei der Geschäftsstelle des Landgerichtsbezirks geführt wird, indem sich die verkaufte Maschine befindet.

Nach einhelliger Ansicht ist die Drittwirksamkeit des EV gegenüber Gläubigern des Käufers nicht von der wirksamen Eintragung abhängig[110]. Gegenüber Gläubigern des Käufers kommt es vielmehr nur auf das sichere Datum i. S. d. Art. 1524 Abs. 1 c.c. an. Erfolgt die ordnungsgemäße Registereintragung nach Art. 1524 Abs. 2 c.c., so stellt sie eine Tatsache dar, aus der sich das sichere Datum gemäß Art. 2704 Abs. 1, 6. Alt. c.c. ergibt[111].

Der Vorteil gegenüber Sachen ohne Sonderstatus liegt darin, daß der EV jeglichem Dritterwerber entgegengehalten werden kann. Dafür ist die ordnungsgemäße Eintragung nach Art. 1524 Abs. 2 c.c. erforderlich. Die Eintragung in das spezielle Register ist ein formeller Publizitätsakt, dessen öffentlicher Glaube rein deklaratorische Wirkung besitzt[112]. Die Publizität der Eintragung bewirkt, daß der gute Glaube des Rechtsnachfolgers an das Eigentum des Käufers unerheblich ist[113].

106 Kindler, Einführung, § 13, Rz. 16; Aiello, Foro it., 1958, IV, 73 (74 f.).

107 Troike Strambaci, AnwBl. 1984, 30; Trimarchi, Istituzioni, S. 471.

108 Rescigno- Carpino, Vendita, S. 321; Capozzi, Contratti, Bd. I, S. 127; Bianca, Vendita, S. 592.

109 Enciclopedia- Lipari, Vendita con riserva, S. 546, FN 194.

110 Cass. civ., 14. 4. 1961, Nr. 809, Giust. civ. mass., 1961, 343; Trib. Salerno, 16. 4. 1962, Foro pad. 1963, I, 102 (103); Cattaneo, Riv. trim. dir. proc. civ. 1965, 945 (984); Cendon- Pisu, Art. 1524, S. 996; Bianca, Vendita, S. 610; Enciclopedia- Lipari, Vendita con riserva, S. 543; Cian/ Trabucchi- Zaccaria, Art. 1524, S. 1458.

111 Scialoja- Greco/Cottino, Art. 1524, S. 368; Gravenhorst, Italien, S. 63.

112 Siehr, RIW 1971, 10 (12).

113 Mirabelli, Art. 1523-26, S. 168 f.; Bianca, Vendita, S. 608; Enciclopedia- Lipari, Vendita con riserva, S. 546.

Dabei kommt es darauf an, daß der Zeitpunkt der Eintragung vor der Veräußerung liegt. Nur die vorhergehende Registereintragung genießt Vorrang vor späteren Rechtshandlungen des Käufers. Diese Verfügungen sind dem Verkäufer gegenüber relativ unwirksam, weshalb ein gutgläubiger Erwerb ihm gegenüber keine Wirkungen entfaltet und er den EV geltend machen kann[114]. Das gilt nur solange, wie sich die Maschine in dem das Register führendem Landgerichtsbezirk befindet[115]. Wird sie in einen anderen Landgerichtsbezirk verbracht, dann gelten die allgemeinen Vorschriften über den gutgläubigen Erwerb nach Art. 1153 ff c.c. bis zur Vornahme einer erneuten Eintragung. Der Verkäufer ist vor einer Verbringung der Sache in einen anderen Gerichtsbezirk einzig strafrechtlich geschützt, indem der Käufer sich nach Art. 646 codice penale einer Veruntreuung strafbar macht, wenn er den Verkäufer von der Verbringung nicht unterrichtet und die Zahlungen einstellt[116].

Fehlt es an der Eintragung, so kann die Vereinbarung des EV einem Dritterwerber nicht entgegengehalten werden. Umstritten ist hier, inwieweit auch ein bösgläubiger Dritter lastenfrei erwerben kann, wenn eine Eintragung unterblieben ist.

Die Rechtsprechung[117] und ein großer Teil der Literatur[118] verneinen die Drittwirksamkeit des EV dem bösgläubigen Erwerber gegenüber. Denn Art. 1524 Abs. 2 c.c. stelle eine abschließende Regelung über die Drittwirksamkeit des EV dar. Die Registrierung will einen Zustand der Rechtssicherheit erzeugen, der alle Fälle der Geltendmachung einem Dritterwerber gegenüber betrifft[119]. Dabei wird die Drittwirksamkeit des EV den Publizitätserfordernissen der Registereintragung unterstellt. Fehlen nun die Voraussetzungen einer ordnungsgemäßen Eintragung, so könne der EV daher nicht mehr wirksam geltend gemacht werden und es komme auf den bösen Glauben nicht mehr an[120]. Das ergebe sich aus dem Wortlaut des Gesetzes, das eine Unterscheidung zwischen Gut- und Bösgläubigkeit in Art. 1524 Abs. 2 c.c. nicht vornehme[121]. Insofern liege eine Sonderregel über den Erwerb vom Nichtberechtigten bei beweglichen Sachen vor. Systematisch ergebe sich das Ergebnis aus dem Verweis des Art. 1696 c.c., wonach eintragungspflichtige beweg-

114 Cass. civ., 10. 9. 1969, Nr. 3089, Giust. civ. 1969, I, 1389 (1391 f.); Luzzatto, Copravendita, S. 538; Capozzi, Contratti, Bd. I, S. 128; Perlingieri- Principe, Art. 1524, S. 908; Cicu- Rubino, Compravendita, S. 439.

115 Gassner/Wolff, DB Beilage Nr. 10/69, S. 5; Gazzoni, Manuale, S. 1043.

116 Cicu- Rubino, Compravendita, S. 440.

117 Cass. civ., 23. 10. 1956, Nr. 3835, Foro it. 1957, I, 1219; Trib. Salerno, 1. 2. 1966, Foro pad. 1967, I, 311 (312); App. Milano, 14. 3. 1952, Riv. dir. comm.1952, II, 273.

118 Sacco, Riv. dir. comm. 1952, I, 2, 273 (276); Rescigno- Carpino, Vendita, S. 326; Gassner/Wolff, DB Beilage Nr. 10/69, S. 5; Geri/Breccia/Busnelli/Natoli, Obbligazioni, S. 346, FN 106; Cicu-Rubino, Compravendita, S. 439; Scialoja- Greco/Cottino, Art. 1524, S. 369; Aiello, Foro it., 1958, IV, 73 (75); Galgano- Bonfante, Vendita, S. 147, FN 160; Gabrielli, Riv. dir. civ., 1985, II, 605 (610 FN 14), Campobasso, Contratti, S. 23; Cottino, Contratti commerciali, S. 44, Lisi, Compravendita, S. 161 Stradella, Nuova giur. civ. comm., 1987, II, 321 (326); Luminoso, Compravendita,S. 144.

119 Rescigno- Carpino, Vendita, S. 326.

120 Galgano- Bonfante, Vendita, S. 147, FN 160.

121 Scialoja- Greco/Cottino, Art. 1524, S. 369; App. Milano, 14. 3. 1952, Riv. dir comm.,1952, II, 273; Schlesinger- Bocchini, Art. 1523, S. 316.

liche Sachen nur von den sie betreffenden Vorschriften geregelt werden. Die Eintragung bewirke eine gesetzliche Vermutung für die Bösgläubigkeit. Fehlt nun die Eintragung, so sei dies im Umkehrschluss eine gesetzliche Vermutung für die Gutgläubigkeit[122].

Nach anderer Ansicht[123] schließt der böse Glaube auch in diesem Fall einen lastenfreien Erwerb aus. Die Drittwirksamkeit des EV gegenüber dem Bösgläubigen ergebe sich aus den allgemeinen Regeln der Geltendmachung dinglicher Rechte. Art. 1524 Abs. 2 c.c. stelle dabei keine Sonderregel zu den allgemeinen Vorschriften über den gutgläubigen Erwerb dar. Weder sei ein diesbezüglicher Verweis vorhanden, noch wird die Wirkung der Bösgläubigkeit in Art. 1524 Abs. 2 c.c. behandelt[124]. Wollte man bei der Frage der Drittwirksamkeit auf jede subjektive Kenntnis verzichten, so müßte dies ausdrücklich so vorgesehen sein, da ein solch formalistisches System Ausnahmecharakter habe. Vielmehr gehöre die Norm systematisch zu den Vorschriften über die öffentliche Bekanntmachung (pubblicità notificativa)[125]. Dort fingiere das Gesetz die Kenntnis der eingetragenen Tatsachen, während eine fehlende Eintragung nicht die Drittwirksamkeit ausschließt, wenn der Dritte die entsprechende Tatsache positiv kannte (Art. 2193 Abs. 1 c.c.).

Sind in dem Kaufvertrag neben eintragungspflichtigen Maschinen auch solche Sachen Vertragsgegenstand, die nicht unter die Registrierungspflicht fallen, so führt die Ansicht der Rechtsprechung dazu, daß der EV nur hinsichtlich der eintragungspflichtigen Maschinen keine Drittwirksamkeit erlangt hat[126]. Denn selbst bei einem Kaufvertrag über eine Sachgesamtheit erfassen die Regeln des Art .1524 Abs. 2 c.c. nur die speziell aufgeführten Maschinen, da die Vorschrift restriktiv ausgelegt werden müsse, da sie die freie Zirkulation der Waren einschränke.

dd. In öffentliche Register einzutragende Sachen

Art. 1524 Abs. 3 c.c. sieht vor, daß die Vorschriften über bewegliche Sachen, die in öffentliche Register einzutragen sind, unberührt bleiben. Nach Art. 2683 c.c zählen Schiffe, Luftfahrzeuge und Automobile zu den registrierungspflichtigen beweglichen Sachen.

---

122 Mühl, Rechtsvergleich, S. 113.

123 Bianca, Vendita, S. 609; Enciclopedia- Lipari, Vendita con riserva, S. 546; Torrente/Schlesinger, Manuale, S. 581; Luzzatto, Compravendita, S. 541; Ferri, Giur. it. 1952, I, 2, 607 (620); Ferri, Diritto commerciale, S. 845.

124 Bianca, Vendita, S. 609; Enciclopedia- Lipari, Vendita con, S. 546.

125 Bianca, Vendita, S. 609.

126 Cass. civ., 18. 5. 1977, Nr. 2023, Giust. civ., 1977, I, 1318 (1321 f.); zustimmend Caputo, Giust. civ., 1977, I, 1319 f.; Stradella, Nuova giur. civ. comm., 1987 II, 321 (326).

Bei der Drittwirksamkeit des EV gegenüber Gläubigern des Käufers kommt es nach verbreiteter Ansicht[127] nur auf das sichere Datum nach Art. 1524 Abs. 1 c.c. an. Dies wird damit begründet, daß die Sonderregister nicht der Geltendmachung gegenüber pfändenden Gläubigern dienen[128], sondern erworbener Rechte und deren Wirksamkeit gegenüber Rechtsnachfolgern schützen[129]. Wenn unstreitig die besonderen Register von ihrem Regelungszweck an die Stelle des Registers i.S.d. Art. 1524 Abs. 2 c.c. treten[130], dann müsse sich das auch auf die Frage der Geltendmachung gegenüber pfändenden Gläubigern auswirken[131]. Und nach Art. 1524 Abs. 2 c.c. reicht das sichere Datum aus, um Gläubigern gegenüber den EV wirksam entgegenhalten zu können[132]. Auch habe die Eintragung nur deklaratorische und keine konstitutive Wirkung, die ihr sonst zugemessen würde[133]. Erfolgt die Eintragung, so ist auch ein sicheres Datum gegeben. Denn die Eintragung wird gemäß Artt. 2683, 2657 Abs. 1, 3. Alt. c.c. nur bei Vorlage einer beglaubigten Unterschrift ausgeführt und die beglaubigte Unterschrift dann gleichzeitig Gewähr für ein sicheres Datum nach Art. 2704 c.c. darstellt[134].

Diese Ansicht ist mit Blick auf die besonderen, die Registrierung betreffenden Vorschriften nicht ohne Widerspruch geblieben. Von einer großen Anzahl von Autoren[135] wird vertreten, der Verweis in Art. 1524 Abs. 3 c.c. auf die Vorschriften über die besondere Registrierung betreffe die Drittwirksamkeit des EV gegenüber jedweden Dritten und gelte folglich auch für die Geltendmachung gegenüber pfändenden Gläubigern des Käufers[136]. Sonst werde eine anormale Ungleichbehandlung erzeugt, die die Gläubiger bevorzuge, ohne einen sachlichen Grund liefern zu können, Handlungen der Dritterwerber die Wirksamkeit zu versagen[137].

Dann kommt es gegenüber den Gläubigern auf den Zeitpunkt der Eintragung des EV in das jeweilige spezielle Register an, so daß das sichere Datum der Vereinbarung nach Art. 1524 Abs. 1 c.c. noch nicht ausreiche. Das ergebe sich aus Artt. 2659, 2683, 2693, 2914 f. c.c.. Findet die Eintragung der Pfändung (Art. 2693 c.c.)

---

127 Sacco, Riv. dir. comm. 1952, I, 2, 273 (278); Mignoli, Riv. dir. civ. 1962, I, 328 (350); Cicu- Rubino, Compravendita, S. 435; Massari, Giur. it., 1956, I, 2, 923 (928); Aiello, Foro it., 1958, IV, 73 (74); Siehr, RIW 1971, 10 (13); Wunner, NJW 1960, 1846 (1847); Trimarchi, Istituzioni, S. 471 f.

128 Cicu- Rubino, Compravendita, S. 435.

129 Trib. Lucca, 29. 3. 1955, Giust. civ. 1955, I, 1980 (1985); Trib. S. Maria Capua Vetere, 7. 3. 1960, Giust. civ. 1961, I, 169 (171 ff.); Schultz-Gerstein, Kauf unter EV, S. 38; Mühl, Rechtsvergleich, S. 114; Gabrielli, Riv. dir. civ., 1985, II, 1, 605 (614).

130 Cass. civ., 10. 9. 1969, Nr. 3089, Giust. civ., 1969, I, 1389 (1391 f.); Enciclopedia- Lipari, Vendita con riserva, S. 547.

131 Mühl, Rechtsvergleich,S. 114.

132 Vgl. dazu bereits oben A VII 2 b, cc.

133 Siehr, RIW 1971, 10 (13).

134 Vgl dazu bereits oben A VIII 2 a, aa.

135 Bianca, Vendita, S. 611; Zuddas, Riv. dir. civ. 1975, I, 540 (546 f); Ghera, Giust. civ. 1961, I, 1, 169 (181 f.); Luzzatto, Compravendita, S. 523; Venditti, Giust. civ., 1955, I, 1, 1980 (1987); Enciclopedia- Lipari, Vendita con riserva, S. 543, Rescigno- Carpino, Vendita, S. 324.

136 Bianca, Vendita, S. 611, FN 16.

137 Bianca, FS für Ragusa Maggiore, S. 69.

vor der Eintragung eines Kaufvertrages (Art. 2684 Nr. 1 c.c) statt, dann kann die Veräußerung der eintragungspflichtigen Sache dem pfändenden Gläubiger nicht entgegengehalten werden (Art. 2914 Nr. 1 c.c.)[138]. Da bei einem Kauf unter EV das Eigentum ausnahmsweise noch nicht übertragen wird, kommt es nicht auf die Eintragung des Kaufvertrages, sondern auf die Eintragung eines Hinweises auf den EV an. Die Eintragungsfähigkeit der Vorbehaltsklausel ergibt sich dabei aus einer entsprechenden Anwendung des Art. 2659 Abs. 2 S. 1 c.c. Danach muß die Registrierung einen Hinweis enthalten, wenn der Erwerb einer Bedingung oder einem bestimmten Termin unterstellt ist. Da bei einen Kauf unter EV die Eigentumsübertragung erst mit vollständiger Kaufpreiszahlung eintritt, muß folglich ein Hinweis auf das vorbehaltene Eigentum einzutragen sein[139].

Gegenüber Rechtsnachfolgern des Käufers tritt die Drittwirksamkeit des EV ein, wenn die Sachen in das dafür zuständige Register (Art. 2683 c.c.) eingetragen sind[140]. Denn die Sonderregister treten an die Stelle des Registers nach Art. 1524 Abs. 2 c.c[141]. Auf den gutgläubigen Besitzerwerb kommt es nicht an, da Art. 1156 c.c. vorschreibt, daß die Vorschriften über den gutgläubigen Erwerb vom Nichteigentümer keine Anwendung finden. Vielmehr kann nur dessen Kaufvertrag Wirkungen entfalten, der als erstes eingetragen wird (Art. 2688 Abs. 1 c.c.), auch wenn der Verkauf tatsächlich zu einem späteren Zeitpunkt erfolgt sein mag[142]. So ist neben dem Kaufvertrag, aus dem sich der EV ergibt, auch auf die Vorbehaltsklausel in der Eintragung ausdrücklich hinzuweisen, Artt. 2683, 2684 Nr. 1, 2659 Abs. 3 c.c.[143]. Mit vollständiger Zahlung des Kaufpreises muß die Eintragung des Hinweises auf den EV entsprechend Art. 2668 Abs. 3 c.c. wieder gelöscht werden[144].

ee. Fabrikneue Werkzeug- und Produktionsmaschinen

Mit Gesetz vom 28. 11. 1965, n. 1329 ist die Wirksamkeit des EV an sich wie auch seine Geltung gegenüber Dritten für fabrikneue Werkzeug- und Produktionsmaschinen speziell geregelt, wenn deren Kaufpreis je Einheit Lit. 500.000 übersteigt, Art. 1 des Gesetzes. Danach werden sowohl Käufe gegen Ratenzahlung wie auch Verkäufe unter Stundungen des Kaufpreises oder Mietkaufverträge von Art. 1 des

138 Rescigno- Carpino, Vendita, S. 324; Luzzatto, Compravendita, S. 523 ff.

139 Capozzi, Contratti, Bd. I,S. 129; Cicu- Rubino, Compravendita, S. 438; Luminoso, Compravendita, S. 143; Schlesinger- Bocchini, Art. 1523, S. 316; a. A. Schlesinger- Gazzoni, Art. 2643, S. 144, der einzig auf die letztendlich eintretende Übertragungswirkung des Vertrages verweist und deshalb die Eintragung auf Art. 2643 c.c. stützt.

140 Rescigno- Carpino, Vendita, S. 326; Enciclopedia- Lipari, Vendita con riserva, S. 546.

141 Cass. civ., 10. 9. 1969, Nr. 3089, Giust. civ. 1969, I, 1389 (1391 f.); Enciclopedia- Lipari, Vendita con riserva, S. 547.

142 Luzzatto, Compravendita, S. 537 f.; Cicu- Rubino, Compravendita, S. 438. Streng genommen kann dann aufgrund des Konsensualprinzips auch ein Erwerb vom „nicht- mehr- Eigentümer" vorliegen.

143 Nach Cicu- Rubino, Compravendita, S. 438 kommt in der Praxis eine getrennte Eintragung von Kaufvertrag und EV kaum vor.

144 Capozzi, Contratti, Bd. I, S. 129.

Gesetzes erfaßt. Nach Art. 2 des Gesetzes ist für die wirksame Vereinbarung des EV die Beurkundung oder die Beglaubigung der Unterschrift erforderlich. Damit ist zugleich die Urkunde mit einem sicheren Datum nach Art. 1524 Abs. 1 c.c. versehen[145].

Werden die Formerfordernisse des Art. 2 nicht eingehalten, so soll nach Ansicht von Siehr[146] das nur das Entstehen des Vorzugrechts, nicht aber das Entstehen des EV betreffen. Daher könne der EV auch Dritterwerbern entgegengehalten werden, wenn sich das sichere Datum auf andere Weise ergebe als von Art. 2 des Gesetzes vorgeschrieben. Das ist mit dem Sinn des Art. 2 Abs. 1 als Formvorschrift schwer zu vereinbaren, da sie alle Kaufverträge betrifft und daher als konstitutiv für das Entstehen von Privileg und EV zu betrachten ist, während die Eintragung ein reines Publizitätserfordernis darstellt[147]. Nach Art. 3 Abs. 1 des Gesetzes kann eine Vertragspartei die Registereintragung des Kaufvertrages verlangen. Mit der Eintragung kann der Verkäufer den EV auch den Gläubigern des Käufers rechtswirksam entgegenhalten, Art. 3 Abs. 4 des Gesetzes. Im Unterschied zu den unter das Maschinenprivileg nach Art. 1524 Abs. 2 c.c. fallenden Sachen ist die Wirksamkeit des EV gemäß Art. 6 Abs. 1 des Gesetzes nicht mehr von dem Verbleib der Sache in dem Gerichtsbezirk abhängig, indem die Eintragung erfolgte.

ff. Immobilien

Da ein EV auch beim Erwerb von Immobilien vereinbart werden kann[148], werden die Regeln über eine Eintragung in das Immobilienregister in vollem Umfang auf den EV am Grundstück angewendet. Das Immobilienregister nimmt die gleiche Stellung ein wie die Sonderregister für bewegliche Sachen nach Art. 1524 Abs. 3 c.c.[149]. Die deklaratorische Wirkung der Eintragung ist Voraussetzung für eine wirksame Geltendmachung des EV sowohl den Gläubigern als auch den Rechtsnachfolgern des Käufers gegenüber. Dabei kommt es für die Drittwirksamkeit des EV auf die Priorität der Registereintragung nach Art. 2644 Abs. 1 c.c. an. Die Eintragungsfähigkeit des EV bei Immobilien ergibt sich wie bei registrierungspflichtigen Sachen aus Art. 2659 Abs. 3 c.c[150].

Zusammenfassend kennzeichnet die Rechtslage in Deutschland das Fehlen jeglichen Publizitätsmittels. Der Verkäufer kann in der Konkurrenz mit anderen Gläubigern durch die Beweiserschwernis der Publizitätslosigkeit des EV unter Umständen Nachteile erleiden. Gegenüber Rechtsnachfolgern des Käufers wird er durch

145 Zuccala, Giur. it. 1967, I, 2, 395 (398).

146 Siehr, RIW 1971, 10 (13).

147 Gassner/Wolff, DB Beilage Nr. 10/69, S. 5.

148 Dazu bereits oben A IV 1 b.

149 Gallo, Foro it., 1958, I, 4, 21 (23 f.); Capozzi, Contratti, Bd. I, S. 129; Enciclopedia- Lipari, Vendita con riserva, S. 547.

150 Bianca, Vendita, S. 611, FN 15; Rescigno- Carpino, Vendita, S. 326; Capozzi, Contratti, Bd. I, S. 129, Cicu- Rubino, Compravendita, S. 438; Luzzatto, Compravendita, S. 529.

hohe Anforderungen an den gutgläubigen Erwerb geschützt. Darin zeigt sich der Stellenwert, der der Rechtsstellung des Verkäufers zugemessen wird. Um die Verkehrsfähigkeit des EV zu gewährleisten, wird die Bedeutung des dem Verkehrsschutz dienenden Besitzes reduziert[151]. Der italienische Gesetzgeber hat eine grundsätzlich andere Wertentscheidung getroffen, indem er ein strenges Publizitätsprinzip geschaffen hat, um primär das Vertrauen des Rechtsverkehrs umfassend zu schützen. Die geringen Kaufpreise, die den strengen Formalismus und die Kosten einer Registereintragung auslösen und der räumlich begrenzte Schutz auf einen Landgerichtsbezirk sind Umstände, die sich der Beliebtheit des EV bei den beteiligten Verkehrskreisen zum Teil in den Weg stellen.

3. Verwertung und Geltendmachung des Eigentumsvorbehalts

Ist der EV drittwirksam vereinbart und kann der Verkäufer ihn daher in der Krise wirksam geltend machen, so stellt sich die Frage, auf welche Weise die Realisierung des Sicherungsrechts erfolgt. Dabei muß danach unterschieden werden, ob der Verkäufer gegen den Käufer oder einen Dritten vorgeht.

a. Deutschland

Hat der Verkäufer einen titulierten Zahlungsanspruch, so sah die ältere Rechtsprechung[152] in der Pfändung der eigenen Sache einen Verzicht auf das Eigentum an der Sache. Nach heute überwiegender Ansicht ist die Pfändung eigener Sachen zulässig[153], da zur Verwertung der Sache die öffentlichrechtliche Verstrickung ausreicht und nicht das Pfändungspfandrecht erforderlich ist[154]. Dabei kann der Käufer sich gegebenfalls unter Berufung auf § 811 ZPO gegen die Pfändung wehren[155]. Vollstreckt aber der Verkäufer nach § 883 ZPO aufgrund des titulierten Herausgabeanspruchs aus seinem Eigentum, kann der Käufer die Herausgabe der Sache mit dem Hinweis auf § 811 ZPO hingegen nicht verhindern[156]. Gegenüber einem bösgläubigen Dritterwerber, der weder Eigentum noch ein Besitzrecht erworben hat[157], kann der Verkäufer seinen Vindikationsanspruch nach § 985 BGB geltend machen. Pfändet ein Gläubiger den Kaufgegenstand, so steht dem Verkäufer die Drittwiderspruchsklage nach § 771 ZPO zur Seite, um sein vorbehaltenes Ei-

---

151 Roth, ZfVglRWiss 92 (1993), 371(389).

152 RGZ 66, 344 (348); 79, 241 (245 f.).

153 BGHZ 15, 171 (173); Georgiades, Eigentumsanwartschaft, S. 77, Honsell, JuS 1981, 705 (711).

154 Serick, Bd. I, § 12 IV 1, S. 319 ff; Brox, JuS, 1984, 657 (666); MüKo-Schilken, § 804 ZPO, Rz. 16.

155 OLG Bremen, MDR 1952, 237; OLG Hamm, MDR 1954, 427; OLG Oldenburg, MDR 1957, 172; Serick, Bd.I, § 12 IV 2, S. 324; Soergel- Mühl, § 455, Rz. 79; a. A. LG Bielefeld, MDR 1952, 433; LG Hamburg, MDR 1953, 685 f.; OLG München, MDR 1971, 580; AG Offenbach, NJW 1987, 387 (388).

156 Staudinger- Honsell, § 455, Rz. 48.

157 Vgl. dazu auch unten A IX 5 a.

gentum zu verteidigen[158]. Ein Teil der Literatur[159] will dem Verkäufer statt dessen das Recht auf vorzugsweise Befriedigung nach § 805 ZPO zur Verfügung stellen. Erfolgt die Versteigerung der Sache, so erfolgt die Eigentumsübertragung öffentlich-rechtlich aufgrund der hoheitlichen Tätigkeit des Gerichtsvollziehers[160]. Daher ist die Gutgläubigkeit des Ersteigerers unbeachtlich und er erwirbt originäres, lastenfreies Eigentum[161]. Der Verkäufer kann dann von dem pfändenden Gläubiger nach § 812 Abs. 1 S. 1 Alt. 2 BGB nur die Herausgabe des erlangten Versteigerungserlöses verlangen[162].

b. Italien

Der Verkäufer kann seine Kaufpreisforderung durch einen Selbsthilfeverkauf (vendita coattiva) der unter EV verkauften Sache nach Art. 1515 c.c. auch ohne vorherigen Titel realisieren[163]. Geht der Verkäufer aufgrund seines titulierten Kaufpreisanspruchs vor, so ist grundsätzlich auch die Pfändung der unter EV verkauften Sache möglich. In der Pfändung der eigenen Sache wird ein Verzicht auf das vorbehaltene Eigentum an der Sache erblickt[164]. Denn der Verkäufer kann gemäß Art. 2910 c.c. nur in Sachen des Schuldners oder eines Dritten hinein vollstrecken, nicht aber in eigene Sachen[165]. Der in der Pfändung liegende Eigentumsverzicht stelle eine endgültige Rechtswahl des Verkäufers dar[166], zumal diese Wirkung nicht erzielt wird, wenn der Verkäufer die Vollstreckung in andere Vermögenswerte des Käufers hinein betreibt[167].

---

158 BGHZ 54, 214 (218); Georgiades, Eigentumsanwartschaft, S. 74; Serick, Bd. I, § 12 II 2, S. 296; Staudinger- Honsell, § 455, Rz. 47; MüKo- Westermann, § 455, Rz. 82, Baur/Stürner, Sachenrecht, § 59 B III 1 b, Rz. 30; Bülow, Kreditsicherheiten, Rz. 723; Brox, JuS 1984, 657 (666).

159 Raiser, Anwartschaften, S. 91 f., Braun, NJW 1962, 382 f; Schwerdtner, Jura 1980, 668 die dem Verkäufer nur ein Recht aus § 805 ZPO zubilligen wollen.

160 Seit RGZ 156, 395 (398 f); BGHZ 55, 20 (25); allgemeine Meinung, a. A. Säcker, JZ 1971, 156 (159).

161 MüKo- Schilken, § 817 ZPO, Rz. 11, 13.

162 Musielak- Becker, § 817 ZPO, Rz. 10; MüKo- Schilken, § 817 ZPO, Rz. 38, unter Umständen bei Verschulden der Gläubiger auch Schadensersatz fordern aus §§ 990 Abs. 1, 989, 823 Abs. 1, 826 BGB, Musielak- Becker, § 817 ZPO, Rz. 11.

163 Cass. civ., 24. 10. 1955, Nr. 3468, Giust. civ. mass. 1965, 1300; Perlingieri- Principe, Art. 1526, S. 909; Bonomi, Eigentumsvorbehalt, S. 35; Enciclopedia- Lipari, Vendita con riserva, S. 548.

164 Cass. civ., 14. 4. 1951, Nr. 920, Foro it., 1951, I, 1194 (2102); Cass. civ., 23. 2. 1960, Nr. 305, Giur. it., 1960, I, 1, 1266; (1267); Luminoso, Compravendita, S. 143, Schlesinger- Bocchini, Art. 1523, S. 331; Stumpf- Zimmermann, Italien, S. 211; Bonomi, Eigentumsvorbehalt, S. 34.

165 Entgegen der in der vorherigen FN zitierten Ansicht. Mossa, Riv. dir. comm., 1915, I, 246 (248); Ambrogio, Riv. dir. comm. 1949, I, 143 (155). Die Pfändung sei deswegen zulässig, da der Verkäufer primär am Erhalt des Kaufpreises und nicht am Rückerhalt der Sache interessiert sei.

166 Bonomi, Eigentumsvorbehalt, S. 34 f.

167 Stumpf- Zimmermann, Italien, S. 211.

Nach anderer Ansicht[168] ist in diesem Fall nur ein Verzicht auf die Auflösung des Vertrages nach Art. 1453 Abs. 2 c.c. gegeben. Mit dem Zahlungstitel sei die Herausgabeklage präkludiert. Der Verkäufer habe nur Anspruch auf ein rechtskräftiges Urteil[169]. Zudem führe die Pfändung zur Verwertung der Sache, so daß sich der Verkäufer für den Erhalt des Erlöses und damit für die Vertragserfüllung entschieden habe. Ein Auflösungsverlangen des Vertrages sei jedenfalls dann ausgeschlossen, wenn die Versteigerung der Sache unmittelbar bevorstehe, weil der Ersteigerer auch Eigentümer werde und die Sache nicht mehr herausgeben müsse (Artt. 2919, 1458 Abs. 2. c.c.)[170].

Bianca und Lipari[171] sind der Ansicht, die Annahme eines Verzichtes verstoße gegen die Interessen des Verkäufers. Nach der allgemeinen Regel des Art. 1453 c.c. könne der Käufer solange die Auflösung wählen, bis er entweder den Kaufpreis vollständig erhalten habe oder die Sache tatsächlich verwertet wurde.

Mit Auflösung des Vertrages kann der Verkäufer grundsätzlich die Herausgabe der Sache als Eigentümer nach Art. 948 c.c. von demjenigen verlangen, der die Sache in Besitz hat[172]. Das kann neben dem Käufer auch ein Dritterwerber sein[173]. Auch wenn der Käufer sein Eigentum nie verloren hat, so hat die Auflösung des Vertrages nur relative Wirkung. Das schreibt Art. 1458 Abs. 2 c.c. vor, wonach durch die Auflösung zwischenzeitlich erworbene Rechte Dritter nicht beeinträchtigt werden. Dritte i.S.d. Art. 1458 Abs. 2 c.c. sind nicht nur Dritterwerber, sondern auch Gläubiger des Käufers, die vor der Vertragsauflösung ein Befriedigungsrecht an der Sache erworben haben[174]. Ist der EV nicht drittwirksam vereinbart worden, kann der Verkäufer seinen Herausgabeanspruch nicht durchsetzen; statt dessen erlangt er lediglich einen Schadensersatzanspruch gegen den sich bereits in der Krise befindenden Käufer. Daher kommt auch bei der Vertragsausflösung der Drittwirksamkeit[175] des EV große Bedeutung zu. Nur so kann der Verkäufer verhindern, daß trotz Vertragsauflösung Dritte ihm gegenüber Rechte erlangt haben und die Rückgabe der Sache verhindern können.

Hat der Verkäufer die Vereinbarung mit dem sicheren Datum versehen, kann Aussonderung in der Insolvenz verlangt[176] oder Drittwiderspruchsklage nach Art. 619 codice processuale civile (c.p.c.) gegen den vollstreckenden Gläubiger erho-

168 Rescigno- Carpino, Vendita, S. 327; Scialoja- Greco/Cottino, Art. 1525-26, S. 372; Angelici, Consegna, S. 129; Gorla, Compravendita, S. 328; Galgano- Bonfante, Vendita; Cicu- Rubino, Compravendita, S. 443.

169 Cicu- Rubino, Compravendita, S. 443, FN 144.

170 Rescigno- Carpino, Vendita, S. 327; Galgano- Bonfante, Vendita, S. 145; Cicu- Rubino, Compravendita, S. 443.

171 Bianca, Vendita, S. 613; Enciclopedia- Lipari, Vendita con riserva, S. 547 f.

172 Enciclopedia- Lipari, Vendita con riserva, S. 547 f.

173 Cass. civ., 24. 1. 1984, Nr. 582, Giust. civ. mass 1984, 198; Cendon- Pisu, Art. 1526, S. 998; Geri/Breccia/Busnelli/Natoli, Obbligazioni, S. 347.

174 Bonomi, Eigentumsvorbehalt, S. 29.

175 Dazu oben A VIII 2 b, dd.

176 Dazu ausführlich unten B II 4 b, c.

ben werden[177]. Dafür reicht es aus, wenn der Verkäufer mittels eines sicheren Datums nachweist, daß der Kaufvertrag vor der Pfändung geschlossen wurde[178] oder der Gläubiger von der ausstehenden Zahlung des Kaufpreises Kenntnis hatte, Art. 1519 Abs. 3 c.c. Erfolgte bereits die Zwangsversteigerung, so kann die Registrierung des EV einen lastenfreien Erwerb des Ersteigerers verhindern. Der Ersteigerer wird sonstigen Dritterwerbern gleichgestellt, so daß bei eintragungspflichtigen Sachen die Registereintragung i. S. d. Art. 1524 Abs. 2, 3 c.c. erfolgt sein muß, damit der EV geltend gemacht werden kann[179]. Dann kann der Verkäufer die Herausgabe der Sache auch vom Ersteigerer verlangen, mit Ausnahme des Falles der fehlenden Eintragung des EV oder der zeitlich früheren Eintragung der Pfändung[180].

Der Vergleich zeigt, daß der Verkäufer in Deutschland seine eigene Sache pfänden kann, ohne damit auf den EV zu verzichten, während ihm diese Möglichkeit in Italien nicht gegeben ist. Jedoch verliert der Verkäufer in Deutschland sein Eigentum mit der Versteigerung endgültig, während in Italien die Registereintragung auch einem Ersteigerer gegenüber den Eigentumserwerb verhindern kann.

IX. Rechtsstellung des Käufers

Der Verkäufer hat sich durch die bedingte Übereignung mit dem Eigentumserwerb bereits festgelegt und kann ihn aus eigener Macht nicht mehr verhindern. Angesichts des nahenden Eigentumserwerbes erhält der Käufer den Besitz und die Nutzung an der Sache übertragen. Das ist für ihn insbesondere von Bedeutung, damit er die erworbene Sache als Investitionsgut in seinen Produktionsablauf eingliedern kann. Mit zunehmender Kaufpreiszahlung geht sein Schutzinteresse dann über das reine Besitz- und Nutzungsrecht hinaus. Es wird vielmehr geprägt von der Gewähr, daß die vollständige Kaufpreiszahlung auch tatsächlich den Eigentumsübergang automatisch bewirkt. Die ausschließlich vom Willen der Käufers abhängige Erwerbschance stellt für ihn einen Vermögenswert dar. Deshalb hat der Käufer ein berechtigtes Interesse daran, vor Eingriffen des Verkäufers oder sonstigen Dritten in diesen Vermögenswert geschützt zu werden.

---

177 Bonomi, Eigentumsvorbehalt, S. 48; Punzi, Tutela, S. 203 f.

178 Cass. civ., 15. 6. 1976, Nr. 2240, Giust. civ. mass., 1976, 979; Carpi/Taruffo- Malagù, Art. 619, S. 1207; Satta/Punzi, Diritto processuale, S. 793.

179 App. Palermo, 2. 10. 1957, Foro it., 1958, I, 1992; Pagano, Foro it., 1957, I, 1336; Bianca, Vendita, S. 610; Enciclopedia- Lipari, Vendita con riserva, S. 546; Mirabelli, Art. 1523-26, S. 168; a. A.: Trib. Varese, 17. 6. 1955, Foro it., 1956, I, 1007 f.; Aiello, Foro it., 1958, IV, 73 (81), nach deren Ansicht trotz der Registrierung der EV einem gutgläubigen Ersteigerer gegenüber nicht wirksam entgegengehalten werden könne.

180 Bianca, Vendita, S. 610.

1. Gesetzliche Stellung

Ausgangspunkt der Untersuchung der Rechtsstellung des Käufers ist die Form, die vom historischen Gesetzgeber vorgegeben wurde.

a. Deutschland

Einzig in der neuen InsO ist in § 107 Abs. 1 InsO die Stellung des Käufers ausdrücklich gesetzlich fixiert worden[1]. Ansonsten schweigt das Gesetz zur Rechtsstellung des Käufers. Sie ergibt sich daher aus den allgemeinen Regelungen des Schuld-, Sachen- und Deliktsrechts und wird nahezu einhellig mit dem Begriff des Anwartschaftsrechts umschrieben. Das Anwartschaftsrecht ist als Ergebnis eines Rechtsfortbildungsprozesses fest in das deutsche Rechtssystem integriert, worauf im folgenden einzugehen sein wird.

b. Italien

Die gesetzliche Stellung des Käufers ist vom codice civile ausführlicher behandelt worden und billigt dem Käufer eine starke Rechtsposition zu. So regelt schon das Gesetz ausdrücklich die vertragliche und deliktische Gefahrtragung des Käufers. Grundsätzlich stellt Art. 1465 Abs. 1 c.c. in Folge des Konsensualprinzips die Verknüpfung von Eigentümerstellung und Tragung der Sachgefahr her. Davon macht Art. 1523 c.c. eine Ausnahme, wonach der Käufer von der Übergabe der Sache an die Gefahr für ihren zufälligen Untergang oder Verschlechterung trägt[2]. Die deliktische Haftung des Käufers findet ausdrückliche Erwähnung in Art. 2054 Abs. 3 c.c. Danach haftet der Eigentümer oder an seiner Stelle der Käufer unter EV gesamthänderisch mit dem Fahrer eines Kraftfahrzeugs für die Schäden, die durch den Betrieb des Fahrzeugs entstehen. Der Verkäufer ist zwar noch Eigentümer des Fahrzeugs, aber nach erfolgter Übergabe von der Nutzung ausgeschlossen. Jedoch steht allein dem Käufer das Recht zu, über die Teilnahme des Fahrzeugs am Straßenverkehr zu entscheiden, weshalb es gerechtfertigt ist, ihn haftungsrechtlich dem Eigentümer gleichzustellen[3]. Im Konkurs regelt Art. 73 Abs. 2 LF die Stellung des Käufers unter EV. Danach stellt der Konkurs des Verkäufers keinen Grund für eine Vertragsauflösung dar. Damit spricht das Gesetz dem Käufer unter EV im Konkurs des Verkäufers eine gesicherte Position zu, da es eine ausdrückliche Sonderbestimmung zu Art. 72 Abs. 4 S. 2 LF bildet. Denn grundsätzlich kann der Konkursverwalter bei gegenseitigen noch nicht erfüllten Verträgen sein Wahlrecht ausüben und den Vertrag auflösen, wenn die Sache sich noch nicht im Eigentum des Käufers befindet[4].

---

1 Dazu ausführlich unten B III 1 b.

2 Vgl. dazu oben A III 2.

3 Cass. civ., 30. 5. 1977, Nr. 2209, Giur. it., 1977, I, 1658 (1660).

4 Vgl. dazu unten B III 2.

2. Anwartschaftsrecht

a. Deutschland

Die Rechtsstellung des Käufers bezeichnete die ältere Literatur als Anwartschaft[5]. Im Zusammenhang mit der großen Bedeutung des Kaufs unter EV in Deutschland hat sich die Ansicht durchgesetzt, welche die Anwartschaft als Vermögensstück des Käufers ansieht. Die durch die Ratenzahlungen zunehmende Vermögenssubstanz des Käufers verbunden mit der wirtschaftlichen Betrachtungsweise haben in der Folgezeit dazu geführt, den Käufer als Inhaber eines Anwartschaftsrecht anzusehen[6]. Damit soll der dinglichen Rechtslage Rechnung getragen werden, die mit dem hinausgeschobenen Eigentumsübergang verbunden ist. Das führte auch dazu, das Anwartschaftsrecht im wachsenden Maße in die Rechtsordnung einzubeziehen[7]. Dabei wird um das Wesen und die Rechtsnatur des Anwartschaftsrechts so lebhaft gerungen, daß Baur/Stürner[8] darauf hinweisen, Literatur und Rechtsprechung hierzu seien kaum noch zu übersehen. Der rechtsvergleichenden Aufgabenstellung folgend, soll die Darstellung auf eine Wiedergabe des Meinungsstandes einer jahrzehntelang währenden Diskussion beschränkt werden.

Die Rechtsprechung[9] hat zunächst das Anwartschaftsrecht ausdrücklich zu den nicht gegen jedermann wirkenden dinglichen Rechten gezählt. Später hat sie dann ihre Ansicht dahingehend relativiert, daß das Anwartschaftsrecht „nach Wirkung und Bedeutung einem echten beschränkten dinglichen Recht nahe“ stehe[10], bis sie schließlich in dem Anwartschaftsrecht ein dingliches Recht sah[11]. Die überwiegende Ansicht in der heutigen Literatur[12] nimmt eine subjektiv dingliche Rechtsnatur des Anwartschaftsrechts an. Der bereits vollzogene Erwerbstatbestand und die Unabhängigkeit der Eigentumsübertragung vom Willen des Verkäufers bewirken eine enge rechtliche Beziehung des Käufers zur Sache und rechtfertigen die dingliche Qualifikation[13]. Das hat zur Folge, daß mit der Existenz des Kaufvertrages der Fortbestand des dinglichen Rechts unlösbar verknüpft und somit das Abstrak-

---

5 Enneccerus, Bd. I, § 185, I 1 d, S. 504; während v. Thur, Bd. I, § 9, S. 182 die Anwartschaft als Warterecht bezeichnet und Planck- Flad, § 158, Anm. 6 nur von Rechtsposition des Käufers spricht.

6 Flume, AcP 161 (1962), 385 (390); Soergel- Mühl, § 455, Rz. 77; Erman- Grunewald, § 455, Rz. 28; Rühl, Eigentumsvorbehalt, S. 86 ff.

7 RGRK- Mezger, § 455, Rz. 25.

8 Baur/Stürner, Sachenrecht, § 59 B IV 1, Rz. 33.

9 RGZ 140, 223 (228); BGHZ 10, 69 (72); 28, 16 (21).

10 BGHZ 30, 374 (377); 35, 85 (89).

11 BGH MDR 1960, 1004; BGHZ 75, 221 (225) spricht von subjektiv- dinglichen Recht.

12 Raiser, Anwartschaften, S. 63; Bülow, Kreditsicherheiten, Rz. 680; Gudian, NJW 1967, 1786; Schwab- Prütting, Sachenrecht, § 33 II 2, Rz. 392; Palandt- Bassenge, § 929, Rz. 37; MüKo-Quack, § 929, Rz. 28; Baur/Stürner, Sachenrecht, § 59 B IV 1, Rz. 32; Koether-Ruchatz, NJW 1973,1444 (1445); Müller-Laube, JuS 1993, 529 (530); Schlegelberger-Hefermehl, § 382 Anh., Rz. 22 f; Wolf, Sachenrecht, Rz. 505; Braun, NJW 1962, 382 (383).

13 Müller-Laube, JuS 1993, 529 (530).

tionsprinzip durchbrochen wird[14]. Um diesem Umstand besser Rechnung zu tragen, wird das Anwartschaftsrecht auch als schuldrechtlich-dingliches Recht qualifiziert[15]. Daneben finden sich auch die Ansichten, die das Wesen des Anwartschaftsrechts in den Wirkungen eines bedingten Verfügungsgeschäfts[16] oder in einem rein obligatorischen Recht sehen[17].

Die Einordnungsschwierigkeiten folgen auch daraus, daß sich keine allseitig anerkannte Definition des Anwartschaftsrechts durchgesetzt hat[18]. Einigkeit besteht überwiegend nur darin, daß die gesicherte Rechtsposition des Käufers das entscheidende Merkmal für das Vorliegen eines Anwartschaftsrechts ist und aus dieser Konzeption keine Rechtsfolgen herzuleiten sind[19]. Ob die Position des Erwerbers gesichert ist, muß sich aus der Regelung von potentiellen Interessenskonflikten von Käufer, Verkäufer und Dritten ergeben. Deshalb soll mit Heck[20] ein Anwartschaftsrecht angenommen werden, wenn der künftige Erwerb einer fremden Sache durch gegenwärtige Eingriffsmöglichkeiten gesichert wird. Der Ansicht folgt im Ergebnis das Schrifttum[21], soweit sie das Anwartschaftsrecht nur als Begriff versteht, der die Summe der Befugnisse des Käufers umschreibt, die ihm von Vertragsschluß bis zum Bedingungseintritt zustehen. Sich diesem Verständnis anschließend, soll zur Verdeutlichung nachstehend mit Medicus[22] nur von einer Anwartschaft des Käufers gesprochen werden.

b. Italien

Bei der Qualifikation der Rechtsstellung des Käufers spielt der Begriff der Anwartschaft keine bedeutende Rolle. Die Lehre[23] verwendet den Begriff hauptsächlich bei bedingten Verträgen und versteht unter der Anwartschaft (aspettativa) die Posi-

---

14 Serick, Neue Rechtsentwicklungen, § 2 II 3 a, S. 68 f.; Baur/Stürner, § 59 A II 2 b, Rz. 4.

15 Serick, Bd. I, § 11 I 3, S. 247; Serick, Neue Rechtsentwicklungen, § 2 II 3 a, S. 69; Kübler, ZIP 1980, 39.

16 Flume, Rechtsgeschäft, § 39 3, S. 710 f, ders. AcP 161 (1962), 385 (390); Eichendorfer, AcP 185 (1985), 162 (201).

17 Larenz, Schuldrecht BT II 1, § 43 II c, S. 117.

18 Flume, AcP 161 (1962), 385 (407) hat schon auf die Gefahren hingewiesen, die sich aus einer Definition ergeben, die mit einem Begriff die gesamte Rechtsstellung des Käufers umfassen soll, so zuletzt Krüger, JuS 1994, 905 (907).

19 Medicus, Bürgerliches Recht, Rz. 456; Brox, JuS 1984, 657 (658); Staudinger- Honsell, § 455, Rz. 34; MüKo- Quack, § 929, Rz. 27; MüKo- Westermann, § 455, Rz. 44; Reinicke/Tiedtke, Kaufrecht, Rz. 1144; Palandt- Bassenge, § 929, Rz. 37; Erman- Grunewald, § 455, Rz. 28; während Serick, Bd. I, § 11 II 1, S. 253 f.; ders., Neue Rechtsentwicklungen, § 2 II 3, S. 70 das wesentliche Merkmal darin sieht, daß der Verkäufer durch ein einseitiges Verhalten die Stellung des Käufers nicht mehr zu zerstören vermag.

20 Heck, Sachenrecht, § 111.1, S. 445.

21 Grundlegend Marotzke, Anwartschaftsrecht, S. 16 f., 137; Brox, JuS 1984, 657 (658); Palandt-Bassenge, § 929, Rz. 37; Reinicke/Tiedtke, Kaufrecht, Rz. 1144.

22 Medicus, Bürgerliches Recht, Rz. 456.

23 De Cupis, Istituzioni, S. 74; Gazzoni, Manuale, S. 878; Trabucchi, Istituzioni, S. 275.

tion eines Berechtigten aus einem Vertrag mit vorläufigen Wirkungen (effetti preliminari), die die Verwirklichung des endgültigen Vertragsergebnisses vorbereitet und sichert.

Ein dingliches Anwartschaftsrecht des Käufers im Zusammenhang mit dem EV nehmen Cattaneo[24] und Luminoso[25] an. Mit Blick auf die deutsche Rechtslage legt Cattaneo dar, daß die Wirkungen des Kaufs unter EV den Eigentumsübergang so sichern und vorbereiten, daß auch nach italienischer Auffassung von einem Anwartschaftsrecht gesprochen werden könne. Mit Abschluß des Kaufvertrages sei der Rechtserwerb nur noch dem Willen des Käufers untergeordnet und diese Rechtsposition im wesentlichen sicher. Denn der Eigentumserwerb tritt mit der Kaufpreiszahlung des Käufers ein und die Übertragungswirkung kann vom Verkäufer einseitig nicht mehr verhindert werden. Insbesondere die Tatsache, daß der Käufer ohne weitere Handlung des Verkäufers den Eigentumsübergang bewirken kann, ziehe die für eine Anwartschaft erforderlichen gesicherten Rechtsstellung des Erwerbers nach sich[26].

Der Qualifikation der Rechtsstellung des Käufers als Anwartschaftsrecht ist unter Hinweis auf das Wesen einer Anwartschaft auch widersprochen worden[27]. Ausgangspunkt der Kritik ist die dingliche Rechtsnatur des Nutzungs- und Besitzrecht des Käufers. Bereits vor der vollständigen Kaufpreiszahlung hat der Käufer das Nutzungs- und Besitzrecht an der Sache und kann es gegenüber jedermann durchsetzen[28]. Es entsteht unmittelbar durch Vertragsschluß, so daß der Käufer mit Vertragsschluß einen Anspruch auf die sofortige Nutzung der Sache hat[29]. Diese Wirkungen des Vorbehaltskaufs seien mit einer Anwartschaft nicht vereinbar. Denn die Anwartschaft stelle inhaltlich nur eine Position der Erwartung dar. Sie sei daher noch kein endgültiges eigenes Recht, auf das ein Rechtsanspruch bestehe. Zudem könne eine Anwartschaft dem Käufer nur Abwehrrechte gegen ihre Beeinträchtigung, aber keine Leistungs- oder Nutzungsrechte verleihen. Stelle aber die Anwartschaft von ihrer Rechtsnatur eine reine Sicherung dar, ist mit ihr die mögliche Durchsetzung des Nutzungs- und Besitzrechts des Käufers nicht zu erklären[30].

---

24 Cattaneo, Riv. trim. dir. proc. civ,. 1965, 945 ff., während Barbero, Diritto privato, S. 768 und Trimarchi, Istituzioni, S. 471 von einer Erwerbsanwartschaft (aspettativa di acquisto) sprechen, ohne auf Cattaneo ersichtlich Bezug zu nehmen.

25 Luminoso, Compravendita, S. 141.

26 Cattaneo, Riv. trim. dir. proc. civ., 1965, 945 (978); zum gleichen Ergebnis kommt Schultz-Gerstein, Kauf unter EV, S. 42 f.

27 Rescigno- Carpino, Vendita, S. 319 f.; Capozzi, Contratti, Bd. I, S. 126; Comporti, Contributo, S. 374; Bianca, Vendita, S. 587; Galgano- Bonfante, Vendita, S. 148 f., Tului, Riv. dir. comm. 1980, I, 1, S. 355 (372 f.).

28 Capozzi, Contratti, Bd. I, S. 18.

29 Comporti, Contributo, S. 374.

30 Bianca, Vendita, S. 587; Tului, Riv. dir. comm. 1980, I, 1, S. 355 (373); Galgano- Bonfante,Vendita, S. 148 f., FN 165.

Die überwiegende Ansicht der Lehre[31] beschränkt sich darauf, die Rechtsstellung des Käufers als dinglich zu qualifizieren. Auch wenn hierüber im wesentlichen Einigkeit besteht, so sind doch die Begründungen, die zu diesem Ergebnis führen, äußerst unterschiedlich. Die Vielfalt der Ansichten ist eng mit der Schwierigkeit verknüpft, die Rechtsnatur des Kaufs unter EV eindeutig festzulegen.

Die meisten Autoren erkennen dem Käufer eine eigentümerähnliche und damit dingliche Stellung zu[32]. Der Käufer habe vor der vollständigen Kaufpreiszahlung bereits das den Eigentümer kennzeichnende Nutzungs- und Besitzrecht an der Sache, welches als dingliches Recht gegenüber jedermann durchgesetzt werden kann[33]. Auch trage er wie ein Eigentümer die Sachgefahr und könne seine Rechte wie ein Eigentümer verteidigen. Denn die Drittwirksamkeit des EV kann nicht nur bedeuten, daß der Käufer sich gegen Herausgabeverlangen Dritter zur Wehr setzen kann. Sie müsse auch beinhalten, daß der Käufer die Herausgabe verlangen kann, wenn ein Dritter die Sache besitzt, ohne diese lastenfrei erworben zu haben[34]. Die eigentümerähnliche Rechtsstellung zeige sich auch in Art. 73 Abs. 2 LF, da der Käufer vor einer Vertragsauflösung im Konkurs des Käufers geschützt wird[35].

Bianca[36] entwickelt diesen Ansatzpunkt noch weiter. Die Position des Käufers stelle sich so dar, daß er mit den Risiken, den Obliegenheiten, den Befugnissen und Ansprüchen ausgestattet ist, die das Eigentum kennzeichnen. Dem Verkäufer verbleibe das Eigentum nur noch als Instrument zur Wiedererlangung der Sache bei einer eventuellen Nichterfüllung seitens des Käufers. Darüber hinaus sind seine das Eigentum kennzeichnenden Rechte so stark vermindert, daß es nicht mehr gerechtfertigt sei, vom Eigentum des Verkäufers zu sprechen[37]. Vielmehr handele es sich inhaltlich um ein typisches dingliches Sicherungsrecht des Verkäufers. Mit dem Sicherungsrecht des Verkäufers korrespondiert die Behandlung des Käufers als Eigentümer und seine dingliche Rechtsstellung[38].

---

31 Gatti, Riv. dir. comm., 1965, I, 1, 467 (480); Comporti, Contributo, S. 374 f.;Capozzi, Contratti, Bd. I, S. 126; Gazzoni, Manuale, S. 1043; Geri/Breccia/Busnelli/Natoli, Obbligazioni, S. 345; Tului, Riv. dir. comm., 1980, I, 1, 355 (392); Cattaneo, Riv. trim dir. priv. proc. civ., 1965, 945 (980 ff.); Perlingieri- Principe, Art. 1523, S. 905 f; Bianca, Vendita, S. 595; Luzzatto; Compravendita, S. 518; Galgano- Bonfante, Vendita, S. 148 f.; Mengoni, Acquisti, S. 190 f.; Luminoso, Compravendita, S. 141; Scialoja- Zanarone, Art. 73, S. 198; Schlesinger- Bocchini, Art. 1523, S. 318 f.

32 Luzzatto, Compravendita, S. 518; Mignoli, Riv. dir. civ., 1962, I, 228 (331); Cicu- Rubino, Compravendita, S. 446, ; Mengoni, Acquisti, S. 190 f.; Bonsignori, Diritto fallimentare, S. 208.

33 Capozzi, Contratti, Bd. I, S. 18.

34 Cattaneo, Riv. trim. dir. proc. civ., 1965, 945 (985); Cicu- Rubino, Compravendita, S. 437.

35 Scialoja- Zanarone, Art. 73, S. 198.

36 Bianca, Vendita, S. 595.

37 Bianca, Vendita, S. 594.

38 Bianca, Vendita, S. 595; soweit Zuddas, Riv. dir. civ. 1975, I, 1, 540 (543); Gazzoni, Manuale, S. 1043 der Ansicht von Bianca zustimmen, muß das auch für die Stellung des Käufers gelten, so ausdrücklich Schlesinger- Gazzoni, Art. 2643, S. 142.

Ähnlicher Ansicht ist Comporti[39], nach dessen Meinung sowohl Verkäufer als auch Käufer Eigentümer der Sache sind. Das Eigentumsrecht des Käufers könne verloren werden, wenn der Kaufpreis nicht bezahlt werde. Daher wird der Käufer statt Erwerber mit Vorbehalt des Eigentums besser als Eigentümer mit Vorbehalt der Zahlung (proprietà con riserva di pagamento) bezeichnet[40]. Der Verkäufer hingegen habe eine extrem reduzierte Stellung inne, da sein Eigentum nur noch ein Sicherungsrecht ist.

Nach einer weiteren Ansicht[41] beschreibt das Eigentum nicht nur den Inhalt, sondern auch die Befugnisse des Eigentümers. Der Käufer erhalte eine starke Stellung und könne sein Recht gegenüber jedem ausüben, daher sei es gerechtfertigt, ihn vom Vertragsschluß an als Eigentümer zu behandeln[42]. Zudem sei das Interesse des Käufers vorrangig, seine Rechtsstellung mit Vertragsschluß gegenüber jedem durchzusetzen[43]. Demgegenüber sei der Verkäufer nur an der Durchsetzung seines Darlehensanspruchs gegenüber Dritten oder dem Käufer interessiert und könne diesen mit der Vorbehaltsabrede durchsetzen[44]. Diesen Ansichten hat der Kassationshof[45] ausdrücklich widersprochen, wenn er ausführt, daß der Käufer vor der vollständigen Kaufpreiszahlung nicht als Eigentümer anzusehen und auch nicht entsprechend zu behandeln ist.

Gatti[46] sieht die dingliche Stellung des Käufers in seiner subjektiven Rechtsstellung (situazione soggetiva attiva di natura reale). Die dinglichen Rechte werden herkömmlich durch ihre Unmittelbarkeit und Absolutheit gekennzeichnet. Diese Kriterien treffen auch auf das Nutzungsrecht und die Möglichkeit des Eigentumserwerbs des Käufers zu[47]. Das Nutzungsrecht ist dem Nießbrauch und der Erbpacht vergleichbar, da es der Käufer gegenüber jedermann ausüben und durchsetzen kann[48]. Das Recht des Käufers, mit vollständiger Kaufpreiszahlung den Eigentumsübergang herbeizuführen, ist unabhängig von dem Verhalten des Verkäufers. Er vollzieht sich im Moment der vollständigen Kaufpreiszahlung und kann, wenn kein gutgläubiger Dritterwerb vorliegt, erga omnes geltend gemacht werden. Beide Rechtsstellungen erhält der Käufer unmittelbar mit Vertragsschluß übertragen.

---

39 Comporti, Contributo, S. 374, vgl. zu dessen Typologie des Eigentums bereits oben A III 2 g.

40 Comporti, Contributo, S. 375.

41 Tului, Riv. dir. comm., 1980, I, 1, 355 (390 ff.); Barbiera, Garanzia, S. 223 f.; Perlingieri- Principe, Art. 1523, S. 905 f.; Lessico di diritto civile- Patto di riservato dominio, S. 567, vgl. dazu auch oben A III 2 g.

42 So auch Pelosi, Proprietà, S. 252 f., der von einer auflösend bedingten Übereinung ausgeht.

43 Tului, Riv. dir. comm., 1980, I, 1, 355 (392).

44 Tului, Riv. dir. comm., 1980, I, 1, 355 (398).

45 Cass. civ., 1. 8. 1987, Nr. 6652, Foro it., 1988, I, 31 (32 f.); Cass. civ., 14. 4. 1989, Nr. 1802, Foro it., 1989, I, 3443 (3444).

46 Gatti, Riv. dir. comm., 1965, I, 1, 467 (480 f.).

47 Gatti, Riv. dir. comm., 1965, I, 1, 467 (480); a. A. Enciclopedia- Lipari, Vendita con riserva, S. 535.

48 Gatti, Riv. dir. comm., 1965, I, 1, 467 (479).

Capozzi[49] vermeidet eine begriffliche Festlegung und bezeichnet die Position des Verkäufers als Inhaber eines dinglichen Rechtes sui generis. Dem steht auch das im italienischen Sachenrecht geltende Prinzip des numerus clausus nicht entgegen. Der numerus clausus wird dahingehend verstanden, daß dingliche Rechte nicht durch Parteivereinbarung entstehen können[50]. Der EV sei vom Gesetzgeber schon vorgesehen. Folglich könne er auch als dingliches Recht qualifiziert werden, da diese Einordnung sich aus dem Gesetzessystem ergebe und der numerus clausus kein inhaltlich abgeschlossenes Institut sei, das keiner Wandelung unterliege[51].

Nur vereinzelt wird der Rechtsposition des Käufers der dingliche Charakter versagt. So halten Carpino[52] und Bonfante[53] den EV für ein absolutes Recht, ohne daß von einem dinglichen Recht gesprochen werden könnte. Die Annahme eines absoluten Rechts sei ausreichend, um alle praktischen Probleme befriedigend lösen zu können[54]. Zudem wird bezweifelt, daß der Käufer sich in einer Position befindet, die sich mit der Inhaberschaft eines dinglichen Rechts vergleichen läßt[55]. Auch Lipari[56] lehnt die Annahme eines dinglichen Rechts des Käufers ab. Das Nutzungsrecht erfülle nicht alle Erfordernisse der Absolutheit und Unmittelbarkeit, die an ein dingliches Recht geknüpft werden. Denn der Käufer bleibe aufgrund des Kaufvertrages verpflichtet, den Zustand der Sache zu bewahren[57]. Cottino[58] sieht in den Begründungen der dinglichen Stellung des Käufers nur die Bemühungen, die Position des Käufers gegen Dritteingriffe zu stärken, ohne daß sich dieses Ergebnis aus dem Gesetz begründen lasse.

Auffallend ist, daß es der deutschen wie auch der italienischen Literatur schwer fällt, die Rechtsstellung des Käufers eindeutig zu qualifizieren. Die Schwierigkeiten hängen damit zusammen, daß neben der rein tatsächlichen Aussicht des Käufers auf den Eigentumserwerb die wirtschaftliche Erwägung tritt, die in der Stellung des Käufers bereits einen wirtschaftlichen Wert repräsentiert sieht. Daher sollen im folgenden in beiden Rechtsordnungen die Befugnisse des Käufers gegenüber dem Verkäufer und Dritten vor vollständiger Kaufpreiszahlung dargestellt werden. Allein aus der daraus sich ergebenden Rechtsstellung und deren Schutz läßt sich die Position des Käufers eindeutig qualifizieren.

---

49 Capozzi, Contratti, Bd. I, S. 126.

50 Cattaneo, Riv. trim dir. proc. civ., 1965, 945 (965); Gatti, Riv. dir. comm., 1965, I, 1, 467 (483).

51 Gatti, Riv. dir. comm., 1965, I, 1, 467 (483).

52 Rescigno- Carpino, Vendita, S. 320.

53 Galgano- Bonfante, Vendita, S. 149, FN 165.

54 Rescigno- Carpino, Vendita, S. 320.

55 Galgano- Bonfante, Vendita, S. 149, FN 165.

56 Enciclopedia- Lipari, Vendita con riserva, S. 535.

57 Enciclopedia- Lipari, Vendita con riserva, S. 535.

58 Cottino, Contratti commerciali, S. 42.

3. Schutz vor Zwischenverfügungen

Der Verkäufer ist bis zur vollständigen Zahlung des Kaufpreises Eigentümer der Sache. Als solcher kann er als Berechtigter über sein Eigentum verfügen und die gleiche Sache auch noch an einen Dritten veräußern. Der spätere Sinneswandel des Verkäufers, beispielsweise angesichts eines höheren Kaufpreises, kann die Anwartschaft des Käufers erheblich beeinträchtigen.

a. Deutschland

Die bedingungsrechtlichen Vorschriften der §§ 160, 161 BGB und der unmittelbare Besitz bewahren den Käufer vor den Wirkungen nachträglicher Verfügungen des Verkäufers, sofern er den Kaufpreis vollständig entrichtet.

Verfügt der Verkäufer in der Schwebezeit über sein Eigentum, erhält der Käufer nach § 160 Abs. 1 BGB mit Bedingungseintritt einen Schadensersatzanspruch. Zusätzlich erwirbt der Käufer mit vollständiger Kaufpreiszahlung nach § 158 BGB das Eigentum, ohne daß in diesem Zeitpunkt der Übereignungswille des Verkäufers noch zu bestehen braucht[59]. Der Eigentumserwerb des Käufers erfolgt auch, wenn der Dritte zwischenzeitlich Eigentümer geworden ist. Die Verfügung des Verkäufers ist in der Schwebezeit bis zum Eintritt der Bedingung voll wirksam. Jedoch verliert der Dritte sein Eigentum mit Bedingungseintritt rückwirkend wieder nach § 161 Abs. 1 S. 1 BGB, woraus sich die relative Unwirksamkeit der zwischenzeitlichen Verfügung ergibt, soweit sie die von der Bedingung abhängige Eigentumsübertragung beeinträchtigt. Einem Herausgabeverlangen des Dritten als zeitweiligen Eigentümer kann der Käufer sein auf dem Kaufvertrag beruhendes Recht zum Besitz gemäß § 986 Abs. 2 BGB entgegenhalten.

Somit kann der Dritte seinen nachträglichen Eigentumsverlust durch Bedingungseintritt nur durch einen gutgläubigen lastenfreien Erwerb nach §§ 161 Abs. 3, 932 ff. BGB verhindern. Dagegen ist der Käufer durch seinen unmittelbaren Besitz weitgehend geschützt. Gibt er ihn nicht freiwillig auf und kommt ihm daher die Sache abhanden, verhindert schon § 935 Abs. 1 S. 2 BGB einen gutgläubigen Erwerb. Besteht der unmittelbare Besitz des Käufers fort, so ist ein gutgläubiger Erwerb des Dritten nur gemäß §§ 931, 934 Alt. 1 BGB möglich. Nach einhelliger Meinung wird dann der Käufer durch eine entsprechende Anwendung des § 936 Abs. 3 BGB geschützt[60]. Danach erlischt das Recht des Käufers i.S.d. § 161 Abs. 1 BGB, wonach er mit Bedingungseintritt Eigentümer wird, auch dem gutgläubiger Dritten gegenüber nicht. Der unmittelbare Besitz des Käufers schließt daher einen lastenfreien

---

59 BGHZ 28, 16 (21); 30, 374 (377); 35, 85 (89); a. A. noch RGZ 64, 204 (207); 95, 105 (107).

60 Brox, JuS 1984, 657 (659); MüKo- Westermann, § 455, Rz. 49; Staudinger- Honsell, § 455, Rz. 35; Medicus, Bürgerliches Recht, Rz. 462; Müller-Laube, JuS 1993, 529 (530); Marotzke, Anwartschaft, S. 132; während Döring, NJW 1996, 1443 (1446 f.) und Bülow, Kreditsicherheiten, Rz. 706 für eine direkte Anwendung des § 936 Abs. 3 BGB plädieren.

Erwerb des Dritten nach §§ 161 Abs. 3, 936 Abs. 3 BGB aus, wodurch die Stellung des Käufers vor Zwischenverfügungen des Verkäufers ausreichende Sicherheit genießt[61].

Erkennt der Verkäufer seine mißliche Lage und beschließt, den Bedingungseintritt wider Treu und Glauben zu verhindern, so wird der Käufer durch den fingierten Bedingungseintritt nach §§ 160, 162 Abs. 1 BGB geschützt[62]. Versucht der Verkäufer den Bedingungseintritt durch die Verweigerung der Zahlungsanahme zu verhindern, so kann der Käufer nach §§ 372, 378 BGB das Geld hinterlegen. Die Hinterlegung wirkt bei Einhaltung der Voraussetzungen des § 376 Abs. 2 Nr. 1 BGB schuldbefreiend und führt so zum Bedingungseintritt. Zum Teil wird diese Möglichkeit auch als Sonderregel zu § 162 Abs. 1 BGB angesehen, da die Vereitelung des Bedingungseintritt immer nur in der Verweigerung der Zahlungsannahme liegen könne[63] Daneben wird aus diesen Vorschriften die vertragliche Nebenpflicht des Verkäufers abgeleitet, während des Schwebezustandes nicht gegen die Interessen des Käufers zu verstoßen[64].

b. Italien

Der Schutz des Käufers vor vertragswidrigen Verfügungen des Verkäufers wird durch den unmittelbaren Besitz und die allgemeinen Vorschriften über registrierungspflichtige Sachen erreicht. Der Verkäufer kann nicht mehr frei über die unter EV verkaufte Sache verfügen, so daß die Veräußerung des Verkäufers als Verkauf einer fremden Sache angesehen wird[65]. Grundsätzlich tritt mit vollständiger Kaufpreiszahlung der Eigentumsübergang ein, wenn nicht ein Dritter zwischenzeitlich lastenfrei das Eigentum an der Sache gutgläubig erworben hat, Art. 1153 Abs. 2 c.c. Das setzt voraus, daß der Dritte tatsächlich gutgläubig den Besitz an der Sache erlangt hat, Art. 1153 Abs. 1 c.c. Die Vorschriften der Artt. 1153 ff. c.c. werden auch zu Gunsten des Vorbehaltskäufers angewendet, obwohl die Eigentumsübertragung erst mit vollständiger Zahlung des Kaufpreises erfolgt[66]. Ist der Käufer schon in dem Besitz der Sache, so scheitert der gutgläubige Erwerb des Dritten daran, daß der Verkäufer ihm die Sache nicht übergeben hat. Zudem kommt es für den Käufer entscheidend auf die Priorität des Besitzerwerbes an. Denn bei der Veräußerung von beweglichen Sachen an mehrere Erwerber genießt nach Art. 1155 c.c. derjenige Vorrang, der als erstes gutgläubig den Besitz an der Sache erhalten hat. Ist der Käufer als erster in den Besitz der Sache gekommen, so besitzt der EV Drittwirksamkeit und der Eigentumserwerb wird mit vollständiger Kaufpreis-

---

61 Reinicke/Tiedtke, Kaufrecht, Rz. 1143.

62 MüKo- Westermann, § 455, Rz. 49, a. A. Medicus, Bürgerliches Recht, Rz. 464.

63 Medicus, Bürgerliches Recht, Rz. 464.

64 Staudinger- Honsell, § 455, Rz. 35.

65 Luzzatto, Compravendita, S. 518 f.; Pelosi, Vendita, S. 250; Schlesinger- Bocchini, Art. 1524, S. 330.

66 Enciclopedia- Lipari, Vendita con riserva, S. 547; Cicu- Rubino, Compravendita, S. 441; Mirabelli, Art. 1523-26, S. 169; Luzzatto, Compravendita, S. 518 f.; Pelosi, Vendita, S. 250.

zahlung herbeigeführt[67]. Das gilt auch dann, wenn der Verkäufer zuerst an den Dritten die Sache ohne EV und dann an den Käufer unter EV veräußert hat. Denn dann war der Verkäufer aufgrund des Konsensualprinzips gemäß Art. 1376 c.c. nicht mehr Eigentümer, so daß es nur auf den gutgläubigen Besitzerwerb ankommt[68].

Anders hingegen bei registrierungspflichtigen beweglichen Sachen nach Art. 1524 Abs. 3 c.c. und Immobilien. Priorität genießt nur der Erwerber, dessen Recht als erstes eingetragen wird, Artt. 2644, 2684 c.c. Hat der Käufer seinen Kaufvertrag mit der Vorbehaltsklausel zuerst in die speziellen Register eingetragen, so kann er diesen gegenüber jeden nachfolgen Dritterwerber durchsetzen[69]. Damit hat eine anderweitige Veräußerung durch den Verkäufer auch dann keine Wirkung, wenn sie vor der Eintragung erfolgt ist.

Hiervon zu unterscheiden ist die Veräußerung von Maschinen, die gemäß Art. 1524 Abs. 2 c.c. unter das Maschinenprivileg fallen. Die Vorschrift schützt den Verkäufer vor einem Verlust seiner Sicherung. Denn er kann seinen eingetragenen EV einem gutgläubigen Dritten entgegenhalten, wenn der Käufer die Vorbehaltssache weiterveräußert. Die Vorschrift soll aber nicht zugleich den Käufer vor vertragswidrigen Verfügungen des Verkäufers über die verkaufte Sache in Schutz nehmen[70]. In diesen Fällen bestimmt sich der Schutz des Käufers nach den allgemeinen Regeln über den gutgläubigen Erwerb von beweglichen, nicht registrierungspflichtigen Sachen. Daher kommt es entscheidend auf den Besitz des Käufers an und nicht auf eine Eintragung des EV in das spezielle Register.

Im Ergebnis wird der Käufer in Italien durch eine frühzeitige Registereintragung oder Besitzerlangung umfassend gegen nachfolgende Verfügungen des Verkäufers geschützt. In Deutschland ergibt sich der Schutz vor einem gutgläubigen Erwerbsverlust letztendlich aus der Publizitätswirkung des Besitzes, auch wenn bedingungsrechtliche Vorschriften von Bedeutung sind.

4. Schutz gegen Gläubiger des Verkäufers

Die Stellung des Käufers ist gefährdet, wenn Gläubiger des Verkäufers in das unter EV veräußerte Eigentum des Verkäufers hinein ihre Forderungen vollstrecken wollen. Damit beeinträchtigen sie den Eigentumserwerb des Käufers, obwohl er unter Umständen schon erhebliche Teile des Kaufpreises geleistet hat.

---

67 Gatti, Riv. dir. comm., 1965, I, 1, 467 (480); Enciclopedia- Lipari, Vendita con riserva, S. 547; Mirabelli, Art. 1523-26, S. 169, Cattaneo, Riv. trim. dir. proc. civ., 1965, 945 (983).

68 Gatti, Riv. dir. comm., 1965, I, 1, 467 (480); Mirabelli, Art. 1523-26, S. 169, Cattaneo, Riv. trim. dir. proc. civ., 1965, 945 (983); a. A. Enciclopedia- Lipari, Vendita con riserva, S. 547; Rescigno-Carpino, Vendita, S. 321.

69 Vgl. hierzu A VIII 2 b, dd; Enciclopedia- Lipari, Vendita con riserva, S. 547.

70 Cattaneo, Riv. trim. dir. proc. civ., 1965, 945 (984); Cicu- Rubino, Compravendita, S. 441; Enciclopedia- Lipari, Vendita con riserva, S. 547, FN 211.

a. Deutschland

Gegen pfändende Gläubiger des Verkäufers ist der Käufer geschützt, wenn er die Sache in Besitz hat. Eine Sachpfändung beim Verkäufer ist mangels Gewahrsam nicht möglich (§ 808 ZPO). Eine Pfändung beim Käufer als besitzender Dritte setzt hingegen voraus, daß er zur Herausgabe bereit ist (§ 809 ZPO). Erklärt der Käufer seine Herausgabebereitschaft nicht, was regelmäßig der Fall sein wird, so hindert das die Pfändung. Eine dennoch erfolgende Pfändung kann der Käufer durch eine Erinnerung nach § 766 ZPO anfechten[71].

Sofern nach § 847 ZPO der Herausgabeanspruch des Verkäufers gepfändet werden soll, muß zuerst das Besitzrecht des Käufers beseitigt werden. Verhält der Käufer sich aber vertragsgemäß, kann der Verkäufer den Kaufvertrag nicht auflösen und erhält auch keinen pfändbaren Herausgabeanspruch. Soweit sich die Sache aber beim Verkäufer oder einem zur Herausgabe bereiten Dritten befindet, ist eine Pfändung möglich. Der Käufer kann dann seine Rechtsposition nur mit einer Drittwiderspruchsklage nach § 771 ZPO verteidigen[72]. Seine Anwartschaft auf das Eigentum ist wie das Eigentum selbst ein die Veräußerung hinderndes Recht i.S.d. § 771 ZPO.

b. Italien

Das Gesetz regelt nicht, inwieweit der EV gegenüber Gläubigern des Verkäufers drittwirksam ist. Dabei besteht keine Einigkeit in der Lehre, inwieweit die Zwangsvollstreckung durch Gläubiger des Verkäufers überhaupt zulässig ist.

Ein Teil der Lehre[73] nimmt an, der Gläubiger des Verkäufers könne die unter EV verkaufte Sache nicht pfänden. In das Vermögen des Verkäufers sei an die Stelle des Kaufgegenstandes dessen Kaufpreis getreten. Den bereits erhaltenen Kaufpreis könne der Gläubiger beim Verkäufer und den noch zu zahlenden Kaufpreis beim Käufer pfänden lassen. Könne er neben dem Kaufpreis zusätzlich noch den Kaufgegenstand pfänden, so stelle das eine ungerechtfertigte Verdoppelung der Pfändungsobjekte dar. Daher solle der Gläubiger nur auf die noch zu zahlenden Kaufpreisraten Zugriff nehmen können[74]. Zudem sei das Nutzungsrecht und der bereits angelegte Eigentumserwerb schon ein Teil des Vermögens des Käufers, in

---

71 Thomas/Putzo, ZPO, § 809, Rz. 7, 9.

72 BGHZ 55, 20 (26 f); Nirk, NJW 1971, 1913 (1918); Serick, Bd. I, § 12 I 2, S. 292; Thomas/Putzo, ZPO, § 817, Rz. 10; Staudinger- Honsell, § 455, Rz. 46; Soergel- Mühl, § 455, Rz. 81; MüKo-Westermann, § 455, Rz. 51; a.A. Medicus, Bürgerliches Recht, Rz. 466; Säcker, JZ 1971, 159.

73 Enciclopedia- Lipari, Vendita con riserva, S. 545; Rescigno- Carpino,Vendita, S. 324 f Luzzatto, Compravendita, S. 527; Cicu- Rubino, Compravendita, S. 437; Campobasso, Contratti, S. 22; Schlesinger- Bocchini, Art. 1523, S. 306.

74 Cicu- Rubino, Compravendita, S. 437; kritisch Enciclopedia- Lipari, Vendita con riserva, S. 545.

das eingegriffen werde[75]. Das Ergebnis wird auch auf Art. 73 Abs. 2 LF[76] gestützt, wonach der Konkurs des Verkäufers kein Grund für eine Vertragsauflösung ist. Damit wird eine Verwertung der Sache zu Gunsten der Konkursgläubiger verhindert. Könne aber noch nicht einmal die par conditio creditorum die Verwertung der Sache rechtfertigen, dann müsse das erst recht für einen die Einzelzwangsvollstreckung betreibenden Gläubiger des Verkäufers gelten[77].

Die Gegenansicht[78] hält eine Pfändung der unter EV verkauften Sachen grundsätzlich für zulässig. Der Schutz des Käufers gegen die pfändenden Gläubiger bestimmt sich dann nach den allgemeinen Vollstreckungsvorschriften. Dabei legt Art. 2914 c.c. fest, wann eine vor der Pfändung vorgenommene Veräußerung dem Pfändungsgläubiger gegenüber unwirksam ist. Das richtet sich nach der Publizität der entsprechenden Rechtshandlung. Nach Art. 2914 Nr. 1 c.c. kann eine Veräußerung von registrierungspflichtigen beweglichen Sachen (i.S.d. Art. 1524 Abs. 3 c.c.) nur dann einem pfändenden Gläubiger entgegengehalten werden, wenn die Eintragung des EV vor der Pfändung erfolgt ist[79]. Anders ist es bei Sachen, die unter das Maschinenprivileg nach Art. 1524 Abs. 2 c.c. fallen. Hier dient die erforderliche Registereintragung nur dem Schutz des Verkäufers gegenüber Gläubigern des Käufers, nicht auch dem Schutz des Käufers gegenüber Gläubigern des Verkäufers. Daher richtet sich der Schutz des Käufers nur nach den Vorschriften über nicht registrierungspflichtige Sachen[80].

Bei nicht eintragungspflichtigen Sachen ist die Publizität des Besitzes entscheidend[81], wobei gemäß Art. 2914 Nr. 4 c.c. zu differenzieren ist. Erfolgte noch keine Übergabe der Sache an den Käufer, dann beeinträchtigt die Veräußerung nicht die Pfändung. Hat der Käufer zwar noch keinen Besitz an der Sache, ist aber der Kauf unter EV mit einem vor der Pfändung liegenden sicheren Datum versehen, kann die Veräußerung dem pfändenden Gläubiger entgegengehalten werden. Zwar hat der Kassationshof[82] die Anwendbarkeit Art. 2914 Nr. 4 c.c. auf einen Verpflichtungskauf abgelehnt, wenn die Sache sich noch im Eigentum des Verkäufers befindet. Denn unter Umständen ist der Kaufpreis schon vollständig bezahlt, während der Eigentumsübergang noch von willentlichen Handlungen des Verkäufers abhängt. Der Gläubiger muß daher auf diese Sachen zugreifen können, da der Verkäufer selbst den Zeitpunkt der Eigentumsübertragung bestimmen kann[83]. Verweist man den Gläubiger nur auf die erfolgte Zahlung, ist er in seinen Befriedigungsmöglichkeiten gefährdet. Dieser Gesichtspunkt dürfte aber nicht entsprechend für den Kauf unter EV gelten. Denn der Eigentumsübergang hängt nicht mehr vom

75 Luzzatto, Compravendita, S. 527; Rescigno- Carpino,Vendita, S. 325.
76 Dazu ausführlich unten B III 2.
77 Enciclopedia- Lipari, Vendita con riserva, S. 545; Luminoso, Compravendita, S. 144f.
78 Cattaneo, Riv. trim. dir. proc. civ., 1965, 945 (984); Bonomi, Eigentumsvorbehalt, S. 48, 155.
79 Enciclopedia- Verde, Pignoramento in generale, S. 804.
80 Cattaneo, Riv. trim. dir. proc. civ. 1965, 945 (984); vgl oben A VIII 2 b,bb.
81 Perlingieri- Zerella, Art. 2914, S. 521.
82 Cass. civ., 31. 3. 1969, Nr. 1075, Foro it., 1969, I, 1771 (1774 f.).
83 Vgl. dazu bereits ausführlich oben A III 2 e.

Willen des Verkäufers ab[84]. Vielmehr tritt der Eigentumserwerb erst mit vollständiger Kaufpreiszahlung ein, so daß das Vermögen des Verkäufers unverändert bleibt und der Pfändungsgläubiger in seinen Befriedigungsmöglichkeiten nicht beeinträchtigt wird. Zudem ist der Käufer erst recht geschützt, wenn Vertragsschluß und Besitzerlangung vor der Pfändung liegen. Das zeigt auch Art. 2913 c.c., wonach selbst nach erfolgter Pfändung ein gutgläubiger Erwerb möglich ist, sofern der Erwerber bei Besitzerlangung nicht bösgläubig war (Art. 1153 c.c.). Aufgrund der Publizität der erfolgten Veräußerung sind die Gläubiger nicht schützenswert und haben keine Möglichkeit, ohne Mitwirkung des unmittelbaren Besitzers Zugriff auf die Sache zu nehmen[85].

Wird die Sache im Besitz eines Dritten gepfändet, so steht dem Käufer die Drittwiderspruchsklage nach Art. 619 c.p.c. zur Verfügung[86]. Danach kann der Eigentümer oder der Inhaber eines sonstigen dinglichen Rechts an der gepfändeten Sache Widerspruch gegen die Zwangsvollstreckungsmaßnahmen erheben. Die Aufzählung in Art. 619 c.p.c. ist beispielshaft und muß in dem Sinn verstanden werden, daß es darauf ankommt, wessen Rechte an der Sache überwiegen. Daher berechtigen nach Art. 619 c.p.c. auch nicht dingliche Rechte zur Drittwiderspruchsklage, wenn diese Rechte die Interessen der Pfändungsgläubiger überwiegen[87]. Dabei wird neben dem Nießbrauch auch ein reines Gebrauchsrecht für ausreichend gehalten[88]. Daher steht dem Käufer dieser Rechtsbehelf auch zur Verfügung, wenn man entgegen der überwiegenden Ansicht seine dingliche Rechtsstellung ablehnt[89].

Im Ergebnis muß somit der Streit nicht entschieden werden. Selbst wenn man die Pfändung in die unter EV verkaufte Sache für zulässig erachtet, besitzt der Käufer insbesondere dann eine geschützte Stellung, wenn er unmittelbaren Besitz an der Sache erhalten hat. Zudem helfen ihm die Publizitätsmittel des sicheren Datums und der Registereintragung, an deren Einhaltung primär der Verkäufer stark interessiert ist, erlangt doch nur auf diese Weise der EV Drittwirksamkeit[90]. Die Rechtsstellung des Käufers in Italien ist somit nahezu identisch mit der eines Käufers in Deutschland. Auch dieser kann sein bedingt erworbenes Eigentum nur erfolgreich verteidigen, wenn die Publizität seiner Rechtsstellung durch seinen unmittelbaren Besitz legitimiert ist.

---

84 Vgl. dazu bereits ausführlich oben A III 2 e.

85 Cicu- Rubino, Compravendita, S. 437.

86 Satta/Punzi, Diritto processuale, S. 793; Bonomi, Eigentumsvorbehalt, S. 155; Bin, Vendita, Bd. III, S. 947; Schlesinger- Bocchini, Art. 1523, S. 306.

87 Cass. civ., 8. 7. 1964, Nr. 1803, Giust. civ. mass. 1964, 819 (820); Cass. civ., 15. 11. 1974, Nr. 3649, Giust. civ. mass., 1974, 1578; Satta/Punzi, Diritto processuale, S. 793.

88 Carpi/Taruffo- Malagù, Art. 619, S. 1209.

89 Vgl. dazu die Nachweise oben A IX 2 b.

90 Vgl. dazu bereits ausführlich oben A VIII 2 b.

5. Herausgabeanspruch

Die Stellung des Käufers wird beeinträchtigt, wenn von dem Verkäufer oder einem Drittererwerber vor Bedingungseintritt die Herausgabe der Sache verlangt wird.

a. Deutschland

Gegenüber einem Herausgabeverlangen des Verkäufers ist der Käufer als Besitzmittler nach § 986 Abs. 1 S. 1 BGB schon durch sein obligatorisches Besitzrecht geschützt[91]. Das Besitzrecht ergibt sich aus dem Kaufvertrag[92] oder der Vorbehaltsabrede[93] und kann als rechtsvernichtende Einwendung dem Herausgabeverlangen des Verkäufers entgegengesetzt werden. Hat der Verkäufer die Sache vor Bedingungseintritt an einen Dritten gemäß § 931 BGB veräußert, so kann der Käufer gemäß § 986 Abs. 2 BGB dem Herausgabeverlangen des neuen Eigentümers sein fortbestehendes Besitzrecht entgegenhalten. Damit ist der Käufer durch den wirksamen und fortbestehenden Kaufvertrag bereits umfassend gegen ein Herausgabeverlangen des alten wie eines neuen Eigentümers[94] geschützt.

b. Italien

Nach Art. 948 Abs. 1 c.c. kann der Verkäufer als Eigentümer die Herausgabe der Sache von jedem verlangen, der sie in Besitz hat. Einem Herausgabeverlangen des Verkäufers kann der Käufer sein auf dem Kaufvertrag beruhendes Besitzrecht entgegenhalten[95]. Soweit der Verkäufer an einen Dritten die Sache veräußert hat, ergibt sich der Schutz des Käufers aus den Publizitätsvorschriften. Ein Dritter kann lastenfreies Eigentum nur mit Übergabe (Artt. 1153 ff c.c.) oder vorhergehender Eintragung erwerben[96]. Scheitert der gutgläubige Erwerb an der fehlenden Besitzübertragung, da der Käufer die Sache selbst besitzt, kann er sich auch keinem Vindikationsanspruch eines Dritten ausgesetzt sehen. Bei eintragungspflichtigen Sachen kommt das Prioritätsprinzip der Eintragung hingegen voll zum tragen. Danach entwickelt nur der Kaufvertrag gegenüber anderen Veräußerungen Wirkungen, der auch zuerst in das entsprechende Register eingetragen wurde (Artt. 2644, 2688 c.c.). Folglich kann der Käufer einem Dritterwerber gegenüber seinen unter EV geschlossenen Vertrag nicht wirksam entgegenhalten, wenn der Dritte seinen

---

91 Inwieweit der Käufer auch ein dingliches Besitzrecht hat vgl. unten A IX 8 a.

92 Staudinger- Honsell, § 455, Rz. 36; Brox, JuS 1984, 657 (659); Eichendorfer, AcP 185 (1985), 162 (187); Schlegelberger- Hefermehl, § 382 Anh., Rz. 60.

93 MüKo- Westermann, § 455, Rz. 29, 38, 52; Palandt- Bassenge, § 929, Rz. 40.

94 Der dem Käufer gegenüber das Eigentum mit Bedingungseintritt gemäß § 161 BGB wieder verliert, vgl dazu bereits oben A IX 3 a.

95 Cass. civ., 12. 2. 1975, Nr. 556, Foro it., 1975, I, 2560 (2567); Salaris, Difesa della proprietà, S. 676.

96 Vgl. dazu bereits oben A IX 3 b.

Vertrag zuerst eintragen ließ. Der Käufer muß dann dem Herausgabeverlangen des Dritten nachkommen, da dieser Eigentümer geworden ist (Art. 1376 c.c) und der Kauf unter EV keine Drittwirksamkeit besitzt.

In Deutschland ergibt sich der Schutz gegen ein Herausgabeverlangen umfassend aus dem obligatorischen Kaufvertrag. In Italien kommt es neben dem Kaufvertrag auch auf die Priorität der Publizitätsmittel an, damit der Käufer eine gesicherte Rechtsstellung erlangt.

6. Übertragung der Rechtsposition

Mit Hilfe der Publizitätsvorschriften und dem Anspruch aus dem Kaufvertrag hat der Käufer eine verfestigte Erwerbsposition gegenüber seinem Verkäufer und einem Drittererwerber. Daher stellt sich die Frage, inwieweit der Erwerber seine Rechtsposition auch auf einen Dritten übertragen kann.

a. Deutschland

Der Käufer kann über die im Eigentum des Verkäufers stehende Kaufsache verfügen. Ist die Verfügung nicht von der Ermächtigung des Eigentümers umfaßt, verfügt er als Nichtberechtigter. Daneben kann er über seine Anwartschaft verfügen. Dabei ist man ursprünglich nicht von einer selbständigen Übertragbarkeit der Anwartschaft ausgegangen. Der Käufer konnte seine Rechtsposition vielmehr nur durch eine Abtretung seiner Vertragsrechte übertragen oder er mußte von dem Verkäufer zu einer Verfügung über seine zukünftigen Eigentumsrechte ermächtigt worden sein[97]. Um die wirtschaftlich für sinnvoll erkannte selbständige Übertragbarkeit der Position des Käufer zu erhöhen, hat man die Anwartschaft als selbständiges Verfügungsobjekt begriffen[98]. Sie bedarf nicht der Zustimmung des Verkäufers, da die Anwartschaft ausschließlich dem Käufer zusteht[99]. Die Interessenslage des Verkäufers bleibt davon unberührt, wenn nicht sein Käufer, sondern ein Dritter mit Bedingungseintritt Eigentümer wird. Erfolgt der Bedingungseintritt, dann erwirbt der Anwartschaftserwerber ohne Durchgangserwerb beim Käufer direkt vom Verkäufer das Eigentum[100]. Um nicht auch noch auf Publizität zu verzichten, erfolgt die Über-

97 RGZ 140, 223 (229); Siebert, JW 1933, 2440 (2441); Brandis, JW 1931, 505 (506).

98 MüKo- Westermann, § 455, Rz. 58; Brandis, JW 1931, 505 (506) sieht in der selbständigen Übertragbarkeit den Schritt, der die Anwartschaft „zum dinglichen Recht stempelt".

99 Einhellige Meinung, BGHZ 20, 88 (97 ff); 35, 85 (89), MüKo- Quack, § 929, Rz. 33; Serick, Bd. I, § 11 III 1, S. 256; Erman- Grunewald, § 455, Rz. 30, Bülow, Kreditsicherheiten, Rz. 683 f.; Westermann- Westermann, Sachenrecht, Bd. 1, § 39 IV 1 c, S. 270 f.; Schlegelberger- Hefermehl, § 382 Anh., Rz. 34; MüKo- Westermann, § 455, Rz. 58; ablehnend Marotzke, Anwartschaft, S. 26 f.

100 BGHZ 20, 88 (98 f.); 35 85 (87); Baur/Stürner, Sachenrecht, § 59 B IV 2 a, Rz. 34; Flume, AcP 161 (1962), 382 (393); Serick, Bd. I, § 11 III 5, S. 267.

tragung der Anwartschaft durch Einigung und Übergabe nach §§ 929 ff. BGB[101]. Die selbständige Übertragbarkeit der Anwartschaft eröffnet dem Käufer die Möglichkeit, diese zu Kreditzwecken in Form einer Sicherungsübertragung an Dritte zu übertragen, was zu umstrittenen Besitzverhältnissen führt[102]. Die so geschaffene zusätzliche Kreditierungsgrundlage als übertragbare Sicherheit des Käufers ist mit ein Grund der großen Verbreitung und Beliebtheit des EV in Deutschland.

Aufgrund der fortbestehenden Abhängigkeit der Anwartschaft von ihrer schuldrechtlichen Grundlage muß der Anwartschaftserwerber Veränderungen des Kaufvertrages grundsätzlich auch zu seinen Lasten hinnehmen[103]. Über den Fortbestand oder die Geltendmachung von den Kaufvertrag beseitigenden und ihm inhärenten Gestaltungsrechten entscheiden allein die Vertragsparteien. Der Anwartschaftserwerber soll aber vor willkürlichen Beeinträchtigungen seines Rechts geschützt werden. Zu diesem Zweck wird zum Teil[104] vertreten, der Käufer benötige die Zustimmung des Erwerbers für ein gewillkürtes Einwirken auf den Kaufvertrag, während eine andere Ansicht[105] annimmt, der Käufer ist nach Übertragung der Anwartschaft infolge fehlender Rechtszuständigkeit nicht mehr befugt, eine derartige Inhaltsänderung der Anwartschaft herbeizuführen.

b. Italien

Die Sicherungsübertragung der Rechtsstellung des Käufers als Kreditsicherheit ist in der italienischen Praxis ungebräuchlich[106]. Das findet mit seinen Grund darin, daß eine Sicherungsübereignung gegenwärtig aus Gründen des Schuldnerschutzes und des Schutzes der Drittgläubiger unwirksam ist[107]. Daher spielt die Rechtsstellung des Käufers hinsichtlich seiner Erwerbsaussicht als Kreditierungsgrundlage eine entsprechend geringe Rolle in der Literatur und der Praxis.

So hält Cattaneo[108] die Übertragung der Anwartschaft auf das künftige Eigentum des Käufers für zulässig und wirksam. Zur Übertragung reiche der Vertragsschluß aus. Dem stehe auch ein Veräußerungsverbot[109] des Verkäufers nicht entgegen, das gemäß Art. 1379 c.c. nur relative Wirkung habe. Der Verkäufer sei ausreichend geschützt, da er jederzeit die Vertragsauflösung verlangen kann. Denn der Käufer

101 Darin sieht Müller-Laube, JuS 1993, 529 (530) einen maßgeblicher Grund der Verdinglichung der Anwartschaft.

102 Dazu ausführlich Schlegelberger- Hefermehl, § 382 Anh., Rz. 35.

103 BGHZ 35, 85 (94); 75, 221 (225); Serick, Bd. I, § 11 II 1, S. 252 f; Raiser, Anwartschaften, S. 31.

104 Flume, AcP 161 (1962), 385 (393 f); Erman- Grunewald, § 455, Rz. 30.

105 BGHZ 75, 221 (226 f.); Schlegelberger- Hefermehl, § 382 Anh., Rz. 27; Reinicke/Tiedtke, Kaufrecht, Rz. 1153; zurückhaltend MüKo- Westermann, § 455, Rz. 60; Staudinger- Honsell, § 455, Rz. 39.

106 Bonomi, Eigentumsvorbehalt, S. 122; Cattaneo, Riv. trim. dir. proc. civ., 1965, 945 (988).

107 Vgl dazu bereits oben A VI 1 b.

108 Cattaneo, Riv. trim. dir. proc. civ., 1965, 945 (989 f.); zustimmend Comporti, Contributo, S. 372.

109 Vgl. dazu oben A VI 2 b.

habe seine Pflicht verletzt, seinerseits nicht zu veräußern. Mit der Vertragsauflösung erlösche das Besitzrecht des Käufers wie auch des Dritterwerbers, weshalb der Verkäufer die Sache vom unmittelbaren Besitzer herausverlangen könne[110]. Da der Dritterwerber Gläubiger des Käufers ist, richte sich der Schutz des Verkäufers nach den Vorschriften über die Drittwirksamkeit des EV[111]. Mit Zahlung der letzten Rate werde der Dritte Eigentümer der Sache[112]. Dem stimmt mit den gleichen Argumenten auch Schultz-Gerstein zu, der unter Berücksichtigung der wirtschaftlichen Interessen den Verkäufer für ausreichend geschützt hält[113].

Bonomi[114] hält eine Vorausverfügung des Käufers über seine zukünftige Rechtsstellung für möglich. Dabei ist daran zu erinnern, daß Bonomi den Käufer das Eigentum unter aufschiebender Bedingung erwerben läßt. Nach Art. 1357 c.c. kann derjenige, der ein Recht unter aufschiebender Bedingung erworben hat, über dieses verfügen. Die Wirkungen der Verfügung sind dann ebenfalls von der Bedingung abhängig. Aus dieser Vorschrift leitet Bonomi die Zulässigkeit von Verfügungen des Käufers über seine aufschiebend bedingte Rechtsposition her. Der Dritte könne im Falle der Nichtleistung den restlichen Kaufpreis zahlen, den der Verkäufer gemäß Art. 1180 c.c. nicht ablehnen dürfe[115]. Aus gleichen Gründen hält auch Pelosi[116] die Rechtsposition des Käufers für übertragbar.

Gatti[117] hält die Übertragung der Rechtsposition des Käufers ebenfalls für möglich. Die Position des Käufers unter EV und die eines Inhabers von dinglichen Rechtsansprüchen seien gleichartig. Aus der dinglichen Natur der Rechtsposition ergebe sich dann, daß zu dem Anspruch auf Eigentumserwerb auch das Recht gehöre, über diesen Anspruch zu verfügen.

Soweit sich sonst das Schrifttum[118] mit dieser Frage beschäftigt, vertritt es ohne nähere dogmatische Begründung die Ansicht, der Käufer könne sein erworbenes dingliches Nutzungsrecht veräußern. Der Dritte werde erst Eigentümer, wenn der Kaufpreis vollständig bezahlt ist. Jedoch unterliegt der Eigentumserwerb des Dritten den gleichen Beschränkungen wie der des Käufers. Habe der Verkäufer die Vertragsauflösung erreicht, könne er auch von dem Dritten die Herausgabe der Sache verlangen. Veräußert der Käufer aber statt dem Nutzungsrecht das volle Eigentum, liege der Verkauf fremder Sachen nach Art. 1478 c.c. vor, womit sich der Käufer einer Unterschlagung strafbar mache[119].

---

110 Cattaneo, Riv. trim. dir. proc. civ., 1965, 945 (989); Mühl, Rechtsvergleich, S. 123.

111 Cattaneo, Riv. trim. dir. proc. civ., 1965, 945 (990), dazu bereits oben A VIII 2 b.

112 Cattaneo, Riv. trim. dir. proc. civ., 1965, 945 (989).

113 Schultz-Gerstein, Kauf unter EV, S. 80 f.

114 Bonomi, Eigentumsvorbehalt, S. 129.

115 Bonomi, Eigentumsvorbehalt, S. 129.

116 Pelosi, Proprietà, S. 253.

117 Gatti, Riv. dir. comm., 1965, I, 1, 467 (482).

118 Rescigno- Carpino, Vendita, S. 321; Capozzi, Contratti, Bd. I, S. 126; Cendon- Pisu, Art. 1523, S. 994; Bianca, Vendita, S. 591, FN 2; Luminoso, Compravendita, S. 141.

119 Rescigno- Carpino, Vendita, S. 321.

Zusammenfassend kann in beiden Rechtsordnungen der Käufer seine Rechtsstellung grundsätzlich übertragen. Jedoch besitzt angesichts der ablehnenden italienischen Haltung bei einer Sicherungsübereignung diese Möglichkeit für den Käufer keine Attraktivität, kann er doch seine Stellung nicht als Kreditsicherheit verwenden.

7. Gutgläubiger Erwerb vom Nichtberechtigten

Ist die Position des Käufers als selbständiges Verfügungsobjekt anerkannt, kann auch ein Nichtberechtigter darüber verfügen. Als Folge stellt sich dann die Frage, inwieweit der Käufer seine Rechtsstellung gutgläubig erwerben kann.

a. Deutschland

Herkömmlich wird zwischen gutgläubigen Erst- und Zweiterwerb der Anwartschaft unterschieden. Bei einem Ersterwerb hält der Käufer den Verkäufer gutgläubig für den Eigentümer der Sache, die er unter EV übertragen bekommt. Der nach §§ 932 ff. BGB geschützte gute Glaube an das Eigentum bei einer unbedingten Übereignung unterscheidet sich nicht von der Interessenlage, wenn die Übereignung bedingt wird. Daher kann der Käufer aufgrund seines guten Glaubens an das Eigentum des Verkäufers auch die Anwartschaft gutgläubig erwerben[120]. Mit vollständiger Kaufpreiszahlung erwirbt der Käufer das volle Eigentum. Dabei ist es unschädlich, wenn der Käufer bei Eintritt der Bedingung bösgläubig ist. Vielmehr kommt es einzig auf den guten Glauben im Moment der Übergabe und der aufschiebend bedingten Einigung an[121].

Bei einem Zweiterwerb werden die Konstellationen behandelt, in denen der Nichtberechtigter sich nicht als Eigentümer, sondern nur als Anwartschaftsinhaber geriert. In diesem Fall wird von einem Teil des Schrifttums ein gutgläubiger Erwerb der Anwartschaft generell abgelehnt[122]. Denn der Veräußerer leite seine Rechtsstellung nicht aus dem Besitz ab, sondern aus der bedingten Übereignung. Daher vermittele der Besitz auch nicht den Rechtsschein, der zu einem Eigentumserwerb führt. Vielmehr habe der Nichtberechtigte den Rechtsschein des Besitzes nach § 1006 BGB zerstört, indem er sich nicht als Eigentümer, sondern als bloßer An-

---

120 BGHZ 10, 69 (72); Serick, Bd. I, § 11 IV 1, S. 268; Bülow, Kreditsicherheiten, Rz. 696; Georgiades, Eigentumsanwartschaft, S. 42; Eichendorfer, AcP 185 (1985), 162 (176 f.); Flume, AcP 161 (1962), 385 (392); Marotzke, Anwartschaft,S. 122 f.

121 Erman- Grunewald, § 455, Rz. 32; Eichendorfer, AcP 185 (1985), 162 (177); Krüger, JuS 1994, 905 (906).

122 Flume, AcP 161 (1962), 385 (394 f.); Bülow, Kreditsicherheiten, Rz. 699 f.; Schlegelberger- Hefermehl, § 382 Anh., Rz. 36; Brox, JuS 1984, 657 (662); MüKo- Westermann, § 455, Rz. 69 f.; Medicus, Bürgerliches Recht, Rz. 475; Westermann- Gursky, Sachenrecht, § 45 III 1, S. 369, Krüger, JuS 1994, 905 (906).

wartschaftsbesitzer ausgegeben hat. Der gute Glaube beziehe sich nur auf die Behauptung, eine bedingte Eigentumsübertragung mit dem wahren Eigentümer vereinbart zu haben.

Die Gegensansicht[123] stellt darauf ab, daß auch das Vertrauen des Erwerbers in die Anwartschaft nicht weniger schutzwürdig ist, wenn der Verfügende durch den Besitz legitimiert sei. Die Publizität des Besitzes spreche nicht nur dafür, daß der Veräußerer einmal Volleigentum erworben habe, sondern auch dafür, daß er die Sache unter einer aufschiebenen Bedingung erworben habe. Daher vertraue der Erwerber, der sich nur die Anwartschaft übertragen läßt, auf den gleichen Rechtsschein wie derjenige, der die Sache aufschiebend bedingt übereignet erhält. Die §§ 932 ff. BGB wollen den guten Glauben an eine fehlende Rechtszuständigkeit schützen, die das Eigentum zu übertragen vermag, und auch die bedingte Übereignung ist ein Erwerbstatbestand.

Ein gutgläubiger Erwerb der Anwartschaft ist unstrittig jedenfalls dann ausgeschlossen, wenn die behauptete Anwartschaft schon nicht besteht, da die Bedingung eingetreten oder der ihr zugrunde liegende Kaufvertrag unwirksam oder wieder entfallen ist[124]. Dann wirkt sich die existentielle Verknüpfung der Anwartschaft mit dem Kaufvertrag voll aus, da der gute Glaube an das Bestehen einer Kaufpreisforderung nicht geschützt wird und deswegen ein gutgläubiger Erwerb ausscheidet.

b. Italien

Nicht von allen Autoren wird die Frage behandelt, ob der Käufer auch von einem Nichtberechtigten nach Artt. 1153 ff c.c. gutgläubig Eigentum unter EV erwerben kann. Der originäre Rechtserwerb dieser Vorschriften beruht auf der Publizitätswirkung des Besitzes. Das Vertrauen in den Besitz wurde vom Gesetzgeber als so schützenswert anerkannt, daß selbst abhandengekommene Sachen gutgläubig erworben werden können. Damit ist eine legislative Entscheidung zugunsten des Verkehrsschutzes getroffen worden.

Ein Teil der Lehre[125] ist der Ansicht, Art. 1153 c.c könne auf einen Kauf unter EV nicht angewendet werden. Art. 1153 c.c. verlangt neben einem gutgläubigen Besitzerwerb ein Rechtsgeschäft, daß für sich genommen eine Eigentumsübertra-

---

123 Palandt- Bassenge, § 929, Rz. 46; Reinicke/Tiedtke, Kaufrecht, Rz. 1154; Baur/Stürner, Sachenrecht, § 59 B IV 3 b, Rz. 39; Raiser, Anwartschaften, S. 38; Serick, Bd. I, § 11 V 2, S. 270; Erman- Grunewald, § 455, Rz. 33; Hübner, NJW 1980, 729 (732); Georgiades, Eigentumsanwartschaft, S. 131 ff.; Westermann, Sachenrecht, 5. Aufl., § 45 III 1 c, S. 222; Marotzke, Anwartschaft, S. 124 f.; Larenz, Schuldrecht BT II 1, § 43 II c, S. 120.

124 Palandt- Bassenge, § 929, Rz. 46; MüKo- Westermann, § 455, Rz. 70; Serick, Bd. I, § 11 IV 2, S. 271; Raiser, Anwartschaften, S. 38, FN 92; Krüger, JuS 1994, 905 (907).

125 Enciclopedia- Lipari, Vendita con riserva, S. 545; Rescigno- Carpino, Vendita, S. 321; a. A. Schlesinger- Bocchini, Art. 1523, S. 316.

gung bewirkt[126]. Die Übertragungswirkung des Vertrages durch den EV sei aber aufgeschoben. Daher stelle der Kaufvertrag unter EV kein taugliches Rechtsgeschäft dar, um einen Eigentumserwerb nach Art. 1153 c.c. zu bewirken.

Nach Ansicht von Bonomi[127] könne der Käufer das Eigentum hingegen auch von einem Nichtberechtigten nach Artt. 1153 ff. c.c. erwerben. Da der Eigentumserwerb unter der aufschiebenden Bedingung der vollständigen Kaufpreiszahlung stehe, sei der Kaufvertrag nur in der Schwebezeit kein tauglicher Titel für den Eigentumserwerb. Dieser könne erst mit vollständiger Kaufpreiszahlung eintreten, sei jedoch originär[128].

Nach Cattaneo[129] müsse der Käufer wie ein Eigentümer entsprechend Art. 1153 Abs. 1 c.c. geschützt werden. Der unterbliebene Eigentumserwerb liege nur an einem „Kunstgriff" des Gesetzes. Dieses mache in Art. 1523 c.c. eine Ausnahme vom Konsensualprinzip, ohne die der Käufer bereits gutgläubig Eigentum erworben hätte. Zudem seien die Gründe des gutgläubigen Erwerbs in Artt. 1153, 1155 c.c. auch auf den Fall des EV anwendbar. Der Käufer vertraue in beiden Fällen auf das am Besitz festgemachte Eigentum des Nichteigentümers. Daher bestünde kein Grund, den Erwerber des Eigentum unter EV schlechter zu stellen als den unmittelbaren Eigentumserwerber[130]. Diese Position müßte folgerichtig auch der Teil der Lehre beziehen, der von einem „quasi-Eigentum" des Käufers ausgeht[131]. Jedoch ist Cattaneo der einzige Vertreter dieser Ansicht geblieben, der dieses Problem behandelt.

Soweit das Schrifttum die Rechtsposition des Käufers als dinglich betrachtet[132], wirkt sich das auf einen möglichen gutgläubigen Erwerb aus. Nach Art. 1153 Abs. 3 c.c. können die dinglichen Rechte des Nießbrauchs, des Besitzes und des Pfandes unter den gleichen Voraussetzungen wie das Eigentum gutgläubig erworben werden. Diese Vorschrift wird analog auf die Rechtsposition des Käufers angewendet. Wenn der Käufer gutgläubig den Besitz an der Sache erhält, kann er somit die dingliche Rechtsstellung gutgläubig vom einem Nichtberechtigten erwerben[133]. Dabei macht der Wortlaut des Art. 1153 c.c. deutlich, daß die Gutgläubigkeit im Zeitpunkt der Übergabe vorliegen muß. Die Bösgläubigkeit des Käufers vor vollständiger Kaufpreiszahlung ist für den gutgläubigen Erwerb daher unschädlich. Mit Zahlung des vollständigen Kaufpreises erhält der Käufer dann den vollen Schutz des

---

126 Pescatore/Ruperto, Art. 1153, S. 1682.

127 Bonomi, Eigentumsvorbehalt, S. 161 f.

128 Bonomi, Eigentumsvorbehalt, S. 162.

129 Cattaneo, Riv. trim. dir. proc. civ., 1965, 945 (981); Schultz-Gerstein, Kauf unter EV, S. 48 f. die vom Erwerb einer dinglichen Anwartschaft ausgehen.

130 Cattaneo, Riv. trim. dir. proc. civ., 1965, 945 (981); Schultz-Gerstein, Kauf unter EV, S. 48 f.

131 Darauf weist Mühl, Rechtsvergleich, S. 122 f. hin.

132 Vgl. dazu die Nachweise bei A IX 2 b.

133 Gatti, Riv. dir. comm., 1965, I, 1, 467 (479); Mühl, Rechtsvergleich, S. 122; Mengoni, Acquisti, S. 191.

Art. 1153 Abs. 1 c.c. und wird Eigentümer[134]. Werden Immobilien oder eintragungspflichtige bewegliche Sachen von einem Nichtberechtigten verkauft, kommt es auf die Eintragung des Kaufvertrages nach Artt. 2643 Nr.1, 2, 2684 Nr. 1, 2 c.c. an. Erwirbt der Käufer von einem Nichtberechtigten und hat als Erster die Registereintragung bewirkt, so besitzt sein EV Drittwirksamkeit. Jedoch tritt diese erst nach drei bzw. fünf Jahren ein. Denn vorher können Klagen des wahren Eigentümers, die auf die Erklärung der Nichtigkeit des eingetragenen Kaufvertrages gerichtet sind, dem gutgläubigen Erwerber entgegengehalten werden, da diese Vorschriften auf den Kauf unter EV entsprechend anzuwenden sind[135].

Es zeigt sich somit, daß in Deutschland und Italien ein gutgläubiger Ersterwerb des EV vom Nichteigentümer möglich ist, der auf den am Besitz und der Registereintragung angeknüpften allgemeinen Verkehrsschutz und den guten Glauben zurückzuführen ist. Ein gutgläubiger Zweiterwerb hingegen ist mangels geschützten Rechtsschein nicht möglich.

8. Drittschutzansprüche

Mit der Entscheidung, die Rechtsstellung des Käufers als selbständiges Verfügungsobjekt anzuerkennen, stellt sich die Frage nach seiner adäquaten Ausstattung mit Drittschutzansprüchen. Die Interessen des Käufers und Verkäufers sind nicht schlicht nur mittels Eigentum- und Besitzschutzansprüchen voneinander abzugrenzen. Vielmehr ergeben sich aufgrund der gegenseitigen, auf den Kaufgegenstand bezogenen Interessensverknüpfungen Konflikte, sobald Dritte in der vertraglichen oder dinglichen Zuordnung der Sache mitwirken.

a. Deutschland

Soweit der Käufer in seinem unmittelbaren Besitz von einem Dritten gestört wird, stehen ihm die Besitzschutzansprüche der §§ 861, 862, 1007 BGB bei unfreiwilligen Besitzverlust zur Verfügung. Die Ansprüche versagen jedoch dann ihren Schutz, sobald der Käufer einem Dritten freiwillig den Besitz einräumt und dieser abredewidrig die Sache einem Vierten überläßt oder es sich um Störungen i.S.d. § 1004 BGB handelt. In diesem Fall kann grundsätzlich nur der Verkäufer gemäß §§ 985, 986 Abs. 1 S. 2, 1004 Abs. 2 BGB die Herausgabe der Sache an den Käufer verlangen. Keine Einigkeit besteht darüber, ob aber auch der Käufer selbst seine Anwartschaft durch Geltendmachung des Vindikationsanspruchs entsprechend § 985, 1004 BGB verteidigen kann.

134 Mengoni, Acquisti, S. 191.

135 Cattaneo, Riv. trim. dir. proc. civ., 1965, 945 (983); Schultz-Gerstein, Kauf unter EV, S. 49 f.

Ein Teil der Lehre[136] lehnt einen eigenen Herausgabeanspruch des Käufers ab. Die Vindikation stehe grundsätzlich nur dem Eigentümer zu und könne nicht durch eine bedingte Übereignung verdoppelt werden. Der Käufer werde vielmehr vom Verkäufer regelmäßig dazu ermächtigt, die Vindikation des Eigentümers im eigenen Namen geltend zu machen. Zur Erteilung der Ermächtigung sei der Verkäufer dabei aufgrund des Kaufvertrages verpflichtet[137]. Zumindest sei der Käufer aufgrund des Kaufvertrages schon regelmäßig als ermächtigt anzusehen, die Vindikation geltend zu machen, da der Anspruchsinhalt von vornherein auf Herausgabe an ihn gerichtet sei[138].

Die Gegenansicht[139] bejaht eine analoge Anwendung der §§ 985, 1004 BGB für den Käufer. Das wird überwiegend aus dem dinglichen Wesen der Anwartschaft gefolgert[140]. Zudem habe der Käufer ein dingliches Nutzungsrecht an der Sache. Da auch anderen Inhabern von beschränkt dinglichen Nutzungs- und Verwertungsrechten die Befugnisse eines Eigentümers entsprechend zustehen (§§ 1065, 1227 BGB), müsse das gleiche für den Käufer gelten[141].

Daneben stellt sich die Frage, inwieweit der Käufer sich einer Vindikation des Eigentümers erwehren kann, wenn die Anwartschaft gutgläubig von einem Nichtberechtigten erworben wurde. Die Rechtsprechung[142] und mit ihr ein Teil des Schrifttums[143] vertritt den Standpunkt, der Käufer habe nur ein obligatorisches Recht zum Besitz. Verlange der Eigentümer die Sache in der Schwebezeit heraus, dann habe der gutgläubige Erwerber kein eigenes Besitzrecht, da dieses allein auf dem Kaufvertrag zwischen Eigentümer und dessen Käufer beruhe. Nur wenn der Erwerber bereit ist, den Bedingungseintritt herbeizuführen, könne dem Herausgabeverlangen die dolo-agit-Einrede aus § 242 BGB entgegengesetzt werden. Wolle oder könne der Erwerber aber nur erfüllen, wie es im Kaufvertrag vorgesehen ist, so müsse er die Sache bis zum vollständigen Eigentumserwerb herausgeben. Wie bei einer Sicherungsübereignung erlösche das Besitzrecht, sobald der Käufer den Besitz einem Dritten überläßt, ohne dazu ermächtigt zu sein. Dem Eigentümer könne nicht zugemutet werden, seinem Eigentum im Sicherungsfall hinterherzulaufen und

---

136 Gudian, NJW 1967, 1786 (1787); MüKo- Westermann, § 455, Rz. 52; Brox, JuS 1984, 657 (660); Georgiades, Eigentumsanwartschaft, S. 133.

137 Brox, JuS 1984, 657 (660).

138 Gudian, NJW 1967, 1786 (1787); MüKo- Westermann, § 455, Rz. 52.

139 Bauknecht, NJW 1955, 1251 (11252); Mühl, Rechtsvergleich, S. 103; Müller- Laube, JuS 1993, 529 (531); Koether- Ruchatz, NJW 1973, 1444 (1445); Serick, Bd. I, § 11 V 2, S. 274; Bülow, Kreditsicherheiten, Rz. 710 f.; Schlegelberger- Hefermehl, § 382 Anh., Rz. 61.

140 Bülow, Kreditsicherheiten, Rz. 710; Schlegelberger- Hefermehl, § 382 Anh., Rz. 61; Koether-Ruchatz, NJW 1973, 1444 (1445); Müller- Laube, JuS 1993, 529 (531).

141 Baur/Stürner, Sachenrecht, § 59 B IV 5 b cc, Rz. 47; Bülow, Kreditsicherheiten, Rz. 711.

142 BGHZ 10, 69 (72); 34, 191 (197); offengelassen in BGHZ 54, 214 (216); a. A. OLG Karlsruhe, NJW 1966, 885 (886).

143 Staudinger- Gursky, § 986, Rz. 10; Larenz, Schuldrecht BT II 1, § 43 II c, S. 117; MüKo- Medicus, § 986, Rz. 9, Georgiades, Eigentumsanwartschaft, S. 115 ff; Flume, AcP 161 (1962), 385 (399); ders., Rechtsgeschäft, § 42.4 d, S. 740; Brox, JuS 1994, 657 (659); Medicus, Bürgerliches Recht, Rz. 465; Gudian, NJW 1967, 1786 (1789); Erman- Grunewald, § 455, Rz. 37.

nur auf schuldrechtliche Ansprüche gegen den Käufer verwiesen zu werden[144]. Ein großer Teil der Literatur[145] vertritt demgegenüber die Ansicht, dem Käufer stehe mit der Anwartschaft ein auch gegenüber dem Eigentümer wirkendes dingliches Recht zum Besitz zu. Mit der Entscheidung für einen gutgläubigen Erwerb habe man sich inzidenter dafür entschieden, die Interessen des Erwerbers höher einzustufen als die des Eigentümers[146]. Anderenfalls werde der gutgläubige Erwerb der Anwartschaft herabgemindert. Auch spreche für das dingliche Besitzrecht, daß die Anwartschaft durch Übergabe der Sache übertragen wird, womit die Wegnahme der Sache durch den Eigentümer nicht harmonisiere[147]. Zudem sei das Nutzungsrecht des Käufers dinglich gesichert. Der Vergleich mit anderen beschränkt dinglichen Rechten zeige, daß das mit diesen Rechten verbundene dingliche Besitzrecht stets der notwendig engen Beziehung von Nutzungsrecht und Sache entspringt und Ausfluß des Schutzes der Befugnisse des Berechtigen sei, was folglich auch für den Käufer gelten müsse[148].

b. Italien

Soweit der Käufer in seinem unmittelbaren Besitz gestört wird, richtet sich sein Besitzschutz nach der Qualifikation seines Besitzes. Es wird ein subjektiver Besitzbegriff verwendet, wonach der Besitz neben der tatsächlichen Sachherrschaft auch den Besitzwillen (animus possidendi) voraussetzt, die Sache wie eine eigene zu beherrschen[149]. Das italienische Recht unterscheidet dabei zwei Formen des Besitzes. Der mit Besitzwillen ausgestattete Gewahrsamsinhaber wird als Eigenbesitzer (possessore) bezeichnet. Dabei legt Art. 1140 Abs. 1 c.c. fest, daß den Eigenbesitz der Besitzwille auszeichnet, die Sachherrschaft eines Eigentümers oder Inhabers eines dinglichen Rechts ausüben zu können. Wer die Sachgewalt ohne den erforderlichen Besitzwillen ausübt, ist Fremdbesitzer (detentore, Art. 1140 Abs. 2 c.c.) und als Besitzmittler nur obligatorisch zum Besitz berechtigt[150].

Die beiden Besitzformen sind mit unterschiedlichen Rechtsbehelfen ausgestattet, die sich im wesentlichen durch den Kreis der Aktivlegitimierten und ihren Anspruchsvoraussetzungen unterscheiden. Dem Eigenbesitzer (possessore) steht

---

144 Flume, AcP 161 (1962), 385 (399); Brox, JuS 1984, 657 (659).

145 Soergel- Mühl, § 455, Rz. 60; Baur/Stürner, Sachenrecht, § 59 B IV 5 b cc, Rz. 47; Raiser, Anwartschaften, S. 62; MüKo- Westermann, § 455, Rz. 53 f.; Hübner, NJW 1980, 729 (734); Reinicke/Tiedtke, Kaufrecht, Rz. 1146 f.; Bülow, Kreditsicherheiten, Rz. 711; Schlegelberger- Hefermehl, § 382 Anh., Rz. 62; Westermann- Westermann, Sachenrecht, § 39 IV 1 c, S.297; Soergel- Mühl, § 929, Rz 68; Palandt- Bassenge, § 929, Rz. 41; Koether- Ruchatz, NJW 1973, 1444 (1445); Müller- Laube, JuS 1993, 529 (531); Schwab- Prütting, Sachenrecht, § 33 II 7, Rz. 398; Bauknecht, NJW 1955, 1251 (1252).

146 Müller- Laube, JuS 1993, 529 (530); Reinicke/Tiedtke, Kaufrecht, Rz. 1146; MüKo- Westermann, § 455, Rz. 54; a. A. Brox, JuS 1984, 657 (659); Gudian, NJW 1967, 1786 (1788).

147 Bauknecht, NJW 1955, 1251 (11252); MüKo- Westermann, § 455, Rz. 53.

148 Palandt- Bassenge, § 929, Rz. 41; Baur/Stürner, Sachenrecht, § 59 B IV 5 b cc, Rz. 47.

149 Barbero, Diritto privato, S. 173; Perlingieri- Tazzara, Art. 1140, S. 559.

150 Trimarchi, Istituzioni, S. 585; Perlingieri- Tazzara, Art. 1140, S. 559.

nach Art. 1168 c.c. eine Wiederherstellungsklage (azione di reintegrazione) zur Seite. Der Besitzer kann sich damit bei gewaltsamen oder heimlichen Besitzentziehungen zur Wehr setzen, indem er die Wiedereinräumung des Besitzes verlangt. Gemäß Art. 1168 Abs. 2 c.c. steht die Wiederherstellungsklage neben dem possessore auch dem detentore zu. Die Besitzerhaltungsklage des Art. 1170 c.c. (azione di manutenzione) wendet sich auch gegen einfache, nicht gewaltsame oder heimliche Besitzstörungen (spoglio non violento o clandestino, Art. 1170 Abs. 3 c.c.). Die Besitzerhaltungsklage des Art. 1170 c.c. kann aber einzig der Eigenbesitzer erheben. Denn Art. 1170 c.c. soll die Besitzstörung beseitigen und hat reinen Wiederherstellungscharakter, indem demjenigen der Besitz wieder verschafft wird, der ihn vor der Störung innehatte[151].

Soweit der überwiegende Teil der Lehre die Rechtsstellung des Käufers als dinglich qualifiziert[152], beruht auch seine Besitzberechtigung auf einem dinglichen Recht. Folglich behandelt ihn die Literatur als possessore, wobei das im wesentlichen auf das mit dem EV verbundene dingliche Nutzungsrecht an der Sache gestützt wird[153]. Denn das Nutzungsrecht könne der Käufer im eigenen Namen und im eigenen Interesse gegenüber jedermann mit Vertragsschluß ausüben[154]. Damit sei er einem Nießbraucher vergleichbar, der ebenfalls als possessore seine Rechtsstellung verteidigen könne[155]. Diese Ansicht stellt konsequenter Weise dem Käufer auch die Besitzstörungsklage (azione di manutenzione) nach Art. 1170 c.c. zur Verfügung[156].

Die Gegenansicht[157] lehnt es ab, den Käufer als possessore anzusehen. Sie verneint die Dinglichkeit der Rechtsstellung des Käufers, weshalb er nur aufgrund des Kaufvertrages zum Besitz berechtigt und mithin bloßer detentore sei[158]. Die Rechtsstellung des Käufers ließe sich nicht auf ein dingliches Recht zurückzuführen, welches aber nach Art. 1140 c.c. Voraussetzung für die Stellung als possessore ist. Auch fehle es ihm am animus possidendi[159]. Der Vergleich mit einem Nießbraucher sei nur geeignet, die Rechtsstellung des Käufers abstrakt zu erklären,

---

151 Cass. civ., 12. 3. 1975, Nr. 921, Giust. civ. mass., 1975, 417; Cass. civ., 7. 4. 1986, Nr. 2392, Giust. civ. mass., 1986, 660 (661); Cass. civ., 24. 1. 1996, Nr. 1448, Giust. civ. mass., 1996, 248; Perlingieri- Tazzara, Art. 1170, S. 719.

152 Vgl. die Nachweise oben bei A IX 2 b.

153 Capozzi, Contratti, Bd. I, S. 126; Perlingieri- Principe, Art. 1523, S. 905 f.; Gazzoni Manuale, S. 1043; Bianca, Vendita, S. 590 f.; Cendon- Pisu, Art. 1523, S. 994; Luzzatto, Compravendita, S. 518; Mengoni, Acquisti, S. 191; Cicu- Rubino, Compravendita, S. 433, Luminoso, Compravendita, S. 141, Cattaneo, Riv. trim. dir. proc. civ., 1965, 945 (990 ff.); Schlesinger- Bocchini, Art. 1523, S. 322; Ambrogio, Riv. dir. comm. 1949, I, 143 (154).

154 Gatti, Riv. dir. comm., 1965, I, 1, 467 (479).

155 Mengoni, Acquisti, S. 191; Perlingieri- Tazzara, Art. 1140, S. 603.

156 Capozzi, Contratti, Bd. I, S.126; Bianca, Vendita, S. 590 f.

157 Rescigno- Carpino, Vendita, S. 321; Galgano- Bonfante, Vendita, S. 149, FN 165; Enciclopedia- Lipari, Vendita con riserva, S. 535; Cottino, Contratti commerciali, S. 42.

158 Rescigno- Carpino, Vendita, S. 321; Galgano- Bonfante, Vendita, S. 149, FN 165; Enciclopedia- Lipari, Vendita con riserva, S. 535; Tilla, Vendita, S. 150.

159 Enciclopedia- Lipari, Vendita con riserva, S. 535.

nicht aber sie zu qualifizieren[160]. Der Käufer kann sich dann nur mit der Besitzentziehungsklage (azione di reintegrazione) nach Art. 1168 Abs. 2 c.c. wehren, wenn ihm heimlich oder gewaltsam der Besitz entzogen wird.

Die Rechtsprechung hat sich lange Zeit nicht zu diesem Problemkreis geäußert. Zwei ältere Urteile des Kassationshofs[161] betrafen die spezielle Rechtsmaterie von Enteignungen, in denen der durch eine Enteignung Begünstigte (assegnatorio) die Sache schon vor dem endgültigen Kaufvertrag erhalten kann. Die Rechtsprechung hat dabei den Begünstigten als detentore qualifiziert. Solange er den Kaufpreis nicht vollständig bezahlt habe, befinde er sich in einer Stellung, die der eines Mieters vergleichbar ist. Die Rechtsstellung eines Mieters ist rein obligatorischer Natur, weswegen der Mieter für eine Besitzstörungsklage als possessore nicht aktiv legitimiert ist[162]. Da die Stellung des Käufers unter EV in der Schwebezeit der Stellung eines durch die Enteignung Begünstigten vergleichbar sei, hat Mühl[163] die Ergebnisse auf den Vorbehaltskäufer entsprechend angewendet.

Dieser Auslegung ist der Kassationshofs[164] nicht gefolgt, indem er der entsprechenden Anwendung der Stellung des Begünstigten einer Enteignung auf die Rechtsstellung eines Vorbehaltskäufers ausdrücklich abgelehnt hat. Vielmehr erhalte der Käufer unter EV unmittelbar Eigenbesitz und das Nutzungsrecht an der Sache; seine Stellung als possessore entspringt daher direkt dem Kaufvertrag. Im Gegensatz dazu steht ein jüngeres Urteil des Kassationshofs[165]. Der Vorbehaltskäufer hatte vertragswidrig die Sache einem Dritten vermietet. Nachdem der Verkäufer die Vertragsauflösung erlangt hat, wollte sich der Dritte gegen das Herausgabeverlangen mit der Wiederherstellungsklage verteidigen. Der Kassationshof hat den Käufer unter EV ausdrücklich als detentore qualifiziert, der Eigenbesitz erst mit vollständiger Kaufpreiszahlung erlangt. Dabei ist die Stellung des Käufers oder seines Rechtsnachfolgers vom Bestand des Kaufvertrages akzessorisch, so daß mit der Vertragsauflösung auch die Stellung als detentore endet.

Bonomi[166] weist darauf hin, daß dieser Meinungsstreit von geringer praktischer Bedeutung sei. Schon Art. 1168 c.c. gewährleistet effektiven Schutz gegen fast alle Formen der Besitzentziehungen, zumal Art. 1168 c.c. extensiv ausgelegt wird. Eine gewaltsame Besitzentziehung ist auch dann gegeben, wenn sie ohne tatsächliche Gewaltanwendung gegen den ausdrücklichen oder mutmaßlichen Willen des Be-

---

160 Rescigno- Carpino, Vendita, S. 321.

161 Cass., civ., 10. 7. 1963, Nr.1863, Foro it., 1964, I, 65 (66 f.); Cass. civ., 14. 6. 1976, Nr. 2211, Giust. civ. mass., 1976, 966 (967); so auch Cass. civ., 22. 2. 1979, Nr. 1144, Giust. civ. mass., 1979, 504 (505).

162 Bonomi, Eigentumsvorbehalt, S. 148, FN 96 mit ausführlichem Nachweis auch über die Stimmen der Literatur, die dem Mieter eine dingliche Position zuerkennen wollen.

163 Mühl, Rechtsvergleich, S. 119 f.

164 Cass. civ., 17. 6. 1972, Nr. 2190, Foro it., 1972, I, 2389 (2391).

165 Cass. civ., 25. 11. 1991, Nr. 12629, Giust. civ., 1992, I, 656 (657 f.).

166 Bonomi, Eigentumsvorbehalt, S. 149.

sitzers erfolgt[167]. Daher dürfte der Anwendungsbereich der nicht heimlichen oder gewaltsamen Besitzstörung i. S. d. Art. 1170 Abs. 3 c.c. praktisch von geringer Bedeutung sein.

Hat ein unberechtigter Dritter die Sache in Besitz, nimmt das Schrifttum[168] die Aktivlegitimierung des Käufers an. Dieser kann daher persönlich die Rechtsbehelfe zum Schutze des Eigentums (azioni a difesa di proprietà) gegenüber einem Dritten ausüben. Begründet wird das mit dem anerkannten Schutzbedürfnis des Käufers, seine Rechtsstellung unmittelbar mit der Übergabe schon auszuüben, da dieser die Position auch Dritten gegenüber verteidigen können müsse[169]. Die Drittwirksamkeit des EV könne nicht nur bedeuten, daß der Verkäufer sich gegen Herausgabeverlangen Dritter zur Wehr setzen kann. Sie müsse auch beinhalten, daß der Käufer die Herausgabe an sich verlangen kann, wenn die Sache nicht lastenfrei von einem Dritten erworben wurde[170]. Beanspruchten Dritte das Eigentum oder andere dingliche Rechte an der Sache oder besitzen Dritte die Sache, führe dies zu einer Verletzung der bereits erworbenen Rechtsinhaberschaft des Käufers[171]. Einzig Lipari[172] lehnt einen generellen Herausgabeanspruch des Käufers ab und will ihn auf Notfälle beschränken, wenn die Gefahr des Untergangs oder der Entziehung der Sache durch Dritte konkret bevorsteht.

Erkennt man dem Käufer den Anspruch auf Herausgabe zu, dann stellt sich wie im deutschen Recht die Frage nach der Anspruchskonkurrenz. Denn es können dann sowohl der Verkäufer als Eigentümer als auch der Käufer Herausgabe der Sache an sich verlangen. Art. 948 c.c. sieht eine Lösung dieses Konfliktes nicht vor. Einzig Cattaneo[173] behandelt die Anspruchskonkurrenz und schlägt in Anlehnung an die deutsche Rechtslage vor, der Eigentümer könne nur Herausgabe an den Käufer verlangen. Der Rechtsgedanke des § 986 Abs. 1 S. 2 BGB wiederspreche dem Art. 948 c.c. nicht und beide Seiten erhielten so einen ausreichenden Schutz, der ihrer jeweiligen Interessenslage entspreche.

Die Rechtsprechung hat sich zu der Frage eines eigenen Herausgabeanspruchs des Käufers unter EV aus Art. 948 c.c. ebenfalls noch nicht ausdrücklich geäußert. Lediglich in einer Entscheidung hat sich der Kassationshof[174] mit der Frage eines Herausgabeanspruchs im Zusammenhang mit einem Spezialgesetz zur Bevorzu-

167 Cass. civ., 28. 6. 1960, Nr. 1708, Giust. civ., 1961, I, 129 (131); Cass. civ., 26. 11. 1987, Nr. 8784, Giust. civ. mass., 1987, 2427.

168 Cattaneo, Riv. trim. dir. proc. civ., 1965, 945 (985 f.); Gatti, Riv. dir. comm., 1965, I, 1, 467 (479); Capozzi, Contratti, Bd. I, S. 126; Bianca, Vendita, S. 590; Gazzoni, Manuale, S. 1043; Barbero, Diritto Privato, S. 768.

169 Bianca, Vendita, S. 590; a. A. Rescigno- Carpino, Vendita, S. 320, da die Rechtsstellung nicht dinglich sei und daher auch nicht augenblicklich ausgeübt werden könnte.

170 Cattaneo, Riv. trim. dir. proc. civ., 1965, 945 (985); so auch Rescigno-Carpino, Vendita, S. 320,

171 Bianca, Vendita, S. 590.

172 Enciclopedia- Lipari, Vendita con riserva, S. 535.

173 Cattaneo, Riv. trim. dir. proc. civ., 1965, 945 (987), der als einziger dieses Problem bislang behandelte.

174 Cass. civ., 17. 6. 1972, Nr. 2190, Foro it., 1972, I, 2389 ff.

gung von kleinen landwirtschaftlichen Betrieben beschäftigt. Der Art. 8 Abs. 2 des Gesetzes v. 24. 2. 1948 n. 114[175] sieht vor, daß bestehende Miet- oder Pachtverträge ein Jahr nach Abschluß des Kaufvertrages ihre Gültigkeit verlieren. Der Kassationshof[176] hatte bei einem Erwerb eines landwirtschaftlichen Kleinbetriebes unter EV angenommen, daß der Erwerber aktiv legitimiert ist, um auch von einem Pächter die Herausgabe des Hofes zu verlangen. Dabei ist jedoch der besondere Zweck dieser Vorschriften hervorgehoben worden, nämlich den Kleinbauer direkt in den Besitz des erworbenen Landes zu bringen. Daher müsse auch der Erwerber unter EV direkt die Herausgabe an sich verlangen können, ohne vorher ein Zwangsvollstreckungsverfahren gegen den Pächter durchführen zu müssen.

Im Gegensatz dazu stehen andere Urteile des Kassationshofs zu Spezialgesetzen, die ebenfalls die Unterstützung landwirtschaftlicher Betriebe betreffen und in denen auch auf die Stellung des Käufers unter EV eingegangen wurde. So hat der Eigentümer von landwirtschaftlich genutzten Flächen gemäß Art. 7 des Gesetzes vom 14. 8. 1971, Nr. 817[177] ein gesetzliches Vorkaufsrecht an den angrenzenden Grundstücken. Der Kassationshof[178] hat ausdrücklich den Käufer unter EV nicht einem Eigentümer gleichgestellt mit der Folge, daß das Vorkaufsrecht nur von dem Eigentümer ausgeübt werden kann. Vor dem Zeitpunkt der vollständigen Kaufpreiszahlung könne der Käufer in keiner Weise als Eigentümer betrachtet werden oder entsprechend einem Eigentümer ein Vorkaufsrecht nach diesem Gesetz ausüben[179]. Gleichzeitig wurde sich auch kritisch zu den Stimmen in der Literatur[180] geäußert, die den Käufer als Eigentümer betrachten wollen. Bezieht man diese Äußerungen auf einen eigenen Herausgabeanspruch des Käufers entsprechend Art. 948 c.c., dann liegt es fern, daß der Kassationshof den Käufer einem Eigentümer entsprechend behandeln und ihm die Vindikation zugestehen will.

Diese Schlußfolgerung hat auch Mühl[181] aus den oben zitierten, die Enteignung betreffenden Urteile[182] gezogen. Der durch die Enteignung Begünstigte wollte die Herausgabe des Landes nach Art. 948 c.c. geltend machen, obwohl er den vollen Kaufpreis noch nicht gezahlt hatte. Der Kassationshof hat die Aktivlegitimation des Käufers als bloßen „detentore" vor vollständiger Kaufpreiszahlung abgelehnt. Zwar könne der Begünstigte sein Nutzungsrecht gegen den Besitzer geltend machen, sei aber für eine Vindikation nicht aktivlegitimiert und könne daher mit dieser Klage nicht die Herausgabe der Sache an sich verlangen.

175 Legge v. 24. 2. 1948, n. 114, G. U. v. 12. 3. 1948, n. 61.

176 Cass. civ.,17. 6. 1972, Nr. 2190, Foro it., 1972, I, 2389 (2391 f.).

177 Legge v. 14. 8. 1971, n. 817, G. U. v. 14. 10. 1971, n. 261.

178 Cass. civ., 14. 6. 1982, Nr. 2360, Rep. foro it., 1982, „Agricultura", Nr. 107; Cass., civ., 1. 8. 1987, Nr. 6652, Foro it., 1988, I, 31 (33); Cass. civ., 14. 4. 1989, Foro it., 1989, I, 1, 3443 (3444).

179 Cass. civ., 1. 8. 1987, Nr. 6652, Foro it., 1988, I, 31 (33), „Non può essere considerato proprietario in modo alcuno".

180 Vgl. dazu bereits A III 2 g.

181 Mühl, Rechtsvergleich, S. 119.

182 Cass. civ., 10. 7. 1963, Nr.1863, Foro it., 1964, I, 65 (66 f.); Cass. civ., 14. 6. 1976, Nr. 2211, Giust. civ. mass., 1976, 966 (967); so auch Cass. civ., 22. 2. 1979, Nr. 1144, Giust. civ. mass., 1977, 504 (505).

In beiden Ländern besteht somit keine Einigkeit über die Frage, inwieweit der Käufer auch dinglich zum Besitz berechtigt ist. Folgt man jeweils der Rechtsprechung, so ist der Käufer gegenüber dem Verkäufer nur obligatorisch zum Besitz berechtigt, während die Literatur zu großen Teilen von einer dinglichen Besitzberechtigung des Käufers ausgeht.

9. Deliktschutz

Die Beschädigung oder Zerstörung der Sache verletzen das Eigentum des Verkäufers wie auch die Rechtsstellung des Käufers, woraus sich eine Vielzahl von Interessenkonflikten ergibt. Der Schaden des Käufers liegt in dem bereits bezahlten und noch zu entrichtenden Kaufpreis sowie im Entzug des Besitzes und der Nutzung der Sache. Der Verkäufer ist in seinem Eigentum und dadurch zugleich in der Sicherung seiner Kaufpreisforderung verletzt. Der Schädiger wiederum hat ein berechtigtes Interesse daran, vor einer doppelten Inanspruchnahme geschützt zu werden.

a. Deutschland

Die Anwartschaft des Käufers wird nach einhelliger Meinung[183] als „sonstiges Recht" im Sinne des § 823 Abs. 1 BGB behandelt und dementsprechend geschützt. Schwierigkeiten weist der Umfang des Schadensersatzanspruchs auf. Unstrittig steht dem Käufer der Ersatzanspruch bezüglich des Besitz- und Nutzungsschadens allein zu[184]. Keine Einigkeit besteht demgegenüber hinsichtlich des Substanzschadens. Die Rechtsprechung[185] spricht dem Käufer die Geltendmachung des Substanzwertes in der Höhe zu, die seinen bereits bezahlten Kaufpreisraten entspricht. Hinsichtlich des Restschadens muß der Verkäufer selbst tätig werden, doch ist der Anwartschaftsinhaber berechtigt, Leistung an den Verkäufer zu fordern, womit der Verkäufer regelmäßig einverstanden sei[186].

Diese Lösung beinhaltet Schwierigkeiten bei der Feststellung der konkreten Schadensaufteilung und gewährt dem Schädiger keinen hinreichenden Schutz vor einer doppelten Inanspruchnahme. Daher schlägt der überwiegende Teil der Liter-

183 BGHZ 55, 20 (26); Hübner, NJW 1980, 729 (733); Baur/Stürner, Sachenrecht, § 59 B IV 5 a, Rz. 45; Schwab- Prütting, Sachenrecht, § 33 II 7, Rz. 398.

184 Schlegelberger- Hefermehl, § 382 Anh., Rz. 64; MüKo- Westermann, § 455, Rz. 56.

185 BGH WM 1957, 514 (517); OLG Koblenz, WM 1989, 535 (537); zustimend MüKo- Westermann, § 455, Rz. 56.

186 MüKo- Westermann, § 455, Rz. 56, a. A. Koether- Ruchatz, NJW 1973, 1444 (1447); Bülow, Kreditsicherheiten, Rz. 917.

atur[187] vor, die Ansprüche so miteinander zu verbinden, daß eine Mitgläubigerschaft entsprechend § 432 BGB besteht. Die Analogie ergebe sich aus dem Rechtsgedanken der §§ 432, 1077, 1281 BGB, wonach die Verbindung der Interessen der Vertragsparteien an der gleichen Sache eine getrennte Rechtsverfolgung nicht sinnvoll erscheinen lassen. Der Vorteil liege in der gemeinsamen Empfangszuständigkeit, wodurch allen Beteiligten die Möglichkeit gesichert wird, bei der Aufteilung der Summe die eigenen Interessen einzubringen. Zudem werde der Schädiger auf diese Weise effektiv vor einer doppelten Inanspruchnahme geschützt. Die Verteilungsproblematik zwischen Verkäufer und Käufer wird aber nicht gelöst; der Streitfall geht zu Lasten des Käufers, denn er ist weiterhin zur Zahlung des Kaufpreises verpflichtet (§§ 433 Abs. 2, 446 BGB) und erst mit Bedingungseintritt erhält er die gesamte Ersatzleistung[188].

Daneben will ein kleiner Teil der Lehre[189] allein dem Verkäufer den Ersatz des Substanzschadens zugestehen. Der Ersatzanspruch trete an die Stelle der Vorbehaltsware. So wie der Verkäufer bis zur vollständigen Zahlung Eigentümer ist, so sei er auch Gläubiger der Schadensersatzforderung. Mit Bedingungseintritt müsse er den erhaltenen Schadensersatz entsprechend § 281 BGB dem Käufer wieder herausgeben. Der Verkäufer sei dem Käufer aus dem Kaufvertrag nach Treu und Glauben verpflichtet. Danach muß der Verkäufer den Schaden als Gläubiger geltend machen und der Wahl des Käufers nach Geld- oder Naturalrestitution Folge leisten[190]. Der Lösung haftet der Mangel an, daß die vertragliche Verpflichtung einem Dritterwerber gegenüber nicht besteht und dieser den Anspruch gegen den Verkäufer nur über den Umweg über seinen Verkäufer geltend machen kann.

Demgegenüber nimmt Müller-Laube[191] die von der älteren Rechtsprechung[192] vertretene Meinung wieder auf, wonach der Käufer unmittelbar den Ersatzanspruch geltend machen kann. Der Verkäufer habe mit dem Kauf unter EV sich seiner Dispositionsbefugnisse aus dem Eigentum endgültig begeben. Das konkurrierende Forderungsrecht des Verkäufers aus dem Eigentum sei auf Leistung an den Käufer gerichtet. Der Käufer sei berechtigt, den eingezogenen Schadensersatz nach freiem Belieben zur Tilgung des Restkaufpreises oder in sonstige Weise wirtschaftlich

187 Serick, Bd. I, § 11 V 3 b, S. 278 f.; Baur/Stürner, Sachenrecht, § 59 B IV 5 a, Rz. 45; Raiser, Anwartschaften, S. 83; Koether- Ruchatz, NJW 1973, 1444 (1447); Schlegelberger-Hefermehl, § 382 Anh., Rz. 64; Reinicke/Tiedtke, Kaufrecht, Rz. 1157; Staudinger- Honsell, § 455, Rz. 37; Erman- Grunewald, § 455, Rz. 38; Schwab- Prütting, Sachenrecht, § 33 II 7, Rz. 398; Palandt-Bassenge, § 929, Rz. 43; Medicus, Bürgerliches Recht, Rz. 609; Eichendorfer, AcP 185, (1985), 162 (190).

188 Müller-Laube, JuS 1993, 529 (534).

189 Flume, Rechtsgeschäft, § 42. 4 e, S. 741 f.; ders., AcP 161 (1962), 388 (400 f.); Bülow, Kreditsicherheiten, Rz. 716; Rühl, Eigentumsvorbehalt, S. 99.

190 Flume AcP 161 (1962), 388 (401).

191 Müller-Laube, JuS 1993, 529 (534 f.); zustimmend Baur/Stürner, Sachenrecht, § 59 V 5 a; S. 658;Hübner, NJW 1980, 729 (733), wobei aber beide darauf hinweisen, daß die gesetzliche Grundlage für eine solche Lösung fehle, ablehnend Westermann-Westermann, Sachenrecht, § 39 III 2 c, S. 290.

192 RGZ 170, 1 (6 f.); OLG Jena, Seuferts Archiv 62 (1907); Nr. 35, S. 59 f. OLG Kiel, HRR 1938, Nr. 673; OLG München, HRR 1942, Nr. 275.

zu verwenden. Tritt der Verkäufer gemäß §§ 455, 326 BGB von dem Vertrag zurück, falle dem Verkäufer rückwirkend das konkurrenzlose Forderungsrecht zu[193]. Den an den Käufer geleisteten Schadensersatz könne er nach § 816 Abs. 2 BGB zurückfordern. Das damit für den Verkäufer verbundene Liquiditätsrisiko des Käufers sei gerechtfertigt, da es seiner Vorleistung entspringe und damit eine vertragsimmanente Gefahrverteilung darstelle[194]. Die dogmatische Begründung des Ergebnisses sieht Müller-Laube darin, daß der Verkäufer sein Eigentum mit der Anwartschaft des Käufers belastet habe. So wie die Verfügungsbefugnis des Verkäufers mit der bedingten Übereignung abnehme, so reduzierten sich auch seine Schutzansprüche aus dem Eigentum. Der Ausschluß des Schadensersatzanspruches entspreche auch dem fortbestehenden Zahlungsanspruch des Verkäufers aus dem Eigentum nach §§ 433 Abs. 2, 446 BGB[195]. Für die Lösung von Müller-Laube spricht insbesondere, daß die deliktsrechtliche Risikoverteilung mit der vertraglichen Risikoverteilung übereinstimmt und die Konkurrenzproblematik eine Lösung findet, die praktikabel ist und den Interessen der Beteiligten am besten entspricht.

b. Italien

Wird die Sache von einem Dritten beschädigt oder zerstört, so steht dem Käufer ein deliktischer Schutz zu. Der Schadensersatzanspruch wird auf die allgemeine Vorschrift des Art. 2043 cc. gestützt[196]. Danach ist derjenige zum Schadensersatz verpflichtet, der einen rechtswidrigen Schaden durch eine vorsätzliche oder fahrlässige Handlung bei einem anderen verursacht hat. Anders als im deutschen Recht ist nicht die Verletzung eines absoluten Rechts notwendig, sondern es kommt auf die Rechtswidrigkeit des Schadens an. Um den Haftungstatbestand einzuschränken, hat man das Vorliegen einer spezifischen Rechtsgutsverletzung für erforderlich gehalten. So waren ursprünglich nur absolute subjektive Rechte dinglich geschützt[197]. Später wurde der Schutzumfang erweitert, so daß jetzt eine deliktische Haftung angenommen wird, wenn eine von der Rechtsordnung anerkannte und geschützte subjektive Rechtsposition verletzt wird[198]. Durch diese Vorschrift werden neben dinglichen auch obligatorische Rechte geschützt und es ist somit für den deliktischen Schutz des Käufers unerheblich, ob man seine Rechtsposition als dinglich qualifiziert[199].

---

193 Müller-Laube, JuS 1993, 529 (535).

194 Müller-Laube, JuS 1993, 529 (535).

195 Müller-Laube, JuS 1993, 529 (534).

196 Enciclopedia- Lipari, Vendita con riserva, S. 535; Cendon- Pisu,Art. 1523, S. 994; Bianca, Vendita, S. 590; Rescigno- Carpino, Vendita, S.319; Luminoso, Compravendita, S. 141.

197 Kindler, Einführung, § 16, Rz. 22.

198 Enciclopedia- Lipari, Vendita con riserva, S. 535; Cass. civ., 26. 1. 1971, Nr. 174, Foro it., 1971, I, 342 (351).

199 Bonomi, Eigentumsvorbehalt, S. 160.

Teilweise wird auch vertreten, der deliktische Anspruch des Käufers ergebe sich aus einer analogen Anwendung des Art. 1585 Abs. 2 c.c.[200]. Diese Vorschrift will dem Mieter einen direkten Schadensersatzanspruch gegenüber störenden Dritten gewähren. Dann könne der Käufer bei einer Beschädigung der Sache analog Art. 1585 Abs. 2 c.c. direkt gegen den Dritten vorgehen. Der ersatzfähige Schaden des Käufers ist nicht auf den sofortigen Gebrauchsverlust der Sache beschränkt. Wird die Sache zerstört, kann er gemäß der allgemeinen Regel des Art. 1223 c.c. auch den Sachwert und den entgangenen Gewinn liquidieren, den er unmittelbar durch die fehlende zukünftige Eigentumsübertragung erleidet[201].

Im folgenden stellt sich dann das seltener behandelte Problem der Konkurrenz zwischen dem Ersatzanspruch des Käufers und dem Schadensersatzanspruch des Verkäufers.

Ein Teil der Lehre[202] meint, nur der Käufer könne direkt gegen den Schädiger vorgehen. Daher stellt sich für sie nicht die Frage der Anspruchskonkurrenz. So ist Pisu[203] der Meinung, mit der Übergabe sei das Nutzungsrecht und die Gefahrtragung auf den Käufer übergegangen und deshalb nur dieser berechtigt sei, Schadensersatz von dem Dritten zu verlangen. Einen anderen Ausgangspunkt wählt Carpino[204], der dem Käufer nur dann den Schadensersatzanspruch direkt zugesteht, wenn dieser die Sache im Besitz hat. Auch wenn der Käufer noch nicht Eigentümer ist, so sei das Eigentum in diesem Fall als ihm zugehörig zu behandeln. Somit habe der Verkäufer kein Recht, aufgrund dessen er gegen den Schädiger vorgehen könne. Der Verkäufer könne aber im Innenverhältnis gegen den Käufer seine Ansprüche geltend machen, wobei die Höhe des bereits gezahlten Kaufpreises zu berücksichtigen sei[205]. Diese Ansicht wurde indirekt auch von der Rechtsprechung unterstützt, indem sie einzig den Käufer als Inhaber eines Schadensersatzanspruchs gegen den Haftpflichtversicherer angesehen hat. Tritt dieser seinen Anspruch an den Verkäufer ab, so stelle das ein anormales Zahlungsmittel i.S. d. Art. 64 LF dar[206].

---

200 Mühl, Rechtsvergleich, S. 121, die auf die oben A IX 8 b erwähnten Urteile des Kassationshofs hinweist, wonach der bei einer Enteignung Begünstigte vor vollständiger Kaufpreiszahlung wie ein Mieter behandelt wurde und ihm mithin ein Anspruch aus Art. 1585 Abs. 2 c.c. gegen Störungen Dritter zuerkannt wurde.

201 Enciclopedia- Lipari, Vendita con riserva, S. 535; Bianca, Vendita, S. 590; Cattaneo, Riv. trim. dir. proc. civ., 1965, 945 (1001); Schultz-Gerstein, Kauf unter EV, S. 54.

202 Rescigno- Carpino, Vendita, S.319; Cendon- Pisu, Art. 1523, S. 994.

203 Cendon- Pisu, Art. 1523, S. 994.

204 Rescigno- Carpino, Vendita, S. 319.

205 Rescigno- Carpino, Vendita, S. 319; ebenfalls für eine Haftung im Innenverhältnis Schultz-Gerstein, Kauf unter EV, S. 55.

206 App. Bologna, 6. 12. 1975, Giur. comm., 1977, II, 571 (575) mit zustimmender Anmerkung Denozza, Giur. comm., 1977, II, 571 (572).

Ein großer Teil des Schrifttums[207] billigt dem Verkäufer als Eigentümer der Sache neben dem Käufer einen deliktischen Anspruch gegen den Schädiger zu[208]. Hinsichtlich des Substanzschadens könne der Verkäufer aber nicht direkt gegen den Schädiger vorgehen, da er lediglich in seiner Kreditsicherung beeinträchtigt sei. Sein Schadensersatzanspruch begrenze sich vielmehr der Höhe nach auf den noch nicht gezahlten Kaufpreis. In ähnlicher Weise hat sich nun auch die Rechtsprechung geäußert. Danach gebührt allein dem Käufer der Schadensersatz, solange er den Kaufpreis weiterhin entrichtet[209]. Der Käufer hingegen vermag seinen Anspruch auf Besitz- und Nutzungsverlust wie auf den entgangenen Gewinn[210] geltend zu machen. Einigen sich beide Geschädigte einvernehmlich, so kann der Schädiger Zahlungsbelege über den geleisteten Schadensersatz von ihnen verlangen. Im Streitfall über die Anspruchsinhaberschaft kann er sich durch eine gerichtliche Hinterlegung nach Art. 109 c.p.c. zu Gunsten des Berechtigten vor einer doppelten Schadensersatzsleistung schützen[211].

Einzig Cattaneo[212] hat, unter Berücksichtigung der Diskussion in Deutschland, sich nach wie vor als einziger ausführlich mit der Frage der Anspruchskonkurrenz bschäftigt und schlägt eine differenzierende Lösung vor. Der Schaden des Verkäufers sei von Anfang an auf den offenen Kaufpreis und die Kosten seiner eventuellen Geltendmachung begrenzt. Erfülle der Käufer den Vertrag, so erleide der Verkäufer keinen Schaden. Wird der Käufer insolvent, so sind die ausstehenden Raten der Schaden des Verkäufers. Der Schaden des Käufers wiederum setze sich aus dem bereits entrichteten Kaufpreis und dem entgangenen Gewinn zusammen[213]. Um zu wissen, wem der Schadensersatzanspruch zustehe, müsse man warten, bis der Vertrag vollständig erfüllt sei oder der Verkäufer die Auflösung des Vertrages herbeigeführt habe. Zur Beschleunigung könne der Verkäufer analog Art. 2743 c.c. vom Käufer verlangen, eine Ersatzsicherheit zu bestellen oder bei Nichtleistung der Kaufpreis sofort fällig gestellt werden. Erhalte der Verkäufer eine Ersatzsicherheit, erleide er keinen Schaden und der Käufer könne im Gegenzug den gesamten Schaden liquidieren. Werde die Ersatzsicherheit nicht bestellt, könne der Verkäufer entweder gegen den Schädiger vorgehen oder hinsichtlich des nun fälligen Restkaufpreises gegen den Käufer, welchem als Folge dann alleinig der Schadensersatzanspruch zustehe[214]. Der Schädiger aber sei dadurch geschützt, daß er die Schadensersatzsumme nach Art. 1210 c.c. hinterlegen könne und damit seine Ver-

---

207 Bianca, Vendita, S. 589; Gazzoni, Manuale, S. 1043; Enciclopedia- Lipari, Vendita con riserva, S. 536; Cattaneo, Riv. trim. dir. proc. civ., 1965, 945 (999).

208 Cattaneo, Riv. trim. dir. proc. civ., 1965, 945 (997), ihm zustimmend Schultz- Gerstein, Kauf unter EV, S. 54 ff.; Perlingieri- Principe, Art. 1523, S. 906.

209 Trib. Sup. Acque, 16. 1. 1995, Rep. foro it., 1995, „Vendita", Nr. 81.

210 Bianca Vendita, S. 590.

211 Perlingieri- Principe, Art. 1523, S. 906; Bianca, Vendita, S. 590.

212 Cattaneo, Riv. trim. dir. proc. civ., 1965, 945 (997 ff.).

213 Cattaneo, Riv. trim. dir. proc. civ., 1965, 945 (1001).

214 Cattaneo, Riv. trim. dir. proc. civ., 1965, 945 (1002).

pflichtung erfülle[215]. Leiste der Schädiger Ersatz in Form der Naturalrestitution nach Art. 2058 c.c., so erfülle die wiederhergestellte Sache weiterhin das Sicherungsinteresse des Verkäufers[216].

In beiden Rechtsordnungen ist somit unstrittig anerkannt, daß auch der Käufer grundsätzlich Inhaber eines deliktischen Ersatzanspruchs gegen den Schädiger ist. Bei der konkurrenzrechtlichen Lösung hinsichtlich des Schadensersatzes treten jedoch Schwierigkeiten auf, die ein breites Spektrum an verschiedenen Lösungsvorschlägen hervorgebracht haben.

10. Zusammenfassung

Betrachtet man die Summe der Befugnisse des Käufers vor vollständiger Kaufpreiszahlung in beiden Rechtsordnungen, so besteht im Ergebnis eine überwiegende Identität. Der Käufer ist Inhaber einer gesicherten dinglichen Rechtsposition. Im Gegensatz zu Deutschland ist diese in Italien nicht das Ergebnis des Abstraktionsprinzips, sondern im wesentlichen abhängig von Publizitätsvorschriften. Sind die Publizitätsvorschriften erfüllt, ist der Eigentumserwerb des Käufers in einer Form gesichert, die nur noch von der vertragsgemäßen Erfüllung des Kaufvertrages abhängt. Weder der Verkäufer, dessen Gläubiger noch sonstige Dritte können den Eigentumsübergang verhindern. Vielmehr kann sich der Käufer erfolgreich gegen die Beeinträchtigung seiner Rechtsposition zur Wehr setzen. Wendet man auf die Rechtsstellung des Käufers die Definition des Anwartschaftsrechts von Heck an, wonach ein solches vorliegt, wenn der Erwerb der fremden Sache durch gegenwärtige Eingriffsmöglichkeiten gesichert ist, dann kann in beiden Rechtsordnungen von einem Anwartschaftsrecht des Käufers gesprochen werden. Die gesicherte Rechtsstellung des Käufers nach italienischem Recht ist aber auch ohne Rückgriff auf diese umstrittene Rechtsfigur gegeben, ergibt sie sich doch schon aus den allgemeinen Regeln des codice civile.

Dabei muß beachtet werden, daß in der italienischen Literatur und Rechtspraxis die Probleme nicht die Rolle spielen, die in Deutschland im wesentlichen zu der Entwicklung des dinglichen Anwartschaftsrechts als selbständiges Verfügungsobjekt geführt haben. Insbesondere die Verwendung der Anwartschaft als Kreditsicherheit bildete einen Schwerpunkt, der zur Diskussion um die dingliche Qualifikation des Anwartschaftsrechts geführt hat. Die ablehnende Haltung der italienischen Rechtsprechung hinsichtlich einer Sicherungsübereignung führt aber dazu, daß der Käufer seine erworbene Rechtsposition nicht zu Sicherungszwecken verwertet und daher an der Übertragung seiner Rechtsposition regelmäßig nicht interessiert ist. Zusätzlich werden die Formvorschriften äußerst streng und formalistisch beachtet, da der Schwerpunkt der Diskussion auf den Verkehrsschutz und nicht auf die Folgen für die Kreditsicherung gelegt wird. Daher hat es keinen praktischen Nutzen,

215 Cattaneo, Riv. trim. dir. proc. civ., 1965, 945 (1002), Schultz-Gerstein, Kauf unter EV, S. 54; Perlingieri- Principe, Art. 1523, S. 906.

216 Cattaneo, Riv. trim. dir. proc. civ., 1965, 945 (1003).

wenn die Stellung des Käufers nach italienischem Recht unter einen Rechtsbegriff subsumiert wird, ohne daß sich daraus rechtliche Folgen ergeben. Die gesicherte Stellung des Käufers resultiert vielmehr aus den allgemeinen Verkehrsschutz- und Publizitätsvorschriften. Letztendlich entspricht das aber auch der deutschen Auffassung, die die gesicherte Stellung des Käufers aus dem Sachenrecht und der Publizität des Besitzes ableitet. Das Anwartschaftsrecht entfaltet in Deutschland seine Bedeutung nur im Zusammenhang als selbständiges Verfügungsobjekt. Dabei sollte es, und das zeigt der rechtsvergleichende Blick, nur als Sammelbegriff verstanden werden, welches die Darstellung einer Vielzahl von Problemen erleichtert.

Die Behandlung des EV im deutschen Zivilrecht ist geprägt von Problemen, die durch die Verlängerung des EV und die Übertragbarkeit des Anwartschaft des Käufers im Verhältnis zu Dritten hervorgerufen werden. Die Sicherung der Position des Verkäufers und des Verkehrsschutzes folgt aus den allgemeinen sachenrechtlichen Vorschriften und wird zumeist als selbstverständlich angesehen. Probleme, die aus dem Verzicht auf jegliche Publizität der Rechtsstellung des Verkäufers entstehen können, werden nicht vom materiellen, sondern vom prozessualen Recht gelöst, wenn der Verkäufer im Streitfall seine formlos vorbehaltene Eigentümerstellung zu beweisen hat.

Im italienischen Zivilrecht liegt der Schwerpunkt auf der Sicherung des Verkehrsschutzes und damit auf der Stellung des Verkäufers. Publizitäts- und Beweismittel stehen im Vordergrund, sobald die Interessen Dritter von den zwischen den Parteien vereinbarten Eigentumsverhältnissen berührt werden. Damit ist im Vergleich zu Deutschland eine andere rechtspolitische Wertentscheidung getroffen worden, die eine verstärkte Sicherung des Rechtsfriedens im Auge hat. Diese unterschiedlichen Wertentscheidungen zeigen sich auch bei der Behandlung des EV im Insolvenzrecht, wie im folgenden zu zeigen sein wird.

B. Der Eigentumsvorbehalt im deutschen und italienischen Insolvenzrecht

Die Verbindung von schuldrechtlichen und sachenrechtlichen Elementen werfen besondere Probleme in der Insolvenz einer der beiden Vertragsparteien auf. Der Anspruch auf Kaufpreiszahlung ist dem Vermögen des Verkäufers zugeordnet, während der Anspruch auf Eigentumsverschaffung dem Käufer gebührt. Diese Vermögenszuordnungen müssen im Verhältnis zu den anderen Insolvenzgläubigern abgestimmt werden. Dem EV widerfährt dabei durch die Insolvenzordnung (InsO)[1] eine wesentliche Neubehandlung. Denn mit ihr wird der EV erstmals ausdrücklich in den Fällen der Käufer- oder Verkäuferinsolvenz geregelt. Die bisherige Rechtslage ist gemäß Art. 103 EGInsO noch für die Verfahren von Bedeutung, die vor dem 1. 1. 1999 beantragt worden sind. Mit der Reform entfällt aber ein Teil der bisherigen Streitfragen.

I. Wirksamkeit des Eigentumsvorbehalts in der Insolvenz

In Deutschland spielen Form- und Publizitätsfragen auch nach der Insolvenzrechtsreform für den EV nach wie vor keine Rolle. Insbesondere wurde darauf verzichtet, ein einfaches Register für besitzlose Sicherheiten einzuführen[2]. Dabei ist in der Vergangenheit mehrfach vorgeschlagen worden, die Publizität des EV zur Vermeidung von Rangstreitigkeiten und erleichterter Bonitätsprüfung zu erhöhen[3]. Somit behält der einmal wirksam begründete EV auch in der Insolvenz grundsätzlich seine Wirksamkeit, ohne an eine bestimmte Form gebunden zu sein.

In Italien kommt es für die Wirksamkeit des EV in der Insolvenz auf die allgemeinen Regeln des codice civile und des legge fallimentare an. Nach Art. 45 LF sind die Rechtshandlungen ohne Wirksamkeit gegenüber den Insolvenzgläubigern, wenn die erforderlichen Förmlichkeiten erst nach der Insolvenzeröffnung erfüllt werden. Zu den im Insolvenzverfahren anwendbaren Formvorschriften zählt auch Art. 1524 c.c.[4]. Deshalb kommt es für die Beteiligten entscheidend darauf an, daß vor der Insolvenzeröffnung die Formvorschriften des Art. 1524 c.c. eingehalten worden sind. Das betrifft die Wirksamkeit des EV sowohl in der Insolvenz des Käufers wie auch im Insolvenz des Verkäufers[5]. Zudem muß der EV gleichzeitig mit dem Kauf vereinbart worden sein, damit er wirksam geltend gemacht werden kann[6].

---

1 Vom 5. 10. 1994, BGBl. I, S. 2866, die gemäß § 355 InsO i.V.m.Art. 110 Abs. 1 EGInsO am 1. 1. 1999 in Kraft getreten ist. Zu den Gründen des späten Inkrafttretens Pick, NJW 1995, 992.

2 Kritisch zu diesem Versäumnis Hartwieg, ZIP 1994, 96 (97, 113 f.).

3 Drobnig, Gutachten zum 51 DJT, F 58.

4 Trib. Torino, 25. 2 1978, Giur. comm., 1979, II, 89 (91); Libertini, Giur. comm., 1980, II, 16 (17).

5 Provinciali, Manuale, Bd. II, S. 1098 f.; Azzolina, Fallimento, S. 1233.

6 Dazu bereits ausführlich oben A IV 3 b.

Die nahezu einhellige Meinung[7] ist der Ansicht, daß es für ein wirksames Geltendmachen des EV in der Insolvenz gemäß Art. 45 LF ausschließlich auf das sichere Datum der Vereinbarung nach Art. 1524 Abs. 1 c.c ankommt. Denn diese Vorschrift betrifft die Drittwirksamkeit des EV gegenüber Gläubigern des Käufers, wozu auch die Insolvenzgläubiger zählen[8]. Im Gegensatz dazu regelt die Eintragung nach Art. 1524 Abs. 2 c.c. die Geltendmachung gegenüber Rechtsnachfolgern des Käufers[9]. Die Eintragung in das spezielle Register des Art. 1524 Abs. 2 c.c. ist in der Insolvenz ohne Bedeutung, da sie sich nur auf die Wirksamkeit des EV gegenüber Rechtsnachfolgern des Käufers bezieht[10]. So kommt es auch bei Sachen, die unter das Maschinenprivileg i. S. d. Art. 1524 Abs. 2 c.c. fallen, lediglich auf das sichere Datum an, damit der EV in der Insolvenz geltend gemacht werden kann.

Die Bedeutung der Registrierung in Art. 1524 Abs. 3 c.c. für das Insolvenzverfahren hängt von dem Meinungsstreit[11] ab, inwieweit eine Eintragung in die speziellen Register auch die Drittwirksamkeit gegenüber Gläubigern des Käufers betrifft. Für die Ansicht, nach der das spezielle Register des Art. 1524 Abs. 3 c.c. nur an die Stelle des Art. 1524 Abs. 2 c.c. tritt, ist die Registrierung folglich nur für Rechtsnachfolger des Käufers erheblich. Danach kommt es auch in der Insolvenz nur auf das sichere Datum der Vereinbarung des EV und nicht auf die Eintragung an[12]. Nach der Gegenmeinung ist die Wirksamkeit des EV allen Dritten gegenüber von der Eintragung abhängig[13]. Das wirkt sich folglich auch in dem Fall einer Insolvenz aus. Der Verkäufer benötigte dann für die wirksame Geltendmachung des EV in der Insolvenz die Registrierung in die speziellen Register vor dem Zeitpunkt der Insolvenzeröffnung.

---

7 Cass. civ., 6. 2 .1986, Nr. 723, Giust. civ. mass., 1986, 224; Cass. civ., 17. 12. 1990, Nr. 11960, Giust. civ. mass., 1990, 2939; Cass. civ., 13. 5. 1991, Nr. 5324, Cass. civ., 5. 5. 1993, Nr. 5213; Giust. civ. mass., 1993, 816; Giust. civ. mass., 1991, 680; Pajardi, Manuale, S. 457 f; Bianca, Vendita, S. 603; Mirabelli, Art. 1523, S. 169; Bozza/Schiavon, L'accertamento, S. 545; Gebhard, Zahlungssicherheiten, S. 244; Lo Cascio, Fallimento, S. 278; Catenacci, Nuova giur. civ. comm., 1992, II, 112 (125); Provinciali/Ragusa Maggiore, Istituzioni, S. 411; Scialoja- Zanarone, Art. 73, S.171.

8 Enciclopedia- Lipari, Vendita con riserva, S. 543.

9 Vgl. dazu bereits ausführlich oben A VII 2 b, cc, wobei der Konkursverwalter kein Rechtsnachfolger des Käufers ist, Trib. Torino, 16. 2. 1988, Fall., 1988, 723.

10 Cass. civ., 17. 12. 1990, Nr. 11960, Giust. civ. mass., 1990, 2939; App. Firenze, 22. 5. 1982, Fall., 1983, 91 (94); mit zustimmender Anm. Bronzini, Fall., 1983, 91; Trib. Torino, 16. 2. 1988, Fall., 1988, 723; Mignoli, Riv. dir. civ., 1962, I, 328 (348); Pajardi, Manuale, S. 458, FN 40; Azzolina, Fallimento, S. 1235; Ragusa Maggiore, Istituzioni, S. 297; Provinciali, Manuale, Bd. II, S. 1106; Cuneo, Procedure, S. 631; a. A. Gabrielli, Quartalshefte IV/86, S. 73.

11 Vgl. hierzu ausführlich oben A VII 2 b dd.

12 Mignoli, Riv. dir. civ., 1962, I, 328 (350); Cicu- Rubino, Compravendita, S. 434 f.; Mühl, Rechtsvergleich, S. 131; Bin, Vendita, Bd. III, S. 976.

13 Rescigno- Carpino, Vendita, S. 324; Luzzatto, Vendita, S. 525 f.; Bianca, Vendita, S. 611; Cendon- Pisu, Art. 1524, S. 976; Zuddas, Riv. dir. civ. 1975, I, 540 (546 f.); Schlesinger- Bocchini, Art. 1523, S. 318.

Jedoch ist festzuhalten, daß die weitaus überwiegende Ansicht die Einhaltung der Erfordernisse des Art. 1524 Abs. 1 c.c. für ausreichend hält und dieses spezielle Problem kaum erörtert wird.

II. Insolvenz des Käufers

Durch die Insolvenz des Käufers kann der Verkäufer nicht mehr davon ausgehen, die ausstehende Kaufpreiszahlung in der ursprünglichen Höhe zu erhalten. Kommt es nicht zur vollständigen Zahlung des Kaufpreises, bleibt auch die vereinbarte Eigentumsübertragung aus. Damit stellt sich die Frage, inwieweit eine Eigentumsübertragung noch bewirkt werden oder der Verkäufer sich auf sein vorbehaltenes Eigentum berufen kann.

Durch die Insolvenz des Käufers kann der Verkäufer nicht mehr davon ausgehen, die ausstehende Kaufpreiszahlung in der vereinbarten Höhe zu erhalten. Kommt es nicht zur vollständigen Zahlung des Kaufpreises, bleibt auch die vereinbarte Eigentumsübertragung aus. So stellt sich die Frage, inwieweit die Eigentumsübertragung noch bewirkt werden oder der Verkäufer sich auf sein vorbehaltenes Eigentum berufen kann.

1. Deutschland

Unter Geltung der Konkursordnung (KO)[1] besteht heute Einigkeit darüber, daß bei einem Kauf unter EV ein beidseitig nicht vollständig erfüllter Vertrag vorliegt, auf den § 17 KO angewendet wird[2]. Der Verkäufer hat erst erfüllt, wenn das Eigentum auf den Käufer übergegangen ist, da es auf den Leistungserfolg und nicht auf die bedingte Übereignung ankommt[3]. Dementsprechend hat der Konkursverwalter nach § 17 Abs. 1 KO das Recht, trotz des Konkurses des Käufers die Erfüllung des Vertrages zu wählen. Dann muß der Verwalter den ausstehenden Kaufpreis des Verkäufers nach § 59 Abs. 1 Nr. 2 KO voll leisten, anderenfalls, kann der Verkäufer gemäß § 455 BGB von dem Vertrag zurücktreten. Wird der Verwalter zur Wahl

---

1 KO v. 10. 2. 1877, RGBl. S. 351 in der Fassung der Bekanntmachung v. 20. 5. 1898, RGBL., S. 612 ist trotz Inkrafttreten der InsO am 1. 1. 1999 noch für längere Zeit von Bedeutung für die Verfahren, die noch im Jahr 1998 eröffnet worden sind.

2 RGZ 133, 40 (42 f.); RGZ 140 156 (160); BGH, NJW 1954, 1325 f.; BGH, NJW 1962, 2296 (2297); Jaeger- Henckel, § 17, Rz. 49; Blomeyer, JZ 1968, 691 (694) Häsemeyer, KTS 1973, 2 (12); derselbe, FS für Serick, S. 157; Wieser, NJW 1970, 913 (915); Huber, BB 1964, 731 (735); a. A.: Flume, AcP 161 (1962), 385 (404); Wiethölter, JZ 1961,693 (694); Weber, NJW 1976, 1600 (1606); Staudinger- Honsell, § 455, Rz. 29, 49.

3 Serick, Bd. I, § 13 II 1 b, S. 336; Kilger/Karsten Schmidt, § 17, Anm. 3 b; teilweise wird vertreten, daß „erfüllen" sich nur auf die bedingte Übereignung beziehe und nicht auf den geschuldeten Erfolg der Eigentumsübertragung, v. Caemmerer, SJZ 1949, 816 (828); Weber NJW 1976, 1600 (1606); Staudinger- Honsell, § 455, Rz. 29; oder der Verkäufer schulde nur die Verschaffung der Anwartschaft und habe daher erfüllt, Georgiades, Eigentumsanwartschaft, S. 123; Wiethölter, JZ 1961, 693 (694).

durch den Verkäufer aufgefordert und erklärt er sich nicht, kann der Verwalter die Erfüllung gemäß § 17 Abs. 2 S. 2 KO nicht mehr verlangen und der Verkäufer die Aussonderung seiner Sache nach § 43 KO beanspruchen.

Die Insolvenz des Käufers wird nun in der InsO in § 107 Abs. 2 erstmalig speziell geregelt. Der Insolvenzverwalter hat nach §§ 107 Abs. 2 S. 1, 103 InsO das Wahlrecht, wonach er die Erfüllung des Vertrages verlangen oder endgültig ablehnen kann. Er muß seine Wahl trotz Aufforderung durch den Verkäufer jedoch erst beim Berichtstermin treffen, der spätestens drei Monate nach der Verfahrenseröffnung erfolgt (§ 29 Abs.1 Nr. 1 InsO). Ziel der neuen InsO ist, zeitlich befristete Betriebsfortführungen durch Erhalt der Betriebsmasse zu ermöglichen[4].

2. Italien

Für den EV im Konkurs des Käufers ist keine spezielle Regelung im LF enthalten, während der Verkäuferkonkurs in Art. 73 Abs. 2 LF ausdrücklich geregelt ist. Von der älteren Rechtsprechung[5] wurde zum Teil die Ansicht vertreten, daß der Kauf unter EV nicht unter die beidseitig nicht vollständig erfüllten Verträge (rapporti preesistenti) falle. Der Verkäufer habe mit der Übergabe bereits seine Leistung erbracht, denn die Eigentumsübertragung erfolge ipse iure mit der Kaufpreiszahlung.

Nach der überwiegenden Ansicht der Literatur[6] und der neueren Rechtsprechung[7] finden auf den Kauf unter EV die Vorschriften der Artt. 72, 73 LF über noch fortbestehende Beziehungen (rapporti preesistenti) auf die Insolvenz des Käufers entsprechende Anwendung. Es kommt entscheidend darauf an, daß bei dem Kaufvertrag die Hauptpflichten, nämlich die Eigentumsübertragung und die Kaufpreiszahlung noch nicht erfolgt sind und deswegen das Vertragsverhältnis beidseitig unerfüllt ist[8].

---

4 BT-Drs. 12/2443 v. 15. 04. 1992, S. 145.

5 Trib. Firenze, 3. 11. 1955, Giur. it., 1956, I, 2, 987 (998); App. Breccia, 25. 3. 1960, Foro it., 1960, I, 1540 (1544).

6 Mignoli, Riv. dir. civ., 1962, I, 328 (334 f.); Rescigno- Carpino, Vendita, S. 323; Abate/Spezia/Gobbati/Rossi, Fallimento, S. 471; Cendon- Pisu, Art. 1526, S. 999; Enciclopedia- Lipari, Vendita con riserva, S. 544; Cicu- Rubino, Compravendita, S. 435; Ragusa Maggiore, Istituzioni, S. 297 f.; Lisi, Compravendita, S. 152; Ruisi/Jorio/Maffei-Alberti/Tedeschi, Fallimento, Bd. II, S. 658 f.; Massari, Giur. it., 1956, I, 2, 987 (991), Pajardi- Giudici/Angiolino, Art. 73, S. 314; Pajardi, Manuale, S. 456; Bin, Vendita, Bd. III, S. 976; Provinciali, Manuale, Bd. II, S. 1104 f.; Cicu- Rubino, Compravendita, S. 435; Ferrara, Fallimento, S. 361 FN 6.

7 Cass. civ., 4. 1. 1974, Nr. 6, Giust. civ. mass 1974, 5; Cass. civ., 6. 1. 1979, Nr. 40, Giust. civ., 1979, I, 1500 (1502); Cass. civ., 19. 2. 1981, Nr. 1007, Giust. civ., 1981, I, 1699 (1701).

8 Cass. civ., 6. 6. 1975, Nr. 2248, Giust. civ. mass. 1975, 1042; Cass. civ., 30. 5. 1983, Nr. 3708, Giust. civ. mass. 1983, 1314; Abate/Spezia/Gobbati/Rossi, Fallimento, S. 469; Pajardi, Manuale, S. 458; Ruisi/Jorio/Maffei - Alberti/Tedeschi, Fallimento, Bd. II, S. 658.

Die Rechtsstellungen der Beteiligten bestimmen sich nach Art. 73 LF, der durch Art. 72 LF konkretisiert wird[9]. Der Verkäufer kann danach gemäß Art. 72 Abs. 1 LF seine Leistung erbringen, indem er die Eigentumsübertragung herbeiführt und seine Restforderung zur Konkurstabelle anmeldet. Macht der Verkäufer von dieser Möglichkeit keinen Gebrauch, so bleibt der Vertrag in der Schwebe (Art. 72 Abs. 2 LF)[10]. Der Konkursverwalter erhält ein Wahlrecht, wonach er mit gerichtlicher Ermächtigung in dem Kaufvertrag eintreten und den Vertrag vollständig erfüllen muß (Art. 73 Abs. 1 LF) oder sich von ihm lösen kann, Art. 72 Abs. 2 LF. Der Verkäufer kann sich gegen das Wahlrecht des Verwalters nur begrenzt wehren, indem er den Verwalter nach Art. 72 Abs. 3 LF in Verzug setzt[11]. Dafür muß der Verkäufer den zuständigen Konkursrichter anweisen, daß dieser dem Konkursverwalter eine Frist von acht Tagen setzt. Das Wahlrecht muß der Verwalter dann innerhalb dieser Frist ausüben, sonst gilt der Vertrag nach Art. 72 Abs. 3 LF als aufgelöst.

3. Erfüllungswahl des Verwalters

a. Deutschland

aa. Bisherige Rechtslage

Zunächst ist die überwiegende Ansicht[12] davon ausgegangen, die Eröffnung des Konkursverfahrens berühre das Schuldverhältnis in seinem Bestand nicht. Daher tritt der Verwalter mit der Erfüllungswahl in die vertragliche Stellung des Käufers ein mit allen sich daraus ergebenden Verpflichtungen. Erst die Erfüllungsablehnung des Verwalters stellt eine rechtsgestaltende Wahl dar, wonach der Erfüllungsanspruch des Verkäufers sich endgültig in einen Schadensersatzanspruch wegen Nichterfüllung verwandelt. Die Literatur[13] vertrat dann in der Folgezeit zunehmend die Ansicht, wonach die Erfüllungsansprüche des Verkäufers gegen den Käufer durch die Verfahrenseröffnung unberührt bleiben. Vielmehr können die Erfüllungsansprüche nur nicht mehr durchgesetzt werden und wandelten sich unmittelbar in eine Schadensersatzforderung nach § 26 KO um. Der Konkursverwalter habe aber das Recht, die Schadensersatzforderung gestaltend zu ändern, indem er nach § 17 Abs. 1 KO die Erfüllung wählt. Verlangt der Konkursverwalter Erfüllung des Vertrages, muß er den ausstehenden Kaufpreis des Verkäufers als Masseschuld nach

---

9 Bin, Vendita, Bd. III, S. 976; Satta, Istituzioni, S. 203; a. A. Provinciali/Ragusa Maggiore, Istituzioni, S. 412, die nur Art. 73 LF anwenden, da die Situationen nicht miteinander vergleichbar seien.

10 Ferrara , Fallimento, S. 358.

11 Enciclopedia- Lipari, Vendita con riserva, S. 544; Rescigno- Carpino, Vendita, S. 323; Merz, Manuale, S. 170.

12 BGHZ 68, 379 (380); 74, 258 (271); 98, 160 (169) Blomeyer, JZ 1968, 691 (694); Häsemeyer, KTS 1973, 2 (12); Wieser, NJW 1970, 913 (915); Huber, BB 1964, 731 (735); ausführlichste Nachweise bei Marotzke, Verträge, S. 52 f.; heute noch Jauernig, § 48 II, S. 213; Bork, Insolvenzordnung, Rz. 160; ders., FS für Zeuner, S. 312.

13 Marotzke, JZ 1977, 552 (553); ders.,Verträge, S. 56 f., 76 f; ders. in HK- InsO, § 103, Rz. 40; Musielak, AcP 179 (1979), 189 (198); Stürner, ZZP 94 (1981), 263 (298); Jaeger- Henckel, § 17, Rz. 115, 149, 162, 212.

§ 59 Abs. 1 Nr. 2 KO voll befriedigen. Kommt er damit in Verzug, kann der Verkäufer gemäß § 455 BGB von dem Vertrag zurücktreten. Die Erfüllungsablehnung des Verwalters hingegen ist deklaratorisch und hat lediglich die Wirkung, die schon ipse iure durch die Verfahrenseröffnung herbeigeführt wird.

Die neueste Rechtsprechung[14] geht nunmehr davon aus, daß mit der Konkurseröffnung die ursprünglichen Erfüllungsansprüche entfallen. Das Rechtsverhältnis zwischen den Parteien wird durch die Verfahrenseröffnung derart umgestaltet, daß anstelle des gegenseitigen Schuldverhältnisses ein einseitiger Schadensersatzanspruch wegen Nichterfüllung nach § 26 S. 2 KO als Konkursforderung tritt[15]. Gemäß der neuen Rechtsprechung[16] begründet die Wahl des Verwalters auf Erfüllung das Schuldverhältnis mit seinem bisherigen Inhalt neu und läßt den erloschenen Anspruch des Käufers neu entstehen. Damit wächst das Besitzrecht dem Käufer erneut zu und mit der Zahlung der letzten Rate fällt das Eigentum endgültig in die Konkursmasse[17].

bb. Neue Rechtslage nach der InsO

Bislang ist noch ungeklärt, ob die geänderte Rechtsprechung des BGH auf die InsO zu übertragen sein wird[18]. Dann würden auch nach der InsO die ursprünglichen Erfüllungspflichten mit der Verfahrenseröffnung erlöschen und der Vertrag grundsätzlich als Abwicklungsverhältnis mit Sekundäransprüchen fortbestehen. Unabhängig von den Wirkungen der Verfahrenseröffnung kann der Verwalter grundsätzlich nach §§ 107 Abs. 2, 103 Abs. 1 InsO die Erfüllung wählen. Er muß dann seinerseits vertragsgemäß erfüllen (§§ 103 Abs. 1, 55 Abs. 1 Nr. 1 InsO), worauf die Sache ge-

14 BGHZ 106, 236 (242 f.); 116, 156 (158 f.); 129, 336 (338); BGH NJW 1989, 1282 (1283); BGH ZIP 1991, 945 (946); BGH ZIP 1993, 600 (601); BGH ZIP 1997, 688 (689); OLG Frankfurt, ZIP 1995, 369 (371), zustimmend Bruns, ZZP 110 (1997), 305 (311); Uhlenbruck, JZ 1992, 425; Kilger/Karsten Schmidt, § 17 Anm. 1 b; Kuhn/Uhlenbruck, § 17, Rz. 1; 19 Kreft, ZIP 1997, 870; Gottwald/Huber, § 35, Rz. 34; ablehnend Gerhard, FS für Merz, S. 121; Staudinger- Honsell, § 455, Rz. 51; Jauernig, § 48 II, S. 214; Häsemeyer, JR 92, 423 (424); Bork, Insolvenzordnung, Rz. 160; ders. FS für Zeuner, S. 312; Marotzke, JZ 1995, 803 (813); ders. in HK- InsO, § 103, Rz. 40; Henckel, JZ 1987, 359 (360 f.).

15 Die Literatur ist teils nach wie vor der Ansicht, daß durch die Verfahrenseröffnung der Vertrag in seinem Bestand nicht berührt wird, so Jauernig, § 48 II, S. 213; Bork, Insolvenzordnung, Rz. 160; ders. FS für Zeuner, S. 312; Kilger/Karsten Schmidt, § 17, Anm. 4 c; Jaeger- Henckel, § 17, Rz. 115, 149 ff.

16 Vgl. oben B II 3 a aa.

17 Zu den dadurch entstehenden systematischen Schwierigkeiten hinsichtlich des von dem fortbestehen des Kaufvertrages akzessorische Anwartschaftsrechts ausführlich unten B III 1 a.

18 So Pape, Ablehnung, Rz. 13, Bruns, ZZP 110 (1997), 305 (329), skeptisch ders. in HK- InsO, § 103, Rz. 44. Die Gegensansicht geht von einem Fortbestehen des Kaufvertrages aus, Bork, Insolvenzordnung, Rz. 160; Häsemeyer, Insolvenzrecht, S. 374; Tintelnot, ZIP 1995, 616 (619). Teils wird sich auch gar nicht zu dieser Thematik geäußert, so Obermüller/Hess,InsO, Rz. 233; Schmidt-Räntsch, InsO, S. 273.

mäß §§ 158, 929 BGB in die Masse fällt[19]. Leistet der Verwalter nicht vertragsgemäß, kann der Verkäufer zurücktreten (455 BGB) und die Sache gemäß § 47 InsO aussondern[20].

Der Verwalter ist an eine bestimmte Frist zur Ausübung des Wahlrechts nicht gebunden, da die andere Seite eine unverzügliche Erklärung nach § 103 Abs. 2 S. 2 InsO herbeiführen kann[21]. Nach § 107 Abs. 2 S. 1 InsO muß der so zur Erklärung aufgeforderte Verwalter sich jedoch erst unverzüglich nach dem Berichtstermin (§ 156 InsO) äußern. Ziel der Vorschrift ist es, die Fortführungs- und Sanierungschancen zu wahren[22] und zu vermeiden, daß Druck auf den Verwalter ausgeübt wird, seine Wahlerklärung vor dem Berichtstermin abzugeben. Vielmehr ist dem Verwalter das Recht eingeräumt worden, erst die Entscheidung der Gläubiger des insolventen Unternehmens im Berichtstermin abzuwarten (§ 157 InsO)[23], da nach dem gesetzgeberischen Willen die Weiterverwendung der sich im Besitz des insolventen Unternehmens befindlichen Sachen zu dessen temporärerer Weiterführung gesichert werden soll[24]. Somit ist der Verwalter dem Eigentümer gegenüber zunächst zum Besitz berechtigt. Wird im Berichtstermin die Stillegung des Betriebes beschlossen, so kann der Verwalter immer noch die Erfüllung ablehen.

Dabei stellt sich das Problem, wie sich das Besitzrecht des Verwalters auf einem Rücktritt des Verkäufers nach § 455 BGB auswirkt, wenn der Käufer schon vor Verfahrenseröffnung in Verzug geraten ist. Marotzke[25] weist darauf hin, daß die Ausübung des Rücktrittsrechts mit der damit verbundenen Aussonderung nach §§ 346 S. 1, 985 BGB, § 47 InsO dem Sinn des § 107 Abs. 2 InsO widersprechen würde, den Zusammenhalt der Betriebsmittel bis zum Berichtstermin zu sichern. Deshalb schlägt Marotzke[26] eine analoge Anwendung des § 112 Nr. 1 InsO vor, was zu einem Ausschluß des Rücktrittsrechts des Verkäufers führt.

Eng damit verknüpft ist auch die Frage einer Nutzungsentschädigung des Verkäufers. Nach § 172 InsO ist der Verwalter zur Nutzungsentschädigung verpflichtet, wenn er bewegliche Sachen weiterhin benutzt. Das betrifft gemäß §§ 172, 166 Abs. 1 InsO nur bewegliche Sachen, an denen ein Absonderungsrecht besteht. Nach Marotzke[27] soll das erst recht für Gegenstände gelten, an denen ein Aussonderungsrecht besteht und somit die unter einfachen EV verkauften Gegenstände be-

19 Marotzke, JZ 1995, 803 (811).

20 Bork, Insolvenzordnung, Rz. 162; Obermüller/Hess, InsO, Rz. 304; Gottwald/Adolphsen, Rechtsstellung, Rz. 1; Marotzke, ZZP 109 (1996), 429 (431 f.); Windel, Jura 1999, 1 (5); a.A. Häsemeyer, Insolvenzrecht, S. 216, der ein Absonderungsrecht annimmt.

21 Pape, Ablehnung, Rz. 23.

22 BT-Drs. 12/2443 v. 15. 04. 1992, S. 146.

23 Pape, Ablehnung, Rz. 26; InsO- Smid, § 107, Rz. 7; Marotzke in HK-InsO, § 107, Rz. 23.

24 InsO- Smid, § 107, Rz. 7; Marotzke, JZ 1995, 803 (812).

25 Marotzke, JZ 1995, 803 (812 f., FN 85), ders., Behandlung, S. 188; ders. in HK-InsO, § 107, Rz 30.

26 Marotzke, JZ 1995, 803 (812 f., FN 85); ders in HK-InsO, § 107, Rz 31; ders., Verträge, S. 262 noch für die KO.

27 Marotzke, JZ 1995, 803 (813); ders HK-InsO, § 107, Rz 34.

trifft. In § 107 Abs. 2 S. 2 InsO ist eine Sonderregelung für leicht verderbliche Ware und Saisonartikel aufgenommen worden. Damit soll ein befürchteter Wertverlust beim Abwarten bis zum Berichtstermin verhindert werden. Jedoch weist Pape[28] zu Recht darauf hin, daß die Regelung überflüssig ist, da der Verwalter aufgrund seiner Pflicht zur Verteilungsgerechtigkeit von sich aus das Wahlrecht schon auszuüben hat, damit die Masse keinen Schaden erleidet.

b. Italien

Der Konkursverwalter kann mit Ermächtigung des Konkursgerichts den Eintritt in den Vertrag wählen[29]. Die Erfüllungswahl des Verwalters kann auch konkludent erfolgen und wird in einem Weiterverkauf der Sache gesehen[30]. Dabei vermag der Verwalter die Sache nur nach Zahlung des Kaufpreises verwerten, da erst zu diesem Zeitpunkt die Eigentumsübertragung stattfindet und die Sache zur Konkurmasse gehört[31]. Verkauft der Konkursverwalter die Sache ohne richterliche Ermächtigung oder zu einem früheren Zeitpunkt, so ist er dem Verkäufer zur Zahlung des Kaufpreises und einem eventuellen Schadensersatz verpflichtet[32].

Der Verwalter hat die Möglichkeit, sofort den gesamten fehlenden Kaufpreis abzüglich der gesetzlichen Zinsen zu zahlen, Art. 73 Abs. 1 LF. Daneben ist der Verwalter auch berechtigt, in den Kaufvertrag einschließlich den vereinbarten Zahlungsfristen einzutreten. Dann ist er dazu verpflichtet, die vereinbarten Raten pünktlich zu zahlen sowie die bereits fällig gewordenen Raten sofort zu begleichen[33]. Ein Teil der Lehre[34] ist der Ansicht, der Verkäufer könne in diesem Fall nach Art. 73 Abs. 1 LF von dem Verwalter eine Kaution verlangen. Auch wenn der Kauf unter EV nicht von Art. 73 Abs. 1 LF ausdrücklich erwähnt sei, so stelle er doch einen typischen Ratenkauf dar, weswegen die Vorschrift im vollen Umfang anwendbar sei. Nach der Gegenansicht[35] sei der Verkäufer hinsichtlich seiner ausstehenden Raten schon durch den drittwirksamen EV ausreichend gesichert, so daß er nicht noch zusätzlich einer Kaution bedürfe. Denn Art. 73 Abs. 1 LF billige dem Verkäufer dieses Recht

---

28 Pape, Ablehnung, Rz. 53.

29 Cass. civ., 19. 7. 1957, Nr. 3027; Giust. civ. mass., 1957, 1142; Trib. Bologna, 19. 3. 1988, Fall., 1988, 1030; Pajardi, Manuale, S. 458, FN 42; Azzolina, Fallimento, S. 1240; Provinciali, Manuale, Bd. II, S. 1106; Abate/Spezia/Gobbati/Rossi, Fallimento, S. 477. Zu dem Auflösungsverlangen vgl unten B II 4 b.

30 Pajardi- Giudici/Angiolino, Art. 73, S. 315; Abate/Spezia/Gobbati/Rossi, Fallimento, S. 472; Mazzoca, Manuale, S. 330; Cuneo, Procedure, 635.

31 Pajardi, Manuale, S. 458, FN 42.

32 Ruisi/Jorio/Maffei-Alberti/Tedeschi, Fallimento, Bd. II, S. 668 f.

33 Ragusa Maggiore, Istituzioni, S. 297; Ferrara Fallimento, S. 361, FN 6.

34 Ruisi/Jorio/Maffei-Alberti/Tedeschi, Fallimento, Bd. II, S. 668; Scialoja- Greco/Cottino, Art. 1526, S. 372; Satta, Istituzioni, S. 202, Bin, Vendita, Bd. III, S. 976; Cicu- Rubino, Compravendita, S. 436.

35 Ragusa Maggiore, Istituzioni, S. 297; Pajardi, Manuale, S. 459 FN 43; Pajardi- Giudici/Angiolino, Art. 73, S. 315; Provinciali/Ragusa Maggiore, Istituzioni, S. 411; Ferrara Fallimento, S. 361, FN 6; Cuneo, Procedure, S. 637.

für den Fall zu, daß er bereits das Eigentum übertragen hat und er keine Sicherheit für den noch offenen Kaufpreis besitzt angesichts der Krisensituation, in der sich der Verwalter meist befindet[36].

Kommt der Verwalter seiner Zahlungspflicht nicht ordnungsgemäß nach, so kann der Verkäufer den Vertrag wegen Nichterfüllung gemäß Artt. 1526, 1453 ff. c.c. auflösen[37]. Die Auflösung konkurriert nicht mit der Auflösung aufgrund Art. 72 LF[38]. Sie beruht einzig auf der Nichterfüllung der Zahlungspflichten des Verwalters aus dem fortgeltenden Kaufvertrag, der eben nicht durch den Konkurs aufgelöst worden ist, weshalb die allgemeinen Regeln des c.c. weiterhin Anwendung finden[39].

4. Erfüllungsablehnung des Verwalters

a. Deutschland

aa. Bisherige Rechtslage

Nach der neueren Rechtsprechung des BGH[40] tritt anstelle des gegenseitigen Schuldverhältnisses ein einseitiger Schadensersatzanspruch wegen Nichterfüllung nach § 26 S. 2 KO als Konkursforderung. Diese Rechtsfolge wird durch die Erfüllungsablehnung des Verwalters dann endgültig. Teilzahlungen des Käufers werden dabei mit dem Schaden des Verkäufers verrechnet und der Verwalter kann den daraus überschießenden Teil für die Masse verlangen[41]. Im Gegenzug kann der Verkäufer als Eigentümer die Sache nach § 43 KO aussondern[42]. Das Aussonderungsrecht des Verkäufers führt zu einer empfindlichen Minderung der Masse. Darin wird mit einer der Hauptgründe gesehen, weshalb ein Großteil der Konkurse in Deutschland schon mangels Masse nicht eröffnet worden sind und man vom „Konkurs des Konkurses“[43] gesprochen hat.

---

36 Pajardi- Giudici/Angiolino, Art. 73, S. 314; Ragusa Maggiore, Istituzioni, S. 297; Pajardi, Manuale, S. 459 FN 43.

37 Cicu- Rubino, Compravendita, S. 436; Enciclopedia - Lipari, Vendita con riserva, S. 544 f.; Pajardi-Giudici/Angiolino, Art. 73, S. 315; Luminoso, Compravendita, S. 239; Mazzoca, Manuale, S. 330; a. A. De Martino, Art. 73, S. 180.

38 So etwas mißverständlich Mühl, Rechtsvergleich, S. 136 f.

39 Cass. civ., 9. 5. 1964, Nr. 1113, Giur. it., 1965, I, 1, 448; Pajardi- Giudici/Angiolino, Art. 73, S. 315; Trimarchi, Istituzioni, S. 772; Cicu- Rubino, Compravendita, S. 436.

40 Vgl. dazu bereits die ausführlichen Nachweise oben B II 3 a, aa.

41 BGHZ 106, 236 (243); Jauernig, § 48 II, S. 215; Stürner, ZZP 94, (1981), 263 (298).

42 BGHZ 54, 214 (218 f.); Serick, Bd. I, § 13 II 5, S. 353; Flume, AcP 161 (1962), 385 (404); Staudinger- Honsell, § 455, Rz. 49; Kuhn/Uhlenbruck, § 43, Rz. 28; für ein bloßes Absonderungsrecht nach § 47 KO MüKo- Westermann, § 455, Rz. 86; Gravenhorst, JZ 1971, 494, (496); Reich, JZ 1976, 463 (468); InsO- Smid, § 47, Rz. 17; Häsemeyer, FS für Serick, S. 159 weist darauf hin, daß auch die bereits entstandene Anwartschaft des Käufers dadurch beeinträchtigt wird. Daher müsse der Verkäufer den Wert der Anwartschaft in die Konkursmasse leisten, sondert er die Sache aus.

43 Hartwieg, ZIP 1994, 96 (98); Nerlich/Römermann- Balthasar, InsO, § 107, Rz. 1.

bb. Neue Rechtslage nach der InsO

Lehnt der Verwalter die Erfüllung ab, so kann der Verkäufer die Sache auch ohne Rücktritt aufgrund seines vorbehaltenen Eigentums aussondern (§ 47 InsO)[44]. Dabei war im Diskussions-[45] und im Referentenentwurf[46] auch für den einfachen EV ursprünglich ein Ausschluß des Aussonderungsrechts vorgesehen[47]. Denn der einfache EV diene letztendlich nur der Kreditsicherung und diese Sicherungsfunktion überlagere die Eigentumsposition. Daher sei es gerechtfertigt, daß der Verkäufer sich den Zwecken des Insolvenzverfahrens anpasse. Er sollte folglich nicht zu einer Ausonderung berechtigt sein, sondern genau wie andere, nur vertraglich gesicherte Gläubiger geschützt werden, die auch nur die Absonderung verlangen können. Das Sicherungsgut sollte in der Insolvenzmasse verbleiben und die zeitweilige Fortführung des Unternehmens ermöglichen[48]. Doch hat die Bundesregierung diesen Vorschlag wieder rückgängig gemacht[49] mit der Begründung, die Erklärung des Verwalters erst nach dem Berichtstermin (§ 107 Abs. 2 S. 1 InsO) reiche aus, die Interessen aller Beteiligten umfassend zu berücksichtigen und hat damit ihr ursprüngliches Ziel der Masseerhaltung aus den Augen verloren, was als „entscheidende Schwachstelle des Gesetzes“ angesehen wird[50].

b. Italien

Der Vertrag wird aufgelöst, wenn der Konkursverwalter dies nach Art. 72 Abs. 2 LF wählt oder er die ihm nach Art. 72 Abs. 3 LF gesetzte Frist verstreichen läßt, ohne sich zu äußern. Wählt der Verwalter die Auflösung, so führt das zur Aussetzung der Vertrages und zur Wiederherstellung des Zustandes quo ante[51]. Der Verkäufer kann dann die Rückgabe der verkauften Sache nach Art. 103 LF verlangen. Danach wird der Kaufgegenstand aus der Konkursmasse ausgesondert, indem der Verkäufer sein Eigentumsrecht an der Sache geltend macht.

Daneben ist seit langem die Frage umstritten, ob auch der Verkäufer die Auflösung des Vertrages wegen Nichterfüllung des Käufers nach Artt. 1526, 1453 c.c. verlangen kann, wenn der Verwalter keine Wahl trifft. Grundsätzlich ist das Auflösungsverlangen nach Eröffnung des Konkursverfahrens unzulässig, da damit die Konkurs-

44 Kübler/Prütting- Tintelnot, § 107, Rz. 7.

45 § 55 Abs. 1 Nr. 1 Diskussionsentwurf; Entwurf einer Insolvenzordnung mit Begründung und Anhang, veröffentlicht vom Bundesministerium der Justiz 1988, Köln.

46 § 55 Abs. 1 Nr. 1 Referentenentwurf; Gesetz zur Reform des Insolvenzrechts mit Begründung, veröffentlicht vom Bundesministerium der Justiz 1989, Köln.

47 Die Regelung begrüßend Gottwald/Adolphsen, Rechtsstellung, Rz. 26 ff.; ablehnend Serick, ZIP 1989, 409 (416 f.).

48 Begründung Diskussionsentwurf, Teil B, S. 33 und Begründung Referentenentwurf, Teil B, S. 50.

49 BT-Drs. 12/2443 v. 15. 4. 1992, S. 87; zu den Gründen ausführlich Marotzke, Behandlung, S. 187 f.

50 Windel, Jura 1999, 1 (5).

51 Stradella, Nuova giur. civ. comm., 1987, II, 321 (325).

masse geschmälert wird. Bei einem Kauf unter EV geht die Vertragsauflösung aber nicht zu Lasten der Massegläubiger, da aufgrund des EV die Sache nie in das Vermögen des Käufers und damit in die Konkursmasse gelangt ist[52]. Daher geht der überwiegende Teil der Rechtsprechung[53] und der Literatur[54] davon aus, die Insolvenz des Käufers nehme dem Verkäufer nicht die Möglichkeit, die Auflösung des Vertrages nach Art. 1526 c.c. zu verlangen. Denn aufgrund des EV bringe sich der Verkäufer auch mit der Vertragsauflösung nicht in eine bessere Position, verglichen mit den anderen Insolvenzgläubigern. Auch ergebe sich dieses Recht aus Art. 1524 c.c., der die Drittwirksamkeit des EV gegenüber Gläubigern des Käufers vorschreibe und daher auch im Konkurs gelten müsse, so daß der Verkäufer seine Rechte aus dem EV auch gegenüber dem Konkursverwalter ausüben könne[55]. Jedoch ist die Erfüllungswahl des Verwalters vorrangig vor einem Auflösungsverlangen des Verkäufers[56].

Die Gegenansicht[57] verweist auf die Vorschriften der Artt. 72, 73 LF, die als die spezielleren Vorschriften die Problematik hinreichend behandelten. Der Verkäufer habe die Möglichkeit, den Verwalter nach Art. 72 Abs. 3 LF in Verzug zu setzen und auf diese Weise die Auflösung des Vertrages zu erreichen, da nach der gesetzlichen Regel des Art. 72 Abs. 2 LF die Erfüllung des Vertrages schwebend sei[58]. Zudem seien mit der Insolvenz des Käufers die Sachen, die sich in seinem Besitz befinden, vom Konkursbeschlag erfaßt, weshalb ein Auflösungsverlangen ins Leere liefe[59].

Wird der Kaufvertrag durch die Wahl des Verwalters aufgelöst, ist der Verkäufer zur Rückerstattung des erhaltenen Kaufpreises verpflichtet. Keine Einigkeit besteht darüber, inwieweit der Verkäufer dann zugleich einen Anspruch auf Nutzungsausgleich und Ersatz für den Wertverlust der Sache besitzt. Die überwiegende An-

52 Cicu- Rubino, Compravendita, S. 436; Enciclopedia- Lipari, Vendita con riserva, S. 543.

53 Cass. civ., 7. 8. 1950, Nr. 2426, Foro it., 1950, I, 1284 (1285); Cass. civ., 5. 11. 1959, Nr. 3279, Giur. it., 1960, I, 1, 400 (403); Cass. civ., 17. 5. 1966, Nr. 1249; Giur. it., 1967, I, 1, 1303 (1306 f.); Cass. civ., 16. 1. 1979, Nr. 40, Giust. civ., 1979, I, 1500 (1503); Cass. civ., 6. 2. 1986, Nr. 723, Giust. civ. mass., 1986, 224; Trib. Alessandria, 4. 8 1954, Foro pad., 1955, I, 1481.

54 Massari, Giur. it. 1956, I, 2, 987 (991 f.), Provinciali, Manuale, Bd. II, S. 1102; Bin, Vendita, Bd. III; S. 983; Rescigno- Carpino, Vendita, S. 323, FN 29; Lo Cascio, Fallimento, S. 277; Luminoso, Compravendita, S. 237; Provinciali/Ragusa Maggiore, Istituzioni, S. 413; Cuneo, Procedure, S. 637; Satta, Diritto fallimentare, S. 276; während Bianca, FS für Ragusa Maggiore, S. 68 eine Beschränkung auf die Fälle vornimmt, in denen die Auflösung schon vor der Konkurseröffnung verlangt worden ist.

55 Luminoso, Compravendita, S. 237.

56 Cass. civ., 19. 7. 1957, Nr. 3027; Giust. civ. mass., 1974, 1142; Trib. Bologna, 19. 3. 1988, Fall., 1988, 1030; Pajardi, Manuale, S. 458, FN 42; Azzolina, Fallimento, S. 1240; Provinciali, Manuale, Bd. II, S. 1106; Abate/Spezia/Gobbati/Rossi, Fallimento, S. 477; a. A. Satta, Diritto fallimentare, S. 277 FN 25, wonach die verspätete Erfüllung gem. Art. 1453 Abs. 3 c.c. ausgeschlossen sei.

57 App. Napoli, 26. 5. 1959, Giur. it., 1960, I, 2, 686; Pajardi- Giudici/Angiolino, Art. 73, S. 317; Ruisi/Jorio/Maffei-Alberti/Tedeschi, Fallimento, Bd. II, S. 662; Cicu- Rubino, Compravendita, S. 436; Bozza/Schiavon, L'accertamento, S. 547; D'Angelo, Dir. fall., 1980, II, 431 (444); Cottino, Dir. fall., 1965, I, 17 (21 f.); Bondoni, Dir. fall., 1966, II, 122 (125).

58 Ferrara, Fallimento, S. 362 FN 6.

59 Ruisi/Jorio/Maffei-Alberti/Tedeschi, Fallimento, Bd. II, S. 665.

sicht[60] leitet die Pflicht zur Rückerstattung des Kaufpreises und den Anspruch auf Nutzungsentschädigung aus einer entsprechenden Anwendung des Art. 1526 c.c. her. Diese beiden Zahlungsansprüche könnten auch gegeneinander aufgerechnet werden[61]. Das gelte ebenso, wenn der Verkäufer den Verbleib des Kaufpreises als Nutzungsentschädigung schon vertraglich vereinbart hat (Art. 1526 Abs. 2 c.c.)[62]. Denn mit der Vertragsauflösung seien die Vertragsparteien verpflichtet, den Zustand quo ante herzustellen, womit dann auch die Regeln des Art. 1526 c.c. zur Anwendung kommen[63].

Dieser Annahme wird mit dem Hinweis widersprochen[64], daß der Anspruch auf Nutzungsentschädigung Masseschuld sei und demnach nur entsprechend der Quote befriedigt werden könne. Denn die Nutzungsentschädigung habe ihren Ursprung in dem Kaufvertrag und sei daher eine Konkursforderung. Deshalb stehen sich der Anspruch auf Rückzahlung des Kaufpreises und die Nutzungsentschädigung nicht gleichwertig gegenüber[65]. Denn es müsse der Zustand wieder hergestellt werden, der vor der Verfahrenseröffnung bestanden habe, ohne jedoch die par conditio zu verletzen[66]. Es dürfe daher zu keiner Bevorzugung des Verkäufers kommen, der seine Nutzungsentschädigung in voller Höhe erhalte, während andere Gläubiger auf die Quote verwiesen werden.

Hieran schließt sich die problematische Behandlung von Vereinbarungen nach Art. 1526 Abs. 2 c.c. an, wonach der Verkäufer die bereits gezahlten Raten erwirbt. Zum Teil wird vertreten, die Klausel solle den Verkäufer bei einer Vertragsauflösung wegen Nichterfüllung schützen. Im Konkurs des Käufers will der Verkäufer sich mit der Vertragsauflösung vor der Nichterfüllung und der damit verbundenen Zahlung nur in Höhe der Quote schützen. Daher beraube eine solche Klausel der Masse ihren Anspruch auf die Rückerstattung der bereits gezahlten Raten[67]. Zudem sei Art. 1526 Abs. 2 c.c. nicht anwendbar, da die Vorschrift die vertragliche Auflösung betreffe, während hier die Auflösung auf den Willen des Konkursverwalters zurückzuführen sei[68]. Soweit in einer solchen Vereinbarung eine Strafklausel (clau-

60 Cass. civ., 28. 9. 1979, Nr. 4998, Fall.,1980, 452; Cian/Trabucchi- Zaccaria, Art. 1526, S. 1713; Pajardi- Giudici/Angiolino, Art. 73, S. 316; Perlingieri- Principe, Art. 1526, S. 909; Trimarchi, Istituzioni, S. 772; Cicu- Rubino, Compravendita, S. 436; Bozza/Schiavon, L'accertamento, S. 381; Stradella, Nuova giur. civ. comm., 1987, II, 321 (325); Merz, Manuale, S. 171; Lo Cascio, Fallimento, S. 277; Luminoso, Compravendita, S. 239; Cuneo, Procedure, S. 633.

61 Cendon- Pisu, Art. 1526, S. 999; Cass. civ., 28. 9. 1979, Nr. 4998, Fall.,1980, 452.

62 Scialoja- Greco/Cottino, Art. 1526, S. 374; Pajardi, Manuale, S. 460, FN 46.

63 Lisi, Compravendita, S. 152.

64 Cendon- Pisu, Art. 1526, S. 999; Ragusa Maggiore, Istituzioni, S. 298; Ruisi/Jorio/Maffei-Alberti/Tedeschi, Fallimento, Bd. II, S. 675, Ferrara, Fallimento, S. 361; Rescigno- Carpino, Vendita, S. 323, FN 30; Provinciali/Ragusa Maggiore, Istituzioni, S. 413; Scialoja- Zanarone, Art. 73, S. 180 f., D'Angelo, Dir. fall., 1980, II, 431 (449); Bondoni, Dir. fall., 1966, II, 122 (125); Maffei- Verità/ Leogrande, Art. 73, S. 252; Ragusa Maggiore, Dir. fall., 1965, II, 361 (365).

65 Ruisi/Jorio/Maffei-Alberti/Tedeschi, Fallimento, Bd. II, S. 675.

66 Ragusa Maggiore, Istituzioni, S. 298.

67 Provinciali/Ragusa Maggiore, Istituzioni, S. 413, FN 100; Bianca, FS für Ragusa Maggiore, S. 73; Scialoja- Zanarone, Art. 73, 190; Maffei- Verità/Leogrande, Art. 73, S. 253.

68 Ferrara, Fallimento, S. 362, FN 6.

sola penale) gesehen wird[69], kann eine solche Klausel nur dann Wirkungen entfalten, wenn sie bereits vor Konkurseröffnung geltend gemacht worden ist[70]. Jedoch wird diese Konsequenz nicht gezogen[71]. Vielmehr geht in Folge des als zulässig erachteten Anspruchs auf Nutzungsentschädigung auch hier die überwiegende Ansicht[72] davon aus, der Inhalt einer solche Klausel könne wirksam geltend gemacht werden.

Dabei muß darauf geachtet werden, daß die Klausel keinen Schadensersatz umfassen darf, sondern inhaltlich nur eine vorweggenommene Nutzungsentschädigung darstellt[73]. Es muß ausgeschlossen sein, daß konkursrechtliche Verbot eines Schadensersatzes als Folge der Nichtleistung des Käufers durch eine Strafklausel zu umgehen[74]. Denn wenn der Verwalter sein Recht zur Erfüllungsablehnung ausübt, kann und darf daraus keine Pflicht zum Schadensersatz entstehen[75]. Das würde dem Prinzip des Art. 72 LF widersprechen, wonach der Konkursverwalter sich jederzeit von einem beidseitig nicht erfüllten Vertrag lösen kann[76]. Im Konkurs sind die Folgen einer Erfüllungsablehnung durch den Konkursverwalter beschränkt auf die gegenseitige Pflicht, bislang erhaltene Leistungen einander zurückzugewähren[77]. Die pekuniären Einbußen entstehen dem Verkäufer wegen der Insolvenz des Käufers und nicht aufgrund der Handlungen des Verwalters, weshalb er auch keinen Schadensersatz zu leisten hat[78].

---

69 Cicu- Rubino, Compravendita, S. 445; Ruisi/Jorio/Maffei-Alberti/Tedeschi, Fallimento, Bd. II, S. 678; Luminoso, Compravendita, S. 146; Azzolina, Fallimento, S. 1239; Ragusa Maggiore, Istituzioni, S. 298.

70 Trib. Bologna, 28. 3. 1961, Giur. it. 1962, I, 2, 680 (684 f.).

71 Ruisi/Jorio/Maffei-Alberti/Tedeschi, Fallimento, Bd. II, S. 678.

72 Trib. Catania, 8. 10. 1964, Dir. fall. 1965, II, 361 (365); Trib. Messina, 31. 12. 1959, Giur. it. 1960, I, 2, 938; Cass. civ., 28. 9. 1979, Nr. 4998, Fall.,1980, 452; Cass. civ., 17. 7. 1974, Nr. 2142, Foro it., 1975, I, 392 (394); Lisi, Compravendita, S. 153;Mignoli, Riv. dir. civ., 1962, I, 1, 328 (363); Scialoja- Greco/Cottino, Art. 1525-26, S. 375; Pajardi- Giudici/Angiolino, Art. 73, S. 316; Bozza/ Schiavon, L'accertamento, S. 548; Stradella, Nuova giur. civ. comm., 1987, II, 321 (325).

73 Cass. civ., 28.9. 1979, Nr. 4998, Fall., 1980, 452; Scialoja- Greco/Cottino, Art. 1525-26, S. 375; Schlesinger- Bocchini, Art. 1523, S. 320.

74 Bozza/Schiavon, L'accertamento, S. 548; D'Angelo, Dir. fall., 1980, II, 431 (446).

75 Mignoli, Riv. dir. civ., 1962, I, 1, 328 (358), Cendon- Pisu, Art. 1526, S. 999; Cicu- Rubino, Compravendita, S. 436, Scialoja- Greco/Cottino, Art. 1525-26, S. 373; Ruisi/Jorio/Maffei-Alberti/ Tedeschi, Fallimento, Bd. II, S. 674 f.; Ragusa Maggiore, Istituzioni, S. 299; D'Angelo, Dir. fall., 1980, II, 431 (446); Ferri, Diritto commerciale, S. 583.

76 Trib. Torino, 7. 3. 1985, Fall., 1985, 791; Cicu- Rubino, Compravendita, S. 436; Enc. giur.- Zanarone, Fallimento VII, S. 10.

77 Trib. Genova, 30. 5. 1984, Fall., 1985, 456; Pajardi, Manuale, S. 461, FN 48; Scialoja- Zanarone, Art. 73, S. 190.

78 Pajardi- Giudici/Angiolino, Art. 73, Anm. 7, S. 316.

Eine weitere, seit langem lebhaft diskutierte Schwierigkeit stellt die Bewertung der Forderungsanmeldung zur Konkurstabelle der noch offenen Kaufpreisforderung durch den Verkäufer dar. Nach Ansicht eines Teils des Schrifttums[79] schließt die Forderungsanmeldung ein späteres Herausgabeverlangen des Verkäufer aus, da damit eine unwiderrufliche Rechtswahl getroffen sei. In der Forderungsanmeldung liege ein Verzicht auf das vorbehaltene Eigentum[80]. Damit verzichte er gleichzeitig auch darauf, die Auflösung des Vertrages herbeizuführen und das Aussonderungsrecht geltend zu machen[81]. Das gelte zumindest dann, wenn der Verkäufer die Anmeldung nicht unter Vorbehalt einer eventuellen Vertragsauflösung durch den Verwalter erklärt hat. Denn dann ergebe die Willensauslegung, daß der Verkäufer nach Art. 72 Abs. LF den Vertrag seinerseits habe erfüllen wollen[82]. Damit habe er mit der Forderungsanmeldung einen Vertrauenstatbestand geschaffen, wonach die Sache endgültig zur Konkursmasse gehöre, so daß ein späteres Herausgabeverlangen böswillig sei[83]. Die gegenteilige Meinung[84] billigt dem Verkäufer ein Wahlrecht zu, wonach es ihm freistehe, die ausstehenden Raten zur Konkurstabelle anzumelden oder später doch die Herausgabe der Sache zu verlangen. Dies ergebe sich aus dem Rechtsgedanken des Art. 1453 Abs. 2 c.c.[85]. Danach kann die Vertragsauflösung wegen Nichterfüllung auch dann noch verlangt werden, wenn bereits Leistungsklage erhoben wurde[86]. Damit sei auch nicht der Grundsatz der Gleichbehandlung aller Gläubiger im Konkurs (par conditio creditorum) verletzt, da die Sache vor vollständiger Kaufpreiszahlung nicht zum Vermögen des Käufers und deshalb auch nicht zur Konkursmasse gehöre. Diese Ansicht entspricht der stehenden Rechtsprechung[87], nach der der Antrag des Verkäufers auf Erfüllung des Vertrages nicht eine spätere Antragsänderung auf Herausgabe der Sache ausschließe. Der Antrag auf Herausgabe sei aber vorrangig gegenüber der Anmeldung zur Konkurstabelle[88]. Der Streit wird dadurch entschärft, daß der Konkursverwalter jederzeit von seinem Recht Gebrauch machen kann, den Vertrag zu erfüllen. Die Wahl ist dann vorrangig vor dem Herausgabeverlangen und führt dazu, daß die Sache bei Kaufpreiszahlung zur Konkursmasse gehört.

79 Mazzoca, Manuale, S. 330 f.; Provinciali, Manuale, Bd. II, S. 1103; Pajardi, Manuale, S. 460; Pajardi- Giudici/Angiolino, Art. 73, S. 317; Mignoli, Riv. dir. civ., 1962, I, 1, 328 (354), Abate/Spezia/ Gobbati/Rossi, Fallimento, S. 471 f.; Cuneo, Procedure, S. 636 f.; Cicu- Rubino, Compravendita, S. 436, FN 133.

80 Provinciali, Manuale, Bd. II, S. 1103; Mazzoca, Manuale, S. 330.

81 Pajardi- Giudici/Angiolino, Art. 73, S. 317.

82 Ruisi/Jorio/Maffei-Alberti/Tedeschi, Fallimento, Bd. II, S. 667; Cicu- Rubino, Compravendita, S. 436, FN 133.

83 Cuneo, Procedure, S. 636; Provinciali, Manuale, Bd. II, S. 1231.

84 Bin, Vendita, Bd. III, S. 984; Cian/Trabucchi- Zaccaria Art. 1526, S. 1713; Azzolina, Fallimento, S. 1233; Massari, Giur. it. 1956, I, 2, 987 (994); Pescatore/Ruperto, Art. 1526, S. 2712; Ragusa Maggiore, Istituzioni, S. 297; Lo Cascio, Fallimento, S. 277; Luminoso, Compravendita, S. 238; Provinciali/Ragusa Maggiore, Istituzioni, S. 411 f.; Maffei- Verità/Leogrande, Art. 73, S. 252.

85 Ruisi/Jorio/Maffei-Alberti/Tedeschi, Fallimento, Bd. II, S. 666.

86 Vgl. dazu ausführlich oben A VIII 1 b, bb.

87 Cass. civ., 10. 8. 1966, Nr. 2179; Riv. dir. comm., 1967, II, 123 (126); Cass. civ., 4. 6. 1983, Nr. 3803, Giust. civ. mass., 1983, 1352; Cass. civ., 6. 2. 1986, Nr.723, Giust. civ. mass., 1986, 224 ; Trib. Torino, 16. 6. 1987, Fall., 1987, 1105.

88 Cass. civ., 4. 6. 1983; Nr. 3803; Giust. civ. mass., 1983, 1352 (1353).

III. Insolvenz des Verkäufers

Trotz der Insolvenz des Verkäufers kann der Käufer daran interessiert sein, den Kaufpreis vollständig zu zahlen und damit den Eigentumsübergang herbeizuführen. Wird der Vertrag aufgelöst, muß der Käufer die Sache in die Masse zurückgeben und ist mit seinen Rückzahlungs- und Schadensersatzansprüchen als Konkursgläubiger zu befriedigen. Er hat insbesondere keine Möglichkeit mehr, den Eigentumsübergang durch Zahlung herbeizuführen. Das ist dann ein unbefridigendes Ergebnis, wenn der Käufer schon einen Großteil des vereinbarten Kaufpreises bezahlt hat und statt des Eigentums nur pekuniär in Höhe der Konkursqoute befriedigt wird.

1. Deutschland

a. Bisherige Rechtslage in Deutschland

Für den Käufer wird die Auflösung des Vertrages in Folge des Konkurses in Deutschland einhellig als unerwünscht erkannt, wobei keine Einigkeit besteht, wie dieses Resultat zu verhindern sei. Die Judikatur[1] hat im Konkurs des Verkäufers § 17 KO angewendet. Das hat zur Folge, daß mit der Erfüllungsablehnung das Rechtsverhältnis endgültig umgestaltet wird und der Käufer lediglich einen Schadensersatzanspruch erhält. Damit fällt der Kaufvertrag als Grundlage des Anwartschaftsrechts weg, wobei unbillige Ergebnisse durch die Anwendung der Grundsätze von Treu und Glauben vermieden werden[2]. Der größte Teil der Literatur hat sich, ausgehend von dieser Rechtsprechung, mit den unterschiedlichsten Argumenten gegen die Anwendung des § 17 KO im Verkäuferkonkurs gewendet, damit der zahlungswillige Käufer auf jeden Fall den Eigentumsübergang herbeiführen kann. Ein Teil[3] mit der Begründung, die Anwartschaft des Käufers werde gemäß des Rechtsgedankens des § 161 Abs. 1 S. 2 BGB nicht nur gegen Verfügungen des Verkäufers, sondern auch gegen Verfügungen des Verwalters geschützt. Auch könne der Verwalter nur Zahlung des ausstehenden Kaufpreises verlangen, nicht aber eine Erfüllung des Käufers ablehnen[4]. Ihm sei es daher nicht möglich, trotz Erfüllungsablehnung den mit der vollständigen Zahlung erfolgenden Bedingungseintritt

---

1 RGZ 133, 40 (42 f.); RGZ 140 156 (162); BGH NJW 1962, 2296 (2297); BGHZ 98, 160 (169); zustimmend Serick, Bd. I, § 13 III 1, S. 357; Bd. V, § 62 III 2 c, S. 354; Blomeyer, JZ 1968, 691 (694); Wieser, NJW 1970, 913; Häsemeyer, KTS 1973, 2 (12); ders., FS für Serick, S. 159; Gottwald/Huber, § 37, Rz. 28; Grunsky, Grundzüge, Rz. 189.

2 BGHZ 98, 160 (169) versagt ausdrücklich der Anwartschaft die Konkursfestigkeit.

3 Raiser, Anwartschaften, S. 95; Flume, AcP 161 (1962), 385 (404); Huber, BB 1964, 731 (732 f); Bauknecht, NJW 1956, 1177 (1179); Gravenhorst, JZ 1971, 694 (696); Henckel, JZ 1987, 359 (360); Jauernig, § 48 II, S. 216.

4 Kuhn/Uhlenbruck, § 17, Rz. 18 d; Marotzke, JZ 1977, 552 (553); Stürner, ZZP 94, (1981), 263 (298).

und damit die Eigentumsübertragung zu verhindern[5]. Leistet der Käufer aber nicht vertragsgemäß, kann der Verwalter vom Vertrag zurücktreten und Herausgabe der Sache an die Masse verlangen[6]. Nach anderer Ansicht[7] verstoße die Anwendung gegen Sinn und Zweck der Vorschrift. Mit § 17 KO soll in erster Linie verhindert werden, daß der Gegner des Gemeinschuldners voll erfüllen muß und dafür lediglich nach der Quote befriedigt wird[8]. Diese Gefahr bestehe aber nicht beim Konkurs des Verkäufers. Bezahle der Käufer den gesamten Kaufpreis, werde sein Anspruch auf das Eigentum schon aufgrund der bedingten Übereignung erfüllt und die Masse erleide durch die Zahlung wirtschaftlich keinen Verlust[9].

Die nun erfolgte Wende in der Rechtsprechung durch den IX. Senat des BGH[10] hat insbesondere für den Verkäuferkonkurs Auswirkungen. Verlangt der Verwalter keine Erfüllung, so ist der Käufer ipso iure aufgrund der Konkurseröffnung auf den Schadensersatzanspruch beschränkt. Damit ist der Erfüllungsanspruch des Käufers erloschen und auch der sich aus dem Kaufvertrag ergebende Anspruch auf Übereignung[11]. Dem Käufer wird durch die Verfahrenseröffnung neben seinem Besitzrecht auch seine Anwartschaft entzogen, da sie von der schuldrechtlichen Grundlage des Kaufvertrages abhängig ist[12]. Mit der Erfüllungsablehnung des Verwalters hat es mit dieser Rechtsfolge dann auch sein Bewenden. Von einer Konkursfestigkeit der Anwartschaft kann angesichts dieser Rechtsprechung des BGH folglich nicht gesprochen werden[13]. Soweit sich selbst die neuere konkursrechtliche Literatur[14] weiterhin gegen die Anwendung des § 17 KO im Verkäuferkonkurs mit Hinweis auf die Anwartschaft ausspricht, übersieht sie diese Konsequenzen für den EV[15]. Nur das Verlangen des Verwalters kann den Anspruch auf Übereignung wieder aufleben lassen, so daß die vollständige Kaufpreiszahlung den Bedingungseintritt herbeiführt und der Käufer Eigentümer wird. Sofern die Rechtsprechung unbillige Ergebnisse nach Treu und Glauben vermeiden will, müßte sie daraus eine

---

5 Dagegen Häsemeyer KTS 1973, 2 (15); ders. FS für Serick, S. 157, wonach dem Verwalter die Erfüllung eines ungünstigen Vertrages des Gemeinschuldners nicht aufgedrängt werden dürfe, um die Masse nicht zu beeinträchtigen, dem Grunsky, Grundzüge, Rz. 188 ausdrücklich widerspricht.

6 Kuhn/Uhlenbruck, § 17, Rz. 18 d.

7 Wieser, NJW 1970, 913 (916); Musielak, AcP 179 (1979), 189 (210); Honsell, JuS 1981, 705 (712); Brox, JuS 1984, 657 (668); Henckel, JZ 1987, 359 (360); MüKo- Westermann, § 455, Rz. 87; Medicus, Bürgerliches Recht, Rz. 480.

8 RGZ 140 156 (162).

9 Brox, JuS 1984, 657 (668).

10 Vgl. hierzu die Nachweise oben B II 3 a aa.

11 Darauf hat bislang einzig Gottwald/Huber, § 37, Rz. 28 hingewiesen, lediglich die Folgen andeutend Kilger/Karsten Schmidt, § 17, Anm. 3 b.

12 BGHZ 98, 160 (169); Medicus, Bürgerliches Recht, Rz. 480.

13 So aber noch Liebl, Anwartschaftsrechte, S. 129.

14 Kuhn/Uhlenbruck, § 17, Rz. 18 d; Jaeger/Henckel, § 17, Rz. 53; Kilger/Karsten Schmidt, § 17, Anm. 3 b; Grunsky, Grundzüge, Rz. 188 f.; unklar Baur/Stürner, Insolvenzrecht, Rz. 9.4.

15 Das wird deutlich bei Kuhn/Uhlenbruck, § 17, Rz. 18 d, der ausführt, daß die Befugnis des Käufers, den Kaufpreis zu zahlen, mit dem Anwartschaftsrecht zusammenhänge und nicht durch die Erfüllungsablehnung zunichte gemacht werden dürfe.

Pflicht des Verwalters zur Erfüllungswahl herleiten[16]. Bei der Erfüllungswahl des Verwalters ist dabei die systematische Schwierigkeit ungelöst, wie die Anwartschaft des Käufers wieder neu entsteht. Denn aufgrund der Akzessorietät vom Kaufvertrag war sie bereits durch das Entfallen der gegenseitigen Erfüllungsansprüche in Folge der Konkurseröffnung erloschen[17].

b. Neue Rechtslage nach der InsO

Nunmehr hat der Gesetzgeber mit § 107 Abs. 1 S. 1 InsO die Verkäuferinsolvenz bei einem Kauf unter EV ausdrücklich geregelt. Danach kann der Käufer trotz der Insolvenz des Verkäufers die Erfüllung des Kaufvertrages verlangen. Das stellt bei Anwendung der neuen Rechtsprechung des BGH eine Ausnahme zum grundsätzlichen Erlöschens der Erfüllungsansprüche aufgrund der Verfahrenseröffnung dar[18]. Dem Wortlaut nach ist Voraussetzung, daß der Käufer den Besitz an der Sache erlangt hat. Dabei wird der Gesetzeswortlaut als verfehlt betrachtet und dahin ausgelegt, daß mit „Besitz" die aufschiebend bedingte Übereignung gemeint ist[19].

Die Vorschrift reduziert die Befugnisse des Verwalters auf die dem Verkäufer auch ohne die Insolvenz zustehenden Rechte[20]. Der Verwalter kann die Rückgabe der Sache nicht verlangen, da der Käufer ihm gegenüber zum Besitz berechtigt ist[21]. Die Anwartschaft des Käufers ist daher nun vom Gesetzgeber de facto anerkannt[22] und zur insolvenzfesten Sicherheit gemacht worden, solange sich der Käufer vertragsgemäß verhält[23] und führt damit zu einem Ausschluß des Wahlrechts des Verwalters nach § 103 InsO[24]. Zahlt der Käufer nicht vertragsgemäß seine Raten, kann der Verwalter die allgemeinen gesetzlichen Rechte geltend machen und von dem Vertrag nach §§ 455, 346 BGB zurücktreten und die Herausgabe der Sache verlangen[25]. Damit ist der wesentliche Streitpunkt der Erfüllungsablehnung des Verwalters im Verkäuferkonkurs jetzt gesetzlich beigelegt worden. Pape[26] fordert aus der Wertung des Gesetzgebers, daß der BGH für die Übergangszeit nicht an der alten Rechtsprechung festhalten dürfe, sondern die Anwartschaft als konkurs-

---

16 Darauf weist folgerichtig Pape, Ablehnung, Rz. 8 hin, wobei ein solches Urteil nicht vorliegt.

17 Darauf weist einzig Tintelnot, ZIP 1995, 616 (617), Kübler- Prütting- Tintelnot, § 103 Rz. 12 hin.

18 Pape, Ablehnung, Rz. 46; Obermüller, Auswirkungen, Rz. 17; a. A. Tintelnot, ZIP 1995, 616 (619).

19 FK-InsO-Wegener, § 107, Rz. 9; HK-InsO- Marotzke, § 107, Rz. 6; Kübler/Prütting-Tintelnot, § 107, Rz. 7; InsO- Smid, § 107, Rz. 2.

20 Gottwald/Adolphsen, Rechtsstellung, Rz. 9; so auch die Begründung des Regierungsentwurfs, BT-Drs. 12/2443,v. 15. 04. 1992, S. 146.

21 Kübler/Prütting- Tintelnot, § 107, Rz. 9; Marotzke, JZ 1995, 803 (807).

22 Marotzke, JZ 1995, 803 (804 f.).

23 Gottwald/Adolphsen, Rechtsstellung, Rz. 9; Pape, Ablehnung, Rz. 22, 42; Schmidt- Räntsch, InsO, S. 273.

24 Nerlich/Römermann- Balthasar, InsO, § 107, Rz. 9.

25 FK- InsO- Wegener, § 107, Rz. 22; Pape, Ablehnung, Rz. 22, 44.

26 Pape, Ablehnung, Rz. 47 unter Bezug auf BGHZ 98, 160 (169), wobei er übersieht, daß aufgrund des Rechtsprechungswechsels die Anwartschaft ipso iure untergeht.

feste Sicherheit zu behandeln hätte. Dem pflichtet Obermüller[27] unter Verweis auf die Rechtsprechung des BGH[28] bei, wonach bei Auslegungsfragen zur KO im Vorgriff auf die Reform die Vorschriften der InsO bereits angewendet wurden.

2. Italien

Im Gegensatz dazu ist im italienischen Konkursrecht die Wirkung des EV ausdrücklich in Art. 73 Abs. 2 LF für den Fall des Konkurses des Verkäufers schon 1942 geregelt worden. Daher sind die Probleme, die sich aus § 17 KO ergaben, nicht aufgetreten und dementsprechend auch nicht behandelt worden. Der Wortlaut des 73 Abs. 2 LF bezieht sich wie Art. 1523 c.c. nur auf den Ratenkauf unter EV (vendita a rate con riserva della proprietà), wird aber auf alle Käufe unter EV angewendet[29]. Danach ist der Konkurs des Verkäufers kein Grund für die Auflösung des Vertrages, sondern vielmehr behält der Vertrag seine bindende Wirkung bis zur vollständigen Bezahlung[30].

Die Vorschrift ist eine ausdrückliche Ausnahme zu sonstigen Ratenkäufen nach Art. 72 Abs. 4 S. 1 LF[31], wonach dem Verwalter ein Wahlrecht zugebilligt wird, ob er sich von dem Vertrag lösen oder ihn erfüllen will. Der Gesetzgeber wollte den Käufer unter EV bevorzugen, indem die fehlende Übertragungswirkung des Vertrages beim Konkurs des Verkäufers nicht berücksichtigt wird[32]. Auf diese Weise wird sichergestellt, daß der Käufer endgültig das Eigentum an der erworbenen Sache erhalten kann, wenn er den restlichen Teil des Kaufpreises begleicht. Damit wird verhindert, daß die Sache sofort zur Befriedigung der Konkursgläubiger dient, obwohl sie im Eigentum des Gemeinschuldners steht; diese können vielmehr nur auf die zukünftigen Raten des Käufers Zugriff nehmen[33]. Leistet der Käufer aber die Raten nicht wie vertraglich vereinbart, so kann der Kaufvertrag wegen Nichterfüllung nach Art. 1526 c.c. durch den Verwalter aufgelöst werden[34]. Der Käufer erhält dann die Raten abzüglich einer Nutzungsentschädigung zurück, während die Kaufsache in die Konkursmasse fällt[35]. Diese deutliche gesetzliche Bevorzugung des Käufers gegenüber den Massesgläubigern berücksichtigt die besondere Position des Käu-

---

27 Obermüller, Auswirkungen, Rz. 18; zurückhaltender Schulze, NJW 1998, 2100 (2102).

28 BGH ZIP 1995, 290 (291); BGH ZIP 1995, 480 (481); BGH ZIP 1995, 816 (818); BGH NJW 1996, 461.

29 Cass., civ., 21. 5. 1975, Nr. 2016, Giust. civ. mass., 1975, 924 (925).

30 Lo Cascio, Fallimento, S. 279.

31 Ruisi/Jorio/Maffei-Alberti/Tedeschi, Fallimento, Bd. II, S. 663; Cicu- Rubino, Compravendita, S. 446; Pajardi- Giudici/Angiolino, Art. 73, S. 317; Luminoso, Compravendita, S. 239.

32 Ruisi/Jorio/Maffei-Alberti/Tedeschi, Fallimento, Bd. II, S. 663.

33 Cass. civ., 28. 7. 1972, Nr. 2587, Dir. Fall., 1973, II, 321; Scialoja- Greco/Cottino, Art. 1525-26, S. 370; Lo Cascio, Fallimento, S. 279; Luminoso, Compravendita, S. 239; Maffei- Verità/Leogrande, Art. 73, S. 253.

34 Ragusa Maggiore, Istituzioni, S. 298.

35 Pajardi- Giudici/Angiolino, Art. 73, S. 317; Mignoli, Riv. dir. civ. 1962, I, 1, 328 (331).

fers, definitiv den Eigentumserwerb herbeizuführen[36]. Sie findet ihre Rechtfertigung darin, daß die dinglichen Wirkungen des Kaufvertrages mit dessen Abschluß schon potentiell herbeigeführt werden und deren endgültiger Eintritt der Disposition des Verkäufers wie auch der Konkursverwaltung entzogen ist[37]. Zudem stelle es die gerechteste Lösung für den Käufer dar, da ansonsten als Folge der Vertragsauflösung nur die Wahl zwischen Rückzahlung des Kaufpreis in Höhe der Konkursquote an den Käufer oder Rückzahlung des gesamten bereits gezahlten Kaufpreises besteht[38]. Ersteres belastet den Käufer über Gebühr, während die zweite Lösung ihn auf Kosten der anderen Gläubiger über Gebühr begünstigt.

IV. Sonderprobleme

1. Verlängerungsformen des Eigentumsvorbehalts in der Insolvenz

Die horizontalen und vertikalen Erweiterungsformen des EV werden in der Insolvenz nicht anders behandelt als der einfache EV, solange das ursprüngliche Vertragsverhältnis vollständig rückabwickelbar ist[39]. Sobald der vertraglich vorgesehene Erweiterungs- oder Verlängerungsfall eingetreten ist, kommt es zu einem bedeutsamen Unterschied, auf den näher eingegangen werden soll.

Mit Eintritt des Erweiterungsfalls ist die Kaufpreisforderung vollständig bezahlt worden. Die bedingte Übereignung der Sache bei horizontalen Erweiterungsformen[40] dient von da ab nicht mehr der Sicherung der Kaufpreisforderung oder der Rückabwicklung des vom Käufer bereits erfüllten Vertrages. Es soll vielmehr die Durchsetzung weiterer Forderungen des Verkäufers gesichert werden, die nicht den Kaufgegenstand selbst betreffen. Deshalb entsprechen die Erweiterungsklauseln mit Eintritt des Erweiterungsfalls wirtschaftlich einer Sicherungsübereignung[41].

Vergleichbar ist die Situation bei einer vertikalen Verlängerung des EV durch eine Herstellungs oder Verarbeitungsklausel[42]. Hier sucht der Verkäufer eine Sicherung für seine Kaufpreisforderung zu erhalten, da seine bisherige Sicherheit in Form des

36 Enciclopedia- Lipari, Vendita con riserva, S. 545; weshalb Cicu- Rubino, Compravendita, S. 446 vom „quasi proprietario" spricht.

37 Enciclopedia- Lipari, Vendita con riserva, S. 545 f.; Ragusa Maggiore, Istituzioni, S. 298; Ferrara, Fallimento, S. 356.

38 Ragusa Maggiore, Istituzioni, S. 298; Pajardi- Giudici/Angiolino, Art. 73, S. 317; Provinciali/Ragusa Maggiore, Istituzioni, S. 413.

39 Gottwald/Gottwald, § 45, Rz. 15; Hess- Hess, KO, § 43, Rz. 32; FK-InsO- Joneleit/Imberger, § 47, Rz. 17.

40 Vgl. hierzu ausführlich oben A VI 1 a.

41 Einhellige Meinung, BGH JZ 1971, 506 (507); BGHZ 98, 160 (170); Kilger/Karsten Schmidt, § 17, Anm. 3 d; Gottwald/Huber, § 37, Rz. 32 f.; Gottwald/Gottwald, § 45, Rz. 16; Kuhn/Uhlenbruck, § 43, Rz. 36; Serick, Bd. V, § 68 III 1b, S. 686 f.; InsO- Smid, § 47, Rz. 24.

42 Vgl. dazu bereits oben A VI 2 a.

EV mit dem Verlängerungsfall nach § 950 BGB erloschen ist. Daher entspricht die Interessenlage des Verkäufers nach erfolgter, eigentumsbegründender Verarbeitung wirtschaftlich und rechtlich ebenfalls der einer Sicherungsübereignung[1]. Übereinstimmend ist die Situation bei der Verlängerung des EV mittels Abtretungsklauseln[2]. Mit dem Verlängerungsfall hat der Verkäufer sein vorbehaltenes Eigentum verloren, so daß er seine offene Kaufpreisforderung durch die Abtretung der entstandenen Forderungen sichern will, weshalb die Verlängerungsklausel bei dieser funktionalen Betrachtung nunmehr eine Sicherungsabtretung darstellt[3].

a. Insolvenz des Käufers

aa. Bisherige Rechtslage

Mit Eröffnung des Verfahrens tritt der vertraglich vorgesehene Sicherungsfall ein. Dem Verkäufer steht dann ein Absonderungsrecht nach § 48 KO zu, soweit mit Eintritt des Erweiterungsfalls die Verlängerungs[4]- und Erweiterungsklauseln[5] Sicherungsübereignungen angenommen werden. Die Verwertung des Sicherungsguts erfolgt durch den Verkäufer gemäß § 127 Abs. 2 KO[6]. Diese ursprünglich als Ausnahmevorschrift gedachte Regelung hat sich durch das Inkrafttreten des BGB und seine Vorschriften über das Pfandrecht zum Regelfall entwickelt[7]. Danach kann der zur Absonderung berechtigte Verkäufer die Herausgabe des Sicherungsguts zum Zwecke der abgesonderten Befriedigung im Wege der Selbstverwertung von dem besitzenden Verwalter verlangen[8]. Der Verkäufer kann die Sache ohne Rücksicht auf die Interessen der übrigen Gläubiger an sich ziehen und den Erlös der Verwertung bis zur Höhe seiner Forderung vereinnahmen, was einverständliche Regelungen erschwert und die Verwalter zu unwirtschaftlichen Vermögenszerschlagungen zwingt[9]. Einen Anspruch auf Nutzungsentschädigung für die Zeit bis zur tat-

1 Der Streit, inwieweit ein originärer Eigentumserwerb des Verkäufers aufgrund einer Herstellerklausel möglich ist, wirkt sich in diesem Fall nicht aus, da beide Ansichten im Ergebnis zu einer Sicherungsübereignung kommen.

2 Vgl. hierzu ausführlich oben A VI 2 a.

3 BGH JZ 1971, 506 (507); Serick, Bd. V, § 62 IV 2, S. 364; Gottwald/Gottwald, § 45, Rz. 21, 43; Staudinger- Honsell, § 455, Rz. 70; Kilger/Karsten Schmidt, § 43, Anm. 3 c.; Kuhn/Uhlenbruck, § 48, Rz. 24 a.

4 LG Hildesheim, NJW 1958, 1499; Flume, NJW 1950, 841 (844); Serick, Bd. V, § 63 I 3, S. 412; Bd. VI, § 77 I 2 a, S. 426; MüKo- Westermann, § 455, Rz. 10; Schlegelberger/Hefermehl, Anh. zu § 382, Rz. 174; Gottwald/ Gottwald, § 45, Rz. 20, 41; Kuhn, WM 1972, 206 (208); kritisch hierzu Franke, BB 1955, 717 (719); Heidland, KTS 1960, 17 (18); die auf den originären Eigentumserwerb abstellen und daher ein Aussonderungsrecht annehmen.

5 BGH JZ 1971, 506 (507); BGHZ 98, 160 (170); Kuhn/Uhlenbruck, § 17, Kilger/ Karsten Schmidt, § 17, Anm. 3 d; Rz. 18; Staudinger- Honsell, § 455, Rz. 71.

6 Der die Regelbestimmung ist, § 127 Abs. 1 KO hingegen die Ausnahme, Kilger/Karsten Schmidt, § 127, Anm. 1

7 Kuhn/Uhlenbruck, § 127, Rz. 1.

8 BGH NJW 1978, 632 (633); Gottwald/Gottwald, § 44, Rz. 78; Kuhn/Uhlenbruck, § 127, Rz. 16.

9 Häsemeyer, Insolvenzrecht, S. 254; auch der Gesetzgeber sieht hierin die „Hauptursache der Zerschlagungsautomatik", vgl. BT-Drs. 12/2443, v. 15. 04. 1992, S. 86.

sächlichen Herausgabe beziehungsweise bis zu deren unberechtigten Verweigerung steht dem Verkäufer hingegen nicht zu[10]. Der Verkäufer hat zudem ein Widerspruchsrecht gegen Verwertungen des Verwalters, welches sich aus dem Selbstverwertungsrecht des Gläubigers ergibt[11]. Der Verwalter muß lediglich Gelegenheit haben, an der Festellung des Verkehrswertes und an der Suche nach Käufern mitzuwirken[12].

bb. Neue Rechtslage nach der InsO

Auch in der InsO ist mit Eintritt des Erweiterungsfalls der Verkäufer als Sicherungsnehmer zur Absonderung nach §§ 51 Nr. 1, 50 InsO berechtigt[13]. Ob dies auch gelten soll, wenn der Erweiterungsfall noch nicht eingetreten ist, wurde nicht ausdrücklich geregelt. Die Gesetzesmaterialien sind nicht eindeutig und lassen auch den Schluß zu, es komme lediglich auf die Art des Sicherungsvertrages an[14]. Die Literatur übernimmt hingegen die für die KO entwickelten Grundsätze für die InsO, so daß die Verlängerungsformen des EV nur nach Eintritt des Erweiterungsfalls den Verkäufer zur Absonderung berechtigen[15]. Sonst besteht ein Gegensatz zu der Rechtslage beim einfachen EV, der ein Aussonderungsrecht gewährt, solange die Sache noch unverändert beim Schuldner vorhanden ist[16].

Kommt es zur Absonderung, so will die InsO die unbefriedigende Rechtslage nach § 127 KO[17] vermeiden und sieht deswegen den Übergang des Verwertungsrechts auf den Verwalter sowie eine Kostenbeteiligung der gesicherten Gläubiger vor. Nach § 166 Abs. 1 InsO geht das Verwertungsrecht auf den Verwalter über, sofern er die Sache im unmittelbaren Besitz hat[18]. Forderungen kann der Verwalter nach § 166 Abs. 2 InsO generell einziehen. Eine Rückgabepflicht des Verkäufers besteht nicht, wenn er schon vor Verfahrenseröffnung seinen Herausgabeanspruch geltend

---

10 BGH KTS 1980, 136 (139 f.); Mohrbutter/Mohrbutter, Handbuch, Rz. 529; Hess- Hess, KO, § 127, Rz. 3.

11 Kuhn/Uhlenbruck, § 127, Rz. 10.

12 LG Frankfurt/a.M., ZIP 1988, 767 (768 f.); Kilger/Karsten Schmidt, § 127, Anm. 5 b.

13 Bork, Insolvenzordnung, Rz. 238; Obermüller/Hess, InsO, Rz. 800; Gottwald/Adolphsen, Rechtsstellung, Rz 21 f.; Häsemeyer, Insolvenzrecht, S. 328; Pape, Ablehnung, Rz. 43 leitet aus der Insolvenzfestigkeit der Anwartschaft her, die Erweiterungs- und Verlängerungsformen könnten ebenfalls insolvenzfeste Rechtspositionen vermitteln.

14 BT-Drs. 12/2443 v. 15. 04. 1992, S. 125 „Bei Gegenständen, die (...) einem verlängerten oder erweiterten EV unterliegen, ist im Grundsatz der Insolvenzverwalter zur Verwertung berechtigt. Der gesicherte Gläubiger hat jedoch ein Eintrittsrecht in beabsichtigte Veräußerungen und Initiativrechte zur Beschleunigung des Verfahrens".

15 Obermüller/Hess, InsO, Rz. 801; Bork, Insolvenzordnung, Rz. 239; Gottwald/Adolphsen, Rechtsstellung, Rz 12 ff, 33; Klasmeyer/Elsner/Ringstmaier, Probleme, Rz. 58; Marotzke, ZZP 109 (1996), S. 432 f, 444 FN 67; ders. in HK-InsO, § 107, Rz. 15; Schmidt-Räntsch, InsO, S. 225.

16 Obermüller/Hess, InsO, Rz. 801; Schmidt-Räntsch, InsO, S. 333.

17 Vgl. hierzu oben B IV 1 a, aa.

18 Häsemeyer, Insolvenzrecht, S. 255; Marotzke, JZ 1995, 803 (812).

gemacht hat[19]. Hat er aber bei der Besitzerlangung verbotene Eigenmacht ausgeübt, kann der Verwalter seine possessorischen Ansprüche nach § 861 BGB geltend machen[20].

Die Vorschriften der §§ 167 ff. InsO geben dem gesicherten Verkäufer die Möglichkeit, den Verwalter auf günstigere Verwertungsmöglichkeiten hinzuweisen und selbst in die geplanten Verwertungsgeschäften einzutreten. Zudem ist ein Schutz vor verzögerter Verwertung durch die generelle Verwertungspflicht des Verwalters nach dem Berichtstermin (§ 159 InsO) vorhanden. Auch steht dem Verkäufer eine Nutzungsentschädigung jetzt schon von der Eröffnung des Verfahrens an zu (§ 172 Abs. 1 InsO). Aus dem Verwertungserlös sind nach §§ 170, 171 die Kosten der Feststellung und Verwertung des Gegenstandes vorweg an die Masse zu entnehmen. Jedoch ist der einfache EV von einer solchen Kostenlast befreit, da in der Mehrzahl der Fälle die Prüfung der rechtlichen Wirksamkeit des einfachen EV keine Schwierigkeiten bereitet[21].

b. Insolvenz des Verkäufers

In der Insolvenz des Verkäufers steht dem Verwalter bei einer horizontalen Erweiterung mit Eintritt des Erweiterungsfalls ein Wahlrecht nicht zu. Denn dann hat der Käufer bereits den Kaufpreis vollständig entrichtet und den Vertrag von seiner Seite vollständig erfüllt (§§ 17 KO, 103 Abs. 1 InsO). Daher kann der Käufer als Sicherungsgeber mit Eintritt des Erweiterungsfalls die Sache aussondern[22]. Voraussetzung der Aussonderung ist jedoch die vorherige Tilgung der gesicherten Forderungen durch den Käufer. Ist der Kaufpreis nicht vollständig entrichtet, tritt der vertraglich vereinbarte Sicherungsfall ein, so daß der Vertrag beidseitig noch nicht erfüllt ist und der Verwalter die sich hieraus ergebenden Rechte für sich in Anspruch nehmen kann[23].

Bei einer vertikalen Verlängerung steht dem Käufer ebenfalls mit Eintritt des Verlängerungsfalls ein Aussonderungsrecht zu. Das ergibt sich aus der Wertung der Vereinbarung als Sicherungsabrede. Das Sicherungsgut soll nur die Kaufpreisforderung sichern und nicht ins Vermögen des Verkäufers übergehen oder anderen Gläubigern als Haftungsobjekt dienen[24]. Der Verwalter kann nur das zur Masse gehörende Vermögen des Verkäufers in Besitz nehmen, während das Sicherungsgut

19 Klasmeyer/Elsner/Ringstmaier, Probleme, Rz. 16; Obermüller/Hess, InsO, Rz. 772.

20 Häsemeyer, Insolvenzrecht, S. 255; Klasmeyer/Elsner/Ringstmaier, Probleme, Rz. 16.

21 BT-Drs. 12/2443 v. 15. 04. 1992, S. 180; Obermüller, WM 1994, 1869 (1875); kritisch hierzu Marotzke, ZZP 109 (1996), 429 (457), der zumindest eine Festellungspauschale fordert.

22 So schon RGZ 45, 80 (85 f.); 62, 197 (198 f.); 94, 305 (307); BGHZ 11, 37 (41); BGH NJW 1959, 1223; Gottwald/Gottwald, § 45, Rz. 33; Staudinger- Honsell, § 455, Rz. 50.

23 Vgl. hierzu bereits oben B III 1 a, b.

24 Kuhn/Uhlenbruck, § 43, Rz. 15.

zum Vermögen des Käufers zählt. Voraussetzung der Aussonderung ist jedoch auch hier die vorherige Tilgung der gesicherten Kaufpreisforderung durch den Käufer[25].

2. Vorzugsrechte im italienischen Konkurs

Der Verkäufer kann neben dem EV auch seine Vorzugsrechte[26] im Konkurs geltend machen. Vereinzelt wird die Ansicht vertreten[27], die Vereinbarung des Privilegs sei an das Eigentum des Schuldners geknüpft. Daher könne der Verkäufer nicht mehr die Herausgabe der Sache verlangen, da er mit der Geltendmachung des Vorzugsrechts inzident anerkannt habe, das Eigentum sei auf den Käufer übergegangen.

Hiergegen wird vorgebracht, daß das Privileg dem Verkäufer nur eine weitere Sicherheit verschaffen solle[28]. Danach hat der Verkäufer ein Wahlrecht, wonach er sich seines EV oder seines Vorzugsrechts bedienen kann. Verlangt er die Herausgabe der Sache, macht er sein Eigentumsrecht aus dem EV geltend, so daß er nicht mehr in den Genuß des Vorzugsrecht hinsichtlich der offenen Kaufpreisraten kommen kann.

Macht der Verkäufer sein Vorzugsrechts geltend, muß er als Konkursgläubiger seine Forderung zur Konkurstabelle anmelden. Denn er hat nach Art. 72 Abs. 1 LF das Recht, den Vertrag seinerseits zu erfüllen und seine Restforderung geltend zu machen. Nach Art. 54 LF wird er als Gläubiger dann aus dem Verkaufserlös der Sache in der entsprechenden Höhe vorzugsweise befriedigt.

Die Rangordnung hinsichtlich der Verteilung des Erlöses ergibt sich aus der gesetzliche Rangfolge der Vorzugsrechts nach Artt. 2777-2783 c.c.[29]. Wird die Forderung nicht voll erfüllt, so nimmt er hinsichtlich des verbleibenden Teils als normale Massegläubiger an dem Konkursverfahren teil.

Zusammenfassend läßt sich feststellen, daß die Insolvenz einer der Vertragsparteien in beiden Rechtsordnungen zu vergleichbaren Rechtsfolgen führt. In der Insolvenz des Käufers ist dem Verkäufer das Recht verwehrt, aufgrund der ausbleibenden Zahlungen den Kaufvertrag durch einen Rücktritt aufzuheben. Statt dessen steht dem Verwalter das Wahlrecht zu, die Vertragserfüllung abzulehnen, die Sache aus der Masse auszusondern und den von dem insolventen Käufer bereits geleisteten Kaufpreis zurückzufordern oder aber den vertraglich geschuldeten Kaufpreis vollständig zu bezahlen und so den Erhalt der Sache für die Masse her-

---

25 BGHZ 98, 160 (170 f.); Kilger/Karsten Schmidt, § 43, Anm. 9; An der Rechtsfolge der Aussonderung im Konkurs des Sicherungsnehmers hat sich mit der InsO nichts geändert, so daß insoweit auf die Aussonderung beim einfachen EV verwiesen werden kann, vgl oben B II 4 a, aa, bb.

26 Dazu bereits oben A VII.

27 Gravenhorst, Italien, S. 65; Stumpf/ Zimmermann, Italien, S. 218.

28 Azzolina, Fallimento, S. 1233; Pajardi- Giudici/Angiolino, Art. 73, S. 315.

29 Gassner/Wolff, DB Beilage Nr. 10, 1969, S. 5.

beizuführen. In der Insolvenz des Verkäufers hat jeweils der Käufer die Möglichkeit, sich vertragstreu zu verhalten und so den endgültigen Eigentumsübergang herbeizuführen, ohne daß dies der Verwalter verhindern könnte. Dabei haben diese vergleichbaren Rechtsstellungen schon vor Inkraftreten der InsO vorgelegen, sind aber nun in Deutschland mit der neuen Rechtslage eindeutig normiert.

Jedoch fällt erneut die Bedeutung auf, die in Italien dem Verkehrsschutz zugemessen wird. Denn den Vertragsparteien werden die vorgenannten Rechte nur bei Beachtung der Publizitätsvorschrift des Art. 1524 c.c. gewährt. Dies erleichtert die eindeutige Festellung der zur Masse gehörenden beweglichen Gegenstände und vermeidet nachträgliche Manipulationen. Diese erhebliche Bedeutung der Einhaltung von Publizitätsvorschriften zeigt sich schließlich auch bei Sachverhalten mit Auslandsberührung, wie im folgenden zu zeigen sein wird.

C. Der Eigentumsvorbehalt im grenzüberschreitenden Rechtsverkehr

Die Mobiliarsicherheit des EV hat im internationalen Warenverkehr eine erhebliche Bedeutung für Warenlieferanten und Kreditinstitute, wobei vielschichtige Probleme auftreten. Diese machen sich im Zusammenhang mit der wirksamen Vereinbarung und der Drittwirksamkeit des EV gegenüber Gläubigern und Rechtsnachfolgern bemerkbar. Denn wie gezeigt, sind die Voraussetzungen, die an die Wirksamkeit des EV gestellt werden, in Deutschland und Italien äußerst unterschiedlich. Die unterschiedlichen Voraussetzungen wirken sich im grenzüberschreitenden Rechtsverkehr insbesondere dann aus, wenn die Sache sich noch oder schon in einem anderen Land befindet. Die sich aus dem grenzüberschreitenden Sachverhalt ergebenden Fragestellungen werden durch das internationale Privatrecht (IPR) gelöst. Dabei hat in Italien die Reform des internationalen Privatrechts (riforma del sistema italiano di diritto internazionale privato[1], IPRG) zu wesentlichen Änderungen geführt. Gleichzeitig ist man innerhalb Europas um Reform- und Vereinheitlichungsbestrebungen bemüht.

I. Qualifikation des Eigentumsvorbehalts

In beiden Rechtsordnungen fehlt eine spezielle kollisionsrechtliche Regelung für den EV, weshalb auf die allgemeinen internationalprivatrechtlichen Vorschriften zurückgegriffen werden muß. Die zur Anwendung kommenden Rechtsordnungen unterscheiden beim EV zwischen dessen schuldrechtlich und dinglich zu qualifizierenden Wirkungen. Dabei wirft die jeweilige Qualifikation der Wirkungen des EV besondere Schwierigkeiten auf, da schuldrechtliche und dingliche Wirkungen äußerst eng miteinander verzahnt sind. Das betrifft nicht nur den einfachen EV, sondern auch seine vertikalen und horizontalen Verlängerungs- und Erweiterungsformen.

1. Lex contractus

a. Deutschland

Zunächst ist es notwendig festzustellen, welche Aspekte bei einem Kauf unter EV schuldrechtlich zu qualifizieren sind. Denn der EV muß immer zunächst nach dem Vertragsstatut wirksam zustande gekommen sein, um sachenrechtlich überhaupt wirken zu können. Grundsätzlich bestimmt das Vertragsstatut die vertraglichen Befugnisse des Vorbehaltskäufers hinsichtlich der Sache. Das gilt somit für die Frage, inwieweit der Käufer die Sache benutzen, veräußern oder verarbeiten darf. Auch das Rücktrittsrecht des Verkäufers nach § 455 BGB, ein vereinbartes Rücknahmerecht ohne vorherigen Rücktritt sowie der Verzug und seine Folgen werden schuldrechtlich qualifiziert, da insoweit nur die Wirkungen des EV zwischen den Parteien betroffen sind[2].

1 Legge v. 31. 5. 1995, n. 218, G. U. v. 3. 6. 1995, n. 128 .

2 Staudinger- Stoll, IntSachR, Rz. 334, 339, MüKo- Kreuzer, Nach Art. 38 Anh. I, Rz. 91; Sonnenberger, Quartalshefte, 1986/IV, S. 22.

Auf diese schuldrechtlich zu qualifizierenden Wirkungen des EV findet das Vertragsstatut Anwendung. Das deutsche IPR geht in Art. 27 EGBGB von der Beachtlichkeit der Parteiautonomie aus. Danach können die Parteien das auf den Kaufvertrag anwendbare Vertragsstatut selbst bestimmen. Das gewählte Recht wird dann auf alle Aspekte des Vertrages angewendet, die schuldrechtlich qualifiziert werden (Einheitsstatut)[3].

Soweit das gewählte Vertragsstatut alle Fragen hinsichtlich Abschluß, Inhalt und Wirksamkeit des Vertrages regelt, ist es auch maßgeblich für die Fragen, die sich aus den unterschiedlichen Sprachen der Vertragsparteien ergeben[4]. Bei Distanzgeschäften im grenzüberschreitenden Rechtsverkehr können insbesondere aufgrund von Verständigungsschwierigkeiten Probleme auftreten. Dieses Sprachproblem (Sprachrisiko) ist nicht Gegenstand einer selbständigen Anknüpfung nach Art. 31 Abs. 2 EGBGB[5], sondern eine Frage, die die Wirksamkeit von Willenserklärungen betrifft[6]. Überwiegend wird diese Frage daher unter dem Gesichtspunkt des Zugangs von Willenserklärungen untersucht[7].

Von Bedeutung ist dabei die Behandlung des Sprachrisikos auf Seiten des Erklärungsempfängers. Da der Zugang von Willenserklärungen das Verstehen oder zumindest die Möglichkeit des Verstehens voraussetzt, kann die Sprachunkenntnis den Zugang von Erklärungen hindern[8]. Der Erklärende muß sich daher den Sprachkenntnissen des Empfängers anpassen[9]. Ihm stehen dabei neben der Muttersprache des Empfängers alle Sprachen zur Verfügung, die der Adressat beherrscht oder deren Kenntnis er aufgrund der konkreten Umstände des Einzelfalles erwarten darf[10]. Dabei wird zum Teil[11] gefordert, im internationalen Handel könne die Kenntnis einer „Weltsprache" erwartet werden. Die Gegenansicht wendet zu Recht ein, die zu erwartende Sprachkenntnis ergebe sich nur aus den konkreten Umständen und müsse sich daher nach dem Maß der gezeigten Kenntnisse richten[12]. Bedienen sich die Parteien einer

3 Sandrock, RIW 1986, 841 (849); Beckmann/Sandrock, § 5, Rz. 6.

4 OLG Köln, RIW 1993, 414 (415); Schurig, IPRax 1994, 28 (32); Schwarz, IPRax 1988, 278 (279); Reithmann/Martiny, Internationales Vertragsrecht, Rz. 206.

5 So ausführlich Kallenberg, Sprachenproblem, S. 184 ff. der eine Sonderanknüpfung des Sprachrisikos nach Art. 31 Abs. 2 EGBGB richtigerweise auf das Verhalten eines Sprachunkundigen bei Distanzgeschäften beschränkt, wenn diesem Verhalten generell und ursprünglich vertagskonstitutive Bedeutung zugemessen werden kann.

6 Ausführlich hierzu Kallenberg, Sprachenproblem, S. 24 ff.

7 OLG Hamm, RIW 1997, 153 (154), Schlechtriem, IPRax 1996, 184; MüKo- Spellenberg, Vor Art. 11, Rz. 94; Reinhart, RIW 1977, 16 (19); Petzold, JbItalR 2, S. 96.

8 OLG Hamm, RIW 1997, 153 (154); MüKo- Spellenberg, Vor Art. 11, Rz. 90; Petzold, JbItalR 2 S. 96; Reinhart, RIW 1977, 16 (19).

9 MüKo- Spellenberg, Vor Art. 11, Rz. 94.

10 Spellenberg, FS für Ferid 80, S. 477.

11 OLG Koblenz, IPRax 1994, 46 (48); Drobnig, FS für Mann, S. 595, wobei Weltsprache auf europäische Sprachen, insbesondere auf englisch, begrenzt wird, während Weltsprachen wie arabisch oder chinesisch außer Betracht bleiben.

12 OLG Düsseldorf, RIW 1974, 103; OLG Hamm, RIW 1997, 153 (155); Staudinger- Schlosser § 2 Rz. 28 a; Lindacher in Wolf/Horn/Lindacher, Anh. § 2, Rz. 40; Kallenberg, Sprachenproblem, S. 41 f.

Verhandlungssprache, so ist darin noch keine rechtsgeschäftliche und bindende Vereinbarung zu sehen, wonach Erklärungen einzig in dieser bestimmten Sprache wirksam zugehen und verbindlich sein sollen[13]; die Parteien erzeugen damit lediglich den Eindruck, Kenntnisse dieser Sprache zu haben. Für den Zugang von Erklärungen kommt es somit entscheidend auf das Maß der konkret gezeigten Vertrautheit mit der verwendeten Sprache an[14]. Dieser Grundsatz gilt auch für die Sprache, in der der Vertrag abgefaßt ist (Vertragssprache). Aus der Vertragssprache ergibt sich nicht ohne weiteres, daß künftige Erklärungen nur in dieser Sprache abzugeben seien[15], sondern begründet lediglich die Erwartung, auch künftig werden Erklärungen in dieser Sprache verstanden, so daß der Erklärende zumindest von der Möglichkeit des Verstehens ausgehen kann[16]. Im Ergebnis haben beide Vertragsparteien auf den jeweils hervorgerufenen Eindruck genügender Sprachkenntnis Rücksicht zu nehmen und tragen dementsprechend das Zugangsrisiko ihrer Erklärungen[17]. Einzig mittels einer echten vertraglichen Vereinbarung können die Parteien festlegen, daß Erklärungen nur in einer bestimmten Sprache abzugeben sind, um wirksam werden zu können[18].

Eine andere Ansicht vertritt Kallenberg[19]. Er differenziert danach, ob der Vertragsschluß erst vorbereitend verhandelt oder maßgebliche Vertragsdokumente unterzeichnet werden. Im Rahmen der ersten Kontaktaufnahme finde noch keine Sprachwahl statt, weshalb zunächst die Zugangsregeln zur Anwendung kommen[20]. Bildet sich dann im Rahmen dieser Vertragsverhandlungen eine bestimmte Verhandlungssprache als beidseitig verwendetes Kommunikationsmittel heraus, so sei hierin eine konkludente Formvereinbarung nach § 125 S. 1 BGB zu sehen, von der nicht einseitig abgewichen werden könne[21]. Werde diese gewillkürte Formvorschrift nicht eingehalten, so sei die in ihr enthaltene Erklärung unwirksam. Von dieser vorrangigen Verhandlungssprache könne nur mittels einer Vereinbarung nach § 125 S. 2 BGB abgewichen werden. Die Unterzeichnung eines Vertrages in einer von der Verhandlungssprache abweichenden Sprache sei aber noch nicht ausreichendes Indiz für eine konkludente Änderung nach § 125 S. 2 BGB[22]. Damit ergeben sich im Ergebnis jedoch keine gravierenden Unterschiede, da vorrangig die Verhandlungssprache darüber entscheidet, in welcher Sprache Willenserklärungen wirksam werden.

---

13 So richtigerweise MüKo- Spellenberg, Vor Art. 11, Rz. 98, ders., FS für Ferid 80, S. 477; a. A. OLG Stuttgart, IPRax 1988, 294 (295); Beckmann, RIW 1981, 79 (82), Reinhart, RIW 1977, 16 (20), einschränkend Kallenberg, Sprachenproblem, S. 85.

14 So zu Recht differenzierend MüKo- Spellenberg, Vor Art. 11, Rz. 99 f.; ders., FS für Ferid 80, S. 485.

15 Beckmann, RIW 1981, 79 (81); Beckmann/Sandrock, § 9, Rz. 184 ff.

16 MüKo- Spellenberg, Vor Art. 11, Rz. 102 f.; ders., FS für Ferid 80, S. 482.

17 MüKo- Spellenberg, Vor Art. 11, Rz. 98, 102.

18 Spellenberg, FS für Ferid 80, S. 482 f.

19 Kallenberg, Sprachenproblem, S. 24 ff.

20 Kallenberg, Sprachenproblem, S. 29.

21 Kallenberg, Sprachenproblem, S. 35.

22 Kallenberg, Sprachenproblem, S. 35, 39.

Zu den schuldrechtlich zu qualifizierenden Fragen gehört außerdem die wirksame Vereinbarung des EV durch AGB[23]. Das Sprachrisiko muß auch bei der praktisch bedeutsamen und ebenfalls vom Vertragstatut zu lösenden Frage der wirksamen Einbeziehung von AGB beachtet werden.

Grundsätzlich trägt der Verwender der AGB das Verständigungsrisiko, weil der sprachunkundige Vertragspartner ein berechtigtes Interesse besitzt, vor fremdsprachigen, standardisierten Texten geschützt zu werden[24]. Soweit im kaufmännischen Rechtsverkehr der Verwender seine AGB lediglich durch einen entsprechenden Hinweis zugänglich machen muß[25], bestimmt sich die Sprache eines solchen Hinweises nach den Grundsätzen des Sprachrisikos[26]. Ist solch ein Hinweis in der Landessprache des Vertragspartners stets ausreichend[27], kommt es sonst auf die konkreten Sprachkenntnisse an, wobei der begründete Anschein der Sprachbeherrschung aufgrund der bei den Vertragsverhandlungen verwendeten Sprache bedeutsam ist[28]. Der Hinweis auf die AGB in einer „Weltsprache" und die sich daraus ergebende Kenntnis kann nicht ausreichen[29], da es auch im kaufmännischen Geschäftsverkehr auf die individuellen Fähigkeiten im konkreten Einzelfall ankommen muß[30]. Ein kaufmännisches Bestätigungsschreiben oder der in der Auftragsbestätigung erfolgende Hinweis auf die AGB müssen ebenfalls den individuellen sprachlichen Kenntnissen angepaßt sein, damit sie inhaltliche Änderungen des Vertrages überhaupt bewirken können[31]. Nach erfolgtem Hinweis in der bereits bei den Verhandlungen verwendeten Sprache, muß der kaufmännische Verwender die AGB nur auf Anforderung aushändigen[32]. Fordert der Vertragspartner die AGB an, so kann er auf deren Aushändigung in einer ihm verständlichen Sprache bestehen, wobei diese auch von der Verhand-

---

23 Mühl, Rechtsvergleich, S. 152.

24 Schwarz, IPRax 1988, 278 (279); OLG Stuttgart, IPRax 1988, 249 (295).

25 Soweit bei branchenüblichen AGB auch gegenüber Ausländern ein Hinweis entbehrlich sein kann (vgl. Beckmann/Sandrock, § 7, Rz. 51 ff.), spielt diese Frage hier keine Rolle, da bislang die Branchenüblichkeit des EV in AGB nicht angenommen wurde, vgl. dazu bereits oben A IV 4 a.

26 OLG Stuttgart, IPRax 1988, 293 (294); Kohler, IPRax 1991, 299 (301); Schmidt in Ulmer/Brandner/Hensen, Anh. § 2, Rz 20; Lindacher in Wolf/Horn/Lindacher, Anh. § 2, Rz 40; Weimar, DB 1978, 243; Sieg, RIW 1997, 811 (816); Schwarz, IPRax 1988, 278 (280); Kallenberg, Sprachenproblem, S. 95 f.

27 BGH, IPRax 1991, 326; LG Köln, ZIP 1992, 851 (852); OLG München, RIW 1975, 424; Lindacher in Wolf/Horn/Lindacher Anh .§ 2, Rz 40.

28 MüKo- Spellenberg, Art. 31, Rz. 40; Lindacher in Wolf/Horn/Lindacher Anh. § 2, Rz 40; Staudinger-Schlosser, § 2 AGBG, Rz. 28 a.

29 So aber OLG Hamburg, NJW 1980, 1232 (1233); Reinhart, RIW 1977, 16 (20); Drobnig, FS für Mann S. 595; Reithmann/Martiny, Internationales Vertragsrecht, Rz 207; Schmidt in Ulmer/Brandner/Hensen, Anh. § 2, Rz 20; Sieg, RIW 1997, 811 (816).

30 OLG Stuttgart, IPRax 1988, 293 (295); OLG Hamm, RIW 1997, 153 (155); Staudinger- Schlosser § 2 Rz. 28 a; Lindacher in Wolf/Horn/Lindacher, Anh § 2., Rz. 40; Schurig, IPRax 1994, 28 (32); Kohler, IPRax 1991, 299 (301); Kallenberg, Sprachenproblem, S. 41 f.

31 OLG Koblenz, RIW 1992, 1019 (1021); OLG Frankfurt, DB 81, 1612; OLG Düsseldorf, RIW 1974, 103 f.; für Auftragsbestätigung OLG Hamm, RIW 1994, 877 (878). Etwas anderes soll dann gelten, wenn die rechtliche Relevanz der Erklärungen erkannt wird. Daraus kann sich die Plicht ergeben, sich auf andere Weise Kenntnis vom Inhalt der zugegangenen Erklärung zu verschaffen, so OLG Hamm, RIW 1997, 153 (155), Schlechtriem, IPRax 1996, 184.

32 BGH DB 1976, 1616, vgl. dazu ausführlich oben A IV 4 a.

lungssprache abweichen kann[33]. Entsprechen weder der Hinweis noch die AGB diesen sprachlichen Anforderungen, so fehlt es grundsätzlich an einer wirksamen Einbeziehung der AGB[34]. Wurden die AGB aber dennoch tatsächlich verstanden, so ist ungeklärt, ob eine wirksame Einbeziehung vorliegt. Man kann von einer wirksamen Einbeziehung ausgehen, solange nicht rechtsgeschäftlich die Verbindlichkeit einer bestimmten Sprache für vertragserhebliche Erklärungen festgelegt wurde[35]. Denn wenn schon die Erwartung an ausreichende Kenntnis für eine Einbeziehung ausreicht, dann muß sich der Empfänger seine tatsächliche Kenntnis erst recht zurechnen lassen[36]. Als Ergebnis für den deutsch-italienischen Rechtsverkehr bleibt festzuhalten, daß es bei deutschem Vertragsstatut immer auf die konkret verwendeten Sprachkenntnisse der Vertragsparteien ankommt, inwieweit AGB und mit ihnen der EV wirksam in den Vertrag einbezogen werden.

Soweit durch das Schweigen auf ein kaufmännisches Bestätigungsschreiben oder durch ein konkludentes Einverständnis nach einem Hinweis auf die AGB in einer Auftragsbestätigung der EV Vertragsbestandteil werden kann[37], ist eine weitere Besonderheit zu beachten. Die so eintretende Einbeziehung der AGB benachteiligt bei Distanzverträgen den ausländischen Vertragspartner, der diese Besonderheit des deutschen Rechts nicht kennt. Denn der ausländische Vertragspartner kennt grundsätzlich nur die Regeln seiner heimatrechtlichen Rechtsordnung und richtet sein Verhalten entsprechend ein[38]. Deswegen wurde schon früh verlangt, das Annahmeverhalten autonom anzuknüpfen[39], was den Gesetzgeber zur Schaffung des Art. 31 Abs. 2 EGBGB veranlaßt hat. Danach richtet sich ausnahmsweise die erzielte Einigung nicht nach dem Vertragsstatut, sondern nach dem gewöhnlichen Aufenthaltsort des Vertragspartners[40]. Einer Partei ist daher nicht ohne weiteres ein Verhalten als Willenserklärung zurechnen, wenn sie mit dieser Auslegung nicht zu rechnen braucht, da ihr

---

33 MüKo- Spellenberg, Art. 31, Rz. 41, Weimar, DB 1978, 243; a. A: Palandt- Heldrich, Art. 31, Rz. 3, differenzierend Beckmann/Sandrock, § 9, Rz. 251 ff.; Kallenberg, Sprachenproblem, S. 101 f.

34 OLG Karlsruhe, NJW 1972, 2185. Enger Staudinger- Schlosser, § 2 AGBG, Rz. 28 a, der bei Anbahnung von Distanzgeschäften nur die AGB in den Vertrag einbeziehen will, die der Adressat im Ausland versteht, wobei er übersieht, daß es auch in diesem Fall auf die konkreten Sprachkenntnisse ankommt.

35 OLG Hamburg, NJW 1980, 1232 (1233); Reithmann- Martiny, Internationales Vertragsrecht, Rz. 207; a.A. zum Teil die Rechtsprechung, OLG Stuttgart, RIW 1962,260; OLG Düsseldorf, RIW 1974, 103; OLG Frankfurt, RIW 1976, 532.

36 Schmidt in Ulmer/Brandner/Hensen, Anh. § 2, Rz 20; Reinhart, RIW 1977, 16 (20); Spellenberg, FS für Ferid 80, S. 480.

37 Dazu bereits oben ausführlich A IV a, aa, bb.

38 Beckmann/Sandrock, § 5, Rz. 12.

39 Kronke NJW 1977, 992 (993); Hepting, RIW 1975, 457 (462); Jayme, ZHR 142 (1978), 105 (121).

40 Vom Wortlaut her berücksichtigt Art. 31 Abs. 2 EGBGB nur das vorkonsensuale Verhalten der Parteien. Jedoch steht das kaufmännische Bestätigungsschreiben zeitlich und funktional im engen Zusammenhang mit dem Verhalten der Partei vor Vertragsschluß und ist daher mit diesem gleichzubehandeln, Ebenroth, ZfVglRWiss. 77 (1978) 161, (186); Lindacher in Wolf/Horn/Lindacher Anh. § 2, Rz. 21, 47; Sandrock, RIW 1986, 841 (849); Reithmann/Martiny, Internationales Vertragsrecht, Rz. 205.

Wohnsitzrecht diese Rechtsregel nicht reflektiert[41]. Die Sonderanknüpfung beschränkt sich somit auf die Frage, ob der zum Vertragsschluß erforderliche Konsens zwischen den Parteien besteht.

Die Einbeziehung der AGB durch ein kaufmännisches Bestätigungsschreiben richtet sich folglich trotz deutschem Vertragsstatut nach italienischem Recht, wenn der Vertragspartner in Italien seinen gewöhnlichen Aufenthaltsort hat und die Wirkungen seines Schweigens nicht kennt. Denn das italienische Recht mißt dem Schweigen auf ein kaufmännisches Bestätigungsschreiben nicht die vertragsmodifizierende Wirkung zu wie dies die deutsche Judikatur annimmt. Dem Schweigen wird vielmehr erst dann eine materielle Wirkung zugebilligt, wenn nach den früheren Geschäftsbeziehungen üblich war, Vereinbarungen schriftlich zu bestätigen oder ein entsprechender Handelsbrauch sich entwickelt hat[42]. Bei Bestehen eines solchen Handelsbrauches zwischen den Vertragsparteien ist aber ein Festhalten an dem deutschen Vertragsstatut nicht unbillig im Sinne des Art. 31 Abs. 2 EGBGB, so daß es nicht auf das italienische Heimatrecht ankommt.

b. Italien

Auch das italienische IPR geht von der grundsätzlichen Maßgeblichkeit des Vertragsstatuts für alle schuldrechtlich zu qualifizierenden Fragen aus. Das war bislang in Art. 25 preleggi normiert, der von dem Vorrang der Privatautonomie bei der Festlegung des Vertragsstatuts ausging[43]. Wird keine Rechtswahl getroffen, so bestimmt sich das maßgebliche Recht nach dem gemeinsamen Aufenthaltsort der Parteien oder anderenfalls nach dem Ort des Vertragsschlusses.

Das neue IPRG geht einen anderen Weg. In Art. 57 IPRG werden die schuldrechtlichen Wirkungen in jedem Fall von dem EVÜ[44] geregelt. Die bevorzugte direkte Verweisung auf das internationale Übereinkommen führt dazu, daß das Übereinkommen auch auf Staaten angewendet wird, die keine Vertragsstaaten des EVÜ sind[45]. Das EVÜ geht in den Artt. 3, 4 EVÜ ebenfalls von dem Prinzip der freien Rechtswahl aus. Dabei kann nun die Rechtswahl ausdrücklich oder konkludent erfolgen, im Gegensatz zu Art. 25 preleggi, der eine hypothetische Wahl ausschloß[46]. Aus Art. 10 EVÜ ergibt sich sodann die Reichweite der Wirkungen des Vertragsstatuts. Dabei bestehen aufgrund der Inkorporation des EVÜ in die Artt. 27 ff. EGBGB keine Besonderheiten zur deutschen Rechtslage.

41 OLG München, IPRax 1991, 46 (49); OLG Karlsruhe, NJW-RR 1993, 567 (568).

42 Vgl. dazu bereits ausführlich oben A IV 4 b, aa.

43 Annibale, Riforma, Art. 57, S. 278.

44 Römisches EWG-Übereinkommen über das auf vertragliche Schuldverhältnisse anzuwendende Recht vom 19. 6. 1980, abgedruckt in Jayme/Hausmann, Internationales Privatrecht, Nr. 43.

45 Munari, JbItalR, 9 (1996), S. 40; Pocar, Nuovo diritto, S. 57.

46 Annibale, Riforma, Art. 57, S. 278.

In Italien stellt sich aufgrund des Konsensualprinzips das Problem, die sofortigen dinglichen Wirkungen eines Vertragsschlusses von seinen schuldrechtlichen Wirkungen zu unterscheiden und entsprechend zu qualifizieren. Die Lösung wird in der Abgrenzung von *titulus* und *modus acquirendi* gesucht[47]. Der Vertrag, der den Rechtsgrund (titolo d'acquisto) für die Übertragung des dinglichen Rechts darstellt sowie seine schuldrechtlichen Wirkungen werden dem Vertragsstatut unterstellt. Folglich werden die Fragen, die die Wirkungen des EV zwischen den Parteien betreffen, vom Vertragsstatut geregelt und umfassen die Wirksamkeit und das Zustandekommen des Kaufertrages unter EV[48]. Die Voraussetzungen der Vertragsauflösung wie auch das Recht, sich wieder in den Besitz der Kaufsache zu bringen, werden ebenfalls von dem Vertragsstatut geregelt[49]. In all diesen Fällen sind nur die Interessen der Vertragsparteien betroffen und es kommt nicht auf den Schutz Dritter an, der vom Sachstatut geregelt wird[50].

Schuldrechtlich zu qualifizieren sind auch die Fragen des Gefahrübergangs, da die Vorschriften mit dem Vertragsstaut einhergehen und diesem eng verbunden sind[51]. Das Vertragsstatut ist obendrein maßgeblich für die Vereinbarung des EV, also die rechtsgeschäftliche Vereinbarung des vorbehaltenen Eigentums. Auch wenn die Vereinbarung zugleich dingliche und schuldrechtliche Wirkungen besitzt, wird diese Frage dem Vertragsstatut unterstellt. Denn die Frage einer wirksamen Vereinbarung des EV wird von denselben Vorschriften entschieden, die den Vertragsschluß regeln. Die Frage wird primär dem Parteiwillen zugeordnet und rechtfertigt daher die Anknüpfung an das Vertragsstatut[52].

In diesem Zusammenhang wirft die Vereinbarung eines EV mittels AGB im grenzüberschreitenden Verkehr Probleme auf. Die Frage einer wirksamen Einbeziehung von AGB ist ein Problem des Zustandekommens des Vertrages und wird ausschließlich vom Vertragsstatut behandelt[53]. Art. 1341 c.c wird auch auf internationale Geschäfte angewendet, sofern italienisches Recht das Vertragsstatut bildet[54]. Das führt auch im internationalen Rechtsverkehr lediglich zur Durchführung einer reinen Abschlußkontrolle. Für die wirksame Einbeziehung der Klauseln reicht es daher nach Art. 1341 c.c aus, wenn die andere Seite von den AGB Kenntnis hatte oder hätte nehmen können. Dabei sind bislang keine unterschiedlichen Kriterien an die Sorgfaltsmaßstäbe hin-

---

47 Mosconi, Diritto internazionale, Parte speciale, S. 119; Vitta, Diritto internazionale, Bd. III, S. 50.

48 Ballarino, Diritto internazionale, S. 567; Enciclopedia- Luzzatto, Proprietà (dir. intern. priv.), S. 313.

49 Mühl, Rechtsvergleich. S. 153; Bonomi, Riv. dir. int. priv. proc., 1992, 776 (799); Cassoni, Riv. dir. int. priv. proc., 1982, 464 (476).

50 Ballarino, Diritto internazionale, S. 567.

51 Encyclopedia- Venturini, Property, S. 26; Cassoni, Riv. dir. int. priv. proc., 1982, 464 (469); Bonomi, Eigentumsvorbehalt, S. 182; ders., Riv. dir. int. priv. proc., 1992, 776 (799); Mühl, Rechtsvergleich, S. 153; Enciclopedia- Venturini, Diritti reali (dir. int. priv.), S. 785.

52 Bonomi, Eigentumsvorbehalt, S. 183 f.; ders., Riv. dir. int. priv. proc., 1992, 776 (800).

53 Vitta, Diritto internazionale, Bd. III, S. 431 ff.; ders., Corso, S. 253; Bonell, Giust. civ., 1979, IV, 3 (12).

54 Patti, Condizioni generali, S. 183.

sichtlich der Kenntnis oder schuldhaften Nichtkenntnis der AGB i.S.d. Art. 1341 c.c.[55] angelegt worden, wenn ein Ausländer an dem Vertrag beteiligt ist[56]. Patti[57] sieht das Sprachenproblem nicht als bedeutend an, da im grenzüberschreitenden Verkehr zumeist der Vertrag formfrei geschlossen werde und daher den AGB keine große Bedeutung zukomme. Erst neuerdings sind Urteile[58] zum Sprachrisiko ergangen. Dabei ging es aber jeweils um materielles Recht und nicht um Probleme des kollisionsrechtlichen Sprachenstatuts oder um Fragen, in welcher Sprache die AGB dem ausländischen Vertragspartner zur Kenntnis gebracht werden müssen. Auch mit Geltung des EVÜ hat bislang das Sprachproblem keinen Einzug in die Literatur[59] oder die Judikatur gefunden[60]. Ob sich das durch die Ausweitung der Anwendung des Art. 8 EVÜ durch Art. 57 IPRG ändern wird, bleibt abzuwarten[61]. Aufgrund der Identität von Art. 31 EGBGB und Art. 8 EVÜ könnte die Neuregelung grundsätzlich zu denselben sprachlichen Anforderungen führen, die im deutschen Recht entwickelt wurden[62]. Die Verbindlichkeit von AGB erforderte dann zumindest einen entsprechenden Hinweis auf ihre Existenz in der Vertrags- oder Verhandlungssprache, damit der Verwender berechtigterweise davon ausgehen kann, daß der Vertragspartner die Möglichkeit hat, Kenntnis von der Existenz und den Inhalt der Klauseln zu nehmen. Es bleibt aber festzuhalten, daß die Frage, in welcher Sprache der Hinweis zu erfolgen hat oder ob die AGB dem ausländischen Vertragspartner vorgelegt werden müssen, in Italien nicht erörtert wird.

Zusammenfassend werden in Italien und in Deutschland die gleichen Wirkungen hinsichtlich eines einfachen EV schuldrechtlich qualifiziert und von dem Vertragsstatut geregelt. Hinsichtlich des Sprachrisikos ist man bislang lediglich in Deutschland zu annehmbaren Ergebnissen gelangt, indem auf individuelle Kenntnisse der Vertragsparteien abgestellt wird.

---

55 Vgl. dazu bereits oben A IV 4 b, aa.

56 Bonell, Giust. civ., 1979, IV, 3 (12); Bianca- Bonell, Condizioni generali, Bd. I, S. 119; Bianca- Napoli, Condizioni generali., Bd. II, S. 70; Kallenberg, Sprachenproblem, S.168, FN 594.

57 Patti, Condizioni generali, S. 183, 187.

58 Trib. Bolzano, 13. 8. 1992, Giur. it. 1994, I, 2, 381 (387); Trib. Bolzano, 26. 10. 1992, Giur. it. 1994, I, 2, 382 (390).

59 Einzig Memmo, Giur. it., 1994, I, 2, 381 (384) referiert die deutsche Rechtslage zum Sprachrisiko und plädiert für eine entsprechende Behandlung des Problems.

60 OLG Hamm, RIW 1997, 153 (154) unter Hinweis auf den zu dieser Frage beauftragten Gutachter, Thieme, ZfVglRWiss 96 (1997), 260 (278).

61 Bonell, Giust. civ., 1979, IV, 3 (12 f.); Bianca- Bonell, Condizioni generali, Bd. 1, S. 119; ging schon vor 20 Jahren -bislang vergeblich- davon aus, mit Geltung des Art. 8 EVÜ werde sich diese Rechtslage ändern.

62 Vgl. dazu bereits oben C I 1 a.

2. Lex rei sitae

a. Deutschland

Der EV kann sachenrechtlich nur wirken, wenn er nach dem Vertragsstatut wirksam zustande gekommen ist. Die sachenrechtlichen Wirkungen des EV, insbesondere gegenüber den Gläubigern des Käufers, werden nach allgemeiner Ansicht dinglich qualifiziert[63]. Die dinglich zu qualifizierenden Rechte bestimmten sich nach der gefestigten Haltung der Rechtsprechung[64] unter Zustimmung der Literatur[65] nach dem Recht des Belegenheitslandes (lex rei sitae). Dieser Grundsatz wurde nun in Art. 43 Abs. 1 EGBGB kodifiziert. Damit richtet sich die Entstehung, Übertragung und Änderung an dinglichen Rechten nach dem Recht des Ortes, an dem die Sache sich zur Zeit des jeweiligen sachenrechtlichen Vorganges befindet[66]. Der Herrschaft des lex rei sitae unterliegt damit auch die bedingte Einigung[67].

b. Italien

In Italien ist die Herrschaft des lex rei sitae für dingliche Rechte an beweglichen und unbeweglichen Sachen ebenfalls grundsätzlich anerkannt. Art. 51 Abs. 1 IPRG wiederholt nahezu Wortgleich den Art. 22 preleggi, wonach dingliche Rechte von dem aktuellen Belegenheitsrecht geregelt werden. Die Regelungsweite des lex rei sitae bezieht sich auf den Erwerb und Verlust dinglicher Rechte durch Rechtsgeschäfte[68]. Welche Wirkungen des Vertragschlusses dinglich zu qualifizieren sind erfolgt nach der Abgrenzung von *titulus* und *modus acquirendi* [69]. Der modus acquirendi bestimmt die Elemente, die den Entstehungstatbestand des dinglichen Rechts bilden. Die lex rei sitae ist daher berufen zu entscheiden, ob die Übertragungswirkung sich direkt aus dem Vertrag ergibt oder dazu die Übergabe der Sache notwendig ist. Diese Unterscheidung sollte mit Art. 51 Abs. 2 IPRG normiert worden. Dabei ist der Wortlaut zwei-

---

63 MüKo- Kreuzer, Nach Art. 38 Anh. I, Rz. 91; Staudinger- Stoll, IntSachR, Rz. 334; Graf v. Bernstorff, RIW 1993, 365; OLG Koblenz, RIW 1992, 1019 (1021).

64 BGHZ 39, 173 (175); 45, 95 (97); 100, 321 (324); BGH NJW 1991, 1415 (1416); BGH RIW 1997, 327.

65 Kegel/Schurig, Internationales Privatrecht, § 19 I, S. 661; Palandt- Heldrich, Anh. zu EGBGB 38, Rz. 2; MüKo- Kreuzer, Nach Art. 38 Anh. I, Rz. 74; Soergel- Lüderitz, Art. 38 Anh. II, Rz. 3, Erman- Hohloch, vor Art. 43 EGBGB, Rz. 1.

66 Junker, Internationales Privatrecht, Rz. 474; MüKo- Kreuzer, Nach Art. 38 Anh. I, Rz. 83; Spickhoff, NJW 1999, 2209 (2214).

67 Palandt- Heldrich, Anh. zu EGBGB 38, Rz. 5; Graf v. Bernstorff, RIW 1993, 365; Behr, RIW 1978, 489 (495); a. A. Bonomi, Riv. dir. int. priv. proc., 1992, 777 (800), der die Einigung dem Vertragsstatut unterwerfen will, da die Einigung von Vorschriften geregelt werde, die ausschließlich den Willen der Parteien schützen und nicht dem Interesse Dritter dienten. Sofern Bonomi aber den einseitigen EV dem Sachstatut unterstellen will, übersieht er, daß der wirksame EV sich nicht aus der Übergabe ergibt, sondern aus der konkludenten Annahme des bedingten Übereignungsangebots. Somit steht auch hier der Parteiwille im Vordergrund, weshalb Bonomi konsequenterweise auch den einseitigen EV dem Vertragsstatut unterstellen müßte.

68 Bonomi, Riv. dir. int. priv. proc., 1992, 777 (784).

69 Vgl. dazu bereits oben C I 1 b.

deutig, wonach dem Lagerecht der Erwerb von Sachen unterliegt, es sein denn, die Zuordnung eines Rechts an einer Sache ergäbe sich aus einem Vertrag. Damit wird aber nicht der Eigentumserwerb in Folge des Konsensualprinzips vom Vertragsstatut geregelt[70]. Vielmehr soll die bisherige Abgrenzung der Anknüpfung nach titulus und modus acquirendi aufrechterhalten werden[71], so daß die Vorschrift als legislative Klarstellung betrachtet wird[72] und keine fundamentale Neuregelung für den Erwerb dinglicher Rechte geschaffen wurde. Daher kann auf die vorherige Rechtslage umfassend Bezug genommen werden, wonach das lex rei sitae festlegt, welche dinglichen Rechte überhaupt entstehen können und mit welchem Inhalt, Wirkungen und Schutz sie ausgestattet sind[73].

Die Wirkungen des entstandenen EV als Sicherungsrecht wie auch seine Geltendmachung werden dinglich qualifiziert[74] und unterfallen der lex rei sitae. Denn die wesentliche Folge des EV ist die Verschiebung des Eigentumsübergangs vom Vertragsschluss hin zur vollständigen Kaufpreiszahlung, wobei diese dingliche Wirkung sich unmittelbar aus dem Vertragsschluß als modus acquirendi ergibt. Das Ergebnis wird zudem durch die Sicherungsinteressen der Vertragsparteien gestützt. Denn der EV soll nicht nur den Verkäufer relativ gegenüber einer Nichterfüllung durch den Käufer schützen, sondern auch den Verkäufer im Verhältnis zu Dritten. Dieser beabsichtigte Schutz des Verkäufers fällt typischerweise in den Regelungsbereich eines dinglichen Rechts, nämlich gegenüber jedermann zu wirken[75]. Gleiches gilt für die gesicherte und geltwerte Rechtsstellung des Käufers, die er gegen Eingriffe Dritter verteidigen kann. Daher ist das Sachstatut des Art. 51 Abs. 1 IPRG für die Behandlung der dinglichen Wirkungen des EV maßgeblich[76].

Vereinzelt wird vertreten, der EV mit all seinen Wirkungen richte sich nach dem Vertragsstatut[77]. Weder die Vertragsparteien noch die Rechtsordnung des Belegenheitslandes erleideten eine Beeinträchtigung. Mit einem EV werde weder das Interesse Dritter noch der Gebrauch oder die Bestimmung der verkauften Sache beeinträchtigt. Vielmehr stehe bei einem Kauf unter EV die Bewahrung der Eigentümerstellung als ein Sicherungsinstrument des Verkäufers im Vordergrund. Die Begründung eines wirksamen EV repräsentiere daher eine wesentliche Regelung der Interessenlage,

70 Zu Recht weisen Maglio/Thorn, ZfVglRWiss 96 (1997), 347 (369 f.) auf diese am Wortlaut orientierte Auslegung und den mißverständlichen Wortlaut hin.

71 Kritisch zu dieser Unterscheidung Enciclopedia- Luzzatto, Proprietà (dir. int. priv.), S. 304 f.; Commentario- Luzzatto, Art. 51, S. 253; Bonomi, Riv. dir. int. priv. proc., 1992, 777 (785).

72 Annibale, Riforma, Art. 51, S. 259; Maglio/Thorn, ZfVglRWiss 96 (1997), 347 (370); Pocar, Nuovo diritto, S. 56.

73 Statt aller Annibale, Riforma, Art. 51, S. 259.

74 Enciclopedia- Luzzatto, Proprietà (dir. int. priv.), S. 313; Cassoni, Riv. dir. int. priv. proc., 1982, 429 (465 f.); Monaco, Efficacia, S. 254 ff.; Venturini, Diritto internazionale, S. 56; Gabrielli, Quartalshefte, 1986/IV, S. 79.

75 Angelici, Consegna, S. 223 f.

76 App. Milano, 6. 4. 1956, Foro it., 1957, I, 1856 (1857); Trib. Latina, 19. 2. 1973, Giur. it., 1974, I, 422 (428).

77 Rescigno- Mengozzi, Disposizione, S. 403 f.

die von den Parteien gewollt sei. Daraus ergebe sich die Qualifikation des EV als Institut mit obligatorischen Charakter und unterfalle daher dem die Parteiautonomie regelnden Vertragsstatut[1]. Diese Ansicht übersieht jedoch, daß die wesentlichen Wirkungen des EV die Parteien gerade im Verhältnis zu Dritten schützen sollen[2] und daher dinglich zu qualifizieren sind. Da die territoriale Anknüpfung die Reichweite dinglicher Rechte gegenüber Dritten schützt, kann auf diesen Schutz nur verzichtet werden, wenn Fragen berührt sind, die ausschließlich die Vertragsparteien betreffen[3].

Im Ergebnis werden in Deutschland und Italien beim wirksam begründeten einfachen EV die dinglich zu qualifizierenden Wirkungen, die sich gegenüber Dritten auswirken können, von dem jeweiligen lex rei sitae geregelt.

II. Anerkennung des importierten Eigentumsvorbehalts

Die Anknüpfung der dinglichen Wirkungen des EV an das jeweilige Lagerecht bringt bei einem Wechsel der Sache in ein anderes Land den Wechsel des Sachstatuts mit sich und führt zur Gesetzeskollision (conflits mobiles). Bei grenzüberschreitenden Warenkäufen unter EV spielen die Wirkungen des EV im neuen Belegenheitsland die zentrale Rolle. Dabei beansprucht die sachenrechtliche Problematik des internationalen Verkehrsgeschäfts einen speziellen Ausgleich der beteiligten Interessen. Zum einen ist den Parteien an der Aufrechterhaltung ihrer Rechtspositionen zur Sicherung der störungsfreien Vertragsabwicklung gelegen. Zum anderen sind die Interessen von kreditierenden, pfändenden oder erwerbenden Dritten zu beachten, die erst im Importland mit der Sache in Kontakt kommen und folglich auf ihr Heimatrecht vertrauen. Bei dem sich ergebenden Konflikt der verschiedenen Rechtsordnungen durch den Länderwechsel konzentriert sich die Frage darauf, welches Recht für die Beurteilung des EV und seiner Wirkungen maßgeblich ist und wie die sich ergebenden Interessenskonflikte sachgerecht zu lösen sind.

1. Deutschland

Das deutsche Recht kennt keine besonderen Vorschriften über die Anerkennung eines ausländischen EV, weshalb auf die allgemeinen Grundsätze der Anerkennung dinglicher Rechte zurückzugreifen ist. Unter dem alten Sachenrechtsstatut wirksam begründete dingliche Rechte werden in Deutschland in der Form anerkannt, die sie unter dem vorherigen Sachstatut erhalten haben[4]. Das bestimmt nun-

---

1 Rescigno- Mengozzi, Disposizione, S. 403 f.; gegen ihn Bonomi, Riv. dir. int. priv. proc., 1992, 777 (798).

2 Drobnig, RabelsZ 32 (1968), 450 (456).

3 Enciclopedia- Luzzatto, Proprietà (dir. int. priv.), S. 312.

4 BGHZ 39, 173 (175); 45, 95 (97); 100, 321 (324); BGH NJW 1991, 1415 (1416); MüKo- Sonnenberger, Einl. IPR, Rz. 614.

mehr Art. 43 Abs. 2 EGBGB[5], der auf dem Grundsatz der Anerkennung wirksam erworbener Rechte beruht, soweit ein abgeschlossener Sachverhalt vorliegt. Das ist der Fall, wenn das dingliche Recht wirksam in dem ursprünglichen Belegenheitsland entstanden ist[6]. Ist nach dem ursprünglichen Belegenheitsrecht das Recht wirksam begründet und nicht wieder untergegangen, so entscheidet mit Grenzübertritt das deutsche lex rei sitae über Inhalt, Ausübung und Fortbestand des dinglichen Rechts[7]. Im Ergebnis werden damit die Situs- Regeln der beteiligten Belegenheitsländer sukzessive angewendet[8]. Der Schutz des erworbenen dinglichen Rechts wird jedoch durch den numerus clausus der inländischen Sachenrechte begrenzt. Denn das ausländische Recht muß aufgrund des Typenzwangs mit der deutschen Sachenrechtsordnung in Einklang stehen[9]. Das gewährleistet die Transpositionstheorie[10], wonach ausländische Rechte in ihrem funktionsäquivalenten deutschen Sachenrechtstypus fortbestehen und inhaltlich ausgeübt werden[11]. Diese grundsätzliche Anerkennung des ausländischen dinglichen Rechts dient der individuellen Gerechtigkeit, indem bereits erworbene Rechte möglichst nicht durch den Gebietswechsel beeinträchtigt werden. Zudem kann der inländische Rechtsverkehr sich darauf verlassen, daß die Sachenrechtsordnung des jeweiligen Belegenheitslandes das Schicksal der dinglicher Rechte regelt[12].

Diese Grundsätze wirken sich auf die dinglich zu qualifizierenden Wirkungen des EV aus. Die Begründung eines vollwirksamen und dinglich wirkenden EV wird überwiegend als abgeschlossener Tatbestand betrachtet[13]. Abgeschlossen ist die eigentumserhaltende, aufschiebend bedingte Verfügung des Verkäufers. Auf den späteren Bedingungseintritt, in dem diese Sicherungsfunktion des Eigentums wegfällt, kommt es dabei nicht an[14]. Damit ist die Anerkennung des vereinbarten EV an

5 Pfeiffer, NJW 1999, 3674 (3677), Spickhoff, NJW 1999, 2209 (2214).

6 Drobnig/Goode, Security, S. 351.

7 Junker, Internationales Privatrecht, Rz. 486; Reithmann/Martiny, Internationales Vertragsrecht, Rz. 703; Siehr, RIW 1971, 10 (17).

8 Kreuzer, FS für Overbeck, S. 626.

9 Kegel/Schurig, Internationales Privatrecht, § 19 III, S. 667; Pfeiffer, IPRax 2000, 270 (272); MüKo-Sonnenberger, Einl. IPR, Rz. 614.

10 Sonnenberger, Quartalshefte, 1986/IV, S. 24, MüKo- Sonnenberger, Einl. IPR, Rz. 614; Junker, Internationales Privatrecht, Rz. 487; MüKo- Kreuzer, Nach Art. 38 Anh. I, Rz. 88, FN 383.

11 Allgemeine Ansicht, Soergel- Lüderitz, Anh. II Art. 38, Rz. 53; BGHZ 39, 173 (175); 45, 95 (97); BGH NJW 1991, 1415 (1416); Kreuzer, IPRax 1993, 157 (162); Stoll, RabelsZ 38 (1974), 450 (458 f.); Drobnig, RabelsZ 38 (1974), 468 (478); MüKo- Kreuzer, Nach Art 38 Anh. I, Rz. 91; Kegel, JuS 1968, 162 (164), Pfeiffer, IPRax 2000, 270 (272).

12 BGH RIW 1997, 327.

13 BGHZ 45, 95 (97); LG Köln, ZIP 1992, 851 (852); Kegel, JuS 1968, 162 (164); Drobnig, RabelsZ 32 (1968), 450 (464); Schurig, IPRax 1994, 27 (28); MüKo- Kreuzer, Nach Art 38 Anh. I, Rz. 91, Siehr, RIW 1971, 10 (17); Sonnenberger, Quartalshefte, 1986/IV, S. 23; Kieninger, Mobiliarsicherheiten, S. 39; v. Plehwe, Warenkreditsicherheiten, S. 106 f.; Spickhoff, NJW 1999, 2209 (2214); Kropholler, Internationales Privatrecht, § 54 III 2 b, S. 485, Erman- Hohloch, Art. 43 EGBGB, Rz. 27; etwas anders Pfeiffer, IPRa 2000, 270 (273); die andere Ansicht stellt auf den Eigentumserwerb ab und kommt daher zu einem gestreckten Tatbestand OLG Hamburg, RabelsZ 32 (1968), 535 (539); v. Behr, RIW 1978, 489 (496); Junker, Internationales Privatrecht, Rz. 484.

14 Sonnenberger, Quartalshefte, 1986/IV, S. 23.

aus Italien importierten Sachen grundsätzlich möglich. Die Frage der wirksamen Begründung und der dinglichen Tragweite dieses EV richtet sich im deutsch-italienischen Rechtsverkehr beim Import aus Italien zunächst nach italienischem Sachstatut, mit Eintreffen der Sache nach deutschem Sachstatut. Dabei sind drei Konstellationen auseinanderzuhalten:

Unproblematisch wird der EV in vollem Umfang anerkannt, wenn er mit Drittwirkung entstanden ist und somit dingliche Wirkungen entfaltet[15]. Ist der EV daher unter Beachtung der Publizitätsvorschriften des Art. 1524 c.c. entstanden, so wird er in vollem Umfang anerkannt und bleibt mit Grenzübertritt vollwirksam bestehen, da er ohne Probleme in sein deutsches Äquivalent überführt werden kann.

Soweit der EV mangels Einhaltung der Publizitätsvorschriften des Art. 1524 c.c. nur zwischen den Vertragsparteien relative Wirkung entfaltet, ist die Lösung nicht einheitlich. Es liegt insoweit ein gestreckter Tatbestand vor, da in diesem Fall nach italienischem Sachstatut dem EV die Drittwirksamkeit fehlt und daher die eigentumserhaltende Wirkung des EV nur relativ eingetreten ist[16]. Dann kann dem EV die fehlende dingliche Wirkung auch nicht über den Grundsatz des Schutzes wohlerworbenen Rechte verschafft werden, sondern nur über eine kollisionsrechtliche Lösung.

Nach Ansicht des BGH[17] besitzt ein solch relativ wirkender EV grundsätzlich diese relative Wirkung auch in Deutschland, weshalb eine Umwandlung in einen absolut wirkenden EV nicht möglich ist. Dennoch kann der EV drittwirksam werden, wenn die Parteien einen voll wirksamen EV gewollt haben, sobald die Sache in Deutschland eingetroffen ist. Denn schon unter dem altem Belegenheitsrecht kann vereinbart werden, was mit Eintreffen der Sache im Bestimmungsland gelten soll[18]. Ist die Umwandlung des relativen in einen voll wirksamen EV gewollt, bedarf es eines entsprechenden Rechtsgeschäfts. Hierfür können die Parteien eine Vereinbarung treffen, die auf Rückübertragung des relativen Eigentums an den Verkäufer gerichtet ist[19]. Der Verkäufer wird wieder unbeschränkter Eigentümer, bis der Kaufpreis vollständig gezahlt ist. Diese Vereinbarung stellt zugleich die dingliche Einigung für die Rückübertragung dar. Mit Eintreffen der Sache bei dem Käufer in Deutschland erstarken somit die relativen Wirkungen des italienischen EV kraft entsprechenden Parteiwillens zu einem dinglich wirkenden EV nach deutschem Recht.

---

15 Reithmann/Martiny, Internationales Vertragsrecht, Rz. 700; Siehr, RIW 1971, 10 (17).

16 Spickhoff, NJW 1999, 2209 (2214).

17 BGHZ 45, 95 (97).

18 Kegel, JuS 1968, 162 (164) prägte hierfür die Bezeichnung „Griff in die Zukunft".

19 BGHZ 45, 95 (100 f.). Soweit auf die andere Auffassung des LG Frankfurt, RIW 1958, 190 verwiesen wird, ist nicht ausreichend berücksichtigt worden, daß das LG Frankfurt einen Sachverhalt zu entscheiden hatte, in dem der EV nicht gleichzeitig mit Vertragsschluß vereinbart wurde und daher richtigerweise davon ausgegangen ist, daß der Eigentumsübergang bei italienischem lex rei sitae bereits mit Vertragsschluß erfolgt ist.

Die Rechtsprechung[20] und die Literatur[21] stimmen im Ergebnis mit dem BGH überein. Jedoch soll die Inlandswirksamkeit des EV bereits mit Grenzübertritt und nicht erst mit Übergabe an den Käufer eintreten. Hierfür geht man von einer Rückwirkung des Importlandrechts aus. Danach bemißt sich der Gesamttatbestand zunächst nach dem Ursprungsstatut, mit Grenzübertritt nach dem neuen Belegenheitsrecht. Somit werden die im Ausland eingetretene Vorgänge fiktiv als inländische Sachverhalte behandelt. Reichen diese Vorgänge dann für die wirksame Entstehung des EV aus, wird dieser in vollem Umfang anerkannt. Das gilt auch, wenn die Vereinbarung des EV im Exportland geringere oder gar keine Wirkungen entfaltet[22].

Unter Berücksichtigung dieser Ausgangslage wurde dementsprechend vom deutschen Rat für IPR eine Regelung[23] erarbeitet und vom Gesetzgeber in Art. 43 Abs. 3 EGBGB[24] unverändert übernommen. Danach wird das inländische Sachenrecht auf nicht abgeschlossene Tatbestände angewendet, die sich in dem früheren Lagestaat ereignet haben. Der Geltungsbereich dieser Norm erstreckt sich auf alle dinglichen Rechte, deren Zuordnung oder Entstehung noch nicht abgeschlossen ist[25]. Da auf die dingliche, eigentumserhaltende Wirkung des EV abzustellen ist, wird der nur relativ entstandene EV als gestreckter Tatbestand i.S.d. Art. 43 Abs. 3 EGBGB angesehen[26]. Die unter italienischem Sachstatut erfolgte Vereinbarung des EV wird somit behandelt, als sei sie unter deutschem lex rei sitae erfolgt. Nachdem das deutsche Sachstatut auf jegliche Publizität für den EV verzichtet, genügt die mündliche Vereinbarung eines EV in Italien. Denn der zunächst nur relativ wirkende EV erhält seine absolute Wirkung mit Eintreffen der Sache in Deutschland, weil die mündliche Vereinbarung für die volle Wirksamkeit des EV ausreicht[27].

---

20 LG Köln, ZIP 1992, 851 (852); OLG Hamm, RIW 1991, 155 (156).

21 Palandt- Heldrich, EGBGB 43 (IPR), Rz. 8; MüKo- Kreuzer, Nach Art 38 Anh. I, Rz. 91; Kegel/Schurig, Internationales Privatrecht, § 19 III, S. 668; Kegel, JuS 1968, 162 (164 f.); Siehr, RIW 1971, 10 (20 f.); Drobnig, RabelsZ 32 1968, 450 (469 f.); Reithmann/Martiny, Internationales Vertragsrecht, Rz. 703; Kropholler, Internationales Privatrecht, § 54 III 2 b, S. 484; v. Plehwe, Warenkreditsicherheiten, S. 116; kritisch Sonnenberger, Quartalshefte, 1986/IV, S. 16.

22 Drobnig, RabelsZ 32 (1968), 450 (469); Siehr, RIW 1971, 10 (21), während Kreuzer, Stellungnahme, S. 98 dafür plädiert, daß die fiktive Geltung ausschließlich die Fälle behandeln soll, in denen die Sicherungsrechte nicht oder noch nicht wirksam entstanden sind.

23 Vgl. Art. 43 Abs. 3 des RefE für ein Gesetz zur Ergänzung des internationalen Privatrechts, abgedruckt in MüKo- Kreuzer, Nach Art 38 Anh. I, Rz. 213.

24 Gesetz zum Internationalen Privatrecht für außervertragliche Schuldverhältnisse und für Sachen v. 21. 5. 1999, BGBl I, 1026.

25 So die amtliche Begründung des Entwurfs eines Gesetzes zum Internationalen Privatrecht für außervertragliche Schuldverhältnisse und für Sachen, BT- Drs. 14/343 v. 1. 2. 1999, Anlage I, S. 16, wobei sich die Begründung des Gesetzesentwurfs ausdrücklich auf die Entscheidung in BGHZ 45, 95 ff. bezieht.

26 Spickhoff, NJW 1999, 2209 (2214); Kropholler, Internationales Privatrecht, § 54 III 2 b, S. 485; Junker, Internationales Privatrecht, Rz. 485; Kegel/Schurig, Internationales Privatrecht, § 19 III, S. 668.

27 So die amtliche Begründung des Entwurfs eines Gesetzes zum Internationalen Privatrecht für außervertragliche Schuldverhältnisse und für Sachen, BT- Drs. 14/343 v. 1. 2. 1999, Anlage I, S. 16.

Im Ergebnis ist so eine antizipierte Vereinbarung des EV in Italien möglich, der aber dem Verkäufer eine dingliche Sicherheit erst in Deutschland verschaffen kann[28].

Eine andere Lösung wählt Bonomi[29], indem er die Publizitätsvorschriften selbständig an die lex rei sitae anknüpfen will. Die Publizitätsvorschriften regelten nur die Fragen der Drittwirksamkeit und legen den inländischen Umfang der dinglichen Wirkungen des EV fest. Auf die Publizitätsvorschriften für eine Drittwirksamkeit komme es aber nur solange an, wie die Sache dem Lagestatut unterworfen sei. Mit Statutenwechsel entscheide das neue lex rei sitae, ob es für die Drittwirksamkeit eine bestimmte Publizität voraussetzt. Verzichte die neue Rechtsordnung auf die Einhaltung von Publizitätsvorschriften, dann komme die neue lex rei sitae für die Drittwirkung des EV voll zu tragen, während die Nichteinhaltung der erforderlichen Publizität unter dem alten Lagerecht unerheblich sei[30].

Anders ist die dritte Konstellation zu entscheiden, wenn der EV nicht gleichzeitig mit dem Kaufvertrag vereinbart wurde, sondern ein sogenannter nachträglicher EV[31] vorliegt. Soweit diese Frage überhaupt behandelt wird, vertritt die Literatur die Ansicht, der Anerkennung des nachträglichen EV stehe kein Hindernis im Wege, da diese Vereinbarung und ihre dingliche Wirkung dem deutschen Recht bekannt ist[32].

Dabei werden die nationalen Unterschiede hinsichtlich des EV nicht ausreichend berücksichtigt. Bei einem rein deutschen Sachverhalt wird mit einem nachträglichen EV kaufvertragswidrig eine bedingte Übereignung angeboten, die der Käufer mit der Annahme der Sache akzeptiert. In Italien hingegen erwirbt der Käufer mangels Vorbehaltsabrede bereits das Eigentum mit Vertragsschluß[33]. Dieser Unterschied ist von erheblicher Bedeutung. Hat nach dem ursprünglichen italienischen Sachstatut bereits ein Eigentumsübergang stattgefunden, nimmt die deutsche Rechtsordnung das dingliche Rechtsverhältnis in der Prägung hin, die es vor dem Statutenwechsel erhalten hat[34]. Wendet man folglich das deutsche und das italienische Sachenrechtsstatut sukzessive an, so scheidet aufgrund des bereits eingetretenen Eigentumsübergangs eine Anerkennung des nachträglichen EV in Deutschland aus[35]. Vielmehr genießt der nach dem Konsensualprinzip des italienischem Lagerecht erfolgte Eigentumserwerb in der gleichen Weise den Schutz wohlerworbener Rechte wie der EV. Jede andere Behandlung führt zu einer Mißachtung des nach Art. 1376 c.c. erworbenen Eigentums des Käufers.

28 Junker, Internationales Privatrecht, Rz. 484; Sonnenberger, Quartalshefte, 1986/IV, S. 18, 21; Kreuzer, Stellungnahme, S. 100, Spickhoff, NJW 1999, 2209 (2214).

29 Bonomi, Eigentumsvorbehalt, S. 198; ähnlich auch Soergel- Lüderitz, Art. 38 Anh. II, Rz. 55.

30 Bonomi, Eigentumsvorbehalt, S. 198.

31 Vgl. dazu oben A IV 3 a.

32 Palandt- Heldrich, EGBGB 43 (IPR), Rz. 8; Sonnenberger, Quartalshefte, 1986/IV, S. 21.

33 Dazu ausführlich oben A IV 3 b.

34 BGHZ 100, 321 (324); Erman- Hohloch, Art. 43 EGBGB, Rz. 21; Raape, Internationales Privatrecht, § 57, S. 596, der zutreffend formuliert: „Nein bleibt Nein".

35 LG Frankfurt, RIW 1958, 190; MüKo- Kreuzer, Nach Art. 38 Anh. I, Rz. 91 f.; Sonnenberger, Quartalshefte, 1986/IV, S. 21; Schurig, IPRax 1994, 27 (28); Hök, ZfBR 2000, 7 (8), Stadler, Gestaltungsfreiheit, S. 657.

Etwas anderes kann nur gelten, wenn mit dem nachträglichen EV nicht nur der Verkäufer -kaufvertragswidrig- den geschuldeten unbedingten Eigentumsübergang verhindern will, sondern auch tatsächlich die nachträgliche Vereinbarung des EV gewollt ist. Diese Frage muß vom Willen der Parteien entschieden werden, da nach dem ursprünglichen italienischen Sachstatut ein Eigentumsübergang bereits stattgefunden hat. Es erscheint aber angebracht, den dahingehenden Parteiwillen einer strengen Prüfung zu unterziehen, um nicht dem Käufer vorschnell seine bereits erworbene Eigentümerstellung durch die Anerkennung eines nachträglichen EV mit Hilfe des Art. 43 Abs. 3 EGBGB wieder zu entziehen[36]. Die stillschweigende Entgegennahme der Sache kann jedenfalls für die Annahme eines nachträglichen EV nicht ausreichen.

2. Italien

Das neue IPRG hat darauf verzichtet, eine Regelung für den Statutenwechsel und besitzlose Sicherheiten zu treffen. Das mag seinen Grund mit darin haben, daß der EV und auch in der internationalprivatrechtlichen Literatur nie die Rolle gespielt hat, wie das in Deutschland der Fall ist[37]. Somit muß auf die für die alte Rechtslage entwickelten allgemeinen Grundsätze zurückgegriffen werden. Da das bisherige Grundprinzip durch das IPRG teilweise Veränderungen hinsichtlich des Statutenwechsels beim EV erfährt, soll zunächst kurz die bisherige Rechtslage dargestellt werden.

a. Bisherige Rechtslage

Rechtsprechung[38] und Literatur[39] lösen die sich aus dem Statutenwechsel (conflit mobile) ergebenden Probleme, indem sie zwischen der materiell-rechtlichen Wirksamkeit und dem Inhalt („titolo"/„regime") des dinglichen Rechts unterscheiden. Ausgangspunkt ist die Situs-Regel. Das ehemalige Lagerecht ist dazu berufen, die Bedingungen für den Erwerb und den Verlust des dinglichen Rechts festzulegen und zu entscheiden, ob der Erwerbstatbestand vollendet ist[40]. Ist das dingliche Recht entstanden, geht das italienische Recht vom Schutz wohlerworbener Rechte

36 Sonnenberger, Quartalshefte 1986/IV, S. 16, 21.

37 Bonomi, Riv. dir. int. priv. proc., 1992, 777 f.

38 Cass. civ., 21. 6. 1974, Nr. 1860, Riv. dir. int. priv. proc., 1975, 335 (339), Trib. Torino, 25. 3. 1982, Riv. dir. int. priv. proc., 1982, 625 (631).

39 Zurückgehend auf Ronzitti, Riv. dir. int., 1967, 32 (58); Vitta, Diritto internazionale, Bd. III, S. 18; ders., Corso, S. 249; Enc. giur.- Angelici, Garanzie reali, S. 7; Gabrielli, Quartalshefte, 1986/IV, S. 79; v. Plehwe, Warenkreditsicherheiten, S. 160 f.

40 Ronzitti, Riv. dir. int., 1967, 32 (60); Vitta, Diritto internazionale, Bd. III, S. 19; v. Plehwe, Warenkreditsicherheiten, S. 160 f.

aus[41]. Diese Anerkennung steht aber ebenfalls unter dem Vorbehalt der Kompatibilität des dinglichen Rechts mit der inländischen Sachenrechtsordnung[42]. Das ergibt sich aus dem Grundsatz des numerus clausus der dinglichen Rechte, dem internationalprivatrechtlich zwingende Geltung beigemessen wird[43]. Die Wirkungen des anerkannten dinglichen Rechts bestimmen sich dann ausschließlich nach dem italienischen Belegenheitsrecht[44]. Dafür wird das im Ausland entstandene dingliche Recht einer äquivalenten Rechtsfigur in Italien gleichgestellt[45]. Dabei reicht die reine Transposition des dinglichen Rechts in den entsprechenden Sachenrechtstyp nicht aus. Zusätzlich sind noch die notwendige Voraussetzungen (requisiti necessari[46] oder condizioni essenziali[47]) zu beachten.

Zu ihnen zählen die den inländischen Rechtsverkehr schützenden Publizitätsmittel. Deren Nichtbeachtung verhindert die Wirksamkeit und die Geltendmachung gegenüber Dritten nach dem neuen Lagerecht[48]. Diese Rechtsfolge wird aus Art. 26 Abs. 2 preleggi hergeleitet, die die Form der Publizität dem aktuellen Belegenheitsrecht unterstellt[49]. Denn die Publizitätsmittel sind so eng mit dem Erwerb und dem Verlust eines dinglichen Rechts verbunden, daß die Anknüpfung an die lex rei sitae gerechtfertigt ist[50]. Diese allgemeinen Grundsätze bewirken für den in Deutschland wirksam begründeten einfachen EV, daß er nicht primär aufgrund des Statutenwechsels untergeht. Denn der einfache EV ist mit der entsprechenden italienischen Rechtsfigur kompatibel, so daß seine dinglich zu qualifizierenden Wirkungen nach dem Grundsatz des Schutzes wohlerworbener dinglicher Rechte anerkannt werden[51].

41 App. Genua, 2. 8. 1966, Riv. dir. int. priv. proc., 1967, 139 (147 f.); Trib. Torino, 25. 3. 1982, Riv. dir. int. priv. proc., 1982, 625 (631); Enc. giur.- Angelici, Garanzie reali, S. 7; Mosconi, Diritto internazionale, Parte speciale, S. 119; Vitta, Diritto internazionale, Bd. III, S. 16; Maglio/Thorn, ZfVglRWiss. 96 (1997), 347 (370).

42 Enc. giur.- Venturini, Diritti reali (dir. int.), S. 8; v. Plehwe, Warenkreditsicherheiten, S. 163.

43 Enciclopedia- Venturini, Diritti reali (dir. int. priv.), S. 779; Mosconi, Diritto internazionale, Parte speciale, S. 119.

44 Bonomi, Riv. dir. int. priv. proc., 1992, 777 (788); Cassoni, Riv. dir. int. priv. proc., 1983, 429 (466).

45 Cicu- Balladore Pallieri, Diritto internazionale, S. 249; Enciclopedia- Luzzatto, Proprietà (dir. int. priv.), S. 308; Angelici, Consegna, S. 223 f.; Bonomi, Riv. dir. int. priv. proc., 1992, 777 (791); Ronzitti, Riv. dir. int., 1967, 32 (60 f.); Encyclopedia- Venturini, Property, S. 32; Enc. giur.- Venturini, Diritti reali (dir. int.), S. 8; Maglio/Thorn, ZfVglRWiss. 96 (1997), 347 (371).

46 Enciclopedia- Luzzatto, Proprietà (dir. int. priv.), S. 313.

47 Bonomi, Riv. dir. int. priv. proc., 1992, 777 (791). Sie entsprechen in der deutschen Terminologie den Dauervoraussetzungen, ausführlich dazu Drobnig, RabelsZ 38 (1974), 469 (476 f., 485 ff.).

48 Trib. Torino, 25. 3. 1982, Riv. dir. int. priv. proc., 1982, 625 (631 f.); Ronzitti, Riv.dir. int., 1967, 32 (67); Cassoni, Riv. dir. int. priv. proc., 1983, 429 (466); Gabrielli, Riv. dir. civ., 1985, II, 605 (618).

49 Morelli, Elementi, S. 159; Venturini, Diritto internazionale, S. 30; Quadri, FS für Balladore Pallieri, S. 513; Cicu- Balladore Pallieri, Diritto internazionale, S. 254; Monaco, Efficacia, S. 257.

50 Vitta, Diritto internazionale, Bd. III, S. 43; ders., Corso, S. 254; Anzilotti, Diritto internazionale, S. 328, Rz. 322.

51 Bonomi, Riv. dir. int. priv. proc., 1992, 777 (791 f.); Enc. giur.- Venturini, Diritti reali (dir. int.), S. 7; diese Prüfung wurde vom App. Milano, Urt. v. 6. 4. 1956, Foro it., 1957, I, 1856 ff. nicht vorgenommen.

Unter welchen Voraussetzungen die Wirkungen des anerkannten EV hingenommen und ausgeübt werden, bestimmt sich im folgenden ausschließlich nach italienischem Belegenheitsrecht[52]. Dabei sind auch die notwendigen Voraussetzungen des EV zu beachten, zu denen nach einhelliger italienischer Auffassung die Publizitätsmittel des Art. 1524 c.c. und die Markierung und Registereintragung nach Art. 1, 3 des Gesetzes vom 28. 11. 1965, n. 1329 zählen[53]. Die notwendigen Voraussetzungen müssen zumindest im Zeitpunkt des Konflikts des Verkäufers mit einem Dritten gegeben sein[54]. Ihnen muß der EV genügen, auch wenn er im Ausland entstanden und erst nachträglich nach Italien gelangt ist[55]. Die Beachtung dieser Publizitätsvorschriften bedingt daher die erfolgreiche Geltendmachung des im Ausland entstandenen EV gegenüber Dritten, sobald die Sache in Italien belegen ist[56].

Im Ergebnis wird der EV unproblematisch mit Wirkung inter partes anerkannt und in sein italienisches Pendant transponiert, ihm jedoch die Drittwirksamkeit bei fehlender Beachtung der Voraussetzungen des Art. 1524 c.c. versagt. Der einfache EV soll seine Sicherungsfunktion aber gerade dann beweisen, wenn Dritte die Sache pfänden oder der Konkurs über das Vermögen einer Vertragspartei eröffnet wird[57]. So führt die fehlende Drittwirksamkeit bei Betrachtung der Interessenslagen der Vertragsparteien, insbesondere der des Verkäufers, im Ergebnis zu einer Nichtanerkennung des EV[58], indem dem importierten EV der Status eines drittwirksamen italienischen EV verweigert wird[59].

b. Neue Rechtslage nach der Reform

Die Unterwerfung von Erwerb und Verlust dinglicher Rechte unter die Situs-Regel ist in Art. 51 IPRG übernommen worden[60]. Der Schutz wohlerworbener Rechte ändert sich daher mit der neuen internationalprivatrechtlichen Kodifikation nicht. Da-

---

52 Bonomi, Riv. dir. int. priv. proc., 1992, 777 (788); Cassoni, Riv. dir. int. priv. proc., 1983, 429 (466) v. Plehwe, Warenkreditsicherheiten, S. 173.

53 Enc. giur.- Angelici, Garanzie reali, S. 7; Cassoni, Riv. dir. int. priv. proc., 1983, 429 (466); Gabrielli, Riv. dir. civ., 1985, II, 605 (618).

54 Gabrielli, Riv. dir. civ., 1985, II, 605 (618); ders., Quartalshefte, 1986/IV, S. 80; Schilling, Int. Law Quarterly 1985, 87 (102); v. Plehwe, Warenkreditsicherheiten, S.174 f.

55 Encyclopedia- Venturini, Property, S. 30; Angelici, Consegna, S. 223 f.; Cassoni, Riv. dir. int. priv. proc., 1983, 429 (466); Cicu- Balladore Pallieri, Diritto internazionale, S. 254; Impallomenti, FS für Udina, Bd. II, S. 1073; Enc. giur.- Angelici, Garanzie reali, S. 7.

56 Cass. civ., 21. 6. 1974, Nr. 1860, Riv. dir. int. priv. proc., 1975, 335 (338 f.); App. Milano, 6. 4. 1956, Foro it., 1957, I, 1856 (1858); Trib. Latina, 19. 2. 1973, Giur. it., 1974, I, 422 (429); Encyclopedia- Venturini, Property, S. 30; Enc. giur.- Venturini, Diritti reali (dir. int.), S. 7; Bonomi, Riv. dir. int. priv. proc., 1992, 777 (792).

57 Drobnig, RabelsZ 32 (1968), 450 (456).

58 v. Plehwe, Warenkreditsicherheiten, S. 165 spricht von einem „Lippenbekenntnis".

59 Cuming, UNIDROIT 1989, Study LXXII- Doc. 1, S. 26.

60 Commentario- Luzzatto, Art. 51, S. 252 f.; Annibale, Riforma, Art. 51, S. 260; Pocar, IPRax 1997, 145 (156).

nach ist weiterhin von der dargestellten grundsätzlichen Unbeachtlichkeit eines Statutenwechsels für die Existenz bereits erworbener dinglicher Rechte auszugehen[61].

Hinsichtlich der Beachtung von Publizitätsvorschriften führt das neue IPRG mit Art. 55 IPRG[62] zu einer Änderung der Rechtslage. Danach unterliegt die Publizität von Rechtshandlungen dem Recht des Staates, in dem die Sache im Zeitpunkt der Vornahme des Rechtsaktes belegen ist. Der Wortlaut des Art. 55 IPRG umfaßt eindeutig die Publizitätsvorschriften bezüglich dinglicher Rechtsgeschäfte, die mit Entstehung, Übertragung und Untergang dinglicher Rechte verbunden sind und unterstellt sie der lex rei sitae, unabhängig davon, ob sie konstitutive oder deklaratorische Wirkungen haben[63]. Folgerichtig hat die Norm nun ihre systematische Stellung im internationalen Sachenrecht erhalten[64] und entspricht der bisherigen Rechtslage des Art. 26 Abs. 2 preleggi, der sich trotz seines mißverständlichen Wortlauts auf die Publizität in ihrer Gesamtheit bezog und nicht bloß auf die Form der Publizität[65].

Abgesehen von dieser Klarstellung[66] ist bedeutsamer, daß Art. 55 IPRG den maßgeblichen Anknüpfungszeitpunkt der Publizitätsmittel „radikal“[67] verändert hat. Wie gezeigt, müssen die italienischen Publizitätsvorschriften als Dauervoraussetzungen beachtet werden, damit anerkannte dingliche Rechte Drittwirksamkeit erlangen[68]. Nunmehr kommt es nach Art. 55 IPRG auf die Publizitätsvorschriften des lex rei sitae im Zeitpunkt der Verfügung an. Danach ist ausschließlich das Recht des Belegenheitslandes im Zeitpunkt der Begründung des Rechts zur Regelung der Publizität berufen. Nach diesem ursprünglichen Sachstatut richten sich nun auch Voraussetzungen und Wirkungen hinsichtlich Entstehung, Übertragung und Wirkung dinglicher Rechte[69]. Es muß fortan geprüft werden, inwieweit nach dem Recht des ursprünglichen Belegenheitslandes das Entstehen von dinglichen Rechten an die

61 Annibale, Riforma, Art. 51, S. 260; Mosconi, Diritto internazionale, Parte speciale, S. 119; Commentario- Luzzatto, Art. 51, S. 253 f.; Maglio/Thorn, ZfVglRWiss 96 (1997), 347 (370).

62 Art. 55 IPR lautet: La pubblicità degli atti di costituzione, trasferimento ed instinzione dei diritti reali è regolata dalla legge dello Stato in cui il bene si trova al momento dell' atto. Übersetzung von Jayme/Siehr/Kronke abgedruckt in IPRax 1996, 356 (365).

63 Annibale, Riforma, S. 269.

64 Kindler, RabelsZ 61 (1997), 227 (277); Annibale, Riforma, Art. 55, S. 268; Iaccarino, Lezioni, S. 273.

65 Mosconi, Diritto internazionale, Parte speciale, S. 123; Commentario- Luzzatto, Art.55, S. 262 f.; Annibale, Riforma, S. 268 f.; Maglio/Thorn, ZfVglRWiss 96 (1997), 347 (372) .So auch die Begründung der Kommission zur „Riforma del sistema italiano di diritto internazionale privato“, zu Art 51, dem späteren Art. 55 IPRG, abgedruckt in Pocar, Nuovo diritto, S. 183.

66 Mosconi, Diritto internazionale, Parte speciale, S. 123; Commentario- Luzzatto, Art. 55, S. 262 f.; Pocar, Nuovo diritto, S. 56.

67 Ballarino, Diritto internazionale, S. 568.

68 Dazu bereits oben C II 2 a.

69 Iaccarino, Lezioni, S. 273.

Publizität des Entstehungsaktes geknüpft ist[70]. Von dieser Regel sind nur die Registervorschriften für Schiffe, Flugzeuge und Automobile ausgenommen, da die sie betreffenden Spezialgesetze nicht außer Kraft gesetzt worden sind[71].

Bezogen auf den EV ergibt sich daraus eine bedeutsame Änderung. Die Publizität der Vereinbarung eines EV nach Art. 1524 c.c. fällt in den Anwendungsbereich des Art. 55 IPRG[72]. Danach ist das maßgebliche Recht für die Publizität im Zeitpunkt der Begründung des EV das Recht des Exportstaates, weshalb es nicht mehr auf die Publizitätsvorschriften des Importlandes ankommt. Verzichtet das Recht des Entstehungslandes auf die Publizität hinsichtlich der wirksamen Begründung und Wirksamkeit des EV, so beugt sich nun das italienische Recht dieser Tatsache. Damit wird die Anerkennung des im Ausland entstandenen EV ausgedehnt, indem die Voraussetzungen und die Folgen der ausländischen Publizitätsvorschriften respektiert werden. Wird der EV im Ausland drittwirksam vereinbart, so ist er auch in Italien drittwirksam, unabhängig von der Einhaltung des Art. 1524 c.c.[73]. Diese Änderung wirkt sich hauptsächlich auf das sichere Datum nach Artt. 1524, 2704 c.c. aus, das dem EV die dem Verkäufer besonders wichtige Drittwirksamkeit gegenüber Gläubigern des Käufers verschafft.

Soweit die unter EV verkaufte Sache auf einen Dritterwerber übertragen werden soll, sind nach Art. 1524 Abs. 2 c.c., Art. 3 Abs. 3 Gesetz vom 28. 11. 1965, n. 1329 auch weiterhin die Registereintragung oder der Besitz die erforderlichen Publizitätsmittel, die einen gutgläubigen Erwerb verhindern können[74]. Die Publizität der Übertragung bei einer Veräußerung der Sache unterliegt nach Art. 55 IPRG dem Belegenheitsland der Sache, in dem der Rechtsakt vorgenommen wird. Befindet sich die Sache sich im Zeitpunkt der unberechtigten Weiterveräußerung in Italien, kommen die italienischen Publizitätsvorschriften und damit die Registervorschriften zur Anwendung. Fehlt die Eintragung des EV in das spezielle Register, so erfolgt ein lastenfreier Eigentumserwerb des Dritterwerbers auch bei dessen Bösgläubigkeit[75].

Im Ergebnis ist der Verkäufer durch einen in Deutschland wirksam vereinbarten EV vor unberechtigten Zwischenverfügungen auch weiterhin nur durch die Beachtung der italienischen Publizitätsvorschriften wirksam geschützt. Gegenüber pfändenden Gläubigern und im Konkurs hingegen kann der EV wirksam geltend gemacht werden, ohne an die Voraussetzungen des Art. 1524 Abs. 1 c.c. gebunden zu sein[76]. So kommt es zu einer Auflockerung der Situs-Regel, indem bei der Frage der Gel-

70 Mosconi, Diritto internazionale, Parte speciale, S. 124.

71 Mosconi, Diritto internazionale, Parte speciale, S. 124; Commentario- Luzzatto, Art.55, S. 263; Maglio/Thorn, ZfVglRWiss 96 (1997), 347 (372); diese Tatsache bedauernd Munari, JbItalR., 9 (1996), S. 59 f.

72 Ballarino, Diritto internazionale, S. 568.

73 Ballarino, Diritto internazionale, S. 568 f.; Kieninger, Mobiliarsicherheiten, S. 62.

74 v. Plehwe, Warenkreditsicherheiten, S. 174 ff.

75 Vgl. dazu bereits ausführlich oben A VIII 2 b, cc.

76 Ballarino, Diritto internazionale, S. 568 f.; Kindler, RabelsZ 61 (1997), 227 (276).

tendmachung gegenüber Gläubigern auf die Einhaltung der Publizitätsvorschriften verzichtet wird. Das ist bemerkenswert, dient doch sonst die Anwendung der Situs-Regel und der Publizitätsvorschriften überwiegend dem Schutz der nationalen „Güter- und Gläubigerordnung"[77] des Belegenheitslandes. Diesen Schutz des inländischen Rechtsverkehrs erfüllen die Publizitätsvorschriften, indem sie Ausübung, Wirkung und wirksame Geltendmachung des dinglichen Rechts gegenüber Dritten von ihrer Einhaltung abhängig machen. Richtet sich nun nach Art. 55 IPRG die Frage der Wirksamkeit des EV gegenüber Gläubigern nach dem lex rei sitae des Entstehungslandes, kann diese Rechtslage zu Beeinträchtigungen des inländischen italienischen Rechts- und Kreditverkehrs führen.

Zum einen kommt es zu einer Inländerdiskriminierung. Der Verkäufer in Italien bliebe weiterhin an Art. 1524 c.c. gebunden, um seinem EV Drittwirksamkeit im Konkurs oder im Falle der Pfändung zu verschaffen, während der exportierende deutsche Warenkreditgeber sich auf die publizitätslose, drittwirksame Begründung des EV in Deutschland erfolgreich berufen könnte[78]. Auf diese Weise wird der den EV im Ausland begründende Verkäufer aus Sicht des nationalen Verkehrskreises gleichheitssatzwidrig bevorzugt[79].

Zum anderen wird die innere Entscheidungsharmonie gestört, indem die italienische Gläubigerordnung hinsichtlich der Drittwirksamkeit des EV gegenüber Gläubigern in die Hand ausländischer Publizitätsvorschriften gegeben wird. Mit Grenzüberschreitung ist das Vertrauen der kreditierenden und erwerbenden Dritten des neuen Belegenheitslandes besonders schützenswert, die erst in der ihnen vertrauten Rechtsordnung mit der Sache in Berührung kommen[80]. Die italienischen Gläubiger vertrauen auf die ihnen bekannte und durch Art. 1524 Abs. 1 c.c. vermittelte Publizität der Vereinbarung und der sich daraus für sie ersichtlichen Zugehörigkeit bzw. Nichtzugehörigkeit der Sache zum Schuldnervermögen oder zur Konkursmasse. Auf diese Publizität hat sich der nationale Waren- und Kreditverkehr eingestellt, der durch die anzuerkennenden Wirkungen eines publizitätslosen EV in seiner Ausgewogenheit beeinträchtigt werden würde[81]. Drittgläubiger des Käufers würden unerträglich belastet, müßten sie sich erst Informationen über das Recht des Entstehungslandes besorgen, um die dinglichen Rechtsverhältnisse einwandfrei beurteilen zu können[82].

---

77 Kreuzer, IPRax 1993, 157 (162).

78 So auch Kreuzer, IPRax 1993, 157 (162); ders., FS für Overbeck, S. 632 f.

79 Auf das Gleichbehandlungsprinzip als das wesentliche Motiv für die Nichtanerken-nung ausländischer Sicherheiten weist Kreuzer, IPRax 1993, 157 (162); ders., FS für Overbeck, S. 632 f. hin.

80 Behr, RIW 1978, 489 (496); Sulpasso, Riv dir. civ., 1995, I, 567 (575); Enc. giur.- Venturini, Diritti reali (dir. int.), S. 8; Bonomi, Riv. dir. int. priv. proc., 1992, 777 (810 f.) Enc. giur.- Angelici, Garanzie reali, S. 8, Anzilotti, Diritto internazionale, S. 328, Rz. 322 f.; v. Plehwe, Warenkreditsicherheiten, S. 165.

81 Auf die Empfindlichkeit nationaler Gläubigerordnungnen hinweisend Stoll, RabelsZ 38 (1974), 450 (464); Drobnig, RabelsZ 32 (1968), 450 (456); Sonnenberger, Quartalshefte, 1986/IV, S. 27

82 Drobnig, RabelsZ 32 (1968), 450 (456).

Daher gibt Ballarino[83] zu bedenken, das sichere Datum könnte unter das Regime der Eingriffsnormen des Art. 17 IPRG fallen, da Art. 1524 c.c. der Integrität der nationalen Gläubigerordnung diene. Unter dem Gesichtspunkt der vorrangigen Anwendbarkeit der nationalen Regelung führe Art. 17 IPRG zu einem Ausschluß der Berücksichtigung ausländischer Publizitätsvorschriften für in Italien belegenen Sachen[84]. Denn Art. 17 IPRG behält für sich die vorrangige Anwendbarkeit der nationalen Normen vor, wenn sich aus ihrem Gegenstand und Zweck ergibt, daß sie trotz der Verweisung auf das ausländische Rechts angewendet werden müssen. Dabei müßte auch berücksichtigt werden, daß Art. 17 IPRG restriktiv gehandhabt werden soll[85]. Aber selbst wenn das Vorliegen von Eingriffsnormen zurückhaltend gehandhabt wird und Art. 1524 c.c. nicht hinzugezählt werden sollte, muß in diesem Zusammenhang eine ältere Entscheidung des Kassationshofs[86] berücksichtigt werden. Darin hat der Kassationshof die Einhaltung des Art. 1524 c.c. unter dem Gesichtspunkt des ordre public für erforderlich gehalten. Soweit der EV den Eigentumsübergang bei Vertragsschluß verhindert, müsse diese Besonderheit den Anforderungen des nationalen Rechtsverkehrs genügen. Bei Anwendung ausländischen Rechts auf diese Frage sei in jedem Fall eine Beeinträchtigung des ordre public gegeben, weshalb die Formvorschrift des Art. 1524 c.c. eingehalten werden müsse. Damit spricht der Kassationshof offen einen Zusammenhang von Publizität und ordre public aus[87].

Auch nach der Reform erscheint es somit fraglich, ob mittels Art. 55 IPRG der publizitätslose deutsche EV auch tatsächlich ohne sicheres Datum Drittwirksamkeit in Italien entfalten kann[88]. Über der grundsätzlichen Anerkennung, die Art. 55 IPRG vermitteln könnte, schwebt das „Damoklesschwert“ der möglichen Zugehörigkeit der Publizitätsvorschriften zu den Eingriffsnormen des Art. 17 IPRG wie auch die notwendige Beachtung des Art. 1524 c.c. aus Gründen des ordre public.

Zu einem anderen Ergebnis gelangt Kieninger[89], die der Meinung ist, Art. 1524 c.c. diene nicht der Publizität und damit dem Drittschutz, da Dritte nicht vom Inhalt der Vertragsurkunde Kenntnis nehmen könnten. Vielmehr liege der Sinn des sicheren Datums ausschließlich in der Vermeidung von betrügerischen Manipulationen zu Lasten der Gläubiger. Diesen Zweck könnten auch andere Beweismittel als die von der Rechtsprechung zu Art. 2704 c.c. zugelassenen Mittel erreichen. Die ablehnende Haltung gegenüber solchen Beweismitteln raube dem EV seine wertvolle Drittwirksamkeit und zwinge den Handel, zu anderen Instrumenten der Kreditsicherung zu greifen. Da diese aber Mehrkosten verursachten, stelle das Erfordernis des sicheren Datums für die Drittwirksamkeit des EV eine Maßnahme dar, die die

---

83 Ballarino, Diritto internazionale, S. 569.

84 Ballarino, Diritto internazionale, S. 569.

85 Annibale, Riforma, Art. 17, S. 124; Commentario- Treves, Art. 17, S. 87 f.; Maglio/Thorn, ZfVglRWiss 96 (1997), 347 (353); Boschiero, ZfRV 37 (1996), 143 (150).

86 Cass. civ., 21. 6. 1974, Nr. 1860, Riv. dir. int. priv. proc., 1975, 335 (339).

87 So auch Hübner, ZIP 1980, 825 (830).

88 Skeptisch auch Kindler, RabelsZ 61 (1997), 227 (278).

89 Kieninger, Mobiliarsicherheiten, S. 189, so auch v. Plehwe, Warenkreditsicherheiten, S. 116.

gleiche Wirkung wie eine mengenmäßigen Einfuhrbeschränkung habe und daher nach Art. 30 EGV europarechtswidrig sei[90]. Die verschiedenen Anknüpfungen des nationalen IPR müßten vielmehr am Maßstab der Verkehrsfreiheiten des EGV erfolgen, so daß insbesondere der Untergang oder die Nichtanerkennung der Wirkung von Sicherungsrechten bedenklich sei[91].

Inwieweit Literatur und Rechtsprechung dem Art. 55 IPRG Folge leisten oder mittels Art. 17 IPRG oder einen Rückgriff auf das ordre public auch weiterhin dem einfachen EV die Drittwirksamkeit gegenüber Gläubigern bei Fehlen der Voraussetzungen des Art. 1524 c.c. versagen werden, bleibt abzuwarten. Zumindest sind die gezeigten Konsequenzen in den Beratungen[92] über das Gesetz nicht erwähnt worden[93]. Unter dem Gesichtspunkt der Europarechtswidrigkeit des Art. 1524 c.c. wäre der Rechtsprechung jedoch der Weg über Art. 17 IPRG verwehrt, da sie die Vorschrift dann nicht auf den importierten EV anwenden dürfte[94], so daß auch der publizitätslose importierte EV Drittwirkungen entfalten könnte.

3. Sonderproblem der Verlängerungsformen

Bei den horizontalen und vertikalen Verlängerungsformen des EV treten besondere Anerkennungsschwierigkeiten auf. Diese ergeben sich aus dem Vertragsstatut und aus der Situs-Regel. Dabei muß zwischen dem Zeitraum vor und nach dem Erweiterungsfall unterschieden werden. Aufgrund der Zurückhaltung der italienischen Rechtsprechung und Literatur hinsichtlich der Verlängerungs- und Erweiterungsformen bezeichnet Bonomi[95] diesen Problemkreis für das italienische internationale Privatrecht als „terra incognita", während die deutsche Literatur nur darauf hinweist, eine Anerkennung der Erweiterungsfälle scheide zumeist aus[96].

a. Vertikale Verlängerung mittels Verarbeitungsklausel

Bei der vertikalen Verlängerung des EV sind zunächst einmal mehrere, für die Anknüpfung relevante Zeitpunkte und Sachverhalte zu unterscheiden. Zunächst ist festzuhalten, daß die Verlängerung des EV über die Verarbeitung hinaus nur möglich ist, wenn der EV vorher bereits wirksam vereinbart wurde[97]. Hat die Verarbei-

---

90 Kieninger, Mobiliarsicherheiten, S. 189., 214; Basedow, RabelsZ 59 (1995) 1 (43 f.),ähnlich auch Di Brozolo, Foro it., 1990, IV, 454 (466, FN 49). Zur Europarechtswidrigkeit der Nichtanerkennung ausführlich unten C III 1 e.

91 Basedow, NJW 1996, 1921 (1922).

92 Bericht der Kommission zur „Riforma del sistema italiano di diritto internazionale privato", abgedruckt in Pocar, Nuovo diritto, S. 183 f.

93 Kieninger, Mobiliarsicherheiten, S. 62.

94 Kieninger, Mobiliarsicherheiten, S. 211.

95 Bonomi, Riv. dir. int. priv. proc., 1992, 777 (813).

96 Staudinger- Stoll, IntSachR., Rz. 341; MüKo- Kreuzer, Nach Art. 38 Anh. I, Rz. 93.

97 Behr, RIW 1978, 489 (496).

tung noch nicht stattgefunden, so gelten mithin die allgemeinen Grundsätze über die Anerkennung eines einfachen EV. Dabei ergeben sich aber aufgrund der Verarbeitungsklausel Auswirkungen für die Anerkennung eines einfachen EV. Wie gezeigt[98], lehnt die italienische Judikatur wie auch die Literatur die Vereinbarung einer Verarbeitungsklausel ab, da sie in ihr einen Widerspruch zum vorbehaltenen Eigentum sieht und daraus die Nichtigkeit der Verarbeitungsklausel wie auch ein Verzicht des Verkäufers auf den vereinbarten Vorbehalt herleitet. Daraus ergeben sich folgende Konsequenzen:

Befand sich die weiterzuverarbeitende Sache ursprünglich in Deutschland, wird der einfache EV grundsätzlich in Italien anerkannt. Jedoch kann nicht ausgeschlossen werden, daß der angenommene Vorbehaltsverzicht in Folge der Verarbeitungsklausel nicht nur die schuldrechtlichen Wirkungen der Vereinbarung, sondern auch das vorbehaltene Eigentum[99] und damit die Ausübung des EV gegenüber Dritten betrifft[100]. Denn mit dem Vorbehaltsverzicht ist eine Frage des Inhalts des EV berührt, weshalb der Verzicht an das Lagerecht anzuknüpfen ist. Somit wirkt sich der Statutenwechsel dahingehend aus, daß der Verkäufer auf sein vorbehaltenes Eigentum aufgrund der Verarbeitungsklausel wieder verzichtet[101].

Befindet sich die Sache vor dem Verlängerungsfall in Italien, so richtet sich die Frage einer wirksamen Begründung des EV nach italienischem Recht. Aufgrund des angenommen Vorbehaltsverzichts kann der einfache EV schon nicht wirksam vereinbart werden[102]. Mit Verbringung der Sache nach Deutschland scheidet eine Anerkennung ebenfalls aus, weil unabdingbare Voraussetzung einer Anerkennung die wirksame Vereinbarung des dingliche Rechts ist[103]. Aufgrund der Nichtigkeit der Vorbehaltsabrede ist es aber zum sofortigen Eigentumserwerb des Käufers gekommen, den es zu berücksichtigen gilt. Als Lösung bleibt dem Verkäufer nur eine antizipierte Vereinbarung des EV mit Verlängerungsklausel nach deutschem Sachrecht, die nach Art. 43 Abs. 3 EGBGB jedoch erst im Zeitpunkt des Grenzübertritts der Sache wirken kann. Dabei muß aber festgestellt werden, ob diese Lösung dem Parteiwillen entspricht, da der Käufer damit eine Rückübertragung seines Eigentums vornimmt. Ob dieser Wille sich aus der Vereinbarung einer Verarbeitungsklausel herleiten läßt erscheint fraglich, denn eine rein formale Betrachtung der Vorgänge nach deutschem Recht würde zu einer Nichtbeachtung der in Italien er-

98 Vgl ausführlich A VI 2 b.

99 So führt App. Napoli, 5. 7. 1955, Foro it. 1956, I, 101 aus: „Il consenso del venditore alla alterazione (...) comporta l'automatica ed intrinseca abdicazione del venditore da quel dominio che, invece, con la clausola intende riservarsi". Übersetzung: Das Einverständnis des Käufers mit der Verarbeitung führt zur automatischen und unwiderruflichen Lossagung des Eigentums, den der Verkäufer sich mit der Klausel vorbehalten wollte.

100 Dies muß auch Kieninger, Mobiliarsicherheiten, S. 188 zugeben, auch wenn sie den Hinderungsgrund eher im Vertragsrecht angesiedelt sieht.

101 Diese Konsequenz deutet Kieninger, Mobiliarsicherheiten, S. 188 nur an.

102 Nach Ferrara Santamaria, Vendita, S. 198 f. und Bianca, Vendita, S. 602 f. ist die Vereinbarung des EV zumindest bis zur Verarbeitung hin wirksam, vgl. bereits A VI 2 b, während einzig Bonomi, Eigentumsvorbehalt, S. 93 f. die Verarbeitungsklausel insgesamt für zulässig hält.

103 MüKo- Kreuzer, Nach Art. 38 Anh. I, Rz. 91.

worbenen Eigentümerstellung des Käufers führen. Zum Teil wird daher vertreten, den sich aus der Verarbeitungsklausel hergeleiteten dinglich wirkenden Verzicht auf den EV selbständig an das Vertragsstatut anzuknüpfen[104]. Dabei wird auf die Begründung der Rechtsprechung und Literatur hingewiesen, die sich auf die Widersprüchlichkeit der Vereinbarung stützt. Die Widersprüchlichkeit betreffe aber eine Frage der Auslegung von Willenserklärungen und richte sich daher nach dem Vertragsstatut. Dann wäre folglich der einfache EV vor Eintritt des Verlängerungsfalls nur bei italienischem lex contractus unwirksam, während er nach deutschem Vertragsstatut wirksam vereinbart ist.

Den zweiten internationalprivatrechtlichen Anknüpfungspunkt stellt die Zulässigkeit der Weiterverarbeitungsklausel dar. Die Vereinbarung einer Verarbeitungsklausel wie auch die sich daraus ergebenden Befugnisse des Käufers richten sich nach dem Vertragsstatut[105]. Während eine solche Klausel nach deutschem Vertragsstatut als zulässig erachtet wird, muß aus dem Gesagten das Gegenteil für italienisches Vertragsstatut angenommen werden. Dem deutschen Käufer stehen aufgrund der nach italienischem Vertragsstatut nichtigen Vereinbarung somit grundsätzlich keine Befugnisse zur Verarbeitung zu, auch wenn die Sache in Deutschland belegen ist.

Außerdem vermittelt eine nach deutschem Vertragsstatut zulässige Weiterverarbeitungsklausel dem Verkäufer keine Sicherung seiner Rechtsposition in Italien. Denn sobald ein Drittgläubiger des Käufers auf die Sache in Italien zugreifen will, richten sich die Wirkungen des EV vor einer intendierten und erlaubten Verarbeitung nach dem Lagerecht[106]. Wie bereits erörtert, bewirkt das italienische Sachstatut infolge der Verarbeitungsklausel einen Vorbehaltsverzicht. Somit kann der Verkäufer sein vorbehaltenes Eigentum vor der Verarbeitung nicht wirksam gegen Zugriffe durch Drittgläubiger sichern.

Der dritte relevante Anknüpfungspunkt ist der Eintritt des Verlängerungsfalls durch die stattfindende Verarbeitung. Der damit eintretende originäre Eigentumserwerb wie auch die dinglichen Wirkungen der Verarbeitungsklausel werden grundsätzlich durch das lex rei sitae geregelt[107]. Danach richtet sich auch die sachenrechtliche Frage, inwieweit kraft Verarbeitungsklausel ein Eigentumserwerb des Verkäufers stattfinden kann. Funktional betrachtet handelt es sich mit Eintritt des Verlängerungsfalls um eine Sicherungsübereignung und wird auch als solche insolvenzrechtlich behandelt[108]. Diese funktionale Betrachtung berücksichtigt zutreffend die intendierte Sicherung des Verkäufers nach der erfolgten Verarbeitung, was die Annahme einer Sicherungsübereignung auch für die internationalprivatrechtliche

---

104 Bonomi, Eigentumsvorbehalt, S. 203; Kieninger, Mobiliarsicherheiten, S. 51 f.

105 Staudinger- Stoll, Int. SachR, Rz. 339, Bonomi, Eigentumsvorbehalt, S. 203; Sonnenberger, Quartalshefte 1986/IV, S.22.

106 Sonnenberger, Quartalshefte 1986/IV, S.22.

107 Behr, RIW 1978, 489 (496); Sonnenberger, Quartalshefte 1986/IV, S. 21; MüKo- Kreuzer, Nach Art. 38 Anh. I, Rz. 93; Soergel- Lüderitz, Anh. II Art. 38, Rz. 56.

108 Dazu bereits oben B IV 1.

Rechtslage rechtfertigt. Somit entscheidet das Sachstatut, in dem sich die Sache zur Zeit der Verarbeitung befindet, inwieweit eine Verlängerung des EV durch eine Sicherungsübereignung mit Hilfe einer Verarbeitungsklausel möglich ist[109]. Findet die Verarbeitung in Deutschland statt, dann kann die Verarbeitungsklausel, wenn sie nach dem Vertragsstatut wirksam ist, ihre Wirkungen voll entfalten, da einer Sicherungsübereignung keine Bedenken entgegenstehen. Findet hingegen die Verarbeitung in Italien statt, so scheitert die beabsichtigte Sicherung der offenen Kaufpreisforderung an der Unzulässigkeit einer Sicherungsübereignung[110]. Daraus folgt, daß der Käufer als Hersteller, trotz einer nach deutschem Vertragsstatut wirksam vereinbarten Verarbeitungsklausel, sein mit der Verarbeitung in Italien erworbenes originäres Eigentum behält. Der Verkäufer kann sich somit nach italienischem Sachrecht nicht über die Weiterverarbeitung hinaus wirksam eine Sicherheit an der neuen Sache verschaffen.

Nicht entschieden ist, inwieweit die italienische Rechtsprechung und die Literatur auch künftig ihre ablehnende Haltung beibehalten werden. Angesichts der sich mehrenden Stimmen, die eine Verarbeitungsklausel beim EV angesichts seiner Üblichkeit im internationalen Handel für zulässig erachten[111] und den europarechtlichen Bedenken gegen die ablehnende italienische Auffassung[112] ist eine kritische Würdigung wie auch eine künftige Änderung der derzeitigen Rechtslage denkbar.

b. Vertikale Verlängerung mittels Vorausabtretungsklausel

Bei der Verlängerung des EV mittels einer Vorausabtretungsklausel sind wie bei der Verlängerung des EV mittels einer Verarbeitungsklausel verschiedene anknüpfungsrelevante Zeitpunkte zu unterscheiden.

Erfolgte noch keine Veräußerung, so besteht eine Rechtslage, die den Ergebnissen bei der Vereinbarung einer Weiterverarbeitungsklausel entspricht[113], indem die ablehnende Haltung hinsichtlich einer Verarbeitungsklausel auf die Vorausabtretungsklausel übertragen wird[114]. Die entsprechende Annahme führt daher zur Unwirksamkeit des vereinbarten EV auf Grund des in der Weiterveräußerungsklausel liegenden Vorbehaltsverzichts[115]. Mit dem Vorbehaltsverzicht verliert der nach Italien exportierende Verkäufer seinen nach deutschem Recht wirksam vereinbarten EV, so daß bis zur Weiterveräußerung keine dingliche Sicherheit für die

109 Staudinger- Stoll, Int. SachR, Rz. 341; Coester- Waltjen, IPRax 1983, 315 (316); Kieninger, Mobiliarsicherheiten, S. 112, Bonomi, Riv. dir. int. priv. proc., 1992, 777 (814).

110 Kieninger, Mobiliarsicherheiten, S. 104. Zu diesem Ergebnis kommt man auch, wenn man zuvor mit der Mindermeinung oben A IV 2 b die gültige Vereinbarungein einer Verarbeitungsklausel angenommen hat. Zur Unzulässigkeit einer Sicherungsübereignug vgl ausführlich oben A VI 1 b.

111 Bonomi, Eigentumsvorbehalt, S. 203;Sulpasso, Riv. dir. civ., 1995, I, 567 (585).

112 Kieninger, Mobiliarsicherheiten, S. 188.

113 Dazu ausführlich oben C II 3 a.

114 Dazu ausführlich oben A VI 2 b.

115 Diese Konsequenz deutet Kieninger, Mobiliarsicherheiten, S. 188 ebenfalls nur an.

offene Kaufpreisforderung besteht. Wird die Vorausabtretungsklausel aber unter italienischem Vertragsstatut vereinbart, so führt der angenommene Vorbehaltsverzicht zum sofortigen Eigentumserwerb des Käufers und verhindert so eine Sicherung des Verkäufers.

Die Zulässigkeit der Verlängerungsklausel wie auch die Ermächtigung zur Weiterveräußerung bestimmt sich nach dem Vertragsstatut[116]. Da die überwiegende Ansicht der Autoren in Italien von einem Verbot der Weiterveräußerung durch den Käufer ausgehen[117], kann die Vorausabtretungsklausel unter italienischem Vertragsrecht nicht wirksam vereinbart werden. In diesem Fall ist ein Käufer weder in Italien noch in Deutschland zur Weiterveräußerung ermächtigt und kann somit nur als Nichtberechtigter über die Sache verfügen. Der gutgläubige Eigentumserwerb des Dritten richtet sich dann gemäß der Situs-Regel nach dem Belegenheitsrecht im Zeitpunkt der Veräußerung.

Der weitere kollisionsrechtlich bedeutsame Sachverhalt ist der Verlängerungsfall nach erfolgter Weiterveräußerung. Hier ist aufgrund der ebenfalls vorzunehmenden funktionalen Betrachtung eine mit der Klausel verbundene Sicherungsabtretung der künftigen Kaufpreisforderungen anzunehmen[118]. Voraussetzungen und Wirkung der Vorausabtretungsklausel richten sich nach der Veräußerung somit nach den internationalprivatrechtlichen Regeln für eine Sicherungsabtretung künftiger Forderungen. Dabei können sich aus dem die Abtretung regelnden Recht Gründe ergeben, aufgrund derer die Vorausabtretungsklausel ihre Wirksamkeit wieder verliert.

Die Forderungsabtretung ist in Art. 12 EVÜ geregelt und findet in beiden Ländern Anwendung. In Deutschland wurde die Vorschrift in Art. 33 EGBGB inkorporiert, während in Italien durch die direkte Verweisung des Art. 57 IPRG auf alle vertraglichen Schuldverhältnisse die Regeln des EVÜ angewendet werden[119]. Dabei spiegelt Art. 12 EVÜ die bisherige Auffassung der italienischen Lehre wieder[120]. Nach Art. 12 Abs. 1 EVÜ wird das Verhältnis des Zedenten zum Zessionar durch das Recht geregelt, daß ihrem Vertrag zugrunde liegt, also dem Vertragsstatut. Hingegen wird von Art. 12 Abs. 2 EVÜ die Übertragbarkeit der Forderung, das Verhältnis zwischen Zessionar und Drittschuldner, die Voraussetzungen der Drittwirksamkeit und die befreiende Leistung dem Statut der abgetretenen Forderung unterstellt. Inwieweit eine künftige Forderung abtretbar ist, betrifft die Übertragbarkeit der For-

---

116 Palandt- Heldrich, EGBGB 43 (IPR), Rz. 8; Sonnenberger, Quartalshefte, 1986/IV, S. 22, etwas ungenau Erman- Hohloch, Art. 43 EGBGB, Rz. 28; während das LG Köln, ZIP 1992, 851 (853) auf diese Anknüpfung verzichtet hat und schlicht den verlängerten EV dem einfachen gleichgestellt hat.

117 Dazu ausführlich oben A VI 2 b.

118 Dazu ausführlich oben B IV 1.

119 Ballarino, Diritto internazionale, S. 569.

120 Venturini, Diritto internazionale, S. 172; Monaco, Efficacia, S. 300; Vitta, Diritto internazionale, Bd. III, S. 291, FN 232; Cicu- Balladore Pallieri, Diritto internazionale, S. 336.

derung und wird daher vom Forderungsstatut geregelt[121]. Damit entscheidet das Recht, das den zukünftigen, noch abzuschließenden Kaufvertrag zwischen Käufer und dessen Abnehmer regelt, inwieweit die künftige Forderung bereits Gegenstand einer Sicherungsabtretung sein kann[122].

Vereinzelt[123] wird bezüglich der italienischen Rechtslage eine weitere Differenzierung vorgeschlagen. Danach soll sich die Zulässigkeit einer Vorausabtretung nach dem Vertragsstatut richten, während die Wirksamkeit der Sicherungsabtretung von dem Forderungsstatut geregelt wird. Die Anknüpfung der Zulässigkeit der Vorausabtretung an das Vertragsstatut rechtfertige sich daraus, daß die Abrede nur die Interessen der Vertragsparteien tangiere. Dem Vertragsstatut obliege es, die Bestimmtheitserfordernisse festzulegen, die die Abtretung einer zukünftigen Forderung ermöglichen. Insoweit sei eine generelle Gültigkeitsvoraussetzung des Abtretungsvertrages betroffen und diese an das Vertragsstatut anzuknüpfen[124]. Die Drittwirksamkeit der Sicherungsabtretung hingegen unterliegt jedoch weiterhin dem Forderungsstatut. Für den Verkäufer als Sicherungsnehmer ist jedoch allein die Frage der Drittwirksamkeit entscheidend. Daher ergeben sich aus dieser weiteren Differenzierung keine praktisch relevanten Unterschiede zur Rechtslage nach Art. 12 EVÜ, da sich die Drittwirksamkeit in jedem Fall nach dem Forderungsstatut richtet[125].

Somit ist die Vorausabtretung von dem Recht der künftigen Forderung abhängig, während die Vertragsparteien dieses künftige Recht noch nicht kennen. Daraus ergeben sich nachteilige Folgen für die Rechtssicherheit und die Interessen des Verkäufers, der seine noch offene Kaufpreisforderung als Zessionar zu schützen sucht. Denn entsteht die künftige Kaufpreisforderung nach einem die Vorausabtretung ablehnenden Recht, so kann die Verlängerungsklausel dem Verkäufer keine Sicherheit für seine noch offenen Kaufpreisforderung verschaffen.

Teilweise wird daher in Deutschland die Ansicht vertreten, die Voraussetzungen und Wirkungen der Vorausabtretung beim verlängerten EV einheitlich anzuknüpfen[126]. Maßgeblich hierfür solle das Niederlassungs- oder gewöhnliche Aufenthaltsrecht des Käufers sein. Die bereits im Zeitpunkt des Vertragsschlusses bekannte Rechtsordnung entscheide dann exklusiv, ob und unter welchen Voraussetzungen eine Vorausabtretung möglich sei und wie sie wirke. Aus Gründen des

121 v. Bar, RabelsZ 53 (1989), 462 (470); Soergel- Lüderitz, Anh. II Art. 38, Rz.56; Kaiser, Verlängerter EV, S. 99.

122 BGHZ 111, 376 (381); Kegel/Schurig, Internationales Privatrecht, § 18 VII 1, S. 654; Behr, RIW 1978, 489 (496); Reithmann- Martiny, Internationales Vertragsrecht, Rz. 311.

123 Bonomi, Eigentumsvorbehalt, S. 205; ders., Riv. dir. int. priv. proc., 1992, 777 (815); ders., Banca, borsa e titoli di credito, 1992, I, 36 (97 f.); Malatesta, La cessione, S. 171 f.

124 Bonomi, Banca, borsa e titoli di credito, 1992, I, 36 (97 f); ders., Eigentumsvorbehalt, S. 205.

125 Bonomi, Banca, borsa e titoli di credito, 1992, I, 36 (98); ders., Eigentumsvorbehalt, S. 205.

126 LG Köln, ZIP 1992, 851 (852); MüKo- Kreuzer, Nach Art. 38 Anh. I, Rz. 93; Staudinger- Stoll, IntSachR, Rz. 351; Kaiser, Verlängerter EV, S. 202-214; anders Stadler, Gestaltungsfreiheit, S. 713, die diese Frage dem Zessionsstatut unterstellen will, welches ohnehin bereits zwischen dem Zedenten und dem Zessionar gelte.

Schuldnerschutzes richte sich aber die Frage der Abtretbarkeit und der Verkehrsfähigkeit der Forderung in jedem Fall weiterhin nach dem künftigen Forderungsstatut. Denn soll die Forderung generell dem Verkehr entzogen sein, trifft diese Entscheidung das Forderungsstatut[127]. Die Wohnsitzanknüpfung führe so zu einer einheitlichen Behandlung des EV einschließlich seines Surrogats. Auf diese Weise lasse sich eine mögliche Interessensbeeinträchtigung des Verkäufers vermeiden; ist nach dem Wohnsitzrecht des Käufers die Vorausabtretung nicht möglich, kann der Verkäufer schon bei Kaufvertragsschluß seine Restforderung nach erfolgtem Weiterverkauf durch andere, geeignete Sicherungsmöglichkeiten schützen.

Gegen diesen Ansatz werden insbesondere der Wortlaut des Art. 33 EGBGB und die Interessen der Rechtssicherheit vorgebracht[128]. Art. 33 EGBGB lasse eine Differenzierung zwischen verschiedenen Formen der Abtretung nicht zu. Insbesondere liefe das dem Sinn der Vorschrift, der Förderung der europäischen Rechtseinheit, zuwider. Die Rechtssicherheit und Rechtsklarheit erfordere es, die Forderungsabtretung stets dem Statut der abgetretenen Forderung zu unterstellen[129]. Zumal die einseitige Berücksichtigung der Interessen des Verkäufers eine Abkehr der bisherigen Anknüpfungsgrundsätze nicht rechtfertigten. Zudem führe die Sonderanknüpfung zu einer uneinheitlichen Behandlung, indem die Frage der Abtretbarkeit von Forderungen weiterhin dem Forderungsstatut unterstellt und damit das angestrebte Ziel verfehlt werde[130]. Ginge die Abtretung künftiger Forderungen ins Leere, weil das maßgebliche Forderungsstatut diese nicht anerkenne, so habe der Verkäufer die negativen Folgen zu tragen, da er sich mit dieser Sicherheit zufrieden gegeben habe. Pragmatisch hat Kieninger[131] auf das Überwiegen der Fälle hingewiesen, in denen der Importeur die Sachen in seinem eigenen Land weitervertreibt. Damit käme ohnehin das Wohnsitzrecht des Käufers zur Anwendung, da beim Weiterverkauf regelmäßig nicht die Anwendung eines anderen Rechts vereinbart werde.

In der italienischen Literatur[132] wird, soweit sich mit dem deutschen Sonderweg auseinandergesetzt wird, eine entsprechende Anwendung der Sonderanknüpfung an das Wohnsitzrecht des Käufers abgelehnt. Der Art. 12 EVÜ diene der Rechtssicherheit und der Rechtseinheit. Dieses Prinzip werde beeinträchtigt, wenn die Wirksamkeit der Abtretung nicht ohne Ausnahme dem Forderungsstatut unterstellt

---

127 MüKo- Kreuzer, Nach Art. 38 Anh. I, Rz. 93; Staudinger- Stoll, IntSachR, Rz. 351; Kaiser, Verlängerter EV, S. 206 f.

128 BGHZ 111, 376 (381 f.), v. Bar, RabelsZ 53 (1989), 462 (470); Kropholler, Internationales Privatrecht, § 52 VII 1, S. 424, Soergel- Lüderitz, Anh. II Art. 38, Rz.56; Behr, RIW 1978, 489 (497); Sonnenberger, Quartalshefte, 1986/IV, S. 22; Kegel/Schurig, Internationales Privatrecht, § 18 VII 1, S. 654 f.

129 BGHZ 111, 376 (381 f.), v. Bar, RabelsZ 53 (1989), 462 (468); Kropholler, Internationales Privatrecht, § 52 VII 1, S. 424.

130 Reithmann- Martiny, Internationales Vertragsrecht, Rz. 311; Behr, RIW 1978, 489 (497); Sonnenberger, Quartalshefte, 1986/IV, S. 22.

131 Kieninger, Mobiliarsicherheiten, S. 108.

132 Bonomi, Eigentumsvorbehalt, S. 205 ff.; ders., Riv. dir. int. priv. proc., 1992, 777 (816 f.); ders., Banca, borsa e titoli di credito, 1992, I, 36 (97 f); Malatesta, La cessione, S. 171 ff.

werde. Zum anderen sei die Gefahr, die dem Verkäufer als Zessionar aus der Unkenntnis des zukünftigen Rechts erwachsen könne, der Sicherung in Form einer Vorausabtretung inhärent[133]. Die Rechtsunsicherheit sei nicht die Folge der Anknüpfung an das Forderungsstatut, sondern ein typischer Nachteil, der sich aus der Zulässigkeit der Vorausabtretung ergebe[134]. Somit richtet sich in beiden Ländern die Wirksamkeit der Vorausabtretungsklausel inhaltlich nach Art. 12 EVÜ, wobei das Forderungsstatut für eine einheitliche Beurteilung der Kollision nach einer allen Beteiligten bekannten Rechtsordnung sorgt[135].

Ergeben sich aufgrund der großzügigen Handhabung der Abtretung künftiger Forderungen bei deutschem Forderungsstatut keine Schwierigkeiten, so ist die italienische Rechtslage hinsichtlich der Anerkennung von Vorausabtretungen ungewiß[136]. Dem Verkäufer verbleibt nur die Möglichkeit, seinen Käufer obligatorisch zur Abtretung der Forderung zu verpflichten. Diese schuldrechtliche Sicherung verliert ihre Sicherungsmöglichkeit jedoch, sobald Dritte die Forderung pfänden lassen oder ein Insolvenzverfahren gegen den Käufer eröffnet wird, wenn die Forderung vor der Abtretung noch nicht zur Entstehung gelangt ist[137]. Soweit die Forderung entsteht und dem Verkäufer in Erfüllung des Vorvertrages abgetreten wird, müssen die Publizitätsmaßnahmen beachtet werden, die das italienische Recht an eine wirksame Abtretung erhebt. Diese Maßnahmen werden von dem nach Art. 12 Abs. 2 EVÜ maßgeblichen Forderungsstatut geregelt, da eine Voraussetzung betroffen ist, unter der die Übertragung dem Schuldner entgegengehalten werden kann[138]. Im Ergebnis ist daher festzuhalten, die nach deutschem Vertragsstatut wirksam vereinbarte Vorausabtretungsklausel führt bei Importen nach Italien zu Problemen, da die italienische Rechtslage hinsichtlich der Anerkennung von Vorausabtretungen künftiger Forderungen Unsicherheiten aufweist.

c. Horizontale Erweiterung mittels Kontokorrentvorbehalt

Die in Deutschland im kaufmännischen Verkehr gebräuchliche horizontale Erweiterung des EV erfolgt in Form eines Kontokorrentvorbehalts. Für die kollisionsrechtliche Behandlung kommt es auf die Differenzierung zwischen Wirksamkeit und Wirkungen der Vereinbarung an, wobei weiterhin der Eintritt des Erweiterungsfalls eine entscheidende Zäsur darstellt.

---

133 Bonomi, Riv. dir. int. priv. proc., 1992, 777 (816), mit dem gleichen Argument für Deutschland v. Bar, RabelsZ 53 (1989), 462 (470).

134 Bonomi, Riv. dir. int. priv. proc., 1992, 777 (816).

135 Venturini, Diritto internazionale, S. 172.

136 Dazu bereits oben A VI 2 b.

137 Dazu bereits oben A VI 2 b.

138 Kieninger, Mobiliarsicherheiten, S. 109 f.

Nach dem Vertragsstatut richtet sich die Zulässigkeit der Vereinbarung des erweiterten EV[139]. An der Zulässigkeit der Vereinbarung eines Kontokorrentvorbehalts im kaufmännischen Verkehr bestehen bei deutschem Vertragsrecht keine Zweifel. Für italienisches Vertragsstatut kann die Wirksamkeit der Klausel nicht mit gleicher Entschiedenheit vertreten werden, da sich bislang einzig Bonomi[140] mit dieser Frage beschäftigt hat und die Zulässigkeit der Vereinbarung angenommen hat. Die Schwierigkeiten hinsichtlich der Einbeziehung weiterer Forderungen betrachtet Bonomi[141] als Fragen, die der Wirksamkeit der Sicherungsabrede inhärent sind und daher an das Vertragsstatut anzuknüpfen seien. Sollte diese Ansicht auch von der Rechtsprechung geteilt werden, wäre grundsätzlich die Vereinbarung eines erweiterten EV zulässig. Dann beeinträchtigt die Vereinbarung eines erweiterten EV die Wirksamkeit des einfachen EV bis zur Zahlung des vereinbarten Kaufpreises nicht, so daß zumindest vor dem Erweiterungsfall eine grundsätzliche Anerkennung des einfachen EV[142] anzunehmen ist.

Erst mit Eintritt des Erweiterungsfalls bei vollständiger Zahlung des Kaufpreises stellt der Kontokorrentvorbehalt bei einer funktionalen Betrachtung eine Sicherungsübereignung dar[143]. Die Umwandlung des EV in eine Sicherungsübereignung ist ein dinglich zu qualifizierender Vorgang, da er die Übertragung des Eigentums betrifft[144]. Die Wirksamkeit der Sicherungsübereignung richtet sich daher gemäß der Situs-Regel nach dem Lagerecht, indem die Sache im Zeitpunkt der vollständigen Zahlung des Kaufpreises belegen ist. Befindet sich die Sache zu diesem Zeitpunkt in Deutschland, so müssen für die Anerkennung der Sicherungsübereignung durch den vereinbarten erweiterten EV die allgemeinen Voraussetzungen gegeben sein. Das erfordert das Fortbestehen der Einigung im Moment des Erweiterungsfalls[145]. Die anerkennungsfreundliche Rechtsprechung[146] hat sogar einem italienischen Kontokorrentvorbehalt zur Wirkung in Deutschland verholfen, ohne diese Prüfungsschritte im einzelnen beachtet zu haben. Vielmehr wurde sich auf die Zeugenaussage gestützt, wonach „aus dem geltenden italienischen Handelsbrauch unter Kaufleuten ein Kontokorrentvorbehalt automatisch folge“[147].

Soweit die Sache im Zeitpunkt des Erweiterungsfalles sich in Italien befindet oder zu einem späteren Zeitpunkt dorthin gelangt, so richten sich die aufgeschobenen dinglichen Wirkungen des erweiterten EV nach italienischem Sachstatut[148]. Dieses entscheidet darüber, inwieweit eine solche Vereinbarung zulässig ist, wobei die an-

---

139 Kieninger, Mobiliarsicherheiten, S. 119; Bonomi, Riv. dir. int. priv. proc., 1992, 777 (817 f.).

140 Dazu bereits oben A VI 1 b; Bonomi, Riv. dir. int. priv. proc., 1992, 777 (817), skeptisch zur Zulässigkeit hingegen Kieninger, Mobiliarsicherheiten, S. 118.

141 Bonomi, Riv. dir. int. priv. proc., 1992, 777 (817).

142 Zu den damit verbundenen Schwierigkeiten bereits ausführlich oben C II 1, 2.

143 Dazu bereits oben B IV 1; Kieninger, Mobiliarsicherheiten, S. 113.

144 Kieninger, Mobiliarsicherheiten, S. 119, Staudinger- Stoll, IntSachR., Rz. 341.

145 MüKo- Kreuzer, Nach Art. 38 Anh. I, Rz. 95; Sonnenberger, Quartalshefte, 1986/IV, S. 19.

146 OLG Hamm, RIW 1991, 155 (156).

147 OLG Hamm, RIW 1991, 155 (156).

148 Bonomi, Riv. dir. int. priv. proc., 1992, 777 (818).

genommene Unzulässigkeit einer Sicherungsübereignung nach italienischem Recht zu beachten ist[1]. Sie verhindert zum einen die Anerkennung einer in Deutschland erfolgten Sicherungsübereignung. Zum anderen kann nach italienischem Recht ein erweiterter EV keine Wirkungen entfalten, da nach dem Erweiterungsfall eine unzulässige Sicherungsübereignung angenommen werden muß[2]. Hat der Verkäufer einen erweiterten EV vereinbart, besitzt er somit bei einem Statutenwechsel nur für seine ursprüngliche Kaufpreisforderung eine dingliche Sicherheit. Sobald diese Kaufpreisforderung jedoch erfüllt ist, fehlt dem Verkäufer für die weiteren offenen Forderungen eine dingliche Sichereit, sofern die Sache in Italien belegen ist.

Im Ergebnis kann daher ein erweiterter EV dem Verkäufer nur dann eine wirksame Sicherung verschaffen, wenn sich die Sache zur Zeit der Kaufpreiszahlung in Deutschland befindet. Kommt es zu einem Import nach Italien, so scheitert die Anerkennung des erweiterten EV an der angenommenen Nichtigkeit einer Sicherungsübereignung ab dem Zeitpunkt des Erweiterungsfalls.

Die Schwierigkeiten, die der „conflit mobil“ somit für den einfachen EV und seine Verlängerungsformen mit sich bringt, sind im grenzüberschreitenden Handel zwischen Deutschland und Italien für den deutschen Warenkreditgeber unerfreulich und erfolgen meistens unerwartet. Verliert doch der einfache EV mit Grenzübertritt seine Drittwirksamkeit, während die Vereinbarung von Verlängerungsformen sogar den Bestand des einfachen EV gefährden kann. Diese Diskontinuität des EV findet seine Ursache in der Situs-Regel. Sie bricht über das wirksam entstandene Sicherungsrecht den Stab, indem sie die Bedingungen der inländischen Drittwirkungen festlegt und die Erfüllung der nationalen Entstehungs- und Dauervoraussetzungen verlangt. Der deutsche EV, der sich durch den Verzicht jeglicher Publizität auszeichnet, erscheint dem italienischen Betrachter als „heimliche“ oder „stillschweigende“ Sicherheit[3]. Indem der deutsche publizitätslose EV in Italien keine Drittwirksamkeit entfaltet, wird der nationale Kreditverkehr geschützt und eine Privilegierung der ausländischen Warenkreditgeber verhindert[4], da insoweit Sicherungselemente nicht anerkannt werden, die der nationalen Rechtsordnung unbekannt sind[5].

III. Bestrebungen einer Vereinheitlichung

Eine Mobiliarsicherheit wie der EV ist, wie gezeigt, in national unterschiedlich ausgewogene und geschlossene Gläubigerordnungen eingebettet. Auf diese Gläubigerordnung hat sich der nationale Kreditverkehr eingerichtet. Da ausländische Mobiliarsicherheiten nicht besser als einheimische Rechte behandelt werden sollen, steht letztendlich der Gleichbehandlungsgrundsatz der Anerkennung des impor-

1 Vgl. dazu bereits oben A VI 1 b.

2 Kieninger, Mobiliarsicherheiten, S. 120.

3 Sulpasso, Riv. dir. civ., 1995, I, 567 (575).

4 Kreuzer, IPRax 1993, 157 (162).

5 Kreuzer, Stellungnahme, S. 95.

tierten, vollwirksamen EV entgegen. Die fehlende Drittwirksamkeit und die Nichtanerkennung der Erweiterungs- und Verlängerungsformen des EV sind eine erhebliche Unsicherheit für die wichtigste Gläubigergruppe im internationalen Wirtschaftsverkehr, die Lieferanten von Maschinen und Anlagen. Hängt doch die Frage der Durchsetzbarkeit des einfachen EV wie auch der Wirkungen seiner Verlängerungsformen von der Toleranzbereitschaft der jeweiligen Sachenrechtsordnung ab. Dabei läßt sich eine größere Anerkennungsbereitschaft in den Ländern erkennen, deren Rechtsordnungen publizitätslose Mobiliarsicherheiten kennen[6]. Aufgrund der damit verbundenen Unsicherheit sah sich insbesondere die deutsche Lehre dazu veranlaßt, nach nationalen und internationalen Auswegen zu suchen, um die Wirksamkeit des EV trotz des conflit mobil zu erreichen.

1. Rechtswahl

Ein Teil der Lehre[7] meint, die Probleme bei der Bestellung von Sicherheiten ließen sich durch eine beschränkte Zulassung der Parteiautonomie im Sachenrecht mit Wirkung für das dingliche Sicherungsrecht befriedigend lösen. Hinsichtlich der Beachtlichkeit der Rechtswahl wird vereinzelt angenommen, die dinglichen Wirkungen könnten nur Wirkung inter partes entfalten, im Verhältnis zu Dritten bleibe es bei der Situs-Regel[8]. Dabei wird auf Art. 104 IPR- Gesetz der Schweiz[9] verwiesen. Diese Vorschrift sieht vor, daß für den Erwerb dinglicher Rechte eine freie Rechtswahl zulässig ist, die aber nur inter partes wirkt und keine Drittwirksamkeit entfaltet. Überwiegend[10] wird sich für eine erga-omnes-Wirkung der Rechtswahl ausgesprochen. Dabei wird aber eine Beschränkung der wählbaren Rechte vorgenommen, indem nur die räumlich beteiligten Rechtsordnungen des Absende- und Bestimmungsstaates wie auch das Recht des Vertragsstatutes beteiligt werden können. Soweit auch eine stillschweigende Rechtswahl vereinzelt für zulässig erachtet wird[11], sei im Zweifel die Sachenrechtsordnung gewählt, die dem Sicherungsrecht zum Bestand verhelfe.

---

6 Kreuzer, Stellungnahme, S. 95; Schilling, Int. Comp. L. Q. 1985, 87 (105); Monti/Nejman/Reuter, Int. Comp. L. Q., 46 (1997), 866 (892).

7 Kropholler, Internationales Privatrecht, § 54 II, S. 480; Staudinger- Stoll, IntSachR, Rz. 292 ff.; ders., RabelsZ 38 (1974), 450 (452 ff.); ders., IPRax 2000, 259 (263).Sturm, NJW 1974, 1036 (1037); Drobnig, RabelsZ 32 (1968); 450 (460 f.); Hanisch, IPRax 1992, 187 (188); ders., I diritti reali, S. 155 f.; Jayme, FS für Serick, S. 246; v. Wilmowsky, Kreditsicherungsrecht, S. 100 ff, 152 ff.; Weber, RabelsZ 44 (1980), 510 (511, 519 f.); Flessner, RabelsZ 34 (1970), 547 (570 ff.); Jayme/Kohler, IPRax 1992, 346 (348); für Italienbehandelt einzig Bonomi, Riv. dir. int. priv. proc., 1992, 777 (802) diese Frage.

8 Bonomi, Riv. dir. int. priv. proc., 1992, 777 (802); Gottheimer, RabelsZ 18 (1953), 356 (375).

9 Schweizer Bundesgesetz über das Internationale Privatrecht vom 18. 12. 1987, AS Nr. 44 v. 15. 11. 1998, S. 1775.

10 Staudinger- Stoll, IntSachR, Rz. 337; Sturm, NJW 1974, 1036 (1037); Drobnig, RabelsZ 32 (1968); 450 (461), so auch Art. 104 Abs. 1 IPR-Gesetz der Schweiz.

11 Staudinger- Stoll, IntSachR, Rz. 337; a. A. Drobnig, RabelsZ 32 (1968); 450 (461), v. Plehwe, Warenkreditsicherheiten, S. 60 die für eine ausdrückliche Rechtswahl aus Gründen der Rechtssicherheit eintreten.

Obwohl das gewählte Sachstatut grundsätzlich auch im Verhältnis zu Dritten wirksam sein soll, müsse besonderes Augenmerk auf die Schutzinteressen Dritter im jeweiligen Belegenheitsland gelegt werden. Daher können konfliktfeste Regeln des Belegenheitsstatuts das gewählte Vertragsstatut in seiner Geltung einschränken, indem von dem neuen Belegenheitsrecht ein „Veto" eingelegt werde[12]. Aufgrund dieses „Vetos" der konfliktfesten Regeln des Belegenheitsrechts kann sich das gewählte Sachstatut mit seine Wirkungen nicht entfalten; vielmehr setzt sich dann das maßgebliche lex rei sitae durch. Der Vorteil der Parteiautonomie wird darin gesehen, daß bei Vereinbarung des Sachstatuts des Bestimmungslandes der Statutenwechsel und damit die Notwendigkeit einer Transposition entfällt, indem das gesamte Rechtsgeschäft von dem bereits festgelegten Statut geregelt wird[13]. Zudem spreche für die Parteiautonomie, die grenzüberschreitenden Mobiliarsicherheiten seien immer eng mit dem obligatorischen Vertrag verbunden und die dinglichen und schuldrechtlichen Wirkungen könnten auf diese Weise von einem einheitlichen Recht geregelt werden[14].

Eine mögliche Wahl des Sachstatuts ist weder im Referentenentwurf noch im neu normierten internationalen Sachenrecht vorgesehen. Der Gesetzgeber begründete dies damit, die Rechtswahl sei systemwidrig, würde den numerus clausus der Sacherechte durchbrechen und das gewählte Recht sei für Dritte nicht erkennbar[15]. Zudem wird die Rechtswahl auch von vielen Autoren[16] abgelehnt. Die Rechtswahl werde von den ausländischen Gerichten nicht anerkannt, weshalb das angestrebte Ziel nicht erreicht werden könne, dem Exporteur die Wirkungen seines EV zu erhalten[17]. Außerdem werde die besonders wichtige Maxime der äußeren Entscheidungsharmonie gefährdet[18]. Die Rechtssicherheit erfordere als Anknüpfungsgrundsatz die Vorhersehbarkeit des anwendbaren Sachrechts bei grenzüberschreitenden Sachverhalten[19]. Letztendlich könne die Absicht, die Sicherungsinteressen des Gläubigers durch die Rechtswahl besser zu schützen, andere sachlich gerechtfertigte Anknüpfungsinteressen nicht außer Acht lassen. Daher werde ja auch das „Veto" des Belegenheitsrechts anerkannt, welches im Ergebnis die Rechtswahl stark reduziere und damit den beabsichtigten Vorteil wieder zunichte

12 Staudinger- Stoll, IntSachR, Rz. 294; Weber, RabelsZ 44 (1980), 510 (524 f.).

13 Weber, RabelsZ 44 (1980), 510 (518).

14 Jayme, FS für Serick, S. 246, Kropholler, Internationales Privatrecht, § 54 II, S. 480; dagegen ausdrücklich Kreuzer, IPRax 1993, 157 (160).

15 BT- Drs. 14/343 v. 1. 2. 1999, Anlage I, S. 16.

16 Kegel/Schurig, Internationales Privatrecht, § 19 I, S. 662; Kreuzer, FS für Overbeck, S. 624, ders, IPRax 1993, 157 (162); ders., Stellungnahme, S. 102 f.; MüKo- Kreuzer, Nach Art. 38 Anh. I, Rz 74; Palandt- Heldrich, EGBGB 43 (IPR), Rz. 2; Ferid, IPR, § 7-7; S. 263 f.; Soergel- Lüderitz, Art. 38 Anh. II, Rz. 3; v. Plehwe, Warenkreditsicherheiten, S. 49, 60 ff.; Sonnenberger, Quartalshefte, 1986/IV, S. 17; Stadler, Gestaltungsfreiheit, S. 693; Junker, Internationales Privatrecht, Rz. 472.

17 Kreuzer, FS für Overbeck, S. 624; ders., Stellungnahme, S. 103; Kieninger, Mobiliarsicherheiten, S. 213.

18 Kreuzer, FS für Overbeck, S. 624, v. Plehwe, Warenkreditsicherheiten, S. 49, 60 ff.; Sonnenberger, Quartalshefte, 1986/IV, S. 17.

19 Kegel/Schurig, Internationales Privatrecht, § 19 I, S. 661; Kreuzer, Europäisierung, S. 409; ders., Stellungnahme, S. 103.

mache[20]. Auch müsse die internationale Rechtswirklichkeit betrachtet werden, wonach das mitbetroffene ausländische Sachstatut, wenn überhaupt, der Rechtswahl nur relative Wirkungen beimißt[21] und damit den Sicherungsinteressen des Verkäufers nicht gerecht werde.

Auch der BGH[22] ist einer möglichen Parteiautonomie im Sachenrecht bereits explizit entgegengetreten. Die uneingeschränkte Anwendung der lex rei sitae Regel diene dem Gläubigerschutz der Beteiligten. Typenzwang und etwaige Publizitätsvoraussetzungen des maßgeblichen Sachenrechts schützen das Interesse der Gläubiger, die auf den Bestand von Rechten an der jeweiligen Sache vertraut haben[23]. Dieser Schutz sei vorrangig vor den Interessen der Vertragsparteien[24]. Eine Rechtswahl hält der BGH[25] nur dann für zulässig, wenn das zur Regelung berufene Sachstatut seinerseits eine Rechtswahl zuläßt. Das entspricht der bisherigen Rechtslage, wonach Art. 4 Abs. 1 S. 1 EGBGB eine durch das lex rei sitae eröffnete Rechtswahlmöglichkeit gestattet[26].

Im Ergebnis bestehen fast keine Unterschiede zwischen der überkommenen Auffassung und den Vertretern der Rechtswahl. Das zeigt sich dann, wenn schützenswerte Interessen Dritter beteiligt sind. In diesem Fall erfährt die Anknüpfung an den Parteiwillen Einschränkungen, indem die gutgläubigen Erwerbs- und Publizitätsvorschriften der Rechtswahl vorgehen[27]. Insbesondere für den EV, der seine Wirksamkeit im Konflikt mit Rechtspositionen Dritter beweisen muß, läßt sich auf diese Weise keine Verbesserung seiner Behandlung im grenzüberschreitenden Handel erreichen. Zumal zu den konfliktfesten Regeln auch die Form- und Registrierungsvorschriften des italienischen Rechts zählen[28]. Daher könnte im konkreten Fall des EV im deutsch-italienischen Rechtsverkehrs die Situation des Importeurs nach Italien selbst dann nicht verbessert werden, wenn man die Rechtswahl anerkennen würde.

---

20 MüKo- Kreuzer, Nach Art. 38 Anh. I, Rz. 73; Kieninger, Mobiliarsicherheiten, S. 211; Sonnenberger, Quartalshefte, 1986/IV, S. 17.

21 Kreuzer, Stellungnahme, S. 103.

22 BGH RIW 1997, 327.

23 BGH RIW 1997, 327.

24 Bonomi, Eigentumsvorbehalt, S. 198; Kreuzer, IPRax 1993, 157 (162); ders., FS für Overbeck, S. 623.

25 BGH NJW 1998, 1321.

26 Pfeiffer, NJW 1999, 3674 (3686).

27 MüKo- Kreuzer, Nach Art. 38 Anh. I, Rz. 73; Kieninger, Mobiliarsicherheiten, S. 211; Sonnenberger, Quartalshefte, 1986/IV, S. 17; So hat auch nach Art. 104 Schweizer IPRG die sachenrechtliche Rechtswahl keine Auswirkungen gegenüber einem gutgläubigen Erwerber.

28 Staudinger- Stoll, IntSachR, Rz. 294; Weber, RabelsZ 44 (1980), 510 (526).

2. Nationale Kollisionsnormen

Ein beträchtlicher Teil der Literatur[29] und mit ihr der Gesetzgeber wollen mit Art. 43 Abs. 3 EGBGB[30] den Interessenslagen der Parteien dadurch entgegenkommen, indem sie eine Rückwirkung des Rechts des Bestimmungslandes zulassen. Ausgangspunkt ist die Überlegung, der Verkäufer bedürfe der Sicherungsvereinbarung erst, wenn der Käufer die Sache in Besitz genommen hat. Denn erst von diesem Augenblick muß sich das vorbehaltene Eigentum Dritten gegenüber durchsetzen können[31]. Deshalb werden Tatbestandsmerkmale, die im Absendestaat erfüllt wurden, so angesehen, als seien sie im Bestimmungsland vorgenommen worden. Unter Berufung auf die Sonderkollisionsnorm und den Parteiwillen wird einem EV somit auch dann zur Wirksamkeit in Deutschland verholfen, wenn er nach dem ursprünglichen Lagerecht geringere oder keine dingliche Wirkungen hatte[32]. Diese Sonderkollisionsnorm ist insbesondere unter Berücksichtigung der Rechtsprechung des BGH[33] zum relativ wirkenden italienischen EV entwickelt worden[34] und kommt für diese Fallkonstellation zu einer ansprechenden Lösung.

Dabei darf aber nicht die Akzessiorität der dinglichen Wirkungen des EV von seiner wirksamen schuldrechtlichen Vereinbarung aus den Augen verloren werden. Das betrifft insbesondere die schuldrechtlichen Unwirksamkeit der Vereinbarung nach italienischem Vertragsstatut bei der Verwendung von Verlängerungs- und Erweiterungsklauseln[35] sowie den aus dem Konsensualprinzip resultierenden und anzuerkennenden sofortigen Eigentumserwerb des Käufers bei fehlen einer Vorbehaltsklausel. Dann kann auch das nach der Sonderanknüpfung anwendbare deutsche Sachstatut dem Verkäufer nicht zu einem EV verhelfen, wenn der Eigentumsübergang nach dem ursprünglichen Belegenheitsrecht bereits eingetreten ist[36]. In diesem Fall müssen vielmehr erhöhte Anforderungen an den Parteiwillen gestellt werden, wenn der EV auch oder gerade erst im Importland wirken soll. Denn immerhin überträgt der Käufer sein Volleigentum wieder auf den Verkäufer; zum anderen dürfen zwischenzeitlich erworbene dingliche Rechte Dritter hierdurch nicht

---

29 OLG Hamm, RIW 1991, 155 (156); LG Köln, ZIP 1992, 851 (852); Palandt- Heldrich, EGBGB 43 (IPR), Rz. 11; MüKo- Kreuzer, Nach Art 38 Anh. I, Rz. 92; Kegel/Schurig, Internationales Privatrecht. § 19 III, S. 667 f.; Kegel. JuS 1968, 162 (164 f.); Siehr, RIW 1971, 10 (20); Soergel- Lüderitz, Anh. II Art. 38, Rz. 78; Drobnig, RabelsZ 32 (1968), 450 (469 f.), v. Plehwe, Warenkreditsicherheiten, S. 120, 125 ff.; Erman- Hohloch, Art. 43 WGBGB, Rz. 26; Kropholler, Internationales Privatrecht, § 54 III 2 b. S. 485; Reithmann/Martiny, Internationales Vertragsrecht, Rz. 703.

30 Auch Art. 102 Abs. 1 IPR-Gesetz der Schweiz sieht eine solche Regelung für dingliche Rechte vor.

31 Drobnig, RabelsZ 32 1968, 450 (456); v. Plehwe, Warenkreditsicherheiten, S. 118.

32 Dazu bereits ausführlich oben C II 1.

33 BGHZ 45, 95 ff.

34 So die amtliche Begründung, vgl. BT- Drs. 14/343 v. 1. 2. 1999, Anlage I, S. 16.

35 Dazu bereits ausführlich oben C II 3 a, b.

36 MüKo- Kreuzer, Nach Art. 38 Anh., Rz. 72; Sonnenberger, Quartalshefte, 1986/IV, S. 21; kritisch auch v. Plehwe, Warenkreditsicherheiten, S. 126. Dieser Punkt wird auch von der amtlichen Begründung des Gesetzesentwurfs übersehen, obwohl auf die italienische Rechtslage verwiesen wird, BT- Drs. 14/343 v. 1. 2. 1999, Anlage I, S. 16.

beeinträchtigt werden[37]. Folglich kann diese Sonderanknüpfung nur die dinglichen Wirkungen eines schuldrechtlich wirksam vereinbarten EV dem Bestimmungsstatut unterstellen[38]. So gibt auch Kreuzer[39] zu bedenken, eine solche Sonderkollisionsnorm könne nur die Konflikte lösen, die mit der Anerkennung in Deutschland verknüpft sind. Soweit die Anerkennung für den Empfangsstaat vorgeschrieben werde, fehlt dem deutschen Gesetzgeber die Regelungskompetenz. Denn der nationale Gesetzgeber könne nicht anordnen, daß das fremde materielle Recht die deutschen Entstehungsvoraussetzungen zu berücksichtigen habe. Diese Regelungskompetenz liege vielmehr ausschließlich beim Empfangsstaat[40]. Es bleibt daher selbst bei diesem Lösungsansatz weiterhin dem italienischen Sachstatut vorbehalten, über die Drittwirksamkeit von Mobiliarsicherheiten wie den EV zu entscheiden. So kann mit dieser Lösung letztendlich den Bedürfnissen des importierenden, nicht aber denen des exportierenden Warenkreditgebers Rechnung getragen werden[41].

3. Recht des Bestimmungslandes

Vereinzelt wird auch für das deutsche Recht vertreten, den EV an zum Export bestimmten Sachen von vornherein dem Recht des Bestimmungslandes zu unterstellen[42]. Damit könne der Einfluß des Ausgangsstatuts reduziert werden und Zugriffe Dritter auf die Sache einheitlich vom intendierten Lagerecht beurteilt werden[43]. Das entspricht dem Art. 103 IPR-Gesetz der Schweiz, der die Anwendung des Rechts des Bestimmungslandes für den EV an zur Ausfuhr bestimmen Sachen vorschreibt. Eine ähnliche Regelung ist in den U.S.A. in § 9-103 (1) (c) Uniform Commercial Code (UCC) von 1978[44] enthalten. Danach richtet sich die wirksame Bestellung und die Wirkungen einer Sicherheit nach dem Bestimmungsland, wenn der Käufer die Sache innerhalb von 30 Tagen in dem Bestimmungsland in Besitz nimmt.

Während eine solche Lösung für Importe aus Italien durchaus sinnvoll ist, läßt sich das für den Export nach Italien betreffende Sachverhalte nicht behaupten. Zum einen kann der deutsche Gesetzgeber nicht das italienische Sachrecht entsprechend ändern. Denn dies erforderte, daß die strengeren Publizitätsanforderungen, insbesondere die erforderliche Registereintragung, antizipiert werden können, be-

37 Darauf weist zu Recht MüKo- Kreuzer, Nach Art. 38 Anh., Rz. 92 hin.

38 Siehr, RIW 1971, 10 (20 f.).

39 MüKo- Kreuzer, Nach Art. 38 Anh., Rz. 92; ders., FS für Overbeck, S. 627 f.; ders., Stellungnahme, S. 99 f.

40 MüKo- Kreuzer, Nach Art. 38 Anh., Rz. 92; ders., FS für Overbeck, S. 627 f.; ders., Stellungnahme, S. 99 f., so auch BT- Drs. 14/343 v. 1. 2. 1999, Anlage I, S. 16.

41 Kreuzer, Stellungnahme, S. 99.

42 v. Plehwe, Warenkreditsicherheiten, S. 327 ff., ablehnend Drobnig, RabelsZ 32 (1968), 450 (469), kritisch Stadler, Gestaltungsfreiheit, S. 691, die zutreffend darauf hinweist, es bliebe von dem Grundsatz der Anerkennung abgeschlossener Erwerbstatbestände dann wenig übrig.

43 v. Plehwe, Warenkreditsicherheiten, S. 327 ff.

44 Uniform commercial code (U.S.A.) 1978 official text, abgedruckt in Uniform Law Review 1990, 202 ff; dazu ausführlich v. Plehwe, Warenkreditsicherheiten, S. 244 ff.; Hartwieg, ZIP 1994, 96 (109 f.).

vor die Sache exportiert ist[45]. Es erscheint zweifelhaft, inwieweit eine Eintragung nach dem Wortlaut der Art. 1524 Abs. 2, 3 c.c., Art. 3 des Gesetzes v. 28. 11. 1965, n. 1329 vorgenommen werden kann, bevor die Sache in Italien, geschweige denn in dem betreffenden Landgerichtsbezirk, belegen ist[46]. Wollte man die Drittwirksamkeit des EV vor dem Export vom (nach dem für Italien als Bestimmungsland maßgeblichen) sicherem Datum oder den Registereintragungen abhängig machen, käme es zu einer diskriminierenden Ungleichbehandlung des exportierenden Verkäufers. Er könnte gegenüber pfändenden Drittgläubigern in Deutschland vor dem Export ohne Einhaltung der Publizitätsvorschriften des Destinationslandes den EV folglich nicht mittels § 771 ZPO geltend machen. Um dieses Ergebnis zu vermeiden, will v.Plehwe[47] folglich auch die Maßgeblichkeit des zukünftigen Sachstatuts für inländische Vorgänge ausschließen. Im Ergebnis könnte mit einer solchen Vorschrift Importsachverhalte befriedigend gelöst werden, während jedoch den Interessen des deutschen Exporteurs nicht gedient ist[48].

4. Gnadenfristen

Indem die antizipierte Erfüllung der Publizitätsvorschriften des Destinationslandes diese Schwierigkeiten bereitet, wird eine weitere Problemlösung in der Gewähr von sogenannten „Gnadenfristen"[49] oder „Schonfristen"[50] gesehen. Diese Fristen schreiben vor, in welchem Zeitraum die erforderlichen Formerfordernisse des Empfangsstaates erfüllt sein müssen, um die Aufrechterhaltung des Sicherungsrechts zu ermöglichen. Solche Regelungen sind in Nordamerika für die U.S.A. in § 9-103 (1) (d) UCC (4 Monate) und für Kanada in section 7 (3) The Alberta (Canada) Personal Property Security Act, Bill 51, 1988[51] (60 Tage) vorgesehen[52]. In Europa sieht erstmals Art. 102 IPR-Gesetz der Schweiz für den einfachen EV eine „Gnadenfirst" vor. Danach müssen die Publizitätserfordernisse der Registereintragung des EV am Wohnsitzort des Erwerbers innerhalb einer dreimonatigen Frist erfüllt werden. Im Gegensatz zur bisherigen Rechtslage[53] wird dem importierten EV damit nicht mit Grenzübertritt die Wirkung versagt, sondern bis zum Fristablauf in seinen Wirkungen aufrechterhalten (Art. 102 Abs. 2 IPR-Gesetz). Das gilt aber nicht gegenüber gutgläubigen Dritten (Art. 102 Abs. 3 IPR-Gesetz). Eine solche Lösung hätte auch für die italienische Rechtslage ein annehmbares Ergebnis dargestellt, hat aber bei der IPR-Reform keine Berücksichtigung gefunden. In Deutschland ließen sich die Probleme des Exporteurs hiermit auch weiterhin nicht befriedigend lösen,

45 Darauf weist allgemein Kreuzer, Stellungnahme, S. 104, ders., FS für Overbeck, S. 625 hin.

46 Vgl. dazu bereits oben A VIII 2 b, cc, dd, ee.

47 v. Plehwe, Warenkreditsicherheiten, S. 320.

48 Kreuzer, Stellungnahme, S. 103 f.

49 Kreuzer, FS für Overbeck, S. 625.

50 v. Plehwe, Warenkreditsicherheiten, S. 304.

51 Abgedruckt in Uniform Law Review 1990, S. 205 f., der für alle anglophonen Provinzen gilt, Drobnig, RabelsZ 38 (1974), 468 (481, FN 34).

52 Dazu v. Plehwe, Warenkreditsicherheiten, S. 249 ff für USA und S. 304 ff. für Kanada.

53 Dazu ausführlich Behr, RIW 1978, 489 ff.

solange eine drittwirksame Anerkennung innerhalb der Gnadenfristen nicht erzwungen werden kann[54]. Selbst eine EG-weite einheitliche Einführung von Gnadenfristen würde nichts an der verwirrenden Vielzahl der unterschiedlichen nationalen Regelungen ändern, so daß mit dieser Lösung kein den Sicherungsgeber befriedigendes Ergebnis zu erzielen ist[55].

5. Europarechtswidrigkeit der Situs-Regel

Teile der Literatur[56] sehen die Mißachtung des einfachen EV und seiner Verlängerungsformen beim Export unter dem Gesichtspunkt der Warenverkehrsfreiheit der Artt. 3 lit. c, 30 EGV für den europäischen Binnenmarkt als bedenklich an[57]. Denn die Nichtanerkennung beruht als Folge der Situs-Regel auf der Anwendung des strengeren Sachenrechts in Verbindung mit den jeweiligen Publizitätserfordernissen[58]. Das zwinge den Warenkreditgeber, von seinem Käufer andere Formen der Sicherung des Kaufpreises, insbesondere in Form von Bankgarantien verlangen zu müssen. Da somit Avalkosten des Käufers verursacht werden, stelle die Nichtanerkennung eine „Maßnahme gleicher Wirkung" im Sinne einer mengenmäßige Einfuhrbeschränkung gemäß Art. 30 EGV dar[59]. Eine solche Maßnahme sei nur soweit gerechtfertigt, als der Zweck der zwingenden Anwendung des jeweiligen Lagerechts das Vertrauen des Rechtsverkehrs in die Geltung der jeweiligen innerstaatlichen Güter- und Gläubigerordnung gegenüber importierten Sicherungsrechten überhaupt schützen kann[60]. Soweit die italienische Ansicht zu einer Unwirksamkeit des einfachen EV in Folge der Verlängerungs- und Erweiterungsklauseln[61] führt, stelle dies eine nicht zu rechtfertigende Handelsbehinderung dar[62]. Gleiches gelte für die Formvorschrift des sicheren Datums nach Art. 1524 Abs. 1 c.c. Das sichere Datum sei nicht geeignet, die Publizität der dinglichen Belastung zu ermöglichen. Vielmehr liege der Zweck auf der Verhinderung fraudolöser Manipulationen nach der Pfändung oder der Insolvenzeröffnung. Indem aber keine anderen Beweismittel für diesen Zweck zugelassen werden, verstoße das Erfordernis des sicheren Datums für den importierten EV gemäß der Situs-Regel gegen Art. 30 EGV[63]. Um den Anforderungen des Binnenmarktes zu genügen, müsse sich ein

---

54 Kreuzer, FS für Overbeck, S. 626.

55 Kreuzer, Stellungnahme, S. 105.

56 Basedow, NJW 1996, 1921 (1922); ders., RabelsZ 59 (1995), 1 (43 f.), Kieninger, Mobiliarsicherheiten, S. 189, 214; v. Wilmowsky, Europäisches Kreditsicherungsrecht, S. 94 ff.; Wolf, WM 1990, 1941 (1942, 1952); Roth, ZEuP 1994, 5 (23 ff.).

57 Basedow, NJW 1996, 1921 (1922); ders., RabelsZ 59 (1995), 1 (43 f.), Kieninger, Mobiliarsicherheiten, S. 189, 214, kritisch auch Stoll, IPRax 2000, 259 (263).

58 Dazu bereits oben C II 2.

59 Basedow, RabelsZ 59 (1995), 1 (43 f.); Roth, ZEuP 1994, 5 (23); v. Wilmowsky, Europäisches Kreditsicherungsrecht, S. 100, 112.

60 Kieninger, Mobiliarsicherheiten, S. 174; Roth, ZEuP 1994, 5 (25); Wolf, WM 1990, 1941 (1951).

61 Dazu bereits oben C II 3 a, b.

62 Kieninger, Mobiliarsicherheiten, S. 188.

63 Kieninger, Mobiliarsicherheiten, S. 189.

EG-rechtliches Prinzip der gegenseitigen Anerkennung von Kreditsicherheiten durchsetzen. Diese Anerkennung habe direkt und ohne den Umweg über das nationale IPR zu erfolgen[64].

Gegen diese These wird der Wortlaut des Art. 222 EGV ins Feld geführt, wonach der EGV die Eigentumsordnungen in den verschiedenen Mitgliedstaaten unberührt läßt[65]. Die sich aus der nationalen Anknüpfung ergebenden Folgen für den Fortbestand oder Unwirksamkeit importierter Sicherungsrechte seien nur Modalitäten der gemeinschaftsrechtlich vorgesehenen Koexistenz der verschiedenen Eigentumsordnungen der Mitgliedstaaten[66]. Daher könnten die Eigentumsordnungen auch nicht mit den Grundfreiheiten kollidieren oder sie mittelbar behindern. Deshalb müßten die Folgen des „conflit mobil" nicht auf ihre EG-rechtliche Rechtfertigung hin untersucht werden[67]. Auch spreche die langjährige Untätigkeit des Gemeinschaftsgesetzgebers dagegen, daß die Divergenzen gegen Gemeinschaftsrecht verstoßen[68]. Und selbst Kieninger[69] gibt bei ihrer Lösung der Europarechtswidrigkeit der Nichtanerkennung zu bedenken, daß der EuGH zur Ausarbeitung eines Fallrechts gezwungen werde, welches ebenfalls kaum die Bedürfnisse des internationalen Handels umfassend befriedigen kann. Zudem führe die Anwendung des Art. 30 EGV zu einer Inländerdiskriminierung, so daß letztendlich auch dieser Ansatz unvollkommen bleibt und nicht zu einer befriedigenden Lösung des Problems führen kann.

6. Zwischenergebnis

Letztendlich kann bei der Problematik der Anerkennung fremder rechtsgeschäftlicher Mobiliarsicherheiten den Bedürfnissen des ins Ausland liefernden Warenkreditgebers mit den Mitteln des nationalen Kollisionsrechts nicht umfassend geholfen werden. Vielmehr kommt es selbst bei den vorgeschlagenen Lösungen in einer Vielzahl von Fällen zu Rechtsverhältnissen, die nach dem Recht eines Staates bestehen, nach dem Recht des anderen Staates aber nicht. Solche werden als „hinkende" Rechtsverhältnisse bezeichnet, die sowohl für die Betroffenen als auch innerhalb eines einheitlichen Rechtsraum wie der EG für „unerträglich"[70] erachtet werden. Aus diesem Grund wird eine Reform auf europäischem Niveau als unausweichlich und drängend empfunden[71].

64 Wolf, WM 1990, 1941 (1942).

65 MüKo- Sonnenberger, Einl. IPR, Rz. 160.

66 Sonnenberger, ZfVglRWiss. 95 (1996), 3 (27 ff.); Staudinger- Stoll, IntSachR, Rz. 321.

67 MüKo- Sonnenberger, Einl. IPR, Rz. 160; Gounalakis/Radke, ZfVglRWiss. 98 (1999), 1 (10 f.)

68 MüKo- Kreuzer, Nach Art. 38 Anh. I, Rz. 88; MüKo- Sonnenberger, Einl. IPR, Rz. 160.

69 Kieninger, Mobiliarsicherheiten, S. 214.

70 Kreuzer, Europäisierung, S. 409.

71 Monti/Nejman/Reuter, Int. Comp. L. Q., 46 (1997), 866 (890); Gounalakis/Radke, ZfVglRWiss. 98 (1999), 1 (27.)

Einzig eine zwischenstaatliche Koordinierung wird für tauglich erachtet, die unterschiedlichen Rechtsordnungen zu vereinheitlichen[72] und diesem Problem Abhilfe zu verschaffen[73]. Folglich wird vertreten, Art. 3 lit. c EGV verpflichte den europäischen Gesetzgeber zu Initiativen, die derzeitige Rechtslage durch Maßnahmen zur Förderung des freien Waren- und Kapitalverkehrs im Binnenmarkt zu verbessern[74]. Dies wird auch aus Art. 65 lit. b EGV hergeleitet, wonach der Rat Maßnahmen auf dem Gebiet der justitiellen Zusammenarbeit ergreifen soll, soweit sie für das reibungslose Funktionieren des Binnenmarktes erforderlich sind[75]. Jedoch wird eine Verständigung in der Europäischen Union über eine Angleichung des Rechts der Mobiliarsicherheiten derzeit eher skeptisch bewertet[76]. Die Skepsis mag ihren Grund in den Erfahrungen mit den bisherigen international ausgerichteten Koordinierungsversuchen finden, wie im folgenden zu zeigen sein wird.

7. Internationale Vereinheitlichungsbestrebungen

Vereinheitlichungsbestrebungen, die den einfachen EV wie auch seine Erweiterungs- und Verlängerungsformen betreffen sind auf sowohl nur auf europäischer wie auch auf internationaler Ebene mit unterschiedlichen Resultaten unternommen worden.

a. Europaweit

Die europäischen Bemühungen haben sich auf Anerkennungskonventionen konzentriert, die zu einer einheitlichen, EG-weiten Anerkennung von Mobiliarsicherheiten führen sollten. So hat auf Grundlage eines Entwurfs der Fédération Bancarie de la Communauté Economique Europénne[77] die EG-Kommission im Jahr 1973 einen

---

72 Dabei soll der Begriff „Vereinheitlichungsbemühungen" untechnisch als Oberbegriff verstanden werden, da bislang sich keine einheitlicher Sammelbegriff durchsetzen konnte, vgl. die Nachweise bei Sulpasso, Riv. dir. int. priv proc., 1995, 567. Daher wird nicht die Differenzierung von Kreuzer, Europäisierung, S. 389 übernommen, der als Vereinheitlichung die Ersetzung unterschiedlichen Rechts durch ein nach Inhalt und Form einheitlichen Rechts versteht, während als Angleichung oder Harmonisierung er die Erreichung einer lediglich inhaltlichen Übereinstimmung der beteiligten Rechtsordnungen bezeichnet.

73 Staudinger- Stoll, IntSachR, Rz. 321; MüKo- Kreuzer, Nach Art. 38 Anh. I, Rz. 88; ders., FS für Overbeck, S. 633; ders., IPRax 1993, 157 (162); Kieninger, Mobiliarsicherheiten, S. 213; Sonnenberger, ZfVglRWiss. 95 (1996), 3 (28), Stadler, Gestaltungsfreiheit, S. 693.

74 Staudinger- Stoll, IntSachR., Rz. 321; Monti/Nejman/Reuter, Int. Comp. L. Q., 46 (1997), 866 (892).

75 Wagner, EuZW 1999, 709 (710).

76 Staudinger- Stoll, IntSachR., Rz. 321; MüKo- Kreuzer, Nach Art. 38 Anh. I, Rz. 88; ders., IPRax 1993, 157 (162); ders., FS für Overbeck, S. 633; ders., Stellungnahme, S. 107; Kieninger, Mobiliarsicherheiten, S. 231; Hartwieg, RabelsZ 57 (1993), 607 (608); Hübner, ZIP 1980, 825 (832); Monti/Nejman/Reuter, Int. Comp. L. Q., 46 (1997), 866 (896, 905 f.); Stadler, Gestaltungsfreiheit, S. 693.

77 Veröffentlicht in Voskuil/Wade, Hague-Zagreb Essays 5, Appendix IV, S. 109 ff., hierzu Drobnig, RabelsZ 38 (1974), 469 (483 f.).

ersten „Entwurf einer Richtlinie über die Anerkennung der besitzlosen Sicherheiten an beweglichen Sachen und der Eigentumsvorbehaltsklauseln bei den Verkäufen beweglicher Sachen"[78] vorgelegt. Danach sollten sich die Mitgliedstaaten verpflichten, besitzlose Sicherheiten anzuerkennen, sofern sie nach dem ursprünglichen Belegenheitsrecht wirksam entstanden waren. Für den einfachen EV sollte die schriftliche Vereinbarung vor der Übergabe ausreichen, um den EV allen Gläubigern des Käufers gegenüber geltend zu machen (Art. 9). Motiv dieser Initiative war die Befürchtung vor Wettbewerbsverzerrungen innerhalb der Gemeinschaft, die durch die fehlende wechselseitige Anerkennung von Mobiliarsicherheiten hervorgerufen wird, indem Voraussetzungen und Wirkungen der Mobiliarsicherheiten, insbesondere in der Insolvenz, erhebliche Unterscheide aufweisen[79]. Die Verpflichtung zur Anerkennung von Mobiliarsicherheiten stieß aber selbst in dem damaligen kleinen Kreis von Mitgliedstaaten auf erhebliche Widerstände. Insbesondere die deutsche Seite hat sich vehement gegen ein geplantes, in drei Varianten vorgeschlagenes Registrierungsverfahren für besitzlose Sicherungsrechte (Artt. 6 - 8) gewandt[80]. Obwohl der EV von der Registrierungspflicht ausgenommen war[81], scheiterte das Projekt und wurde nicht weiter verfolgt, wobei der Mißerfolg auch auf die Erweiterung der EU durch den Beitritt Großbritaniens, Irlands und Dänemarks zur EU zurückzuführen ist[82]. Zudem entzündete sich Kritik an den unterschiedlichen Registrierungserfordernissen, die eine Differenzierung zwischen dem EV und anderen Sicherungsrechten herbeiführten. Kritisiert wurde die künstliche Differenzierung, die außer Betracht lasse, daß der EV die gleichen Sicherungsziele verfolge wie andere Sicherungsrechte und daher eine unterschiedliche Behandlung nicht gerechtfertigt sei[83].

In der Folgezeit hat die Kommission ihre Bemühungen auf den einfachen EV beschränkt und legte 1979 einen Vorschlag einer „Richtlinie über die rechtlichen Folgen von Vereinbarungen eines einfachen Eigentumsvorbehalts an Waren" vor[84]. Als formales Kriterium für die Verpflichtung zur Anerkennung wird nur die Schriftform der Vereinbarung verlangt, wobei auch die vor Übergabe erfolgte schriftliche Bestätigung eines nur mündlich vereinbarten EV ausreicht (Art. 2). Auf die zusätzliche Einhaltung von weiteren Publizitäts- oder Formvorschriften für die Anerkennung wird verzichtet (Art. 9 Nr. 1). Der Verkäufer kann sein Recht auf Herausgabe der Sache gegenüber dem Käufer wie auch gegenüber dessen Gläubiger auch im Falle der Zwangsvollstreckung oder der Insolvenz durchsetzen, sofern die Sache

78 Kommission der EG, Generaldirektion Binnenmarkt, Dokument XI/466/73-D, abgedruckt bei Drobnig/Goode, Security, S. 378 ff.

79 Kreuzer, Stellungnahme, S. 92, FN 211.

80 Sulpasso, Riv. dir. civ., 1995, I, 567 (577).

81 Hierzu Kieninger, Mobiliarsicherheiten, S. 216.

82 Hauschild, Int. Law Quarterly 1982, 17 (31), Kaiser, Verlängerter EV, S. 81, FN 347.

83 Goode, The Company Lawer, 1980, 185 (186 f.); Drobnig/Goode, Security, S. 370; Sulpasso, Riv. dir. civ., 1995, I, 567 (576). Auf die Gleichwertigkeit weist auch Hartwieg, ZIP 1994, 96 (113) hin.

84 Kommission der EG, Generaldirektion Binnenmarkt, Dokument III/872/79-EN, veröffentlicht in Voskuil/Wade, Hague-Zagreb Essays 5, Appendix V, S. 114 ff sowie die Nachweise der weiteren bis 1980 unveröffentlichten und dem Verfasser nicht erreichbaren Vorschläge bei Kieninger, Mobiliarsicherheiten, S. 223.

unverändert beim Käufer vorhanden ist[85]. Diese Entwürfe sind als unvollkommen kritisiert worden[86], weil keine Harmonisierung der besonders wichtigen Verlängerungsformen des EV erzielt wurde. Das hatte seinen Grund in den während den Verhandlungen sichtbar werdenden, unüberbrückbaren nationalen Unterschieden. Zum Teil sind die Verlängerungsformen als für das moderne Wirtschaftsleben essentiell betrachtet worden (Deutschland), während andere größte Zurückhaltung übten (Italien)[87]. Zwar wurde im ersten Entwurf in Art. 3 Abs. 2 den nationalen Rechtsordnungen anheim gestellt, Verlängerungs- und Erweiterungsformen des EV Wirkungen zukommen zu lassen. Wurde von der entsprechenden nationalen Rechtsordnung in diesem Punkt eine restriktive Haltung eingenommen, war eine geltungserhaltende Reduktion auf den einfachen EV vorgesehen, indem der Verkäufer auch weiterhin seinen Herausgabeanspruch geltend machen kann (Art. 3 Abs. 1). Jedoch ist diese geltungserhaltende Reduktion in späteren Entwürfen nicht mehr aufgenommen worden[88]. Auch wurde in Art. 8 vorgesehen, daß kraft Vereinbarung der Käufer zur Weiterveräußerung berechtigt ist und die entstehende Forderung des Erstkäufers an seinen Verkäufer übergeht, ohne die wirksame Forderungsabtretung von einer Abtretungsanzeige abhängig zu machen. Inwieweit damit die Zulässigkeit eines verlängerten EV vorgesehen war oder den Mitgliedstaaten nur der Einwand genommen werden sollte, daß nach nationalem Recht die Abtretung künftiger Forderungen nicht möglich sei[89], bleibt unklar, da eine solche Regelung der ausdrücklichen Beschränkung der Richtlinie auf den einfachen EV widerspricht[90]. Die Arbeiten an der Richtlinie sind dann Anfang der 80er Jahre unter Hinweis auf die Bemühungen des Europarates eingestellt worden und bislang nicht wieder aufgenommen worden[91].

Parallel zu den Arbeiten der Kommission hat auch der Europarat die Initiative ergriffen und formulierte durch einen eingesetzten Expertenausschuß Vorentwürfe „eines Übereinkommens über die Anerkennung des Eigentumsvorbehalts“[92]. Darin sollten sich die Vertragsstaaten verpflichten, dem einfachen EV die in dem Übereinkommen vorgesehenen Wirkungen zu verleihen (Art. 3). Man beschränkte sich auf den einfachen EV betreffende, grenzüberschreitende Sachverhalte (Art. 1). Als Publizitätsform reicht die Schriftform im Zeitpunkt der Übergabe aus (Art. 4), um dem Verkäufer seinen Herausgabeanspruch in der Zwangsvollstreckung oder in der Insolvenz zu sichern (Art. 5). Auf weitere Publizitätserfordernisse wurde verzichtet und statt dessen die Drittwirksamkeit des EV vorgeschrieben, auch wenn eine

---

85 Hauschild, Int. Law Quarterly 1982, 17 (33).

86 Goode, The Company Lawer, 1980, 185 (186 f.); Monti/Nejman/Reuter, Int. Comp. L. Q., 46 (1997), 866 (893).

87 Hauschild, Int. Law. Quarterly 1982, 17 (33).

88 Kieninger, Mobiliarsicherheiten, S. 225.

89 Kieninger, Mobiliarsicherheiten, S. 225.

90 Monti/Nejman/Reuter, Int. Comp. L. Q., 46 (1997), 866 (893).

91 Staudinger- Stoll, IntSachR, Rz. 321.

92 Die erste Fassung vom Juni 1981 ist in deutscher Übersetzung abgedruckt in ZIP 1981, 1156 f.; eine spätere Fassung vom 6. 4. 1982 ist abgedruckt in Voskuil/Wade, Hague-Zagreb Essays 5, Appendix VI, S. 117 ff.

Registrierung oder eine andere Formen der Publizität nicht erfüllt ist (Art. 8). Daran sind die Einflüsse von Frankreich (Beschränkung auf einfachen EV und Schriftform) und Deutschland (Publizitätslosigkeit) deutlich geworden; denn diese beiden Länder haben die Arbeiten im wesentlichen gefördert und vorangetrieben[93]. Um so erstaunlicher ist es, daß trotz des starken Einflusses Deutschlands die Erweiterungsformen des EV nicht berücksichtigt worden sind, sondern im Gegenteil ausdrücklich von der Konvention ausgenommen sind (Art. 9) und daß ein einfaches, schnelles und kostengünstiges Registrierungsverfahren nicht einmal erwogen wurde[94]. Der endgültige Entwurf aus dem Jahre 1983 ist nicht veröffentlicht und die Arbeiten sind in der Folgezeit eingestellt worden[95]. Die Gründe lagen in der Erkenntnis, daß eine signifikante und nützliche Vereinheitlichung nicht zu erzielen war[96]. Der Entwurf hätte zu einer Aufspaltung des den EV betreffenden Rechts geführt, da grenzüberschreitende Sachverhalte hinsichtlich ihrer Drittwirksamkeit einer anderen Regelung unterstellt gewesen wären als rein nationale Sachverhalte[97]. Grund der Einstellung der Arbeiten war zudem, daß die Ergebnisse von Reformvorhaben einiger Mitgliedstaaten auf dem Gebiet des Insolvenzrechts abgewartet werden sollten[98].

Damit waren zunächst alle Versuche letztendlich gescheitert, innerhalb der Mitgliedstaaten eine isolierte Harmonisierung des Rechts der besitzlosen Mobiliarsicherheiten durch eine Anerkennungskonvention zu erzielen. Und das, obwohl die Bemühungen sich sogar nur auf den einfachen EV beschränkten, weil die Verlängerungs- und Erweiterungsformen des EV auch die national noch unterschiedlichere Behandlung von Sicherungsabtretung und Übereignung hätten mitumfassen müssen. Der Grund des Scheiterns wird auch darin gesehen, daß eine Lösung einzig über das Kollisionsrecht gesucht wird[99]. Denn bei der Anerkennung grenzüberschreitender Mobiliarsicherheiten besteht eine potentielle sachliche Inkompatibilität des importierten Sicherungsrechts mit der bestehenden Gläubigerordnung. Auf diese Gläubigerordnung hat sich der nationale Kreditverkehr eingestellt, zumal die Sicherungsrechte eng in das Sachen-, Zwangsvollstreckungs- und Insolvenzrecht eingebettet sind. Daher muß eine Harmonisierung diese Aspekte mit umfassen[100].

---

93 Sulpasso, Riv. dir. civ., 1995, I, 567 (576).

94 Sulpasso, Riv. dir. civ., 1995, I, 567 (576).

95 Staudinger- Stoll, IntSachR, Rz. 116.

96 Staudinger- Stoll, IntSachR, Rz. 116; Sulpasso, Riv. dir. civ., 1995, I, 567 (576).

97 Kreuzer, FS für Overbeck, S. 636.

98 Kreuzer, FS für Overbeck, S. 631, FN 50.

99 Kreuzer, Stellungnahme, S. 105; ders., FS für Overbeck, S. 63; Kieninger, Mobiliarsicherheiten, S. 216, Sulpasso, Riv. dir. civ., 1995, I, 567 (576).

100 Verheul, Reservation, S. 57, 71; Kreuzer, Stellungnahme, S. 106 f.; ders., FS für Overbeck, S. 633; Hübner, ZIP 1980, 825 (832); Kieninger, Mobiliarsicherheiten, S. 231; Monti/Nejman/Reuter, Int. Comp. L. Q., 46 (1997), 866 (896).

Zwar sieht nunmehr die Richtlinie des Europäischen Parlamentes und des Rates zur Bekämpfung von Zahlungsverzug im Geschäftsverkehr[101] in Art. 4 eine spezielle Regelung für den EV vor. Gemäß Art. 4 Abs. 1 sollen die Mitgliedstaaten vorsehen, daß der Verkäufer seinen in einer ausdrücklichen Vorbehaltsklausel vereinbarten EV behält. Dies richtet sich nach den anwendbaren nationalen Vorschriften, wie sie durch das internationale Privatrecht bestimmt werden. Damit soll sichergestellt werden, daß Gläubiger auf nicht diskriminierende Weise einen EV in der ganzen Gemeinschaft geltend machen können, falls der EV gemäß den anwendbaren nationalen Vorschriften rechtswirksam ist[102]. Hiermit dürfte jedoch keine Änderung der jetzigen Rechtslage eintreten. Denn vom internationalen Privatrecht wird die Einhaltung der nationalen Publizitätsvorschriften vorgeschrieben, ohne deren Beachtung der EV aber nicht geltend gemacht werden kann, auch wenn er wirksam vereinbart wurde. Somit bleibt es bei der kollisionsrechtlichen Lösung und der daraus folgenden nationalen Herrschaft des lex rei sitae.

Ein weiter reichendes Reformvorhaben erfordert hingegen einen entschiedenen und starken politischen Willen zur Durchsetzung, der derzeit innerhalb der EU nicht zu bestehen scheint, wie das Tauziehen um das Europäische Insolvenzrechtsübereinkommen[103] erst kürzlich gezeigt hat. Folglich wird die Realisierung einer Rechtsvereinheitlichung, die die von den Mobiliarsicherheiten berührten unterschiedlichsten nationalen Rechtsgebiete betrifft, im europäischen Rahmen auf absehbare Zeit als skeptisch[104], gar als utopisch[105] betrachtet. Werden diese Aspekte bei der Vereinheitlichung aber weiterhin wie bislang ausgeklammert, erscheint die in einer Konvention oder Richtlinie vorgeschriebene Anerkennung publizitätsloser Sicherheiten als gleichheitssatzwidrige Privilegierung ausländischer Warenkreditgeber. Da man zu Gunsten eines ausländischen Warenkreditgebers keine Einschränkungen der nationalen Publizitäts- und gutgläubigen Erwerbsvorschriften hinnehmen will, beruft man sich auf den Gleichbehandlungsgrundsatz, um die Geschlossenheit der eigenen Gläubigerordnung vor importierten Sicherungsrechten zu schützen[106]. Diese nationale Ausrichtung des Gleichbehandlungsgrundsatzes ist das eigentliche Motiv, an dem die bisherigen europäischen Vereinheitlichungsbemühungen scheiterten.

---

101 Richtlinie 2000/35/EG des Europäischen Parlamentes und des Rates vom 29. Juni 2000 zur Bekämpfung von Zahlungsverzug im Geschäftsverkehr, ABl. L 2000 v. 8.8.2000, S. 35 ff.

102 Richtlinie 2000/35/EG des Europäischen Parlamentes und des Rates vom 29. Juni 2000 zur Bekämpfung von Zahlungsverzug im Geschäftsverkehr, Erwägungsgrund 21, ABl. L 2000 v. 8.8.2000, S. 36

103 Dazu ausführlich unten C IV 4, 5.

104 Staudinger- Stoll, IntSachR., Rz. 321; MüKo- Kreuzer, Nach Art. 38 Anh. I, Rz. 88; Kieninger, Mobiliarsicherheiten, S. 231; Verheul, Reservation, S. 71; Hartwieg, RabelsZ 57 (1993), 607 (608); Hübner, ZIP 1980, 825 (832); Monti/Nejman/Reuter, Int. Comp. L. Q., 46 (1997), 866 (896, 905 f.).

105 Kreuzer, Stellungnahme, S. 107, ders., IPRax 1993, 157 (162), ders., FS für Overbeck, S. 633.

106 Kreuzer, Stellungnahme, S. 107; ders., FS für Overbeck, S. 632 f.; Monti/Nejman/Reuter, Int. Comp. L. Q., 46 (1997), 866 (894); Stadler, Gestaltungsfreiheit, S. 692.

Da die Präambel des Maastrichtvertrages vorsieht, daß „zur Beseitigung der bestehenden Hindernisse ein einverständliches Vorgehen erforderlich ist, um (...) einen ausgewogenen Handelsverkehr (...) zu gewährleisten" und Art. 3 lit. h EGV „die Angleichung der innerstaatlichen Rechtsvorschriften, soweit (...) erforderlich" für die Tätigkeit der Gemeinschaft mitumfaßt, wird gefordert, das Problem der Anerkennung grenzüberschreitender Mobiliarsicherheiten erneut auf die europäische Tagesordnung der EG zu setzen[107]. Eine europaweite Rechtsvereinheitlichung erfordert auch eine einheitliche rechtspolitische Bewertung der wirtschaftlichen Bedeutung des EV, da ohne einen solchen Konsens keine gemeinsamen Vorschriften geschaffen werden können, die dem Schutz des EV dienen sollen[108]. Die Prioritäten, die die Mitgliedstaaten dem EV für den Handel zumessen, ist hingegen höchst uneinheitlich, wie der bisherige Vergleich belegt[109]. Diese Schwierigkeiten zeigen sich auch in den bisherigen internationalen Bemühungen um das Problem der Anerkennung des EV.

b. International

aa. UNCITRAL

Auf internationaler Ebene hat die United Nations Commission on International Trade Law (UNCITRAL) sich mit einer Harmonisierung des internationalen Rechts der Mobiliarsicherheiten beschäftigt. Bereits 1970 wurde die limitierte Verwendung von besitzlosen Mobiliarsicherheiten im internationalen Handel als Folge der Situs-Regel festgestellt und bemängelt. Daher sollte ein einheitliches und leicht einsetzbares weltweites System von Mobiliarsicherheiten entwickelt werden, wofür zunächst als vorbereitende Maßnahme die Sammlung ausreichender Informationen über die unterschiedlichen nationalen Regeln beschlossen wurde[110]. Infolge des von Drobnig[111] im Auftrag der Kommission erstellten Gutachtens und der Stellungnahme des Generalsekretariats[112] wurde die Erarbeitung von international einheitlichen Regeln über Mobiliarsicherheiten als am sinnvollsten erachtet[113]. Die rechts-

107 Bleckmann- de Groot/Schneider, Europarecht, § 15, Rz. 1359.

108 Monti/Nejman/Reuter, Int. Comp. L. Q., 46 (1997), 866 (906).

109 Dazu bereits oben A VI 2 ausführlich.

110 Official Records of the General Assembly, Twenty-fifth Session, Supplement No 17 (A/8017), UNCITRAL Yearbook, Volume I (1968-70), Part II, para 145, S. 144 f.

111 Drobnig, Study on security interests, document ST/LEG/11, das aufgrund des Auftrags der Generalversammlung um die Rechtslage in den sozialistischen Ländern erweitert wurde, Official Records of the General Assembly, Twenty-ninth Session, Supplement No 17 (A/10017), UNCITRAL Yearbook, Volume VI (1975), Part I, para 63, S. 16 und 1977 vorgelegt wurde, Doc. A/CN. 9/131, UNCITRAL Yearbook, Volume VIII (1977), Part II, S. 171-224.

112 Report of the Secretary-General: security interests in goods (A/CN9/102), UNCITRAL Yearbook, Volume VI (1975), Part II, S. 159 ff.

113 Drobnig, International payments, S. 222; Report of the Secretary-General: Security interests in goods (A/CN9/102) UNCITRAL Yearbook, Volume VI (1975), Part II, para 19, S. 161. Die Erarbeitung einer Anerkennungskonvention erschien zu schwierig, da nationale Interessen in einer Art und Weise überwiegen, die eine ausreichende Unterstützung der Konvention durch die Regierungen künftig nicht erwarten läßt, Drobnig, International payments, S. 220.

vergleichenden Untersuchungen sollten daher erweitert und die Vereinheitlichungsarbeiten in diese Richtung vertieft werden[114]. Da sich in der Folgezeit die Herstellung der Rechtsvereinheitlichung durch eine Konvention als zu schwierig erwies, wurde die Entwicklung eines Mustergesetzes für Mobiliarsicherheiten als vernünftigste Lösung betrachtet[115]. Dieses Mustergesetz sollte Vorbildcharakter für die Staaten haben, die ihr Recht der Mobiliarsicherheiten modernisieren wollen. Zudem sollte eine gemeinsame Annäherung an die dem Mobiliarsicherheitsrecht inhärenten Probleme erreicht und dem internationalen Handel eine alternative und sichere Finanzierungsform an die Hand gegeben werden[116]. Doch schon gegen die Ausarbeitung eines solchen Mustergesetzes regte sich Widerstand; die Arbeiten wurden als zu schwierige Aufgabe angesichts anderer, wichtiger und ebenfalls noch offener Fragen empfunden[117]. Dennoch wurde vom Generalsekretariat beschlossen, mit der näheren Untersuchung eines möglichen Inhalts des Modellgesetzes zu beginnen[118]. Während dieser gesamten Bemühungen sind die unterschiedlichen Verständnisse von Sicherungsrechten in den einzelnen Rechtsordnungen und die Ausstrahlung des Kreditsicherungsrechts in andere Rechtsgebiete, insbesondere in das Insolvenzrecht, deutlich geworden[119]. Deshalb beugte sich die Kommission der Erkenntnis, daß die Aufgabe zu komplex sei, um die Erarbeitung eines Modellgesetzes vernünftigerweise erwarten zu können und beschloß daraufhin die Einstellung der Arbeiten[120].

Die Haager Konferenz für IPR hat es zuletzt 1988 abgelehnt einem australischen Vorschlag anzunehmen und die Frage des auf Mobiliarsicherheiten anzuwendenden Rechts zu behandeln. Ohne eine vorhergehende materiellrechtliche Harmonisierung der die Sicherungsrechte betreffende Materie ist eine Vereinheitlichung des Kollisionsrecht kaum realisierbar[121]. Jedoch hat der Generalsekretär der Haager IPR-Konferenz, Georges Droz, den ersten Sitzungen der Arbeitsgruppe von UNIDROIT beigewohnt[122], so daß eine endgültige Entscheidung noch nicht ergangen zu sein scheint.

---

114 Official Records of the General Assembly, Twenty-ninth Session, Supplement No 17 (A/10017), UNCITRAL Yearbook, Volume VI (1975), Part I, para 48, 63 a, b,S. 15 ff.

115 Report of the Secretary-General: Security interests; feasibility of uniform rules to be used in the financing trade (A/CN.9/165), UNCITRAL Yearbook, Volume X (1979), Part II, para 61, S. 86; Official Records of the General Assembly, Thirty-fourth Session, Supplement No 17 (A/34/17), UNCITRAL Yearbook, Volume X (1979), Part I, para 54, S. 17 f.

116 Official Records of the General Assembly, Thirty-fourth Session, Supplement No 17 (A/34/17), UNCITRAL Yearbook, Volume X (1979), Part I, para 54, S. 17 f.

117 Official Records of the General Assembly, Thirty-fourth Session, Supplement No 17 (A/34/17), UNCITRAL Yearbook, Volume X (1979), Part I., para 52, S. 17.

118 Report of the Secretary-General: Security interests; issues to be considered in the preparation of uniform rules (A/CN.9/186), UNCITRAL Yearbook, Volume XI, (1980), Part II, S. 89 ff.

119 Official Records of the General Assembly, Thirty-fifth Session, Supplement No 17 (A/35/17), UNCITRAL Yearbook, Volume XI (1980), Part I., para 26, S. 10.

120 Official Records of the General Assembly, Thirty-fifth Session, Supplement No 17 (A/35/17), UNCITRAL Yearbook, Volume XI (1980), Part I., para 28, S. 11.

121 Kreuzer, Stellungnahme, S. 91 f., ders., FS für Overbeck, S. 641.

122 UNIDROIT 1992, Study LXXII- Doc. 5, S. 1.

bb. UNIDROIT

Das International Institut for the Unification of privat law (UNIDROIT) sah die positiven Erfahrungen bei den Konventionen über das internationale Factoring und Leasing als erste Schritte an, um eine internationale Rechtsvereinheitlichung auf dem Gebiet von Sicherungsrechte zu erreichen. Folglich wurde der Vorschlag des kanadischen Repräsentanten T. B. Smith aufgenommen, ein weiteres Projekt im Bereich der internationalen Regelung von Mobiliarsicherheiten zu verfolgen[123]. Zu diesem Zweck wurde der kanadische Rechtsgelehrte Cuming mit der Erstellung eines vorbereitenden Gutachtens betraut, um die Notwendigkeit und Realisierungsmöglichkeit einer solchen Konvention beurteilen zu können[124]. Sein Ergebnis ist erneut die Festellung der Ungeeignetheit von nationalen Kollisionsnormen, die die im Zusammenhang mit Sicherungsrechten an beweglichen Sachen auftretenden Fragen nicht mit der notwendigen Flexibilität und Fairneß zwischen ausländischen und inländischen Beteiligten lösen können[125]. Einzig eine Konvention hat Cuming[126] als taugliches Mittel erachtet, um diesbezügliche notwendige Änderungen in den nationalen Rechtsordnungen herbeizuführen. Ausgangspunkt ist des weiteren die Annahme, daß ein großes Bedürfnis nach einheitlichen Regeln besteht, wenn besonders hochwertige und teure bewegliche Ausstattungsgegenstände (mobile equipment)[127] Objekte von Sicherungsvereinbarungen sind. Denn die bestehenden Unsicherheiten über die Anerkennung von Sicherungsrechten an solch hochwertigen Gegenständen bedingen bislang den Unwillen von Finanzinstituten, diese Gegenstände als Sicherungsobjekte für Finanzierungskredite zu akzeptieren[128]. Tatsächliche Erhebungen, welche beweglichen Sachen Gegenstand der Konvention sein sollten, ergaben ein breit gefächertes Bild[129]. Um die Erfolgsaussichten der Konvention zu erhöhen, wurde eine Beschränkung auf Gegenstände vorgenommen, die vom Schuldner für den Betrieb seines Unternehmens gekauft und die im Rahmen seiner normalen unternehmerischen Tätigkeit regelmäßig grenzüberschreitend eingesetzt werden[130]. Wenn nur an diesen wenigen bestimmten Gegenstände ein Sicherungsrecht bestellt werden kann, entfällt die Befürchtung, zu starke Eingriffe in die nationalen Rechtsordnungen vorzunehmen und damit die Akzeptanz der Konvention zu gefährden[131]. Angesichts der großen Resonanz, die das

---

123 Cuming, UNIDROIT 1989, Study LXXII- Doc. 1, S. 1.

124 Cuming, UNIDROIT 1989, Study LXXII- Doc. 1., S. 2.

125 Cuming, UNIDROIT 1989, Study LXXII- Doc. 1., S. 26.

126 Cuming, UNIDROIT 1989, Study LXXII- Doc. 1., S. 40.

127 Der Begriff des „mobile equipment" soll dabei als Begriff verstanden werden, der die Verwendung des Gegenstandes durch den Schuldner betrifft und nicht als allgemeine Definition, UNIDROIT 1992, Study LXXII - Doc. 4, S. 2.

128 Cuming, UNIDROIT 1989, Study LXXII- Doc. 1, S. 3.

129 Analyse des Fragebogens von UNIDROIT 1991, Study LXXII - Doc. 3, S. 4, der eine Bandbreite von bestimmten, unternehmensspezifischen Gegenständen bis hin zu allen beweglichen Gegenständen ergab, an denen Sicherungsrechte bestellt werden können.

130 Arbeitsgruppe zur Untersuchung der Durchführbarkeit eines Entwurfs über einheitliche Regeln über bestimmte Aspekte von Sicherungsrechten in bewegliche Gegenstände, UNIDROIT 1992, Study LXXII - Doc. 5, S. 3.

131 Stanford, Governmental Briefing v. 14. 5. 1998, S. 3.

Vorhaben von UNIDROIT hervorrief, hat eine ins Leben gerufene Arbeitsgruppe[132] 1993 ein erstes Memorandum einer „Unidroit Convention on Security Interests in Mobile Equipment" vorgelegt[133]. Bei den sich anschließenden, mehrjährigen intensiven Arbeiten kam es zu einer starken Kooperation zwischen wirtschaftlichen Interessenverbänden[134] und staatlichen und nichtstaatlichen Gremien, bis im Juni 1998 schließlich die jüngste „Preliminary Draft Unidroit Convention on International Interests in Mobile Equipment"[135] vorgelegt werden konnte.

Das Kernstück der Konvention ist die Schaffung eines autonomen internationalen Sicherungsrechts in bewegliche Ausrüstungsgegenstände, welches seine Rechtsgrundlage in der Konvention statt im nationalen Recht findet. Dabei wird ein völlig neuer Weg für die Schaffung eines Übereinkommens beschritten. In den ersten Entwürfen war stets in Art. 3 eine Definition der „Mobile Equipments"[136] vorgesehen, an denen das Sicherungsrecht bestellt werden kann. Nachdem sich sehr schnell große Definitionsprobleme hinsichtlich dieser Gegenstände zeigten, befürchtete man eine signifikante Verzögerung der Arbeiten[137]. Um dies zu vermeiden, wird der letzte vorläufige Konventionsentwurf aufgeteilt in eine Grundkonvention und gegenstandsspezifische Protokolle. Die Grundkonvention sieht in Art. 2 die Bestellung und die Wirkungen eines internationalen Sicherungsrechts in bewegliche Ausrüstungsgegenstände vor. Die entsprechenden Ausrüstungsgegenstände ergeben sich aus Verweisen auf verschiedene Protokolle[138]. Die Protokolle werden in Zusammenarbeit mit entsprechenden Experten erarbeitet und definieren die Gegenstände, an denen das Sicherungsrecht bestellt werden kann. Beim ersten Treffen der Regierungsexperten im Februar 1999 war erst ein Protokoll durch die Arbeitsgruppe erarbeitet[139].

---

132 UNIDROIT 1992, Study LXXII - Doc. 5.

133 UNIDROIT 1993, Study LXXII - Doc. 8.

134 Insbesondere die International Air Transport Association und die International Civil Aviation Organization sind besonders stark interessiert gewesen. Sie sahen eine Möglichkeit, für die immensen Finanzierungskosten eines Flugzeugs von bis zu 100 Mio. US$ und einem erwarteten Investitionsvolumen in den nächsten 20 Jahren von einer Trillion US$ effektive internationale Rechtsvorschriften zu erhalten, die das Schicksal von Sicherungsrechten in wesentlichen Fragen regeln; Goode, Transcending the boundaries, S. 3.

135 UNIDROIT 1998, Study LXXII - Doc. 42.

136 Dabei handelte es sich um Flugzeugrümpfe, Flugzeugmotoren, Helikopter, registrierte Schiffe, Ölförderungsanlagen, Container, Eisenbahngüterwagons, Weltraumeigentum und andere Kategorien von einheitlich identifizierbaren Objekten.

137 Goode, Transcending the boundaries, S. 3.

138 Verbesserte Version der UNIDROIT Study LXXII - Doc. 42 vom Drafting Committe in der Sitzung vom 1-12. 2. 1999, vorläufiger Text von UNIDROIT zur Verfügung gestellt. Das ursprüngliche Zusammenspiel von Konvention und Protokollen war in Art. 3 und Art. U vorgesehen.

139 Preliminary Draft Protocol on matters specific to Aircraft Equipment, UNIDROIT 1998, Study LXXII - Doc. 41, Appendix III, erstellt von der Aircraft Protocol Group, die sich aus Experten der International Air Transport Association und der International Civil Aviation Organization zusammensetzt.

Die Neuerung an dem Konventionsentwurf ist das Zusammenwirken von Grundkonvention und Protokollen. Die Vorschriften der Grundkonvention sind maßgeblich für alle Gegenstände, vorausgesetzt, sie sind in den angenommenen Protokollen enthalten. Auf diesen Weg wird mittels der Protokolle spezifiziert, an welchen Kategorien von Gegenständen Sicherungsrechte begründet werden können. Damit wird sichergestellt, daß die wesentliche Struktur der Grundkonvention unangetastet bleibt, während über die Protokolle ausreichende Flexibilität für die verschiedenen Sektoren gewährleistet ist[140]. Zudem ist es durch den Verzicht auf eine gegenstandsspezifische Konvention möglich, zu einem zukünftigen Zeitpunkt durch die Erarbeitung und Einbeziehung weiterer Protokolle den Anwendungsbereich der Konvention zu vergrößern. Jede Annahme eines weiteren Protokolls modifiziert damit den ursprünglichen Inhalt der Konvention bezogen auf die Ausrüstungsgegenstände, die in den Protokollen spezifiziert werden. Stimmt ein Staat erst einem künftigen Protokoll zu, wird er Mitglied auch der Grundkonvention, ohne daß die vorherigen Protokolle automatisch für ihn gelten. Wohl aber gelten alle zukünftigen Protokolle, es sei denn, er erklärt gegenüber dem Leitungsrat von UNIDROIT schriftlich, daß er die Geltung des neuen Protokolls nicht wünsche[141].

Der vorläufige Konventionsentwurf hat vier Richtungsziele: Internationale Sicherung der Wirksamkeit eines Sicherungsrechts, Regelung für den Fall des Verzuges, Einführung eines Registrierungssystems, mit dem die Priorität der Sicherungsrechte begründet werden und Dritte Kenntnis von deren Existenz nehmen können und die Regelung der Anerkennung und Priorität des Sicherungesrechts innerhalb und außerhalb einer Insolvenz des Schuldners.

Die Konvention bezieht sich auch auf den Kauf unter EV. Mit Art. 1 wird dem Problem Rechnung getragen, daß die verschiedenen Sicherungsabreden in den großen Rechtsordnungen grundlegende Unterschiede aufweisen. Daher definiert Art. 1, welche Sicherungsabreden in den Anwendungsbereich der Konvention fallen, wobei der EV ausdrücklich einbezogen ist. Das Sicherungsrecht bedarf nach Art. 8 für seine wirksame Bestellung der Schriftform. Es muß sich auf einen Gegenstand beziehen, über den der Gläubiger verfügen kann und der Gegenstand in Übereinstimmung mit dem jeweiligen Protokoll identifiziert werden kann. Erfüllt die Sicherungsvereinbarung diese Voraussetzungen, ist das Sicherungsrecht wirksam bestellt, unabhängig davon, ob es auch den nationalen Anforderungen an die wirksame Bestellung genügt[142]. Das zeigt, daß sich die Wirksamkeit des Sicherungsrechts ausschließlich aus der Konvention und nicht aus dem nationalen Sachrecht ergibt. Die Wirkungen des Verzuges und die daraus entstehenden Rechte für den Verkäufer können die Parteien selbst festlegen gemäß Art. 11. Dabei stehen ihnen die Rechte aus Artt. 9, 10 und 15 zur Verfügung. Da diese Rechte nur die Vertragsparteien betreffen, ist die Ausübung der vereinbarten Rechte nicht von einer Registrierung des Sicherungsrechts abhängig. Soweit Dritte Rechte geltend machen,

140 Diskussionspapier, UNIDROIT 1999, Study LXXII - Doc. 47, S. 2.

141 Diskussionspapier, UNIDROIT 1999, Study LXXII - Doc. 47, S. 4 f.

142 Goode, Transcending the boundaries, S. 8.

kommt es gemäß Art. 10 auf die Priorität der Eintragung des Sicherungsrechts nach Art. 28 an. Die Registrierung des Sicherungsrechts führt somit zur Priorität gegenüber allen nachfolgend eingetragenen und nicht eingetragenen Rechten. Zudem entfaltet das eingetragene Sicherungsrecht Wirksamkeit gegenüber Insolvenzverwaltern und Insolvenzgläubigern des Schuldners.

Insgesamt betrachtet ist der Konventionsentwurf von UNIDROIT der am weitesten fortgeschrittene Ansatz, die unbefriedigende Rechtslage, die durch die einheitliche Anwendung der Situs-Regel entsteht, in Teilbereichen zu überwinden. Jedoch ist der Erfolg zu einem großen Teil auf die Unterstützung zurückzuführen, die das Projekt seitens äußerst interessierter Wirtschaftsverbände erhält. Deshalb ist zu bedenken, daß die Konvention nicht dem „normalen" Exporteur in seiner Stellung als Verkäufer wird helfen können. Zudem wird mit ihr dem EV nur an wenigen, bestimmten Ausrüstungsgegenständen im grenzüberschreitenden Rechtsverkehr zu einer Anerkennung verholfen.

c. Alternative Lösungen

Eine Rechtsvereinheitlichung wird allseits für die effektivste Lösung des Problems der Anerkennung von Sicherungsrechten in internationalen Verkehrsgeschäften gehalten, die bisherigen Unternehmungen haben in dieser Hinsicht aber bislang zu keinem Ergebnis geführt. Das verabschieden einer Konvention, mit der die jeweiligen Sicherungsrechte gegenseitig anerkannt werden, erscheint weder europaweit noch international erreichbar. Erfordert eine solche Konvention doch eine umfassende Harmonisierung der gesamten, Sicherungsrechte betreffenden Rechtsordnungen aller Mitgliedstaaten[143]. Denn der EV ist in den einzelnen Mitgliedsländern zudem in jeweils unterschiedliche und fragile Balancesysteme mit anderen Sicherungsrechten eingebettet[144].

Da sich der skeptischen Beurteilung der Zukunftsaussichten nicht gebeugt werden darf, sind alternative Lösungsansätze vorgeschlagen worden. So ist Kieninger[145] der Ansicht, am ehesten ließe sich eine auf den EV beschränkte Einigung erzielen, da dieser in allen EU-Staaten bekannt sei. Auf Grundlage des Art. 100a EGV könne eine Richtlinie erlassen werden, die die Drittwirksamkeit des schriftlich vereinbarten einfachen EV gegenüber Gläubigern des Käufers für nationale und grenzüberschreitende Sachverhalte vorschreibe[146]. Dabei sollte die Richtlinie auch die Mindestwirkungen des EV gegenüber Dritten festlegen, insbesondere die Herausgabeansprüche des Verkäufers[147]. Hinsichtlich der Verlängerungsformen sollte festge-

---

143 Kreuzer, FS für Overbeck, S. 633; ders., IPRax 1993, 157 (162); Monti/Nejman/Reuter, Int. Comp. L. Q., 46 (1997), 866 (896).

144 Monti/Nejman/Reuter, Int. Comp. L. Q., 46 (1997), 866 (894).

145 Kieninger, Mobiliarsicherheiten, S. 235.

146 Kieninger, Mobiliarsicherheiten, S. 236.

147 Kieninger, Mobiliarsicherheiten, S. 237.

legt werden, daß Verarbeitungs- und Veräußerungsklauseln nicht zur Unwirksamkeit der Vereinbarung führen und daher zumindest der einfache EV seine Wirksamkeit behalten solle, solange sich die Sache unverändert beim Käufer befinde[148].

Die Literatur[149] orientiert sich überwiegend an den nordamerikanischen Lösungen unter Hinweis auf die historisch vergleichbare Situation. Anlaß für die Entwicklung und Übernahme des Modellgesetzes des UCC in den U.S.A. war das Bedürfnis, die inneramerikanische Rechtseinheit zur Erleichterung des grenzüberschreitenden Handels wiederherzustellen[150]. Zu diesem Zweck ist das Recht der Kreditsicherheiten neu gestaltet worden, da die große Zahl einzelner Sicherungsrechte und ihre unterschiedlichen Entstehungsvoraussetzungen und Wirkungen in den einzelnen Staaten eine Vereinfachung nötig machten. Diese Vielfalt wurde durch eine einheitliche, funktional definierte Einheitssicherheit (security interest) ersetzt[151], für deren Bestand eine Registrierung als Entstehungs- und Wirksamkeitsvoraussetzung erforderlich ist. Insbesondere der Verweis auf die Entstehungsgeschichte des security interest als gemeinsamer Nenner für eine Vielzahl von bestehenden Sicherungsrechten wird als ideale Vergleichsgrundlage mit der europäischen Rechtslage angesehen. Bei einem vergleichbaren Vorgehen würde national wie international die dingliche Rechtslage leichter überschaubar. Zudem entfielen die mit der Anerkennung und der Transposition verbundenen Probleme[152].

Als einer der ersten hat Coing[153] die Schaffung eines fakultativen europaweiten Zentralregistersystems in Anlehnung an § 9-103 UCC vorgeschlagen, um die Anerkennungsschwierigkeiten aufgrund den unterschiedlichen Publizitätsanforderungen in den Mitgliedsländern zu vermeiden. Die Eintragung in einem Zentralregister sollte den anderen Registerstellen mitgeteilt werden. Das so publizierte Sicherungsrecht sollte den im Importland registrierten Sicherungsrechten gleichgestellt werden. Angesichts des technischen Fortschritts stellen zu diesem Zweck verknüpfte Datenbanken mit leichtem und kostengünstigen Zugriff eine ernsthaft in Erwägung zu ziehende Option für eine einzuführende Registrierung dar[154]. So sieht Drobnig[155] etwa den Vorteil eines einfachen Registrierungssystems in dem ausgewogenen Kompromiß zwischen kaufmännischer Abneigung zu unfreiwilliger Publizität und Papierarbeit und dem anerkannten Informationsinteresse Dritter. Hart-

148 Kieninger, Mobiliarsicherheiten, S. 238.

149 Coing, ZfRV 8 (1967), 65 (80 f.); Drobnig, A German view, S. 373; ähnlich auch Hartwieg, ZIP 1994, 96 (113 f.); ders., RabelsZ 57 (1993), 607 (640); Kreuzer, Stellungnahme, S. 108, a. A. Monti/Nejman/Reuter, Int. Comp. L. Q., 46 (1997), 866 (899 ff), nach denen nicht die Interessen des unter EV veräußernden Verkäufers ausreichend befriedigt werden (S. 904).

150 Hartwieg, ZIP 1994, 96 (101).

151 Drobnig, A German view, S. 370, Hartwieg, ZIP 1994, 96 (102).

152 Kieninger, Mobiliarsicherheiten, S. 232; Hartwieg, RabelsZ 57 (1993), 607 (640).

153 Coing, ZfRV 8 (1967), 65 (80 f.). Der Vorschlag wurde von Kreuzer kritisiert, da keine Vereinheitlichung des mit dem Mobiliarsicherheitsrecht verknüpften Fragen erzielt werde und ein Zentralregistersystem einen unverhältnismäßig großen Aufwand darstelle, Kreuzer, FS für Overbeck, S. 637.

154 Hartwieg, ZIP 1994, 96 (113).

155 Drobnig, A German view, S. 373.

wieg[156] ist der Ansicht, ohne klare Publizität sind die Probleme des Drittschutzes und der Priorität im grenzüberschreitenden Rechtsverkehr nicht lösbar. Jedoch seien für ein solches Vorhaben gesetzestechnisch viele Einzelfragen anzupassen[157], weshalb Kieninger[158] ein solches Vorhaben als unrealistisch betrachtet.

Insbesondere Kreuzer[159], beeinflußt von seiner Tätigkeit bei UNIDROIT, hat den Vorschlag entwickelt, ein universal anwendbares Europäisches Sicherungsrecht sui generis zu schaffen. Dieses sollte die überkommenen unterschiedlichen Mobiliarsicherheiten ergänzen und neben die weiter daneben fortbestehenden nationalen Sicherungsrechte treten[160]. Als einziges Publizitätsmittel wird die Eintragung in ein Zentralregister vorgesehen, wobei die Eintragung zugleich Entstehungsvoraussetzung als auch rangwahrend ist[161]. Inhaltlich könnte die Eintragung auf die Bezeichnung der Parteien, die gesicherte Forderung und die Art des Sicherungsgutes beschränkt werden, so daß angesichts moderner Datenverarbeitung und Datenübermittlung keine großen Schwierigkeiten und Kosten entstünden[162]. Mit dem Europäischen Sicherungsrecht müßten die Voraussetzungen seiner Bestellung wie auch seiner Anerkennung festgelegt werden, indem die Mitgliedstaaten die Wirkungen des Europäisches Sicherungsrecht einem bestimmten nationalen Sicherungsrecht gleichstellen, wodurch von vornherein eine Konkurrenz der Sicherungsrechte vermieden werden könne[163]. Durch die Einführung eines von den Parteien zusätzlich wählbaren und europaweit wirkenden universellen Sicherungsrechts könne die Anerkennungsproblematik vermieden werden[164].

Den entscheidenden Vorteil und die Besonderheit seines Vorschlags sieht Kreuzer[165] darin, daß die nationalen Gläubigerordnungen nicht gestört werden. Daher sei ein höherer Grad an Akzeptanz zu erwarten, da nur ein neues, für internationale Sachverhalte besonders geeignetes Sicherungsrecht eingeführt werde. Indem die Unsicherheit über die Anerkennung der Mobiliarsicherheit auf diese Weise beseitigt werde, würde die Gleichbehandlung der Gläubiger europaweit sichergestellt werden und damit die Freizügigkeit der Mobiliarsicherheiten gewährleistet, wodurch der innergemeinschaftlicher Handel erheblich erleichtert werde. Die Schaf-

156 Hartwieg, RabelsZ 57 (1993), 607 (640).

157 Drobnig, A German view, S. 370.

158 Kieninger, Mobiliarsicherheiten, S. 233.

159 MüKo- Kreuzer, Nach Art. 38 Anh. I Rz. 88, ders., Stellungnahme, S. 107 ff., Kreuzer, FS für Overbeck, S. 637 ff., zustimmend Kieninger, Mobiliarsicherheiten, S. 240; Stadler, Gestaltungsfreiheit, S. 695 ff.; skeptisch Staudinger- Stoll, Int-SachR, Rz. 321.

160 Kreuzer, FS für Overbeck, S. 637; ders., Stellungnahme, S. 108.

161 Kreuzer, FS für Overbeck, S. 639.; ders., Stellungnahme, S. 108.

162 Kreuzer, FS für Overbeck, S. 639.; ders., Stellungnahme, S. 108; Hartwieg, ZIP 1994, 96 (113); Kieninger, Mobiliarsicherheiten, S. 242.

163 Kreuzer, FS für Overbeck, S. 639; ders., Stellungnahme, S. 108; skeptischer hisichtlich der Vermeidung aller Konkurrenzprobleme Kieninger, Mobiliarsicherheiten, S. 242.

164 Kreuzer, FS für Overbeck, S. 637 f.; ders., Stellungnahme, S. 108,

165 Kreuzer, FS für Overbeck, S. 640.; ders., Stellungnahme, S. 109, so auch Stadler, Gestaltungsfreiheit, S. 696.

fung eines solchen Sicherungsrechts entspreche auch der Rechtspolitik der EU, Rechtsangleichung und Rechtsvereinheitlichung neben dem internationalen Privatrecht durchzuführen[166].

Ein anderer Lösungsweg wird in einer verstärkten Beachtung von rechtsvergleichenden, den EV betreffenden Studien gesehen[167]. Indem andere Rechtsordnungen überzeugende Lösungen für nationale Probleme besitzen, müsse die rechtsvergleichende Methode als weiterer interpretativer Weg zur Auslegung nationaler Rechte beschritten werden[168]. Den Gerichten würde die Bedeutung des EV im Handelsleben und seine Behandlung in anderen Ländern bewußter werden, zumal wenn einer der Beteiligten aus einem anderen Land komme. Es werde die Scheu verloren, Bewertungen anderer Rechtsordnungen zu übernehmen und auf diese Weise käme es zu einem gewissen Grad an Übereinstimmung. Die auf diese Weise geschaffene Konvergenz führe zu einem besseren Erfolg bei der Transposition des EV in nationale Sicherungsrechte. Die Bereitschaft von Richtern und Anwälten, fremde Rechtsordnungen verstärkt zu beachten, führe am Ende auch die Staaten zu gemeinsamen Ansichten über den Wert und die Bedeutung des EV und erleichtere so die Rechtsvereinheitlichung[169].

Betrachtet man die Probleme, die einer bisherigen Einigung im Wege standen, so stellt der Vorschlag von Kreuzer eine rasche und realistische Basis dar, um den bisherigen „Nationalismus" der Mobiliarsicherheiten zu beseitigen. Insbesondere reduziert sich die notwendige Einigung der Mietgliedstaaten auf die Frage, welchem nationalen Sicherungsrecht das Europäische Sicherungsrecht gleichgestellt werden soll[170]. Die somit in Aussicht gestellte Möglichkeit, die nationalen Gläubigerordnungen unberührt zu lassen, kann den entscheidenden Impuls darstellen, einen tragfähigen Konsens zu erreichen. Jedoch befürchtet Stoll[171], ein Sicherungsrecht dieser Art liefe auf eine Bevorzugung des grenzüberschreitenden Verkehrs hinaus, weshalb der Vorschlag in einigen Ländern auf großen Widerstand stoßen werde und mit einem Nebeneinander von nationalem und europäischem Mobiliarsicherheitsrecht nicht zu rechnen sei.

Im Ergebnis bleibt festzuhalten, daß trotz aller Bemühungen und Vorschläge eine Rechtsvereinheitlichung im Bereich von Sicherungsrechten in internationalen Verkehrsgeschäften zu keinem Durchbruch geführt hat. Der Grund liegt an der Verteidigung der nationalen Gläubigerordnung, auf die sich die Wirtschafts- und Sozialordnung eines jeden Staates eingestellt hat, die nicht durch Wirkungen importierter Sicherungsrechte beeinträchtigt werden soll[172].

---

166 Basedow, NJW 1996, 1921 (1929).

167 Monti/Nejman/Reuter, Int. Comp. L. Q., 46 (1997), 866 (905 ff.).

168 Monti/Nejman/Reuter, Int. Comp. L. Q., 46 (1997), 866 (906).

169 Monti/Nejman/Reuter, Int. Comp. L. Q., 46 (1997), 866 (906).

170 Kieninger, Mobiliarsicherheiten, S. 242.

171 Staudinger- Stoll, IntSachR, Rz. 321.

172 Metzger, Umsetzung, S. 109; Kreuzer, IPRax 1993, 157 (162).

Das zeigt auch exemplarisch die Behandlung des EV im internationalen Insolvenzrecht und wird besonders deutlich im dem zähen Ringen, das der Verabschiedung des Europäischen Insolvenzübereinkomnmens (EuIÜ)[173] zuvorging. Die gravierenden Systemunterschieden im materiellen Konkursrecht und die damit verbundenen unterschiedlichen Behandlungen von dinglichen Sicherheiten und Vorzugsrechten in den Mitgliedsländern haben die Realisierung einer europaweit einheitliche Insolvenz vor unüberwindbare Schwierigkeiten gestellt[174]. Indem das EuIÜ den sensiblen Bereich der dinglichen Rechte und den EV ausklammert, liegt das an der Einsicht, den „Nationalismus" der Sicherungsrechte zur Zeit noch nicht aufbrechen zu können. Um das Übereinkommen nicht scheitern zu lassen, beugt sich das EuIÜ dem Problem der fehlenden Harmonisierung der nationalen Rechte bezüglich dinglicher Sicherheiten und der Befriedigungsreihenfolgen[175].

IV. Der Eigentumsvorbehalt im internationalen Insolvenzrecht

Das internationale Insolvenzrecht (IIR)[176] behandelt die Fragen, inwieweit der Eröffnung eines Insolvenzverfahrens grenzüberschreitende Wirkung zukommt und welches Sachrecht dann maßgebend ist. Mit zunehmender Freizügigkeit von Waren, Kapital und Dienstleistungen, insbesondere in den Mitgliedsländern der europäischen Union, sowie der generellen Zunahme von Insolvenzen, kommt es immer häufiger zu internationalen Auswirkungen der Insolvenz. Für die Vertragsparteien ist es daher von erheblicher Bedeutung zu wissen, wie sich ein ausländisches Insolvenzverfahren auf ihre Rechtspositionen auswirkt. Daher wird die Rechtslage des IIR in Deutschland und Italien sowie nach dem EuIÜ mit den spezifischen Konsequenzen für den EV behandelt.

1. Auswirkung der Insolvenzeröffnung

a. Deutschland

In Deutschland fehlt eine umfassende gesetzliche Regelung des IIR. Bislang wurden die §§ 237, 238 KO als Sitz des IIR angesehen, wobei als Normen des IIR auch eine Reihe anderer Vorschriften angesehen werden[177]. So sind für grenzüberschreitende Fragestellungen auch §§ 1 Abs. 1, 3 Abs. 1, 5 Abs. 1, 50, 56, 71, 117 KO, § 240 ZPO zu beachten. Sie verkörpern allesamt keine typischen Kollisionsnor-

173 Europäischen Übereinkommen über Insolvenzverfahren vom 23. 11. 1995, abgedruckt in ZIP 1996, 976 ff. Es ist noch nicht in Kraft getreten, da das Vereinte Königreich von England das Übereinkommen in Folge des Streits um das Exportverbot britischer Rinder nicht gezeichnet hat.

174 Gottwald, Grenzüberschreitende Insolvenzen, S 14; Strub, EuZW 1994, 424 (426).

175 Strub, EuZW 1996, 70 (73).

176 Das „internationale Insolvenzrecht" soll hier als Oberbegriff für das internationale Konkurs- und Vergleichsrecht verstanden werden.

177 Jaeger- Jahr, KO, §§ 237, 238, Rz. 56; Kuhn/Uhlenbruck- Lüer, §§ 237, 238, Rz. 20.

men, sondern setzen deren Bestand voraus[1]. Die mangelhafte Gesetzeslage hat die Rechtsprechung und die Literatur dazu veranlaßt, die bestehende Lücke zu füllen und Regeln des IIR zu entwickeln. Die Diskussion in Deutschland beschränkte sich dabei zunächst nahezu ausschließlich auf die Frage, ob das Territorial- oder das Universalitätsprinzip vorherrschend sei[2]. Nach überkommener Ansicht erfaßt die Insolvenzseröffnung im Inland auch das im Ausland belegene Schuldnervermögen[3]. Dieser allgemein als Universalitätsprinzip bezeichnete Ansatz wird aus § 1 Abs. 1 KO und einem Umkehrschluß aus § 238 KO hergeleitet[4]. Bei der Auslandsinsolvenz hingegen folgte die Rechtsprechung des RG[5] und des BGH[6] und mit ihr die ältere Literatur[7] dem Territorialprinzip. Danach hat ein ausländisches Insolvenzverfahren keine Auswirkungen auf das Inlandsvermögen des Schuldners. Die Eröffnung des Insolvenzverfahrens wurde als Hoheitsakt angesehen, der nicht über den Machtbereich der tätigen Staatsgewalt hinausreichen könne und daher seine Wirkungen nur in dem Staat entfaltet, indem es eröffnet wurde.

Insbesondere Müller-Freienfels[8] und Jahr[9] haben aufgezeigt, daß die so erzielten Ergebnisse nicht dem Willen des historischen Gesetzgebers entsprechen. In der Folgezeit hat sich die Literatur fast ausschließlich dem Universalitätsprinzip zugewendet[10]. Im Jahr 1985 erkannte in einer Grundsatzentscheidung der BGH[11] erstmals das kollisionsrechtliche Universalitätsprinzip auch in der Auslandsinsolvenz an. In späteren Entscheidungen ist diese Zuwendung zum Universalitätsprinzip dann modifiziert worden[12]. Danach erfordert die höchstrichterliche Rechtsprechung für die Anerkennung der Auslandsinsolvenz, daß es sich um ein Insolvenzverfahren handelt, daß eröffnende Gericht zuständig und die Verfahrenseröffnung wirksam war sowie daß diese Wirkungen dem ordre public nicht widersprechen. Die Fragen der Insolvenz und seiner Folgen beurteilen sich nach dem Recht des

---

1 Ausführlich dazu Schmidt, System, S. 16 ff.

2 Gottwald/Arnold, § 121, Rz. 24.

3 Stehende Rechtsprechung, RGZ 54, 193; 153, 200 (206); BGH WM 1977, 451; BGH ZIP 1983, 961 (963); Kuhn/Uhlenbruck- Lüer, §§ 237, 238, Rz. 57.

4 Statt aller Baur/Stürner, Insolvenzrecht, Rz. 37.2.

5 RGZ 14, 405 (410); 21, 7 (9); 52, 155 (156).

6 BGH NJW 1960, 774; BGH NJW 1962, 1511 (1512).

7 Nachweise zur älteren Literatur und Rechtsprechung bei Ebenroth, ZZP 101 (1988), 121 (122), Lüke, KTS 1986, 1 (5); Kuhn/Uhlenbruck- Lüer, §§ 237, 238, Rz. 5-10.

8 Müller-Freienfels, Auslandskonkurs, FS für Dölle, Bd. II, S. 359 ff.

9 Jaeger- Jahr, KO, §§ 237,238, Rz. 192-195.

10 Jaeger- Jahr, KO, §§ 237, 238, Rz. 213; Kuhn/Uhlenbruck- Lüer, §§ 237, 238, Rz. 68; Hess-Goetsch, § 237, Rz. 6 f.; Baur/Stürner, Insolvenzrecht, Rz. 37.25; Gottwald/Arnold, § 121, Rz. 27; Lüke, KTS 1986, 1 (14); Thieme, RabelsZ 37 (1973), 682 (683); Schmidt, System,S. 134 f.

11 BGHZ 95, 256 ff.

12 Vgl. die Zusammenfassung bei Gerhard, Neuere Rechtsprechung, S. 107 ff.

Staates, in dem die Insolvenz eröffnet worden ist[13]. Damit gewährleistet der BGH die Verwirklichung eines allseits anerkannten Gedanken des Insolvenzrechts, der internationalen Gleichbehandlung aller Gläubiger des Gemeinschuldners.

Die InsO verändert diese Rechtslage nicht. Ursprünglich sollte der neunte Teil des Regierungsentwurfs in §§ 379-399 InsO[14] das IIR ausführlich regeln. Er ist jedoch kurz vor der Verabschiedung vom Rechtsausschuß wieder gestrichen worden[15]. Man rechnete damit, daß das EuIÜ in vielen Einzelheiten den Vorschriften des neunten Teils entsprechen werde und wollte daher bis zur Fertigstellung des Übereinkommens mit einer umfassenden Neuregelung warten[16]. Der nun das IIR regelnde Art. 102 Abs. 1 EGInsO bestimmt, daß die Auslandsinsolvenz das im Inland belegene Vermögen des Schuldners erfaßt, soweit das ausländische Gericht zuständig ist und das Verfahren dem ordre public nicht widerspricht. Damit gibt die Vorschrift die bisherige Rechtslage und die Rechtsprechung des BGH wieder[17]. Somit bleibt es bei den nicht leicht zu lösenden Fragen, wie Verwalter und Gläubiger ihre Verfahrensrechte durchsetzen können.

b. Italien

In Italien ist ebenfalls eine Kodifizierung des IIR bislang nicht vorgenommen worden. Daher ist ein Rückgriff auf die Vorschriften des internationalen Verfahrens und Privatrechts notwendig[18]. Auch im neuen IPRG ist auf eine Regelung des IIR verzichtet worden. Dies mag im Hinblick auf die baldige Ratifizierung des EuIÜ erfolgt sein, welche im Jahr 1995, der Verabschiedung des neuen IPRG, bald möglich erschien[19]. Bis zu dessen Inkrafttreten bleibt es bei der bisherigen Regelung des IIR.

Auch in Italien tobte die Auseinandersetzung zwischen den Anhängern des Territorial- und des Universalitätsprinzips[20]. Die heute überwiegende Meinung[21] leitet aus Art. 9 LF her, daß das italienische Insolvenzrecht die Rechtsfolgen der Verfah-

---

13 Allgemeine Meinung, so ursprünglich auch das RG in RGZ 6, 400 (404-408); BGHZ 95, 256 (263); Kilger/Karsten Schmidt, § 237, Anm. 2 d; Baur/Stürner, Insolvenzrecht, Rz. 37.35; Häsemeyer, Insolvenzrecht, S. 761.

14 BT-Drs. 12/2443 v. 15. 4. 1992, abgedruckt in Kübler/Prütting, Bd. I, InsO, S. 632 ff.

15 BT-Drs. 12/7302 v. 19. 4. 1994, S. 143 f. Zur Entstehungsgeschichte ausführlich Leipold, FS für Henckel, S. 534.

16 BT-Drs. 12/73703, S. 117 f. abgedruckt in Kübler/Prütting, Bd. I, InsO, S. 147 f.; Bd. II, EGInsO, S. 309 Kritisch dazu Paulus, ZIP 1998, 977 (979); Leipold, FS für Henckel, S. 535.

17 Flessner, IPRax 1997, 1 (2); Häsemeyer, Insolvenzrecht, S. 763 f.; kritisch dazu Leipold, FS für Henckel, S. 533; Lüer, Internationales Insolvenzrecht, Rz. 26.

18 Salerno, Riv. dir. int. priv. proc., 1998, 5; Celle, Riv. dir. int. priv. proc., 1989, 837 (838 ff.).

19 Thieme, ZfVglRWiss. 97 (1998), 57 (106).

20 Ausführliche Nachweise bei Daniele, Fallimento, S. 4 FN 2, 3; Celle, Riv. dir. int. priv. proc., 1989, 837 f., FN 3, 5; Lupone, Insolvenza, S. 54 ff.

21 Ruisi/Jorio/Maffei-Alberti/Tedeschi, Fallimento, Bd. I, S. 48, Azzolina, Fallimento, S 1767 f.; Bongiorno, Dir. fall., 1974, I, 216 (287); Maupoli, Fall., 1991, 580 (582); Laut, Universalität, S. 225 f., Summ, Anerkennung, S. 155, Jayme, FS für Riesenfeld, S. 124.

renseröffnung universell und einheitlich regelt. Das gilt aber nur für den Fall, daß die Wirkungen des italienischen Verfahrens auch im Ausland anerkannt werden[22]. Das Universalitätsprinzip soll die Beschlagnahmewirkung dem italienischen Recht unterstellen. Davon sind alle Vermögenswerte des Schuldners erfaßt, unabhängig davon, ob sie sich im In- oder Ausland befinden[23]. Das ergibt sich aus Art. 42 LF[24], der dem Gemeinschuldner die Verfügungsbefugnis über sein gesamtes Vermögen entzieht und aus Art. 2740 c.c.[25], wonach der Schuldner mit seinem Weltvermögen haftet. Die universelle Geltung entspricht dem Sinn der Sanierungsgesetze, ihre Wirkungen möglichst international durchzusetzen und so das Ziel der Gläubigergleichbehandlung zu ermöglichen[26]. Die Insolvenzmasse umfaßt das gesamte vorhandene Vermögen des Gemeinschuldners am Tag der Verfahrenseröffnung. Dazu zählen auch solche Sachen, die sich im Besitz des Schuldners befinden, er aber nicht deren Eigentümer ist. Sie werden vom Insolvenzbeschlag erfaßt, bis der wahre Berechtigte nach Art. 103 LF die Herausgabe der Sache verlangt. Damit gehören auch Sachen zur Insolvenzmasse, die der Gemeinschuldner unter EV erworben oder veräußert hat.

Das italienische IIR beschränkt sich auf die Anerkennung des ausländischen Eröffnungsentscheidung. Der allgemeine Grundsatz, wonach ausländische Urteile nur nach einem vorhergehenden förmlichen Delibationsverfahren wirksam werden, betraf auch die ausländische Insolvenzeröffnung[27]. Die Anerkennung ausländischer Entscheidungen war vor dem Inkrafttreten des neuen IPRG am Maßstab des Art. 796 c.p.c. zu messen[28]. Dieses umständliche und mitunter langwierige Verfahren[29] bezeichnet Walter[30] sogar als prozessuale „Steinzeit". Zu den wesentlichsten Neuerungen des IPRG gehört die Abschaffung des Delibationsverfahren durch die

---

22 Cass., 19. 12. 1990, Nr. 12031, Giur. it., 1991, I, 909 (919); Anderenfalls ersrecken sich die Wirkungen nur auf das italienische Territorium, vgl. Thieme, JbItalR 8 (1995), S. 184. Die italienischen Verfahren können grundsätzlich in Deutschland anerkannt werden, Summ, Anerkennung, S. 149-157.

23 Pajardi- Giuzetti, Art. 42, S. 169; Canale, Giur. comm., 1992, II, 31 (33); Maffei-Zaccaria, Art. 9, S. 32.

24 Sonnenberger, FS für Lorenz, S. 548; Merz, JbItalR, Bd. 1 (1988), S. 9; Summ, Anerkennung, S. 155.

25 Sterzenbach, Anerkennung, S. 87; Daniele, Fallimento, S. 91.

26 Jayme, FS für Riesenfeld, S. 124; Dordi, Riv. dir. int. priv. proc., 1997, 333.

27 Broggini, Riv. dir. int. priv. proc., 1993, 833 (843); Daniele, Fallimento, S. 115; Thieme, JbItalR, 8 (1995), S 185; ders. ZfVglRWiss. 97 (1998), 57 (109); Ruisi/Jorio/Maffei-Alberti/Tedeschi, Fallimento, Bd. I, S. 50.

28 Zu den vereinzelten Entscheidungen, in denen eine ausländische Verfahrenseröffnung auch ohne Exequatur Wirkungen entfalten konnten vgl. die Nachweise bei Summ, Anerkennung, S. 150, FN 13; Thieme, ZfVglRWiss. 97 (1998), 57 (108 f.). Zur Geschichte des Delibationsverfahrens vgl. Migliazzi, Riv. dir. proc., 1996, 675 (676-681).

29 Zu den Anforderungen des Delibationsverfahrens vgl. Sterzenbach, Anerkennung, S. 13 ff.

30 Walter, ZZP 109 (1996),3 (27).

Artt. 64 ff. IPRG[31]. Nach Art. 64 IPRG entfalten ausländische Entscheidungen in Italien automatisch ihre Wirkungen, ohne daß ein weiteres Verfahren durchzuführen ist. Das betrifft sowohl die Wirkung für die Parteien als auch für das Gericht, das sich an die Entscheidung inhaltlich halten muß[32]. Bei der Frage, welche Arten von ausländischen Entscheidungen automatisch anzuerkennen sind, kann auf die für Art. 796 c.p.c. entwickelten Grundsätze zurückgegriffen werden und schließt die ausländische Insolvenzeröffnung mit ein[33]. Dabei gibt Art. 64 IPRG inhaltlich im wesentlichen die Anforderungen wieder, die auch das Delibationsverfahren in Art. 797 c.p.c. an eine mögliche Anerkennung aufgestellt hat[34].

Das Prinzip der Inzidenteranerkennung könnte jedoch durch Art. 67 IPRG beschränkt werden. Danach ist jedem, der ein Interesse daran hat, die Möglichkeit gegeben, ein Verfahren vor einem italienischen Gericht durchzuführen, in welchem über das Vorliegen der Anerkennungsvoraussetzungen zu entscheiden ist. Im Unterschied zum Delibationsverfahren wird die fehlenden Anerkennung nicht mehr durch die öffentliche Gewalt versagt, sondern hängt von dem Verhalten einer der beteiligten Parteien ab[35]. Aber erst die richterliche Praxis wird zeigen können, inwieweit die Anwendung des Art. 67 IPRG zu einer Einschränkung der grundsätzlichen unmittelbaren Anerkennung führen wird[36].

2. Anwendbares Recht der anerkannten Insolvenzeröffnung

a. Deutschland

Welches Recht auf die so anerkannte Insolvenzeröffnung anzuwenden ist, richtet sich nach den allgemeinen Regeln des Internationalen Privatrechts. Danach ist an die Rechtsordnung anzuknüpfen, die die engste Verbindung zu dem Sachverhalt aufweist. Nach überwiegender Ansicht ist regelmäßig das Recht des Landes der Insolvenzeröffnung (lex fori concursus) berufen, die wesentlichen Folgen der Insol-

31 Jayme, IPRax 1990, 196 wertete schon den Entwurf, der diese Regelung enthielt, „als eine kleine Sensation". Das Inkrafttreten der Art. 64 ff ist mehrfach hinausgezögert worden und erfolgte erst am 31. 12. 1996 gem. legge v. 23. 12. 1996, n. 649, G. U. v. 23. 12. 1996, n. 300. Teils wurde sogar die Befürchtung geäußert, die Vorschriften werden wegen des massiven Widerstands gar nicht mehr in Kraft treten, nachdem zehn Verordnungen immer wieder das Inkrafttreten verschoben hatten, vgl. Munari, JbItalR 9 (1996), 37, FN 2; Jayme/Siehr/Kronke, Übersetzung des Gesetzes vom 31. 5. 1995, IPRax 1995, 356 (366 FN 9).

32 Commentario- Bariatti, Art. 64, S. 320; Carpi, Riv. dir. proc., 1997, 981 (987) Migliazzi, Riv. dir. proc., 1996, 675 (684); Salerno, Riv. dir. int. priv. proc., 1998, 5 (35).

33 Commentario- Bariatti, Art. 64, S. 320; Luzzatto, Sulla riforma, S. 164; Salerno, Questioni, S. 391; Attardi, Riv. dir. civ., 1995, I, 727 (762); Lupone, Insolvenza, S. 280.

34 Pocar, Nuovo diritto, S. 75; Carpi, L'efficacia, S. 155.

35 Pocar, Nuovo diritto, S. 78.

36 Skeptisch Munari, JbItalR, Bd. 9 (1996), S. 57; zuversichtlicher Pocar- Bariatti, Art. 67, S. 347; während dieses Problem von Walter, ZZP 10 (1996), 3 (24) nicht erläutert wird.

venz in Deutschland zu bestimmen[37]. Das Recht des Eröffnungsstaates bestimmt grundsätzlich die Auswirkungen der Verfahrenseröffnung auf laufende Verträge und auf die Befugnis der Gläubiger zur Aus- und Absonderung[38].

b. Italien

Auch das italienische IIR unterstellt die Folgen der anerkannten Insolvenzeröffnung dem allgemeinen Internationalen Privatrecht[39]. Dabei wird auf die Rechtsnatur der Insolvenzeröffnung abgestellt. Sie hat nach einhelliger Meinung echten prozessualen Charakter[40]. Das Insolvenzverfahren wird durch seine Verteilungsfunktion charakterisiert und gehört daher dem Bereich des prozessualen Vollstreckungsrechts (diritto processuale esecutiva) an[41]. Die prozessuale Einordnung bezieht sich dabei unproblematisch auf die direkten prozessualen Verfahrenswirkungen der Insolvenz[42].

Darüber hinaus werden auch materiell-rechtliche Folgen einer Insolvenz der lex fori unterstellt, die aus verfahrensrechtlichen Gründen dem Zwecke des Prozeßziels dienen[43]. Das betrifft die materiell-rechtlichen Wirkungen der Insolvenz, die der Gläubigergleichbehandlung dienen[44]. Denn die „par conditio creditorum" ist die wesentlichste prozessuale Zielsetzung der Insolvenz, weswegen diese Wirkung ebenfalls prozessual qualifiziert wird. Der Gläubigergleichbehandlung werden auch die Vorschriften der Artt. 72 ff. LF[45] zugerechnet, die für den EV maßgeblich sind. Einzig die materiellen Rechtsfolgen einer Insolvenzeröffnung, die ausschließlich einer materiell-rechtlichen Zielsetzung folgen, werden nicht prozessual qualifiziert. Sie richten sich nach den das Rechtsverhältnis regelnden Vorschriften der lex causa oder der lex rei sitae[46].

---

37 Stall aller Favoccia, Mobiliarsicherheiten, S. 72 f., FN 85, 90 m. w. N.

38 Gottwald, Grenzüberschreitende Insolvenzen, S. 32; Gottwald/Arnold, § 122, Rz. 93; Metzger, Umsetzung, S. 122 f.

39 Sterzenbach, Anerkennung, S. 145.

40 Celle, Riv. dir. int. priv. proc., 1989, 838 (843); Ruisi/Jorio/Maffei-Alberti/Tedeschi, Fallimento, Bd. I, S. 45.

41 Azzolina, Fallimento, S. 1786; Giuliano, Fallimento, S. 16.

42 Sterzenbach, Anerkennung, S. 155 f.

43 Enciclopedia- Giuliano, Fallimento (dir. int.), S. 255; Celle, Riv. dir. int. priv. proc., 1989, 838 (845); Daniele, Fallimento, S. 96; Bongiorno, Dir. fall., 1974, I, 216 (292) Giuliano, Fallimento, S. 260.

44 Daniele, Fallimento, S. 155; Trib. Genova, 18. 05. 1988, Riv. dir. int. priv. proc., 1988, 770 (772); App. Milano, 17. 10. 1986, Riv. dir. int. priv. proc., 1988, 103 (108); Provinciali, Manuale Bd. III, S. 2598; kritisch hierzu Celle, Riv. dir. int. priv. proc., 1989, 838 (847).

45 Provinciali/Ragusa Maggiore, Istituzioni, S. 375; Pajardi, Manuale, S. 370 f.; Trib. Genova, 18. 05. 1988, Riv. dir. int. priv. proc., 1988, 770 (772). Zu Art. 72 f LF bereits ausführlich unten B II 2, 3, 4b, III 2.

46 App. Milano, 17. 10. 1986, Riv. dir. int. priv. proc., 1988, 103 (108); Daniele, Fallimento, S. 100; Celle, Riv. dir. int. priv. proc., 1989, 838 (851 f.); Bonomi, Riv. dir. int. priv. proc., 1992, 777 (808); Sterzenbach, Anerkennung, S. 157, 163.

Im Ergebnis wird daher der größte Teil der Wirkungen des Insolvenzverfahrens prozessual qualifiziert. Die prozessuale Qualifikation hat zur Folge, daß das entsprechende Prozeßrecht des Eröffnungsstaates zur Regelung berufen ist[47]. Das führt aber nicht zu einer Anwendung des ausländischen Insolvenzrechts. Vielmehr wird einhellig die Gleichstellungslehre vertreten[48]. Danach entfaltet die anerkannte ausländische Insolvenzeröffnung die gleichen Wirkungen wie ein in Italien eröffnetes Insolvenzverfahren. Das betrifft unproblematisch die Wirkungen der ausländischen Verfahrenseröffnung, die der italienischen vergleichbar sind[49]. Jedoch entfalten die dem italienischen Verfahrensrecht unbekannten Folgen keine Wirkungen im Inland und können das Insolvenzverfahren nicht regeln. Daher werden durch die Anwendung der Gleichstellungstheorie die Rechtsfolgen der anerkannten Insolvenzeröffnung nicht vom Konkursstatut, sondern vom italienischen Insolvenzrecht geregelt[50]. Ein Rückgriff auf ausländische Verfahrensvorschriften ist verwehrt, soweit es sich um die prozessualen Wirkungen der Insolvenz handelt[51]. Das wird aus dem Prinzip der Territorialität des Vollstreckungsrechts gefolgert. Danach können für prozessuale Wirkungen der Insolvenz keine Normen berücksichtigt werden, die nicht vom italienischen Gesetzgeber erlassen wurden[52]. Somit entfaltet die anerkannte Eröffnung des Insolvenzverfahrens die gleichen Rechtsfolgen wie ein in Italien eröffnetes Verfahren, weshalb die Wirkungen der ausländischen Insolvenz im Ergebnis vom italienischen Insolvenzrecht geregelt werden[53]. Nur soweit die Verfahrenseröffnung rein materiell-rechtliche Folgen hat, kommt das ausländische Recht zur Anwendung, vorausgesetzt, es ist nach den Regeln des Internationalen Privatrechts zur Regelung berufen[54].

Es steht zu erwarten, daß das italienische IIR mit der grundsätzlichen Anerkennung der ausländischen Entscheidung sich nicht wesentlich ändern wird[55]. Art. 12 IPRG normiert erneut das Territorialprinzip des prozessualen Rechts. Danach wird Art 12 IPRG weiterhin so verstanden, daß alle prozessual qualifizierten Wirkungen vom nationalen Recht geregelt werden[56]. Das ausländische Recht soll zwar berück-

---

47 Giuliano, Fallimento, S. 53; Azzolina, Fallimento, S. 1759 f.; Daniele, Fallimento, S. 82.

48 Enciclopedia- Giuliano, Fallimento (dir. int.), S. 249 f.; Azzolina, Fallimento, S. 1786 f.; Giuliano, Fallimento, S. 238; Daniele, Fallimento, S. 153; Digesto- Vitta, Diritto internazionale privato, S. 259; Sterzenbach, Anerkennung, S. 167; Ruisi/ Jorio/Maffei-Alberti/Tedeschi, Fallimento, Bd. I, S. 52; Provinciali, Manuale, Bd.III, S. 2598; Bongiorno, Dir. fall., 1974, I, 216 (292).

49 Daniele, Fallimento, S. 153; Giuliano, Fallimento, S. 237.

50 Eine Mindermeinung will das ausländische Konkursrecht in seinen Wirkungen auf das Inland erstrecken, Trib. Lucca, 4. 6. 1948, Foro it.,1949, I, 83; (92 f.); Formiggini, Riv. trim. dir. proc. civ., 1950, 834 (838).

51 Enciclopedia- Giuliano, Fallimento (dir. int.), S. 252; Giuliano, Fallimento, S. 255 f.

52 Daniele, Fallimento, S. 163 f.; Enciclopedia- Giuliano, Fallimento (dir. int.), S. 252; Azzolina, Fallimento,S. 1786 f; Provinciali, Manuale, Bd. III, S. 2598; kritisch dazu Thieme, ZfVglRWiss. 97 (1998), 57 (109); Lupone, Insolvenza, S. 281.

53 Kritisch dazu Thieme, ZfVglRWiss. 97 (1998), 57 (109).

54 Azzolina, Fallimento, S. 1787.

55 Thieme, ZfVglRWiss 97 (1998), 57 (106).

56 Commentario- Luzzatto, Art. 12, S. 53.

sichtigt werden, nicht aber im Inland prozessuale Regelungen verändern[57]. Daher wird auch künftig unter dem neuen IPRG von der prozessualen Qualifikation der Wirkungen einer ausländischen Eröffnung eines Insolvenzverfahrens und folglich von einer Beibehaltung des italienischen IIR auszugehen sein.

3. Auswirkungen auf den Eigentumsvorbehalt

Für die Vertragsparteien stellt sich die Frage, nach welchem Recht sich die wirksame Vereinbarung des EV bemißt und welche Sicherheit er dem Käufer oder dem Verkäufer bei einer ausländischen Insolvenzeröffnung im Inland bietet. Dabei steht im Mittelpunkt das Problem, inwieweit der Auslandsinsolvenz die Rechtspositionen verändern kann, die der EV den Vertragsparteien in einem inländischen Insolvenzverfahren grundsätzlich vermitteln vermag. Denn mit der anerkannten Verfahrenseröffnung nimmt der Verwalter die Sachen aufgrund seiner Rechtsstellung auch in Besitz.

a. Deutschland

Die Frage des anwendbaren Rechts für bereits wirksam bestellte Kreditsicherheiten ist erst in letzter Zeit in den Vordergrund gerückt, da die besitzlosen Sicherungsrechte von einer Auslandsinsolvenz mangels Wirkung in Deutschland nicht erfaßt wurden. Erst mit der Anerkennung des Universalitätsprinzips für ausländische Insolvenzen durch den BGH haben die daraus folgenden Konsequenzen für inländische Kreditsicherheiten mehr Beachtung gefunden.

Grundsätzlich verwirklicht das Universalitätsprinzip die inländische Anwendung des Rechts des Insolvenzstatuts. Danach bestimmt das Recht des Eröffnungsstaates die Auswirkungen des Insolvenzverfahrens auf laufende Verträge und darüber, inwiefern mit dem dinglichen Sicherungsrecht Aus- oder Absonderungsrechte verbunden sind[58]. Von diesem Grundsatz werden Ausnahmen für dingliche Sicherheiten und insbesondere dem EV vorgenommen. So richtet sich die Entstehung und der Inhalt des dinglichen Rechts nach dem Belegenheitsrecht der Sache[59]. Damit bestimmt das jeweilige lex rei sitae, ob zum Zeitpunkt der Insolvenzeröffnung der Vermögensgegenstand eigentumsrechtlich dem Schuldner gehört. Das Lagerecht entscheidet auch darüber, ob das Sicherungsrecht wirksam begründet wurde, da so eine einheitliche Behandlung gewährleistet wird[60]. Erst wenn das der Fall ist, kann das Insolvenzstatut darüber entscheiden, inwiefern das Sicherungsrecht zur Aus- und Absonderung berechtigt. So kommt es zu einer kumulativen Anwendung

---

57 Commentario- Luzzatto, Art. 12, S. 54.

58 Gottwald, Grenzüberschreitende Insolvenzen, S. 32; Gottwald/Arnold, § 122, Rz. 93;Metzger, Umsetzung, S. 122 f.

59 Gottwald/Arnold, § 122, Rz. 94 f.

60 Drobnig, Entwurf von 1980: Stellungnahme, S. 368, 375; ders., Revidierter Ent-wurf, S. 498.

von Insolvenzstatut und lex rei sitae[61]. Damit ist aber noch nicht geklärt, ob der Verkäufer die Sache aufgrund des EV herausverlangen kann oder, soweit der Sicherungsfall eingetreten ist, die Sache zur gesonderten Verwertung absondern kann.

Die Literatur[62] lehnt überwiegend ein Einwirken des ausländischen Insolvenzrechts auf inländische Sicherungsrechte ab. Die nach deutschem Recht wirksam begründete Rechtsposition könne nicht aberkannt werden, indem das ausländische Insolvenzrecht diese Rechtsstellung nicht anerkenne[63]. Die Sicherungsrechte seien gerade für den Fall der Insolvenz bestellt worden, und das müsse auch in der Auslandsinsolvenz gelten[64]. Hat ein Gläubiger vor Insolvenzeröffnung nach inländischem Recht ein Sicherungsrecht wirksam erworben, müsse auch in der Auslandsinsolvenz der Sicherungszweck sich bewähren[65]. Anderenfalls käme es zu einer Vereinheitlichung der Kreditsicherheiten, und genau diese schwierige Aufgabe könne und wolle das IIR nicht lösen[66]. Dabei hat Metzger[67] diese Lösung systematisch richtig eingeordnet. Sie knüpft die Wirkungen der Insolvenzeröffnung auf wirksam bestellte dingliche Sicherheiten grundsätzlich an das lex fori concursus an, nimmt aber eine Sonderanknüpfung an das Insolvenzrecht des Lageortes vor. Das ergebe sich aus dem engen Regelungszusammenhang zwischen wirksamer Begründung und dem insolvenzrechtlichem Schicksal der Sicherheit[68]. Daher müssen die insolvenzrechtlichen Einschränkungen dem Insolvenzrecht des lex rei sitae entnommen werden, damit die jeweilige nationale Gläubigerordnung nicht beeinträchtigt werde[69]. Im Ergebnis wird so die Stellung des Vertragspartners für die in Deutschland belegenen Sachen durch die ausländische Verfahrenseröffnung weder verbessert noch beeinträchtigt.

Die Gegenansicht[70] will das lex fori concursus auch auf die im Inland bestellten und belegenen Mobiliarsicherheiten anwenden. Das entspreche dem Grundprinzip der Universalität des Insolvenzrechts und auf diese Weise könne das im Vordergrund stehende Wohl des Kollektivs der Gläubiger gewährleistet werden.

---

61 Gottwald, Grenzüberschreitende Insolvenzen, S. 32.

62 Thieme, RabelsZ 37 (1973), 682 (694); Aderhold, Auslandskonkurs, S. 282; Gottwald/Arnold, § 122, Rz. 97; Lüke, KTS 1986, 1 (16); Flessner, IPRax 1997, 1 (7); Kuhn/Uhlenbruck- Lüer, §§ 237, 238, Rz. 78; Jaeger- Jahr, KO, §§ 237, 238, Rz. 323 ff.; Ebenroth, ZZP 101 (1988), 121 (139 f.); Häsemeyer, Insolvenzrecht, S. 762 f.; Soergel- Lüderitz, Anh. II Art. 38, Rz. 106; Gottwald, Grenzüberschreitende Insolvenzen, S. 32; Metzger, Umsetzung, S. 122 f.; zusätzliche Nachweise bei Favoccia, Mobiliarsicherheiten, S. 23, FN. 81-87.

63 Gottwald/Arnold, § 122, Rz. 94 ff, 97 f.

64 Gottwald/Arnold, § 122, Rz. 98.

65 Thieme, RabelsZ 37 (1973), 682 (694).

66 Aderhold, Auslandskonkurs, S. 282.

67 Metzger, Umsetzung, S. 122 f.

68 Metzger, Umsetzung, S. 127.

69 Metzger, Umsetzung, S. 128, so auch Kirchhof in HK-InsO, EGInsO Art. 102, Rz. 20.

70 Prütting, ZIP 1996, 1277 (1284); Favoccia, Mobiliarsicherheiten, S. 45 ff., zuletzt Paulus, ZIP 1998, 977 (979); Hanisch, IPRax 1992, 187 (188).

Die Judikatur mußte sich bislang noch nicht mit der Frage des anwendbaren Rechts auf besitzlose Mobiliarsicherheiten beschäftigen. Da der BGH[71] bislang Zweifelsfragen des geltenden Rechts im grundsätzlichen Einklang mit den Vorschriften des EulÜ entschieden hat, wird für künftige Entscheidungen im IIR das EulÜ auch vor dessen Inkrafttreten eine wichtige Rolle spielen[72]. Dabei werden bei der Beantwortung der Frage der Wirksamkeit des EV bei Auslandsinsolvenzen neben Artt. 5, 7 EulÜ insbesondere auch die Gesetzesmaterialien zu § 390 InsO zu berücksichtigen sein, da auf diese Vorschrift nur angesichts der anstehenden Ratifizierung des EulÜ verzichtet wurde[73]. So sah § 390 Abs. 1 InsO vor, daß Rechte Dritter am inländischen Vermögens des Schuldners von der Eröffnung des ausländischen Insolvenzverfahrens nicht berührt werden. Damit sollten die anerkannten Wirkungen der Verfahrenseröffnung sich nicht auf inländische Sicherungsrechte erstrecken[74]. Der weit gefaßte Wortlaut schließt auch solche Wirkungen aus, die zumindest nach dem Insolvenzrecht des Lageortes möglich wären[75]. Die Wortlautproblematik sehend hatte sich der Gesetzgeber bewußt für diese Lösung entschieden, da sie der Abwicklung der ausländischen Insolvenzverwaltung diene und schwierige Anpassungsprobleme vermeiden helfe[76]. Mit gleicher Begründung[77] wurde dieser Wortlaut in den Artt. 5, 7 EulÜ übernommen[78], was sich aufgrund der „Vorwirkung" des EulÜ auf die Rechtslage in Deutschland auswirkt.

Danach kann davon ausgegangen werden, daß die ausländische Insolvenzeröffnung keine Auswirkungen auf die Stellung des unter EV veräußernden Verkäufers an im Inland belegenen Sachen entfaltet. Damit behält der EV seine Wirksamkeit, indem er von der Verfahrenseröffnung nicht berührt wird[79]. Das betrifft sowohl den einfachen EV wie auch seine Erweiterungsformen. Es kommt einzig darauf an, daß die Sache zum Zeitpunkt der Verfahrenseröffnung sich in Deutschland befand. Daher kann der deutsche Verkäufer bei einer ausländischen Insolvenz des Käufers sein Recht auf Aus- und Absonderung von der Masse geltend machen, ohne daß diese Frage von dem maßgeblichen ausländischen Konkursstatut geregelt wird oder dem Insolvenzverwalter ein Wahlrecht zusteht. Umgekehrt stellt die Insolvenz des Verkäufers keinen Grund für die Auflösung des Vertrages dar, so daß der deutsche Käufer durch vertragsgemäße Leistung des Kaufpreises den endgültigen

71 BGH WM 1997, 178 (181); BGH, Anfragebeschluß an den an den I Senat und den Kartellsenat, ZIP 1997, 1242 (1244); BGH ZIP 1997, 39 (42) mit zustimmender Anmerkung Reinhart, ZIP 1997, 1734.

72 Flessner, IPRax 1997, 1 (7); Prütting, ZIP 1996, 1277 (1279); Staudinger- Stoll, IntSachR, Rz. 322; Paulus, ZIP 1998, 977 (979).

73 Flessner, IPRax 1997, 1 (7), ders., FS für Ragusa Maggiore, S. 459 f.

74 Flessner, FS für Ragusa Maggiore, S. 460.

75 Bedenken gegen diesen Wortlaut sind vorgebracht worden von Trunk, KTS 1994, 33 (42); Favoccia, S. 83-88, Flessner, IPRax 1997, 1 (7); ders, Insolvenzrecht, S. 222; ders. FS für Drobnig, S. 280.

76 Begründung des Regierungsentwurfs zu § 390 InsO; Kübler/Prütting, Bd. I, InsO, S. 651.

77 Virgos/Schmit, Erläuternder Bericht, Nr. 95, S. 70 f.

78 Flessner, FS für Drobnig, S. 279 f. nennt als möglichen Grund die Personalunion von Manfred Balz bei den deutschen und europäischen Beratungen.

79 Kirchhof in HK-InsO, EGInsO Art. 102, Rz. 22.

Eigentumsübergang herbeiführen kann. Das insolvenzrechtliche Schicksal der Sicherheiten ändert sich erst mit Grenzübertritt der Ware. Ist die Sache zur Zeit der Insolvenz im Territorium des Staates belegen, in dem das Verfahren eröffnet wurde, ist auch das dortige Insolvenzrecht maßgeblich[80]. Wird die Sache aber erst zu einem späteren Zeitpunkt dorthin verbracht, so bleibt es bei der grundsätzlichen Unbeachtlichkeit der ausländischen Verfahrenseröffnung für den EV. Aber gerade bei beweglichen Sachen können Nachweisschwierigkeiten bestehen, in welchem Land die unter EV verkaufte Sache sich zum Zeitpunkt der Verfahrenseröffnung befand. Hier könnte ein einfaches Registrierungsverfahren Abhilfe schaffen und die Rechtssicherheit erhöhen, indem dadurch fraudolöse Manipulationen erschwert werden.

Insbesondere Flessner[81] hat zu Recht eine andere Auslegung dieser Vorschrift gefordert. Danach könne durch die Nichtanerkennung der Verfahrenseröffnung die inländischen Gläubiger nicht besser gestellt werden als sie bei der Eröffnung eines entsprechenden inländischen Verfahrens stehen würden[82]. Die Abschirmung des Sicherungsrechts gegen insolvenzspezifische Beschränkungen vermittele dem Recht eine Qualität, die es nie innehaben könnte, wäre nur eine Rechtsordnung zur Regelung der Insolvenz berufen[83]. Der materielle Kern des Sicherungsrechts bestimme sich nach deutschem Lagerecht und schließe das Maß der Durchsetzungsfähigkeit gegenüber anderen Gläubigern in der Insolvenz mit ein. Das deutsche Lagerecht bestimme die Wirkungen des EV. Der deutsche Verkäufer könne im Falle einer internationalen Insolvenz nur vor solchen Wirkungen geschützt werden, die über das deutsche Insolvenzrecht hinausgehen, nicht aber generell vor den Wirkungen der Insolvenz[84].

b. Italien

In der italienischen Literatur[85] ist das Problem der Wirkungen der ausländischen Insolvenz für den EV erst in letzter Zeit vereinzelt behandelt worden. Dabei hat auch die Diskussion in Deutschland hinsichtlich der Anwendungsfrage des lex fori concursus oder des lex rei sitae Beachtung gefunden.

Grundsätzlich regelt das Recht des Eröffnungsstaates die Folgen der Insolvenz und damit auch die verfahrensrechtlichen Fragen beidseitig noch nicht erfüllter Verträge[86]. Dabei kann die ausländische Insolvenz nur die Wirkungen entfalten, die ein in

80 Aderhold, Auslandskonkurs, S. 282; Gottwald, Grenzüberschreitende Insolvenzen, S. 32.

81 Flessner, FS für Ragusa Maggiore, S. 460; ders, Insolvenzrecht, S. 222.

82 Flessner, FS für Drobnig, S. 280.

83 Flessner, FS für Drobnig, S. 280.

84 Flessner, FS für Ragusa Maggiore, S. 460; ders, Insolvenzrecht, S. 222.

85 Bonomi, Riv. dir. int. priv. proc., 1992, 777 (806 ff.); Lupone, Insolvenza, S. 64 FN 5, S. 250 ff.; Dordi, Riv. dir. int. priv. proc., 1997, 333 (352).

86 App. Milano, 18. 5. 1986, Riv. dir. int. priv. proc., 1988, 103 (108).

Italien eröffnetes Verfahren mit sich bringt[87]. Insoweit entscheidet das italienische lex fori über die Wirkungen der Insolvenzeröffnung, also auch darüber, inwieweit die unter EV veräußerte Sache dem Vermögen des Schuldners zuzurechnen ist oder Ab- und Aussonderungsrechte an ihr bestehen[88]. Daher wird zwar grundsätzlich vom Insolvenzstatut die Frage der Drittwirksamkeit des EV behandelt, jedoch führt die Gleichstellungstheorie zur Anwendung des italienischen Insolvenzrechts, so daß die Frage der Drittwirksamkeit des EV von Artt. 42 LF, 1524 c.c. geregelt wird[89].

Dabei wird es zu Recht mit dem Prinzip der Gläubigergleichbehandlung für besser vereinbar gehalten, wenn ausschließlich die Rechtsordnung des Lagerechts berufen ist, die Frage der Drittwirksamkeit der unter EV verkauften Sache zu entscheiden[90]. Die Behandlung nach den Regeln der lex rei sitae ermöglicht eine einheitliche Bewertung der Wirkungen des EV in der Insolvenz. Diese Lösung stehe nicht im Widerspruch zu der allgemeinen Regel, wonach das lex fori auf noch nicht beidseitig erfüllte Verträge anwendbar sei. Dieser Grundsatz gelte nämlich nicht für die Wirkungen der Insolvenz, die sich aus der Anwendung von materiell-rechtlichen Normen ergeben, die nicht dem prozessualen Zweck des Insolvenzverfahrens dienen. Soweit die Drittwirksamkeit des EV betroffen sei, handele es sich ausschließlich um Fragen des materiellen Rechts. Art. 1524 c.c. habe keinen nur auf die Insolvenz begrenzten Anwendungszweck. Die Vorschrift stelle die Anforderungen der Drittwirksamkeit gegenüber allen Gläubigern wie auch sonstigen Dritten auf[91]. Die materiell-rechtliche Natur der Vertragsbeziehungen und die daraus sich ergebenden Folgen für die Massezugehörigkeit rechtfertigten die Anknüpfung dieses Fragenkreises der Drittwirksamkeit an die lex rei sitae[92].

Diese Meinung steht im Einklang mit der herrschenden Ansicht[93], wonach die allgemeinen Vorschriften des Internationalen Privatrechts über die Vorfrage der wirksamen Bestellung von Sicherungsrechten entscheiden. Demnach richtet sich die Vorfrage der drittwirksamen Vereinbarung des EV im Zeitpunkt der Verfahrenseröffnung nach dem lex rei sitae. Daher kann mit einem Hinweis auf die par conditio creditorum die Drittwirksamkeit des EV nach dem maßgeblichen Lagerecht nicht negiert werden. Diese Lösung widerspricht auch nicht der par conditio creditorum, sondern respektiert vielmehr das Prinzip der Gläubigergleichbehandlung gerade auch bei Sachverhalten mit Auslandsberührung[94].

---

87 Vgl dazu bereits oben C IV 2 b.

88 Enc. giur.- Franchi, Fallimento XVII, S. 9, Bonomi, Riv. dir. int. priv. proc., 1992, 777 (807).

89 Lupone, Insolvenza, S. 250.

90 So zuerst Bongiorno, Dir. fall., 1974, I, 216 (294), der sich aber allgemein auf dingliche Rechte bezieht, so nun ausdrücklich Bonomi, Riv. dir. int. priv. proc., 1992, 777 (808 f.); Lupone, Insolvenza, S. 250.

91 Bonomi, Riv. dir. int. priv. proc., 1992, 777 (808 f.); Lupone, Insolvenza, S. 251.

92 Lupone, Insolvenza, S. 251.

93 Daniele, Fallimento, S. 92; Giuliano, Fallimento, S. 69; Laut, Anerkennung, S. 227; Summ, Anerkennung, S. 181 f.; Dordi, Riv. dir. int. priv. proc., 1997, 333 (352).

94 Bonomi, Riv. dir. int. priv. proc., 1992, 777 (809.); Lupone, Insolvenza, S. 252.

Ist demnach im Zeitpunkt der Insolvenzeröffnung die Sache in Italien belegen, so richtet sich die Frage der Drittwirksamkeit des EV nach italienischem Recht. Das bedeutet für den einfachen EV, daß er nur Wirkungen entfalten kann, wenn die Publizitätserfordernisse des Art. 1524 c.c. erfüllt sind, während die Verlängerungs- und Erweiterungsformen des EV keine Wirkungen entfalten. Befindet sich die Sache hingegen zu diesem Zeitpunkt in Deutschland und ist der EV nach dem dortigen lex rei sitae wirksam, so müssen die Beteiligten diese Drittwirksamkeit hinnehmen und anerkennen. Inwieweit der italienische Verwalter aufgrund des drittwirksamen EV dann die Erfüllung des Vertrages oder die Aus- und Absonderung an der Sache verlangen kann, ist eine prozessual anzuknüpfende Frage, die wegen der Gleichstellungstheorie zur Anwendung des italienischen Insolvenzrechts führt. Ist der EV somit nach dem maßgeblichen Sachstatut drittwirksam entstanden, kommt es zur Anwendung der Artt. 72, 73 LF, unabhängig davon, ob die Verfahrenseröffnung im Ausland oder im Inland erfolgte. Danach hat der Verwalter gegenüber dem ausländischen Verkäufer das Wahlrecht nach Art. 72 Abs. 2 LF, während die Insolvenz des Verkäufers für den Käufer gemäß Art. 73 Abs. 2 LF nicht die Auflösung des Vertrages bewirkt, sofern der EV drittwirksam ist.

4. Rechtslage gemäß Europäischen Insolvenzübereinkommen

Auf der Ebene der Europäischen Union gibt es seit den 60er Jahren Versuche, das Insolvenzrecht zu vereinheitlichen[95]. Die ausgearbeiteten Vorentwürfe[96] sind zwar nie in Kraft getreten, jedoch verspricht nun der vierte Versuch mit dem EuIÜ mehr Rechtssicherheit und Klarheit. Nachdem nach über 20 Jahren Beratung 1985 die Beratungen über einen Entwurf des Übereinkommens eingestellt wurden, ging man bereits von einem scheitern eines europäischen Insolvenzübereinkommens aus. Das Ziel von einem uneingeschränkten Universalitätsprinzip durch die Eröffnung eines Hauptverfahrens mit europaweiter Anerkennung ohne die Möglichkeit von Sekundärverfahren erwies sich als zu ehrgeizig[97]. Erst die Bemühungen des Europarates, führten zu dem Konkursübereinkommen von Istanbul[98] und lieferten den entscheidenden Anstoß, erneut Verhandlungen über ein Europäisches Insolvenzübereinkommen aufzunehmen, die 1995 in der Zeichnung des EuIÜ durch neun Mitgliedstaaten mündeten[99]. Das EuIÜ schließt damit die Lücke, die Art. 1 Abs. 2 Nr. 2 EuGVÜ offenließ, indem es seine Anwendbarkeit auf den Konkurs, Vergleiche

95 Zur Geschichte der Bemühungen vgl. Kuhn/Uhlenbruck- Lüer, §§ 237, 238; Rz. 27; Staudinger-Stoll, IntSachR, Rz. 114.

96 Vorentwurf eines Übereinkommens über den Konkurs v. 16. 2. 1970, abgedruckt in RabelsZ 36 (1972), 734 ff. und die erneuerte Fassung v 1980, abgedruckt in ZIP 1980, 582-593.

97 Gottwald, Grenzüberschreitende Insolvenzen, S 14; Strub, EuZW 1994, 424 (426).

98 Europäische Konvention über bestimmte internationale Aspekte des Konkurses, vom 5. 6. 1990, abgedruckt in Hess- Goetsch, § 237, Rz. 37. Das Übereinkommen wurde von Deutschland und Italien zwar gezeichnet, nicht aber ratifiziert. Die Bundesrepublik hat die Ratifizierung bis zum Abschluß der Insolvenzrechtsreform zurückgestellt, BT- Drs. 12/2443 v. 15. 4. 1992, S. 235. In Italien erfolgte das in Hinblick auf die neu aufgenommen Bemühungen um ein europäisches Insolvenzübereinkommen erfolgt, Daniele, Riv. dir. int. priv. proc., 1994, 499 (500).

99 Gottwald, Grenzüberschreitende Insolvenzen, S 15.

und ähnliche Verfahren ausdrücklich ausgeschlossen hat. Das EuIÜ geht von einem eingeschränkten Universalitätsprinzip aus[100]. Auf das Hauptverfahren findet prinzipiell das Recht des Eröffnungsstaates Anwendung und entfaltet seine Wirkungen europaweit ohne förmliche Anerkennung. Als Hauptverfahren kommen die im Anhang A aufgeführten Gesamtverfahren in Betracht, Artt. 1, 2 Abs. 1 EuIÜ[101]. Die Entscheidung des Gerichts über die Eröffnung des Verfahrens wird in allen anderen Mitgliedstaaten ohne weitere Förmlichkeit anerkannt, Artt. 16, 17 EuIÜ. Das Hauptverfahren kann nur in dem Staat eröffnet werden, in dessen Gebiet der Schuldner den Mittelpunkt seiner hauptsächlichen Interessen hat, Art. 3 Abs. 1 EuIÜ[102].

Der Gesetzgeber verzichtete auf eine Vereinheitlichung der Rechtssysteme, da dies bisher an dem gravierenden Systemunterschieden in den Mitgliedsländern scheiterte[103]. Statt dessen wird jetzt die europaweite Anerkennung der Rechtsvorschriften des Staates ermöglicht, in dem das Hauptverfahren eröffnet worden ist. So soll prinzipiell ein europaweit anzuerkennendes Insolvenzverfahren im Ursprungsland des Schuldners durchgeführt werden. Spannungen zwischen den Rechtssystemen werden auf ein Minimum reduziert, indem die Gläubiger an Sekundärverfahren (Art. 27 EuIÜ[104]) teilnehmen können. Darauf finden ausschließlich die nationalen Rechtsvorschriften Anwendung (Art. 28 EuIÜ), wobei die Wirkung territorial auf das im Inland belegene Vermögen beschränkt ist, Art. 3 Abs. 2 EuIÜ. Jeder Gläubiger kann seine Forderung in jedem Haupt- oder Sekundärverfahren (Artt. 29 Nr. b, 32 Abs. 1 EuIÜ) anmelden. Die Parallelität der Verfahren verhindert eine Verkürzung der Rechte lokaler Gläubiger, indem sie in ihrem Heimatstaat tätig werden können. Jedoch birgt dieses Verfahren die Gefahr, daß es zu einer Vielzahl von Insolvenzverfahren kommt. Während das Hauptverfahren grundsätzlich seine Wirkungen europaweit den Regeln des Eröffnungsstaates unterstellt, unterliegt das lex fori concursus einer territorialen Einschränkung in jedem Vertragstaat, in dem ein Sekundärverfahren eröffnet worden ist. So kann das Universalitätsprinzip de facto ausgehöhlt werden, da dem Hauptverfahren durch die Sekundärverfahren und den dann maßgeblichen nationalen Rechten seine zentrale Rolle genommen wird[105].

---

100 Strub, EuZW 1994, 424 (426 f); ders. EuZW 1996, 70 (73).

101 Für Deutschland sind das das Konkurs-, das gerichtliche Vergleichs-, das Gesamtvollstreckungs- und das Insolvenzverfahren. Für Italien sind das Fallimento, Concordato preventivo, Liquidazione coatta amministrativa, Amministrazione straordinaria und Amministrazione controllata.

102 Bei Unternehmen wird dies regelmäßig am Ort des satzungsmäßigen Sitzes sein, Strub, EuZW 1994, 424 (426).

103 Dordi, Riv. dir. int. priv. proc., 1997, 333 (334 f.); Strub, EuZW 1994, 424 (426).

104 Gemäß Anhang B können das für Deutschland sind das das Konkurs-, das Gesamtvollstreckungs- und das Insolvenzverfahren sein. Für Italien nur Fallimento und Liquidazione coatta amministrativa.

105 So zu Recht Strub, EuZW 1996, 70 (73).

5. Auswirkungen auf den Eigentumsvorbehalt

Bereits heute sind nach Ansicht des BGH[106] Fragen des geltenden Rechts „im grundsätzlichen Einklang mit diesen Vorschriften (des EulÜ) zu beantworten"[107]. Das hat insbesondere Bedeutung für die Behandlung des EV, der in Art. 7 EulÜ ausdrücklich geregelt wurde. In Bezug auf die Frage des anwendbaren Rechts auf den wirksam bestellten EV geht das EulÜ grundsätzlich von der Maßgeblichkeit des Insolvenzstatuts aus, Art. 17 EulÜ. Jedoch sind wichtige Ausnahmen normiert, die den EV betreffen. Gemäß Art. 5 EulÜ bleiben dingliche Rechte von der Eröffnung des Insolvenzverfahrens unberührt, wenn diese bereits vor dem Verfahren entstanden sind. Die „dinglichen Rechte" werden nicht definiert und Art. 5 Abs. 2 EulÜ enthält keine abschließende Auflistung, jedoch sind die jeweiligen nationalen Rechte maßgeblich[108]. Dabei regelt Art. 7 EulÜ den EV ausdrücklich und stellt ihn einem dinglichen Recht i.S.d.Art. 5 EulÜ gleich. Nach Art. 7 Abs. 1 EulÜ bleiben die Rechte des Verkäufers aus seinem EV durch eine Verfahrenseröffnung gegenüber dem Käufer unberührt, wenn sich die Sache in einem anderen Land als dem der Verfahrenseröffnung befindet. Ihrem Wortlaut nach schließen Artt. 5, 7 EulÜ selbst solche Wirkungen für das Verfahren aus, die nach dem Insolvenzrecht des Lageortes möglich wären[109]. Diese „einfache Lösung"[110] wurde gewählt, um die Vereinfachung der Masseverwaltung zu erreichen und eine Belastung dinglicher Rechte durch ein ausländisches Verfahren zu vermeiden[111]. Um die insolvenzspezifischen Einschränkungen herbeizuführen, kann der Verwalter in dem jeweiligen Staat ein Sekundärverfahren nach Art. 3 Abs. 2 EulÜ eröffnen, wodurch er die Möglichkeit erhält, auf die Sachen zuzugreifen und sie zur Masse zu ziehen[112].

Die Vorschriften der Artt. 5, 7, EulÜ werden überwiegend[113] so verstanden, daß der Verkäufer weiterhin seine Rechte aus dem wirksamen EV wahrnehmen kann, auch wenn das Insolvenzstatut (Art. 4 Abs. 2 lit b EulÜ) die Zugehörigkeit aller Vermögensgegenstände zur Masse vorschreibt[114]. Gemäß Artt. 5, 7 EulÜ wird der EV weder dem lex fori concursus[115] noch dem Insolvenzrecht des Belegenheitsortes[116]

---

106 BGH WM 1997, 178 (181); BGH, Anfragebeschluß an den an den I Senat und den Kartellsenat, ZIP 1997, 1242 (1244); BGH ZIP 1997, 39 (42) mit zustimmender Anmerkung Reinhart, ZIP 1997, 1734.

107 BGH WM 1997, 178 (181).

108 Für eine restriktive Auslegung Virgos/Schmit, Erläutender Bericht, Nr. 103, S. 72. In Italien sind davon inbesondere die Vorzugsrechte des Maschinenprivileg und die Automobilhypothek betroffen. In Deutschland betrifft das auch die Verlängerungsformen des EV, Balz, Am. Bankr. L. J, 1996, 485 (509).

109 Flessner, Insolvenzrecht, S. 222.

110 Virgos/Schmit, Erläuternder Bericht Nr. 97, S. 70.

111 Virgos/Schmit, Erläuternder Bericht Nr. 97, S. 70; Balz, Am. Bankr. L. J, 1996, 485 (509).

112 Virgos/Schmit, Erläuternder Bericht Nr. 98, S. 70.

113 Balz, Am. Bankr. L. J, 1996, 485 (509); Gottwald, Grenzüberschreitende Insolvenzen, S. 33; Dordi, Riv. dir. int. priv. proc., 1997, 333 (352).

114 Virgos/Schmit, Erläuternder Bericht Nr. 112, S. 74 f. i. V. m. Nr. 97, S. 70.

115 Gottwald, Grenzüberschreitende Insolvenzen, S. 33.

116 Balz, ZIP 1996, 948 (950).

unterworfen. Der EV wird vielmehr von der Insolvenz nicht berührt und kann daher in der gleichen Art und Weise geltend gemacht werden wie ohne die Insolvenz[117]. Mit anderen Worten werden die unter EV veräußerten Sachen nicht vom Insolvenzbeschlag erfaßt und nehmen nicht an einem Insolvenzplan teil[118]. Die Rechte aus dem EV richten sich vielmehr nach dem jeweiligen lex rei sitae. Danach kann der Verkäufer von dem Vertrag zurücktreten, wenn die Kaufpreisraten von dem Verwalter nicht vertragsgemäß gezahlt werden, ohne daß es auf das Wahlrecht des Verwalters ankommt. Der Käufer hingegen kann trotz der Insolvenz des Verkäufers nach Art. 7 Abs. 2 EuIÜ das Eigentum mit vollständiger Kaufpreiszahlung erlangen. Sein Besitz- und Nutzungsrecht wird damit gewahrt und er kann unbehindert durch die Verfahrenseröffnung den endgültigen Eigentumsübergang herbeiführen[119]. Denn die Verfahrenseröffnung ist kein Grund, den Vertrag aufzulösen oder zu beenden, womit der EV europaweit insolvenzfest ist.

Gegen die wörtliche Auslegung wendet sich insbesonders Flessner[120]. Der Zweck des Übereinkommens lasse dem Lageortrecht Raum, selbst darüber zu bestimmen, welche Einschränkungen das dingliche Recht durch die Insolvenzeröffnung erleiden solle und welche Befugnisse des Verwalters anerkannt werden[121]. Aus der Struktur des EuIÜ ergebe sich, der Insolvenzverwaltung den Sicherungsgegenstand, soweit dies unter Wahrung der dinglichen Sicherungsrechte möglich ist, zu erhalten, weshalb es inkonsequent wäre, wollte man die dinglichen Rechte von den Wirkungen der Verfahrenseröffnung vollständig herausnehmen[122]. Die Vorschriften der Artt. 5, 7 EuIÜ müßten daher so ausgelegt werden, daß den Lageortrechten unabhängig vom Standpunkt des Eröffnungsstaates es unbenommen bleibe, die insolvenzspezifischen Einschränkungen des Sicherungsrechtes zu bestimmen. Ihm ist zuzugeben, daß anderenfalls dem EV eine Wirkung zukommt, die er weder nach deutschem noch nach italienischem Insolvenzrecht hätte und die er nur aufgrund seines internationalen Zusammenhangs erhält.

Das EuIÜ entscheidet nicht, welches Recht über die Begründung, Gültigkeit und Tragweite des EV entscheidet. Hier bleibt es bei den allgemeinen Vorschriften des Internationalen Privatrechts und damit regelmäßig dem lex rei sitae[123]. Die Regeln der Artt. 5 und 7 EuIÜ wollen den Parteien den Geschäftsverkehr in dem Staat erleichtern, in dem sich die als Sicherheit dienende Sache befindet. Daher müssen sich die Vertragsparteien bei einem Kauf unter EV grundsätzlich keine Gedanken darüber machen, ob ein fremdes Insolvenz- oder Sachstatut zur Anwendung kommt, solange die Sache im Inland belegen ist und die Verfahrenseröffnung im

---

117 Balz, Am. Bankr. L. J, 1996, 485 (509); Gottwald, Grenzüberschreitende Insolvenzen, S. 33; Dordi, Riv. dir. int. priv. proc., 1997, 333 (352).

118 Balz, Am. Bankr. L. J, 1996, 485 (509).

119 Virgos/Schmit, Erläuternder Bericht Nr. 114, S. 75.

120 Flessner, FS für Drobnig, S. 282 ff.

121 Flessner, FS für Drobnig, S. 284.

122 Flessner, FS für Drobnig, S. 285.

123 Virgos/Schmit, Erläuternder Bericht Nr. 95, S. 70; Gottwald/Arnold, § 122, Rz. 94; Soergel-Lüderitz, Anh. II Art. 38, Rz. 106, das bedauernd Staudinger- Stoll, Int SachR, Rz. 322.

Ausland sich ereignet. Wird die Sache in das Land der Verfahrenseröffnung gebracht, tritt ein Statutenwechsel ein, der sich auf das anwendbare Sachstatut und das Insolvenzstatut bezieht. Der besondere Schutz der Artt. 5, 7 EulÜ greift dann nicht mehr ein, falls der Statutenwechsel vor der Verfahrenseröffnung stattgefunden hat[124]. Das ist bei beweglichen Sachen dann problematisch, wenn strittig ist, ob sie sich bei Verfahrenseröffnung noch im Inland befinden oder später in ein anderes Land verbracht worden sind. Auch hier könnte ein einfaches Registerverfahren europaweite Abhilfe schaffen.

Letztendlich zeigt das Übereinkommen, daß selbst der europäische Gesetzgeber eine universelle Geltung des lex fori concursus - zumindest zur Zeit - nicht verwirklichen kann. Denn ursprünglich verfolgte er das Ziel der Universalität und Einheit der Insolvenz. Die gravierenden Systemunterschiede im materiellen Insolvenzrecht und die damit verbundenen unterschiedlichen Behandlungen von dinglichen Sicherheiten und Vorzugsrechten in den Mitgliedsländern haben die Realisierung einer europaweit einheitlichen Insolvenz vor unüberwindbare Schwierigkeiten gestellt[125]. Im Ergebnis beugt sich das EulÜ dem Problem der fehlenden Harmonisierung der nationalen Rechte bezüglich dinglicher Sicherheiten und der Befriedigungsreihenfolgen[126], weil ausschließlich auf das Recht des Eröffnungsstaates verwiesen wird, während die dinglichen Rechte ausgenommen sind. Es werden damit die unterschiedlichen Interessenslagen in den Mitgliedsländern beim EV berücksichtigt, indem die Eröffnung des Verfahrens die Rechte Dritter im Belegenheitsland nicht behindert[127]. Aufgrund der angenommenen Vorwirkung führt das EulÜ aber heute schon zu mehr Rechtssicherheit und Klarheit für Deutschland.

Zusammenfassend wird in Deutschland und in Italien die unter EV veräußerter Sache von der Insolvenzeröffnung erfaßt und zur Insolvenzmasse des Gemeinschuldners gerechnet. Beide Rechtsordnungen sehen vor, daß der Verkäufer sein Eigentum an der Sache geltend machen und die Aussonderung der Sache verlangen oder der Käufer mit vertragsgemäßer Kaufpreiszahlung den endgültigen Eigentumsübergang herbeiführen kann. Das gilt im Ergebnis unabhängig vom Land der Verfahrenseröffnung und dem Belegenheitsort der Sache.

Unterschiede betreffen nur die Wirksamkeit des EV. Soweit die Sache in Itlaien sich befindet, hat der EV nur dann in der Insolvenz Bestand, wenn die Drittwirksamkeit gegeben ist. Befindet sich die unter EV verkaufte Sache in Deutschland, so behält ein einfacher EV in Deutschland selbst dann seine Wirkungen gegenüber den Verfahrensbeteiligten, wenn ihm nach italienischem Insolvenzrecht die Drittwirksamkeit verweigert werden würde.

124 Gottwald, Grenzüberschreitende Insolvenzen,S. 32 ff.; Gottwald/Arnold, § 122, Rz. 96.

125 Gottwald, Grenzüberschreitende Insolvenzen, S 14; Strub, EuZW 1994, 424 (426).

126 Strub, EuZW 1996, 70 (73).

127 Häsemeyer, Insolvenzrecht, S. 762 f.

Auch nach Inkrafttreten des EuIÜ werden die bestehenden Rechte am EV durch die ausländische Insolvenz nicht berührt (Art. 7 EuIÜ). Jedoch wird deutsches Verfahrensrecht in Italien mehr Bedeutung finden müssen, wenn in Deutschland das Hauptverfahren und in Italien kein Sekundärverfahren eröffnet wird.

D. Ergebnis

Der EV ist in Deutschland wie auch in Italien ein gängiges und weit verbreitetes Kreditsicherungsmittel. In beide Rechtsordnungen hat sich der historische Gesetzgeber den Bedürfnissen der Wirtschaft angepaßt und den EV trotz grundsätzlicher Bedenken in seine Kodifikation aufgenommen. Während die Rechtsnatur des EV sich in Deutschland durch das Abstraktionsprinzip systematisch erklären läßt, ist dies in Italien aufgrund des Konsensualprinzips nicht möglich, da grundsätzlich der Vertragsschluß bereits zum Eigentumsübergang führt. Trotz der dementsprechenden Vielzahl an vertretenen Meinungen zur Rechtsnatur des EV beschreiben diese Ansichten letztendlich nur die gesetzliche Regelung der Artt. 1523 ff. c.c., ohne daß sich aus diesen Einordnungsversuchen praktisch relevante Konsequenzen ergeben und die Frage der Rechtsnatur des EV mithin offen bleiben kann.

Bei der wirksamen Vereinbarung des EV treten zwischen beiden Rechtssystemen grundsätzliche Unterschiede zu Tage. In Deutschland ist eine formlose Vereinbarung zulässig, die den EV mit all seinen Wirkungen gegenüber Dritten wirksam entstehen läßt. Einhergehend mit der großen Verbreitung von AGB wird der EV häufig formularmäßig begründet, wobei die Rechtsprechung bei sich widersprechenden AGB davon ausgeht, daß der EV sich zumindest dinglich, nämlich als nachträglicher einseitiger EV, durchsetzt. Anders in Italien, wo zwar ebenfalls die Vereinbarung des EV formlos möglich ist, jedoch die Wirkung gegenüber Dritten von der Einhaltung verschiedener Publizitätsmittel, insbesondere dem sicheren Datum der Vereinbarung und einer Registereintragung, abhängig gemacht wird. Daher hat der EV im Zusammenhang mit seiner Vereinbarung durch AGB keine vergleichbare Bedeutung wie in Deutschland erlangt, da die den Verkäufer primär interessierende Drittwirksamkeit des EV erst mit der Beachtung der Publizitätsvorschriften, insbesondere des Art. 1524 c.c., gewährleistet ist.

Ist der EV wirksam begründet worden, so ist er in beiden Rechtsordnungen vom Fortbestehen des Kaufvertrages und dem Erhalt der körperlichen Integrität der Sache abhängig. Diese Rechtslage hat in Deutschland mit Billigung der Rechtsprechung horizontale und vertikale Erweiterungen und Verlängerungen des EV hervorgebracht, mit denen der Verkäufer seine Kaufpreisforderung auch über die Verarbeitung oder die Veräußerung der Sache hinaus sichern kann. Bei einer funktionalen Betrachtung dieser Sonderformen erhält der Verkäufer die neu hergestellte Sache oder die aus der Weiterveräußerung erworbene Forderung solange zur Sicherheit übertragen, bis seine ursprüngliche Kaufpreisforderung erfüllt ist, wobei diese Sicherungsübertragungen an keine besondere Formvorschriften gebunden sind und so der Zweck als Kreditsicherungsmittel gewahrt wird. Im Gegensatz hierzu nimmt die italienische Rechtsordnung eine restriktive Haltung ein und erblickt in der Vereinbarung von Vorausabtretungs- und Weiterverarbeitungsklauseln einen darin liegenden Verzicht auf den bereits wirksam vereinbarten einfachen EV. Damit verliert der Verkäufer schon vor der intendierten Verarbeitung oder Veräußerung die ursprüngliche Sicherung seiner Kaufpreisforderung. Zudem ist eine Verlängerung des EV aufgrund der derzeitig angenommenen Unzulässikkeit einer Sicherungsübereignung nicht möglich. Die ablehnende Haltung gegenüber Sicherungsübertragungen ist auch mit eine Ursache, daß Verlängerungs- und Erweiterungsformen in der Praxis keine Verbreitung und Anerkennung gefunden haben.

Die Stellung des Verkäufers ist in beiden Rechtsordnungen vergleichbar ausgestaltet. Gerät der Käufer mit der vereinbarten Zahlung in Rückstand, so kann der Verkäufer die Herausgabe der Sache verlangen, wenn er zuvor von dem Kaufvertrag zurückgetreten bzw. ihn aufgelöst hat. Dabei will der italienische Gesetzgeber den Käufer im Falle eines Verzuges vor einer zu schnellen Vertragsauflösung durch den Verkäufer und belastenden Entschädigungsklauseln schützen. Die Stellung des Verkäufers gegenüber Dritten ist in Deutschland durch das Fehlen jeglicher Publizität des EV gekennzeichnet. Der Schutz des Verkäufers gegenüber Rechtsnachfolgern wird mittels einer restriktiven Handhabung des gutgläubigen Erwerbs vollzogen. Indem die Rechtsprechung von einer weiten Verbreitung des EV ausgeht und dementsprechend ein kaufmännischer Dritterwerber nicht ohne weiteres von dem Eigentum seines Käufers ausgehen kann, werden hohe Anforderungen an den gutgläubigen Erwerb gestellt und der Verkäufer durch diese „faktische" Publizität seines vorbehaltenen Eigentums Rechtsnachfolgern des Käufers gegenüber geschützt. In Italien hingegen hat der Verkäufer ein System verschiedener Publizitätsmittel zu beachten, will er seinen EV gegenüber Dritten geltend machen. Danach muß die Vereinbarung des EV ein sicheres Datum aufweisen, um gegenüber einem Drittgläubiger des Käufers wirksam zu sein. Außerdem muß angesichts des geringen Kaufpreises i.S.d. Artt. 1524 c.c., 1 legge v. 28. 11. 1965, n. 1329 nahezu stets eine Registereintragung vorgenommen werden. Die durch die Registereintragung entstehenden Kosten, verbunden mit dem nach Art. 1524 Abs. 2 c.c. örtlich nur auf einen Landgerichtsbezirk begrenzten Schutz, sind Umstände, die sich der Beliebtheit und der Verkehrsfähigkeit des EV in den Weg stellen. Denn fehlt es an dieser Registereintragung, kann sich der Verkäufer selbst einem bösgläubigen Rechtsnachfolger des Käufers gegenüber nicht auf den EV berufen. Darin zeigt sich, daß in Italien dem allgemeinen Verkehrsschutz eine höhere Bedeutung beigemessen wird als der unbeschränkten Verkehrsfähigkeit des EV und dem Sicherungsinteresse des Verkäufers. Der großzügige Verzicht der deutschen Rechtsordnung auf ein besonderes Publizitätsmittel läßt den Schluß zu, daß sowohl die Verkehrsfähigkeit des EV als auch das legitime Sicherungsinteresse des Verkäufers als äußerst schützenswert angesehen und dafür mögliche Beeinträchtigungen des Verkehrsschutzes in Kauf genommen werden.

In beiden Rechtsordnungen besteht Einigkeit über die schützens- und geltwerte Position des Käufers, die er bereits vor vollständiger Kaufpreiszahlung inne hat und die in Deutschland mit dem Begriff des Anwartschaftsrechts umschrieben wird. Der Käufer hat eine gesicherte Rechtsposition, die er Dritten gegenüber verteidigen kann, da es einzig von seiner Vertragstreue abhängt, ob er das Eigentum der erworbenen Sache erhält. Der Verkäufer, dessen Gläubiger oder sonstige Dritte können diesen Rechtserwerb nicht verhindern. Vielmehr kann sich der Käufer gegen

Beeinträchtigungen zur Wehr setzen. Der Schutz vor Pfändungen Dritter oder vor Zwischenverfügungen und Herausgabeansprüchen durch den Verkäufer ergibt sich bereits aus der Publizität des Besitzes des Käufers und den daran anknüpfenden Rechtsbehelfen. Somit ist der vertragstreue Käufer in seiner Rechtsstellung umfassend sowohl gegenüber Eingriffen seitens des Verkäufers wie auch seitens Dritter geschützt ist. Demnach hat die Kreditwirtschaft keinen Zweifel an der geltwerten Position des Käufers und ermöglicht eine entsprechende Nutzung dieser Anwartschaft als Kreditsicherheit. Daraufhin haben sich Fragen im Zusammenhang mit der möglichen Übertragbarkeit der Anwartschaft auf Dritte wie auch deren gutgläubigen Erwerb ergeben, an deren Ende die Diskussion über die Rechtsnatur des Anwartschaftsrechts steht.

Auch in Italien ist die Position des vertragstreuen Käufers umfassend vor Beeinträchtigungen Dritter geschützt. Sobald der Käufer den Besitz an der Sache erhalten hat, kann er bei Zwischenverfügungen des Verkäufers oder pfändenden Dritten seine Rechtsstellung erfolgreich verteidigen. Soweit eintragungspflichtige Sachen veräußert werden, ergibt sich die gesicherte Stellung des Käufers aus seinem Besitz und der Registerpublizität in Verbindung mit dem Prioritätsgrundsatz. Die Frage der Übertragbarkeit der Rechtsstellung des Käufers auf Dritte hat hingegen keine Bedeutung erlangt, da angesichts der Unzulässigkeit von Sicherungsübereignungen eine Nutzung der Anwartschaft als Kreditsicherheit ausscheidet und folglich die Diskussion um die Rechtsnatur der Rechtsstellung des Käufers nicht die zentrale Rolle einnimmt wie in Deutschland. Somit ist die gesicherte Rechtsstellung des Käufers in Italien wie in Deutschland im Kern identisch und resultiert bereits aus den allgemeinen gesetzlichen Vorschriften, ohne daß ein Rückgriff auf eine Rechtsfigur wie das Anwartschaftsrecht erforderlich wäre. Der Vergleich zeigt vielmehr, daß der Begriff des Anwartschaftsrechts die Rechtsstellung des Käufers letztendlich beschreibt und zusammenfaßt, ohne daß ihm eine erklärende Funktion zukommt.

In der Insolvenz einer der Vertragsparteien bestehen in beiden Ländern, nach der Reform des deutschen Insolvenzrechts, im Kern identische Rechtslagen. In der Insolvenz des Verkäufers verbleibt dem Käufer die Möglichkeit, den Vertrag seinerseits zu erfüllen und den ausstehenden Kaufpreis zu begleichen. Damit erfolgt der Eigentumsübergang, den der Insolvenzverwalter nicht verhindern kann. Dem Verwalter steht weder ein Wahlrecht zu, noch kann er die Herausgabe der Sache an sich verlangen, solange der Käufer sich vertragstreu verhält. Somit wird im Ergebnis die Rechtsstellung des Käufers durch die Insolvenz des Verkäufers nicht tangiert, so daß sie als insolvenzfest angesehen werden kann.

In der Insolvenz des Käufers gewähren beide Rechtsordnungen dem Insolvenzverwalter ein Wahlrecht, welches den Verkäufer bindet. Wählt der Verwalter die Vertragserfüllung, besteht der Kaufvertrag in seiner ursprünglichen Form fort. Der Verwalter muß den vereinbarten Kaufpreis vollständig zahlen, womit die Sache in die Insolvenzmasse fällt. Nur im Falle eines Zahlungsrückstandes des Verwalters steht dem Verkäufer ein Rücktrittsrecht zu, so daß er aufgrund seines vorbehaltenen Eigentums die Sache aussondern kann. Lehnt der Insolvenzverwalter die Erfüllung des Kaufvertrages ab, kann der Verkäufer seinen Anspruch auf Herausgabe geltend machen und die Sache ebenfalls aussondern. Hinsichtlich einer etwaigen Nutzungsentschädigung oder des ausfallenden Kaufpreises ist der Verkäufer auf die Insolvenzquote beschränkt. Damit dem EV diese Wirkungen in Italien in der Insolvenz ebenfalls zukommen, muß seine vertragliche Vereinbarung ein sicheres Datum nach Art. 1524 Abs. 1 c.c. aufweisen, welches vor der Verfahrenseröffnung liegt. Damit zeigt sich erneut die Bedeutung, die die italienische Rechtsordnung dem Verkehrsschutz zumißt, indem sie die Wirkungen des EV in der Insolvenz von der Einhaltung der Publizitätsvorschriften abhängig macht, während in Deutschland auf jegliches Publizitätsmittel auch nach der Reform weiterhin verzichtet wird.

Im grenzüberschreitenden Rechtsverkehr stößt die Anerkennung des einfachen EV wie auch der Erweiterungs- und Verlängerungsformen auf mannigfaltige Schwierigkeiten, die bislang auf nationaler wie auf internationaler Ebene nur unzureichend gelöst sind. Übereinstimmend werden in beiden Ländern dingliche und schuldrechtliche Wirkungen des EV gesondert qualifiziert und angeknüpft. Die dinglichen Wirkungen des nach dem Vertragsstatut schuldrechtlich wirksam vereinbarten EV richten sich nach der lex rei sitae und werden in Deutschland ohne weiteres anerkannt. Auch nach der Reform des internationalen Sachenrechts ist in Deutschland insbesondere die nicht gleichzeitig mit dem Kaufvertrag erfolgende Vereinbarung des EV unter italienischem Sachstatut problematisch, da in diesem Fall bereits ein sofortiger Eigentumsübergang stattgefunden hat und dieser Rechtserwerb anerkannt werden muß. Außerdem ist hinsichtlich der Verlängerungs- und Erweiterungsformen bei italienischem Vertrags- und Sachstatut nicht auszuschließen, daß bereits die Vereinbarung des einfachen EV unwirksam ist, indem überwiegend angenommen wird, daß der Verkäufer durch die Verwendung von Verlängerungsklauseln auf sein vorbehaltenes Eigentum wieder verzichtet und demnach der Käufer sofort Eigentümer wird. Inwieweit dem Verkäufer durch einen Rückgriff auf den Parteiwillen geholfen werden kann, erscheint fraglich, da eine solche Lösung stets eine Rückübertragung des Eigentums von dem Käufer auf den Verkäufer erfordern würde, was zwar der Interessenslage des Verkäufers, nicht aber der des Käufers enspricht.

Die Anerkennung des importierten einfachen EV in Italien verlangte bislang die Einhaltung der Dauervoraussetzungen, zu denen vor allem bei der Vereinbarung des EV das sichere Datum zählt. Fehlt es hieran, besitzt der nach Italien importierte EV keine dinglichen Wirkungen und erfüllt somit seinen primären Sicherungszweck nicht. Inwieweit mit der Reform des IPR eine Änderung dieser Rechtslage eintreten wird, läßt sich nicht abschätzen, muß jedoch skeptisch beurteilt werden. Denn eine konsequente Umsetzung der Anknüpfung der Publizitätsvorschriften gemäß Art. 55 IPRG an das Lagerecht, das die Entstehung von dinglichen Rechten regelt, führt zu einer Inländerdiskriminierung und zu erheblicher Rechtsunsicherheit für die italienische Gläubigerordnung für den Fall, daß der EV in Deutschland entsteht, wo auf jegliche Publizität verzichtet wird. Zudem hat bereits der Kassationshof die Einhaltung des Art. 1524 c.c. dem ordre public zugerechnet, so daß eine Änderung dieser Rechtslage kaum zu erwarten ist und zum wiederholten Male sich die Bedeutung zeigt, die die italienische Rechtsordnung der Einhaltung Publizitätsvorschriften zukommen läßt, indem sie den Verkehrsschutz auch der internationalen Verkehrsfähigkeit des EV vorzieht. Eine Änderung dieser unbefriedigenden Rechtslage, die durch die Situs-Regel bedingt wird, ist auf nationaler Ebene aufgrund der Vielzahl der berührten Interessen offensichtlich nicht durchzuführen. Jedoch sind auch die europäischen und internationalen Vereinheitlichungsbemühungen, ausgenommen die auf eine spezielle Gruppe von Ausrüstungsgegenständen beschränkten Versuche seitens UNIDROIT, bislang ergebnislos verlaufen. Der Vorschlag zur Schaffung eines europäischen Sicherungsrechts sui generis, verbunden mit der Schaffung eines einfachen, schnellen und kostengünstigen computergestützten Registrierungssystems erscheint noch am aussichtsreichsten, die bestehenden Vorbehalte gegen die Anerkennung von importierten dinglichen Sicherheiten wie den EV zu überwinden. Dieser Vorschlag hätte den Vorteil, die nationalen Rechtsordnungen unberührt zu lassen und statt dessen neben ihnen ein Sicherungsrecht zu schaffen, das speziell den Sicherungsbedürfnissen des internationalen Wirtschaftsverkehrs dient. Ein allseitig einsehbaren Publizitätsmittel bringt zudem eine Verbesserung des Verkehrsschutzes mit sich, da das Prioritätsprinzip strikt eingehalten werden kann. Gleichzeitig würde die Verkehrsfähigkeit des EV nicht beeinträchtigt werden, wenn mit der Registereintragung sowohl Käufer als auch Verkäufer die ihnen zustehenden Rechte europaweit geltend machen können. Denn wie gezeigt, sind die Rechtsstellungen der Vertragsparteien bei einem rein national gelagerten Sachverhalt nahezu identisch, während im Falle der Verbringung der Sache in das jeweils andere Land dies zu einer Ungleichbehandlung führt, die sich insbesondere zu Lasten des nach Italien exportierenden Verkäufers und der ihn kreditierenden Bank auswirkt.

Im Internationalen Insolvenzrecht wird in beiden Rechtsordnungen durch die Geltung des EuIÜ die gleiche Rechtslage herbeigeführt werden. Danach bleibt der EV von der Eröffnung eines Insolvenzverfahrens in dem jeweils anderen Land grundsätzlich unberührt und modifiziert nicht die Rechtsstellung der Vertragsparteien, zumindest solange kein Sekundärverfahren eröffnet ist. Soweit sich die Sache in Italien befindet, ist jedoch zusätzliche Voraussetzung für die Wirksamkeit des EV, daß im Zeitpunkt der Verfahrenseröffnung diese Vereinbarung den italienischen Publizitätsvorschriften, insbesondere dem Art. 1524 Abs. 1 c.c., genügt.

Dem grenzüberschreitend handeltreibenden Verkäufer bleibt daher zur Zeit nur die Möglichkeit, die sich aus den unterschiedlichen Rechtslagen ergebenden Gefahren durch kautelarjuristische Vertragsbestimmungen zu minimieren. Daher soll zum Abschluß im Anhang ein Vorschlag für eine Musterklausel zur Vereinbarung eines EV für einen deutschen Verkäufer unterbreitet werden, mit der den aufgezeigten Gefahren beim grenzüberschreitenden EV durch den Erhalt der Sicherung für den Verkäufer sowohl beim Import als auch beim Export weitgehend begegnet werden kann.

Anhang: Musterklausel

Es sollte zunächst darauf geachtet werden, den Vertrag deutschem Recht zu unterstellen und notariell beglaubigen zu lassen, unabhängig davon, ob der Kaufgegenstand importiert oder exportiert wird. Auf diese Weise erhält der vereinbarte EV ohne weitere Formalia sein sicheres Datum und damit die besonders wichtige Drittwirksamkeit gegenüber Gläubigern des Käufers. Nur dann ist der Verkäufer gesichert, wenn gegen seinen italienischen Vertragspartner Dritte die Zwangsvollstreckung betreiben oder das Insolvenzverfahren eröffnet wird. Daher sollte vom Verkäufer auf die Erlangung dieses Hauptsicherungsaspektes möglichst viel Wert gelegt und die dabei anfallenden Kosten nicht gescheut werden. Auf die ausdrückliche Vereinbarung eines verlängerten oder erweiterten EV sollte hingegen beim Export verzichtet werden, da nicht ausgeschlossen werden kann, daß mit Verbringung der Sache nach Italien diese Klauseln trotz deutschen Vertragsstatuts zur Unwirksamkeit des einfachen EV führen. Einzig im Falle einer -wenn auch vertraglich nicht explizit erlaubten- Weiterveräußerung könnte der Käufer verpflichtet werden, seine erworbene Kaufpreisforderung abzutreten. Mit Hinblick auf Art. 43 Abs. 3 EGBGB könnte beim Import aus Italien eindeutig festgelegt werden, daß die Verarbeitungs- und Verlängerungsklauseln ihre Wirkungen erst entfalten, wenn der Käufer die Sache in Deutschland empfangen hat. Damit würde für das zunächst maßgebliche italienische Lagerecht das Argument entkräftet werden, welches zur Begründung des in diesen Klauseln liegenden Verzichts herangeführt wird.

Eigentumsvorbehalt

1. Dieser Kauf unterliegt dem Kaufrecht des deutschen BGB und HGB.

2. Wir behalten uns mit Vertragsschluß das Eigentum an der Kaufsache bis zum Eingang aller Zahlungen aus dem Kaufvertrag vor. Bei vertragswidrigem Verhalten des Käufers sind wir berechtigt, die Rücknahme der Kaufsache zu verlangen. In der Rücknahme der Kaufsache liegt kein Rücktritt vom Vertrag.

3. Der Käufer ist verpflichtet, die Sache pfleglich zu behandeln.

4. Pfändungen oder sonstige Eingriffe Dritter hat uns der Käufer unverzüglich schriftlich anzuzeigen, damit wir unser Eigentumsrecht geltend machen können. Für die Kosten unserer Rechtsverfolgung haftet der Käufer mit dem Dritten als Gesamtschuldner.
5. Treten wir infolge des Verzuges des Käufers schriftlich von dem Vertrag zurück, so stehen uns die bisher bezahlten Kaufpreisraten als pauschalierte Nutzungsentschädigung bis zu einer Gesamthöhe von 30 % des Gesamtnettokaufpreises zu.

Variante für einen exportierenden Verkäufer

5. Der Käufer ist verpflichtet, die notwendigen Registereintragungen für die Sache vorzunehmen und uns die erfolgte Registrierung unverzüglich anzuzeigen.

6. Dem Käufer wird ein Ursprungszeugnis übergeben, welches der Käufer bis zur vollständigen Bezahlung aufbewahren muß.

7. Der Käufer hat das nach Art. 1 legge 28. 11. 1965 n.1329 erforderliche Schild anzubringen und verpflichtet sich, die Prüfung und die Versiegelung des Schildes bei der Geschäftsstelle des zuständigen Landgerichts vornehmen zu lassen und das Schild nicht zu übermalen oder sonstwie unleserlich zu machen.

8. Sollte der Käufer die Kaufsache im ordentlichen Geschäftsgang weiter verkaufen, so verpflichtet er sich hiermit dazu, die Forderungen aus der Weiterveräußerung in Höhe des Fakturabetrages im Zeitpunkt deren Entstehens an uns abzutreten und die Abtretung gleichzeitig seinem Schuldner in der gesetzlichen Form anzuzeigen.

Variante für einen importierenden Käufer

5. Solange sich die Sache in Italien befindet, verpflichtet sich der Käufer, die notwendigen Registereintragungen vorzunehmen und uns die erfolgte Registrierung unverzüglich anzuzeigen.

6. Der Käufer ist erst mit Eintreffen der Sache am Erfüllungsort zu einer Verarbeitung oder Vermischung berechtigt. Die Verarbeitung erfolgt für uns. Wird die Sache mit anderen, uns nicht gehörenden Sachen verarbeitet, so erwerben wir im Verhältnis des Wertes der Kaufsache zu den anderen verarbeiteten Gegenständen im Zeitpunkt der Verarbeitung das Miteigentum an der neu hergestellten Sache. Erfolgt eine Vermischung in der Weise, daß die Sache des Käufers als Hauptsache anzusehen ist, so wird hiermit vereinbart, daß der Käufer uns anteilsmäßig Miteigentum überträgt. Solange die Kaufsache sich in Italien befindet, ist nur ein einfacher Eigentumsvorbehalt vereinbart.

7. Der Käufer ist mit Eintreffen der Sache am Erfüllungsort berechtigt, die Kaufsache im ordentlichen Geschäftsgang weiterzuverkaufen. Er tritt uns bereits jetzt alle Forderungen aus der Weiterveräußerung in Höhe des Fakturabetrages (inklusive gesetzlicher MWSt) ab. Zur Einziehung der Forderung bleibt der Käufer trotz der Abtretungweiterhin berechtigt, solange der Käufer seinen Zahlungsverpflichtungen nach diesem Vertrag ordnungsgemäß nachkommt. Kommt er dieser Verpflichtung, gleich aus welchem Grund nicht nach, so ist der Käufer verpflichtet, uns die abgetretenen Forderungen und die Schuldner

und alle zum Einzug der abgetretenen Forderung erforderlichen Angaben bekanntzugeben, und die zur Durchsetzung der Forderung maßgeblichen Unterlagen auf erstes Anfordern auszuhändigen. Außerdem ist dem Schuldner die Abtretung, soweit dies noch nicht erfolgt sein sollte, unverzüglich anzuzeigen.

8. Mit Eintreffen der Sache in Deutschland behalten wir uns das Eigentum an der Sache bis zum Eingang aller Zahlungen aus dem Geschäftsverhältnis mit dem Käufer vor.

Literaturverzeichnis

Abate, Mario/ Franco/ Gobbati, Giovanni/ Rossi, Norberto	Il Codice del fallimento e delle altre procedure Spezia, concorsuali, commentario con la giurisprudenza, hrsg. v. Mario Abate, Franco Spezia, Giovanni Gobbati u. Norberto Rossi, Piacenza, 1988; zit.: Abate/Spezia/Gobbati/ Rossi, Fallimento, S.
Aderhold, Eltje	Auslandskonkurs im Inland: Entwicklung und System des deutschen Rechts mit praktischen Beispielen unter besonderer Berücksichtigung des Konkursrechts der Vereinigten Staaten von Amerika, Englands, Frankreichs sowie der Schweiz, Diss., Bonn, 1991 (Berlin 1992); zit.: Aderhold, Auslandkonkurs, S.
Aiello, Franco Paolo	Della opponibilità all'aggiudicatorio della riserva di dominio su macchine di valore rilevante, in: Foro it., 1958, IV, S. 73-81.
Aloiso, Roberto G.	„Condizioni generali" di contratto, diritto communitario e leggi speciali (Art. 1341 e 1342 c.c.), in: Riv. dir. civ., 1995, II, S. 239-246.
Alpa, Guido/ Rapisarda, Cristina	Il controllo dei contratti per adeisone, in: Riv. dir. comm., 1989, II, S. 530-565.
Ambrogio, Paolo Emilio	Ancora sulla vendita con riserva di proprietà, in: Riv. dir. comm., 1949, I, S. 143-158.
Anchini, Francesco/ Cafagno, Gian Vittorio/ Pasqualis, Paolo/ Tassinari, Frederico/ Lops, Francesco	Italien, in: Notarielle Fragen des internationalen Rechtsverkehrs, hrsg. v. Deutsches Notarinstitut, Würzburg, 1995, S. 193-223; zit.: Anchini/Cafagno/Pasqualis/Tassinari/Lops, Notarielle Fragen, S.
Angelici, Carlo	„Consegna" e „proprietà" nella vendita internazionale, Mailand, 1979; zit.: Angelici, Consegna, S.
ders.	Riserva della proprietà successiva alla vendita, in: Giur. comm, 1979, II, S. 797-809.
ders.	Garanzie reali: Il Diritto internazionale privato e processuale, in: Enciclopedia giuridica, begründet v. Giovanni Treccani, Bd. XV, Rom, 1991; zit.: Enc. giur.- Angelici, Garanzie reali, S.
Angiolino, Anna Maria	Codice del fallimento, hrsg. v. Piero Pajardi, Mailand, 1995; zit.: Pajardi- Angiolino, Art. S.
Annibale, Silverio	Riforma del sistema italiano di diritto internazionale privato, Mailand, 1997; zit.: Annibale, Riforma, Art., S.
Anzilotti, Dioniso	Corsi di diritto internazionale privato e processuale, Mailand, 1996; zit.: Anzilotti, Diritto internazionale, S., Rz.
Arnold, Hans	Internationales Konkursrecht, in: Insolvenzrechtshandbuch, hrsg. v. Peter Gottwald, München, 1990; zit.: Gottwald/Arnold, §, Rz.

Ascoli, Alfredo — La riserva temporanea di proprietà nella vendita, in: Riv. dir. comm., 1921, I, S. 65-72.

ders. — Urteilsanmerkung, in: Foro it., 1912, I, S. 214-218.

Attardi, Aldo — La nuova disciplina internazionale di giurisdizione italiana e di riconoscimento delle sentenze straniere, in: Riv. dir. civ., 1995, I, S. 727-786.

Auletta, Tommaso, Amadeo — Le clausole vessatorie nella giurisprudenza, in: Le condizioni generali di contratto, hrsg. v. C. M. Bianca, Bd. I, Mailand, 1979, S. 3-61; zit.: Bianca- Auletta, Condizioni generali, Bd. I, S.

Azzolina, Umberto — Il fallimento e le altre procedure concorsuali, 2. Aufl., Turin, Bd. III, 1963; zit.: Azzolina, Fallimento, S.

Balladore Pallieri, Giorgio — Diritto internazionale privato italiano, in: Trattato di diritto civile e commerciale, hrsg. v. Antonio Cicu u. Francesco Messineo, Bd. XLV, Mailand, 1974; zit.: Cicu- Balladore Pallieri, Diritto internazionale, S.

Ballarino, Tito — Diritto internazionale privato, 2. Aufl., Mailand, 1996, zit.: Ballarino, Diritto internazionale, S.

Balthasar, Helmut — Insolvenzordnung, Kommentar, hrsg. v. Jörg Nerlich u. Volker Römermann, München, 1999, Loseblattwerk, Stand Januar 1999; zit.: Nerlich/Römermann- Balthasar, InsO, §, Rz.

Balz, Manfred — The European Union Convention on Insolvency Proceedings, in: Am. Bankr. L. J. 1992, S. 485-531.

ders. — Das neue Europäische Insolvenzübereinkommen, in: ZIP 1996, S. 948-955.

Bar, Christian von — Abtretung und Legalzession im neuen deutschen Internationalen Privatrecht, in: RabelsZ 53 (1989), S. 462-486.

Barbero, Domenico — Il sistema del diritto privato, hrsg. v. Antonio Liserre u Giorgio Floridia, Turin, 1988; zit.: Barbero, Diritto privato, S.

Barbiera, Lelio — Garanzia del credito e autonomia privata, Neapel, 1971; zit.: Barbiera, Garanzia, S.

ders. — Condizione (diritto civile) in: Novissimo digesto italiano, hrsg. v. Antonio Azara u. Ernesto Eula, Bd. III, 3. Aufl, Turin, 1958; zit.: Nov. Digesto- Barbero, Condizione (diritto civile), S.

Bariatti, Stefania — Commentario del nuovo diritto internazionale privato, studi e pubblicazioni della rivista di diritto internazionale privato e processuale, Mailand, 1996; zit.: Commmentario-Bariatti, Art. S.

Basedow, Jürgen — Handelsbräuche und AGB-Gesetz. Spontane Regelbildung im Zeitalter kodifizierter Usancen, in: ZHR 150 (1986), S. 467-491.

ders. — Der kollisionsrechtliche Gehalt der Produktfreiheiten im europäischen Binnenmarkt: facor offerentis, in: RabelsZ 59 (1995), S. 1-55.

ders.	Europäisches Internationales Privatrecht, in; NJW 1996, S. 1921-1929.
Bassenge, Peter	Palandt, Bürgerliches Gesetzbuch, Kommentar, 59. Aufl., München, 2000, zit.: Palandt- Bassenge, §, Rz.
Bauknecht, (o. Vorname)	Eigentumsvorbehalt und Anwartschaftsrecht, in: NJW 1955, S. 1251-1255.
ders.	Das Anwartschaftsrecht aus der bedingten Übereignung im Konkurs, in: NJW 1956, S. 1177-1181.
Baumbach, Adolf/ Hopt, Klaus J.	Handelsgesetzbuch, 29. Aufl., München, 1995; zit: Baumbach/Hopt, HGB, §, Rz.
Baur, Jürgen F./ Stürner, Rolf	Lehrbuch des Sachenrechts, v. Fritz Baur, fortgeführt v. Jürgen F. Baur u. Rolf Stürner, 17. Aufl., München, 1999; zit.: Baur/Stürner, Sachenrecht, §, Rz.
Baur, Fritz/ Stürner, Rolf	Zwangsvollstreckungs-, Konkurs- und Vergleichsrecht, ein Lehrbuch, Bd. II, Insolvenzrecht, 12. Aufl., Heidelberg, 1990; zit.: Baur/Stürner, Insolvenzrecht, Rz.
Becker, Udo	Kommentar zur Zivilprozeßordnung, hrsg. v. Hans Joachim Musielak, München, 1999; zit.: Musielak- Becker, §, Rz.
Beckmann, Klaus F.	Die Bedeutung der Vertragssprache im internationalen Wirtschaftsverkehr, in: RIW 1981, S. 79-83.
ders.	Das Zustandekommen des Vertrages sowie das Sprachenstatut, in: Handbuch der internationalen Vertragsgestaltung, hrsg. v. Otto Sandrock, Bd. 1, Heidelberg, 1980; zit.: Beckmann/Sandrock, §, Rz.
Behr, Volker	Eigentumsvorbehalt und verlängerter Eigentumsvorbehalt bei Warenlieferungen in die Schweiz, in: RIW 1978, S. 489-497.
Bellantuono, (o. Vorname)	Urteilsanmerkung, in: Foro it., 1988, I, S. 31-32.
Bernstorff, Christoph, Graf v.	Der Eigentumsvorbehalt in den EG-Staaten, in: RIW 1993, S. 365-372.
Berri, Franco	Privilegio automobilistico e patto di riservato dominio su singole parti dell'automezzo, in: Giur. it., 1958, I, S. 662-666.
Bianca, Cesare Massimo	La vendita e la permuta, in: Trattato di diritto civile, hrsg. v. Filippo Vassalli, Bd. VII.1, 2. Aufl., Turin, 1993; zit.: Bianca, Vendita, S.
ders.	Patto di riservato dominio, in: Lessico di diritto civile, hrsg. v. Cesare Massimo Bianca, Salvatore Patti, Guido Patti, Mailand, 1991; zit.: Lessico di diritto civile-patto di riservato dominio, S.
ders.	Spunti in tema di vendita con patto di riserva dominio e fallimento del compratore, in: Studi in onore di Giuseppe Ragusa Maggiore, Bd. 1, Mailand, 1997, S. 68-73; zit.: Bianca, FS für Ragusa Maggiore, S.
ders.	Diritto civile, Il contratto, Bd. III, 2. Aufl., Mailand, 1987, zit.: Bianca, Contratto, S.

Bin, Mario — La vendita, hrsg. v. Mario Bin, Bd. III, 2. Aufl., Mailand, 1995; zit.: Bin, Vendita, Bd. III, S.

Blomeyer, Arwed — Studien zur Bedingungslehre, II. Teil, über bedingte Verfügungsgeschäfte, Beiträge zum ausländischen und internationalen Privatrecht, hrsg. v. E. Heymann, Heft 15, Berlin, 1939, zit.: Blomeyer, Studien zur Bedingungslehre, Bd. II, S.

Blomeyer, Jürgen — Das Besitzrecht des Vorbehaltskäufers auf Grund des Kaufvertrages, in: JZ 1968, S. 691-696.

Bocchini, Fernando — La vendita di cose mobili, in: Il codice civile, commentario, hrsg. v. Piero Schlesinger, Art. 1510-1530; Mailand, 1994; zit.: Schlesinger- Bocchini, Art., S.

Bondoni, Giacomo — Il rapporto di compravendita non completamente esaurito all'atto della dichiarazione di fallimento: Profili pratici e casi patologici, in: Dir. Fall., 1966, II, S. 122-126.

Bonell, Michael Joachim — Le condizioni generali in uso del commercio internazionale e la loro valutazione sul piano transnazionale, in: Bianca, Condizioni generali, hrsg. v. C. M. Bianca, Bd. I, Mailand, 1979, S. 113-121; zit.: Bianca- Bonell, Condizioni generali, Bd. I, S.

ders. — Le condizioni generali di contratto secondo il diritto italiano: La loro disciplina nei rapporti interni e internazionali, in: Giust. civ., 1979, IV, S. 3-19 (deutsche Übersetzung in: ZfVglRWiss 78 (1979), S. 1-19).

ders. — Die UNIDROIT-Prinzipien der internationalen Handelsverträge: Eine neue Lex Mercatoria, in: ZfRV 1996, S. 152-157.

Bonelli, Gustavo — Della clausola riservativa di dominio nella vendita, in: Riv. dir. comm., 1904, I, S. 98-137.

ders. — Ancora sulla clausola di riserva di proprietà nella vendita, in: Riv. dir. comm., 1912, I, S. 1-17.

Bonfante, Guido — La vendita con riserva di proprietà; la locazione vendita, in: Trattato di diritto commerciale e di diritto publico dell' economia, hrsg. v. Francesco Galgano, Bd. 16, Padova, 1996; zit.: Galgano- Bonfante, Vendita, S.

Bongiorno, Girolamo — Osservazioni in tema di universalità e territorialità del fallimento, in: Dir. fall, 1974, I, S. 216-294.

Bonomi, Andrea — Der Eigentumsvorbehalt in Österreich und Italien unter Berücksichtigung anderer europäischer Rechtssysteme: Eine rechtsvergleichende Untersuchung, Diss., Innsbruck, 1990, (Berlin 1993); zit.: Bonomi, Eigentumsvorbehalt, S.

ders. — La riserva della proprietà nel diritto internazionale privato, in: Riv. dir. int. priv. proc., 1992, S. 777-818.

ders. — Il nuovo diritto internazionale privato dei contratti: La convenzione di Roma del 19 Giugno 1980 è entrata in vigore, in: Banca, borsa e titoli di credito, 1992, I, S. 36-107.

Bonsignori, Angelo — Diritto fallimentare, Turin, 1992; zit.: Bonsignori, Diritto fallimentare, S.

Bork, Reinhard — Einführung in das neue Insolvenzrecht, Tübingen, 1995; zit.: Bork, Insolvenzrecht, S.

ders. — Zur Dogmatik des § 17 KO, in: FS für Albrecht Zeuner, hrsg. v. Karl August Bettermann u. a., Tübingen, 1994, S. 297-315; zit.: Bork, FS für Zeuner, S.

Boschiero, Nerina — Die Reform des italienischen IPR-Systems, in: ZfRV 37 (1996), S. 143-152.

Bozza, Giuseppe/ Schiavon, Giovanni — L'accertamento dei crediti nel fallimento e le cause di prelazione, Mailand, 1992: zit.: Bozza/Schiavon, L'accertamento, S.

Brandis, (o. Vorname) — Die Übertragung des Anwartschaftsrechts, das bei einer bedingten Eigentumsübertragung entsteht, in: JW 1931, S. 505-507.

Brandner, Hans Erich — AGB-Gesetz: Kommentar zum Gesetz zur Regelung der allgemeinen Geschäftsbedingungen, hrsg. v. Peter Ulmer, u.a., 8. Aufl., Köln, 1997; zit.: Brandner in Ulmer/ Brandner/Hensen, §, Rz.

Braun, Klaus — Das dingliche Anwartschaftsrecht beim Eigentumsvorbehalt, in: NJW 1962, S. 382-384.

Broggini, Gerado — Riconoscimento ed esecuzione delle sentenze civile straniere nel ius commune italiano, in: Riv dir. int. priv. proc., 1993, S. 833-856.

Bronzini, Mario — Riservato dominio e fallimento, in: Fall., 1983, S. 91-94.

Brox, Hans — Das Anwartschaftsrecht des Vorbehaltkäufers, in: JuS 1984, S. 657-668.

Bruns, Alexander — Das Wahlrecht des Insolvenzverwalters und vertragliche Lösungsrechte, in: ZZP 110 (1997), S. 305-339.

Buccisano, Orazio — Specificazione (dir. priv.), in: Enciclopedia del diritto, Bd. XLIII, Mailand, 1990; zit.: Buccisano, Specificazione (dir. priv.), S.

Bucolo, Francesco — Sulla contestualità tra vendita a rate e patto di riservato dominio e sugli effetti della tardiva registrazione del relativo contratto, in: Giur. it., 1968, I, S. 163-174.

ders. — Urteilsanmerkung, in: Foro it., 1968, I, S. 744-747.

ders. — Sulla nullità del patto di riservato dominio stipulato successivamente alla vendita a rate, in: Foro it.: 1967, I, S. 1412-1418.

Bülow, Peter — Recht der Kreditsicherheiten, Sachen und Rechte, ein Lehrbuch, 4. Aufl., Heidelberg, 1997; zit.: Bülow, Kreditsicherheiten, Rz.

ders. — Der Kauf unter Eigentumsvorbehalt, in: Jura 1986, S. 169-174.

Bunte, Hermann-J. — Die Vereinbarung des Eigentumsvorbehalts, in: JA 1982, S. 321-326.

ders.	Urteilsanmerkung, in: ZIP 1982, S. 449-451.
Butera, Antonio	La rivendicazione nel diritto civile, commerciale e processuale, Mailand, 1911; zit.: Butera, Rivendicazione, S.
Bydlinski, Peter	Der Rücktritt vom Vorbehaltskauf, in: JZ 1986, S. 1028-1031.
Caemmerer, Ernst von	Rechtsvergleichung und Reform der Fahrnisübereignung, in: RabelsZ 12 (1938/39), S. 675-713.
ders.	Umstellungsfragen, in: SJZ 1949, S. 816-829.
Camardi, Carmelita	Vendita e contratti traslativi. Il patto di trasferimento degli effetti reali, Mailand, 1999; zit.: Camardi, Vendita, S.
Campobasso, Gian Franco	Diritto commerciale, Bd. 3, contratti, titoli di credito, procedure concorsuali, Turin, 1992; zit.: Campobasso, Contratti, S.
Canale, Guido	Esecuzione su beni del fallito all'estero, pagamenti coattivi e revocatoria fallimentare: problemi vari in tema di giurisdizione, in: Giur. comm., 1992, II, S. 31-37.
Canaris, Claus-Wilhelm	Handelsrecht, ein Studienbuch, 22. Aufl., München, 1995, zit.: Canaris, Handelsrecht, §, S.
ders.	Die Rechtsfolgen rechtsgeschäftlicher Abtretungsverbote, Festschrift für Rolf Serick, hrsg. v. Ulrich Huber u. Erik Jayme, Heidelberg, 1992, S. 9-35; zit.: Canaris, FS für Serick, S.
Capozzi, Guido	Dei singoli contratti, Bd. I, Mailand, 1988; zit.: Capozzi, Contratti, Bd. I, S.
Caputo, Eduardo	Il regime di pubblicità previsto dell'art. 1525 c.c. in tema di vendita di macchine, in: Giust. civ., 1977, I, S. 1319-1320.
Carpi, Francesco	Il riconoscimento e l'efficacia delle sentenze straniere, in: Riv. dir. proc., 1997, S. 981-998.
ders.	L'efficacia delle sentenze ed atti stranieri, in: La riforma del sistema di diritto internazionale privato e processuale, quaderni della rivista trimestrale di diritto e procedura civile, Mailand, 1996, S. 145-161; zit.: Carpi, L'efficaccia, S.
Carpino, Brunetto	Vendita con riserva di proprietà, in: Trattato di diritto privato, hrsg. v. Pietro Rescigno, Bd. 11, 2. Aufl., Turin, 1988; zit.: Rescigno- Carpino, Vendita, S.
Cassoni, Giuseppe	La compravendita nelle convenzioni e nel diritto internazionale privato italiano, in: Riv. dir. int. priv. proc., 1983, S. 429-483.
Catenacci, Stefano	La data certa, in: Nuova giur. civ. comm., 1992, II, S. 112-128.
Cattaneo, Giovanni	Riserva della proprietà e aspettativa reale, in: Riv. dir. proc. civ., 1965, S. 945-1004.
Celle, Pierangelo	Sulla legge regolatrice degli effetti del fallimento sui rapporti preesistenti, in: Riv. dir. int. priv. proc., 1989, S. 837-862.

Cesàro, Ernesto — Condizioni generali di contratto ed elencazione delle clausole vessatorie, in: Riv. trim. dir. proc. civ., 1991, S. 55-61.

ders. — Le condizioni generali di contratto nella giurisprudenza, Bd. 2, Mailand, 1993; zit.: Cesàro, condizioni generali, Bd. II, S.

Coing, Helmut — Europäisches Privatrecht, Band I, Älteres gemeines Recht, München, 1985; zit., Coing, Europäisches Privatrecht, Bd. I, S.

Comporti, Marco — Contributo allo studio del diritto reale, Mailand, 1977; zit.: Comporti, Contributo, S.

Costanza, Maria — Natura normativa delle condizioni generali di contratto, in: Le condizioni generali di contratto, hrsg. v. C. M. Bianca, Bd. I, Mailand, 1979, S. 155-170; zit.: Bianca-Costanza, C ondizioni generali, Bd, I, S.

dies. — Condizioni generali di contratto e contratti stipulati dai consumatori, in: Giust. civ., 1994, I, S. 543-548.

dies. — Coordinamento tra vecchia e nuova disciplina, in: Le nuove leggi civili commentati 1997, S. 788-792.

Cottino, Gastone — Contratti commerciale, Bd. 2, diritto commerciale, 2. Aufl., Mailand, 1996, zit.: Cottino, Contratti commerciali, S.

ders. — Effetti del fallimento su contratti di cui agli Art. 73 a 77 legge fallimentare in corso di esecuzione, in: Dir. fall., 1965, I, S. 17-30.

Cuming, Ronald C. C. — International regulation of aspects of security interests in mobile equipment: Study; UNIDROIT 1989, Study LXXII-Doc.1; zit.: Cuming, UNIDROIT 1989, Study LXXII-Doc. 1, S.

Cuneo, Vittor Luigi — Le procedure concorsuali, Bd. I, 2. Aufl., Mailand, 1988; zit.: Cuneo, Procedure, S.

D'Angelo, Giuseppe — Vendita a rate e fallimento dell'acquirente con riserva di proprietà, in: Dir. fall., 1980, II, S. 430-450.

Daniele, Luigi — Il fallimento nel diritto internazionale privato e processuale, Padova, 1987; zit.: Daniele, Fallimento, S.

ders. — La convenzione europea su alcuni aspetti internazionali del fallimento: prime riflessioni, in: Riv. dir. int. priv. proc., 1994, S. 499-510

De Cupis, Adriano — Istituzioni di diritto privato, 4. Aufl., Mailand, 1987; zit.: De Cupis, Istituzioni, S.

Degni, Francesco — La compravendita, 3. Aufl., Mailand, 1939; zit.: Degni, Compravendita, S.

ders. — La vendita con patto di riserva di dominio, in: Riv. dir. comm., 1911, II, S. 860-876.

de Groot, René/ Schneider, Hildegard — Europarecht, das Recht der Europäischen Union und der Europäischen Gemeinschaften, hrsg. v. Albert Bleckmann

	6. Aufl., 1997, Köln u. a., zit.: Bleckmann- de Groot/ Schneider, Europarecht, §, Rz.
de Lousanoff, Oleg	Die Wirksamkeit des Eigentumsvorbehalts bei kollidierenden Allgemeinen Geschäftsbedingungen, in: NJW 1982, S. 1727-1731.
ders.	Neues zur Wirksamkeit des Eigentumsvorbehalts bei kollidierender Allgemeinen Geschäftsbedingungen, in: NJW 1985, S. 2921-2925.
De Martino, Angelo	Vendita reale, vendita obbligatoria e promessa di vendita, in: Giur. compl. cass. civ. 1947, III, S. 452-473.
De Martino, Vittorio	Commentario teorico-pratico alla legge fallimentare, Navara, Rom, 1971; zit.: De Martino, Art., S.
De Nova, Giorgio	Il contratto, trattato di diritto civile, hrsg. v. Rodolfo Sacco, Bd. I, 2. Aufl., Turin, 1993; zit.: Sacco- de Nova, Contratto, S.
ders.	Le condizioni generali di contratto, in: Trattato di diritto privato, hrsg. v. Pietro Rescigno, Bd. 10, obbligazioni e contratti, Turin, 1988; zit.: Rescigno- de Nova, Condizioni generali, S.
Denck, Johannes	Die Relativität im Privatrecht, JuS 1981, S. 9-14.
Denozza, Francesco	Urteilsanmerkung, in: Giur. comm., 1977, II, S. 571-572.
D'Orazi Flavoni, Mario	Della trascrizione, in: Commentario del codice civile, hrsg. v. Antonio Scialoja u. Giuseppe Branca, Bologna, Art. 2643-2696, Rom, 1968; zit.: Scialoja- D'Orazi Flavoni, Art., S.
Di Brozolo, Luca G. Radicati	L'ambito di applicazione della legge del paese di origine nella libera prestazione dei servizi bancari nella Cee, in: Foro it., 1990, IV, S. 454-477.
Di Majo, Adolfo	Il controllo giudiziale delle condizioni generali di contratto, in: Riv. dir. comm., 1970, I, 1, S. 192-247.
ders.	La c. d. predisposizione unilaterale nei contratti conclusi mediante la adazione di moduli o formulari, in: Riv. dir. comm., 1977, I, 1, S. 331-336.
di Sabato, Daniela	Contratti dei consumatori, contratti di impresa, in: Riv. trim. dir. proc. civ., 1995, S. 657-672.
Dolmetta, Aldo A./ Portale, Giuseppe B.	Cessione del credito e cessione in garanzia nell'ordinamento italiano, in: Banca, borsa e titoli di credito, 1985, I, S. 258-290.
Donisi, Carmine	Codice civile, annotato con la dottrina e la giurisprudenza, hrsg. v. Pietro Perlingieri, Bd. 4.1, 2. Aufl., Neapel, Rom, Benevento, 1991; zit.: Perlingieri- Donisi, Art., S.
Dordi, Claudio	La convenzione dell'Unione Europea sul procedure di insolvenza, in: Riv. dir. int. priv. proc., 1997, S. 333-366.
Döring, Frank Markus	Schutz des Vorbehaltskäufers durch Anwendung des § 936 III BGB auf den gutgläubigen Zwischenerwerb, in: NJW 1996, S. 1443-1447.

Draetta, Ugo — La Battle of forms nella prassi del commercio internazionale, in: Riv. dir. int. priv. proc. 1986, S. 319-326.

Drobnig, Ulrich/ Goode, R. M. — Security for payments in export und import transactions in: Commercial operations in Europe, hrsg. v. R. M. Goode u. K. R. Simmonds, London, 1978, S. 339-382; zit.: Drobnig/Goode, Security, S.

Drobnig, Ulrich — Empfehlen sich gesetzliche Maßnahmen zur Reform der Mobiliarsicherheiten, Gutachten für den 51. DJT, Teil F, Bd. 1, München, 1976; zit.: Drobnig, Gutachten, S.

ders. — Is article 9 of the uniform commercial code exportable? A German view, in: Aspects of comparative law: Sales, consumer credit and secured transactions, hrsg. v. Jacob S. Ziegel u. William F. Foster, Montreal, 1969, S. 368-373; zit.: Drobnig, A german view, S.

ders. — Vorrechte, Sicherheiten und Eigentumsvorbehalt im EG-Konkursübereinkommen, Stellungnahme zu den Artt. 43-52 sowie Art. 41 des Entwurfs von 1980, in: Vorschlägeund Gutachten zum Entwurf eines EG- Konkursübereinkommens, vorgelegt v. Gerhard Kegel, Tübingen, 1988, S. 357-381; zit.: Drobnig, Entwurf von 1980: Stellungnahme, S.

ders. — Eigentumsvorbehalt, Masseansprüche und Vorrechte sowie Sicherungsrechte an Transportmitteln im reviedierten Entwurf eines EG-Konkursübereinkommens von 1984, in: Vorschläge und Gutachten zum Entwurf eines EG-Konkursübereinkommens, vorgelegt v. Gerhard Kegel, Tübingen, 1988, S. 497-503; zit.: Drobnig, Revidierter Entwurf, S.

ders. — International Payments: report of the Secretary-General: Study on security interests, Doc. ST/LEG/11 v. 4. 3. 1975, überarbeitete Version v. 15. 2. 1977, Doc. A/CN.9/131, UNCITRAL Yearbook, Volume VIII (1977), Part II, S. 171-224; zit.: Drobnig, International Payments, S.

ders. — Eigentumsvorbehalte bei Importlieferungen nach Deutschland, in: RabelsZ 32 (1968), S. 450-472.

ders. — Mobiliarsicherheiten im internationalen Wirtschaftsverkehr, in: RabelsZ 38 (1974), S. 468-489.

ders. — Allgemeine Geschäftsbedingungen im internationalen Handelsverkehr, in: Internationales Recht und Wirtschaftsordnung, Festschrift für F. A. Mann, hrsg. v. Werner Flume u. a., München, 1977, S. 591-616; zit.: Drobnig, FS für Mann, S.

Ebenroth, Carsten Thomas — Die Inlandswirkungen der ausländischen lex fori concursus bei Insolvenz einer Gesellschaft, in: ZZP 101 (1988), S. 121-151.

ders.	Das kaufmännische Bestätigungsschreiben im internationalen Handelsverkehr, in: ZfVglRWiss 77 (1978), S. 161-206.
Eckert, Jörn/ Nebel, Andreas	Abwehrklauseln in Einkaufsbedingungen, verlängerter Eigentumsvorbehalt und Globalzession, in: WM 1988, S. 1545-1554.
Eichendorfer, Eberhard	Anwartschaftslehre und Pendenztheorie, zwei Deutungen von Vorbehaltseigentum, in: AcP 185 (1985), S. 162-201.
Enneccerus, Ludwig/ Kipp, Theodor/ Wolf, Martin	Lehrbuch des Bürgerlichen Rechts, Bd. I, Einleitung, Allgemeiner Teil, 30.-34. Aufl., Marburg, 1928; zit.: Enneccerus, Bd., §, S.
Favoccia, Daniela	Vertragliche Mobiliarsicherheiten im internationalen Insolvenzrecht, Diss., Freiburg (Breisgau) 1991 (Köln u.a., 1991), zit.: Favoccia, Mobiliarsicherheiten, S.
Ferid, Murad	Internationales Privatrecht, 3. Aufl., Frankfurt a. M., 1986, zit.: Ferid, IPR, §, S.
Ferrara, Francesco	Urteilsanmerkung, in: Foro it., 1911, I, S. 494- 509.
Ferrara, Francesco jr.	Il fallimento, Mailand, 1959; zit.: Ferrara, Fallimento, 1. Aufl., S.
ders.	Il fallimento, 4. Aufl., hrsg. v. Allessandro Borgioli, Mailand, 1989; zit.: Ferarra, Fallimento, S.
Ferarra, Massimo	La vendita a rate con riserva di proprietà, Neapel, 1934; zit.: Ferrarra; Vendita, S.
Ferrara Santamaria, Massimo	La vendita a rate con riserva di proprietà, 2. Aufl., Neapel, 1938; zit.: Ferrara Santamaria, Vendita, S.
Ferrari, Franco	Abstraktionsprinzip, Traditionsprinzip e consensualismo nel trasferimento di beni mobili. Una superabile divaricazione, in: Riv. dir. civ., 1993, I, S. 729-757.
Ferri, Giuseppe	Manuale di diritto commerciale, 9. Aufl., Turin,1993; zit.: Ferri, Diritto commerciale, S.
Ferri, Luiggi.	Trascrizione del patto di riservato dominio e buona fede del terzo acquirente, in: Giur. it., 1952, I, 2, S. 607-632.
Finzi, Enrico	Della clausola riservativa del dominio nella vendita, Mailand, 1928, zit.: Finzi, Clausola, S.
Flad, F.	Planck's Kommentar zum Bürgerlichen Gesetzbuch nebst Einführungsgesetz, hrsg. v. E. Strohal, Bd. 1, Allgemeiner Teil, Berlin, 1913; zit.: Planck- Flad, §, Anm.
Flechtheim, (o. Vorname)	Der nachträgliche Eigentumsvorbehalt, in: JW 1911, S. 345-348.
Flessner, Axel	Internationales Insolvenzrecht in Deutschland nach der Reform, in: IPRax 1997, S. 1-10.
ders.	Fakultatives Kollisionsrecht, in: RabelsZ 34 (1970),S. 547-584.
ders.	Das künftige internationale Insolvenzrecht im Verhältnis zum Europäischen Insolvenzübereinkommen. Anwendbares Recht, Reichweite der Anerkennung, Insolvenzplan

und Schuldbefreiung, in: Vorschläge und Gutachten zur Umsetzung des EU-Übereinkommens über Insolvenzverfahren im deutschen Recht, vorgestellt v. Hans Stoll, Tübingen, 1997, S. 219-231; zit.: Flessner, Insolvenzrecht, S.

ders. Internationales Insolvenzrecht in Deutschland nach der Reform, in: Studi in onore di Giuseppe Ragusa Maggiore, Bd. 1, Mailand, 1997, S. 443-467; zit.: Flessner, FS für Ragusa Maggiore, S.

ders. Dingliche Sicherungsrechte nach dem Europäischen Insolvenzrechtsübereinkommen, in: Festschrift für Ulrich Drobnig, hrsg. v. Jürgen Basedow u. a., Tübingen, 1998, S. 277-287; zit.: Flessner, FS für Drobnig, S.

Flume, Werner Der verlängerte und erweiterte Eigentumsvorbehalt, in: NJW 1950, S. 841-850.

ders. Zur Problematik des verlängerten Eigentumsvorbehalts, in: NJW 1959, S. 913-922.

ders. Die Rechtsstellung des Vorbehaltskäufers, in: AcP 161 (1962), S. 385-408.

ders. Allgemeiner Teil des Bürgerlichen Rechts, 2. Bd., Das Rechtsgeschäft, Berlin u. a., 4. Aufl., 1992, zit.: Flume, Rechtsgeschäft, S.

Formiggini, Aldo La presunzione muciana nel conflitto di leggi, in: Riv. trim. dir. proc. civ. 1950, S. 834-845.

Franchi, Giuseppe Fallimento: XVII, Diritto internazionale privato e processuale, in: Enciclopedia giuridica, begründet v. Giovanni Treccani, Bd. XIII, Rom, 1991; zit.: Enc. giur.-Franchi, Fallimento, S.

Franke, H. Eigentumsvorbehalt und Verarbeitung, in: BB 1955, S. 717-720.

Freittag, Robert Sprachenzwang, Sprachrisiko und Formanforderungen im IPR, in: IPRax 1999, S: 142-148.

Frisara, F. Il contratto di compravendita con patto di riservato dominio, Triest, 1932, zit.: Frisara, Contratto, S.

Gabrielli, Giovanni Le garanzie su beni mobili nell'ordinamento italiano e le conseguenze del passagio dei beni da uno ad un altro stato, in: Riv. dir. civ., 1985, II, S. 605-615.

ders. Mobiliarsicherheiten und Grenzübertritt des Sicherungsguts nach italienischem Recht, in: Quartalshefte der Girozentrale Wien, 1986/IV, S. 69-81; zit.: Gabrielli, Quartalhefte, 1986/IV, S.

Galgano, Franceso Diritto civile e commerciale, le obbligazioni e i contratti, Bd. 2.1, 2. Aufl., Mailand, 1993; zit.: Galgano, Obbligazioni, S.

Galgano, Stefano Diritto privato, 8. Aufl., Mailand, 1994, zit.: Galgano, Diritto privato, S.

Gallo, Enrico	Riserva di proprietà e pubblicità immobiliare, in: Foro it., 1958, IV, S. 21-34.
Gassner, Stefan Wolff, Jürgen	Die Kreditsicherung durch das bewegliche Vermögen des Schuldners im italienischen Recht, in: DB, Beilage Nr. 10/1996, S. 1-6.
Gatti, Stefano	Le situazione soggettive attive del compratore nella vendita con riserva di proprietà, in: Riv. dir. comm., 1965, I, 1, S. 467-486.
Gazzara, Giacomo	La vendita obbligatoria, Mailand, 1957; zit.: Gazzara, Vendita, S.
Gazzoni, Francesco	Manuale di diritto privato, 5. Aufl., Rom u. a, 1994; zit.: Gazzoni, Manuale, S.
ders.	La trascrizione immobiliare, in: Il codice civile, commentario, hrsg. v. Piero Schlesinger, Art. 2643-2645 bis., 2. Aufl., Mailand, 1998; zit.: Schlesinger- Gazzoni, Art., S.
Gebhard, Reinhard	Zahlungssicherheiten und Insolvenzen in Italien, in: Deutsche Unternehmen in Italien, hrsg. v. Henning v. Boehmer, Stuttgart, 1993, S. 227-248; zit.: Gebhard, Zahlungssicherheiten, S.
Genovese, Anteo	Condizioni generali di contratto, in: Enciclopedia del diritto, Bd. VIII, Mailand, 1961, zit.: Enciclopedia- Genovese, Condizioni generali, S.
Georgiades, Apostolos	Die Eigentumsanwartschaft beim Vorbehaltskauf; Zur Theorie der dinglichen Anwartschaften, Tübingen, 1963, zit.: Georgiades, Eigentumsanwartschaft, S.
Gerhard, Walter	Vorausabtretung und § 17 KO, in Festschrift für Franz Merz, hrsg. v. Walter Gerhard u. a., Köln, 1992, S. 117-132; zit.: Gerhard, FS für Merz, S.
ders.	Neuere Rechtsprechung zum Insolvenzrecht, Tübingen, 1994; zit.: Gerhardt, Neuere Rechtsprechung, S.
Geri, Lina Bigliazzi/ Breccia, Umberto Busnelli, Franceso G./ Natoli, Ugo	Diritto civile, Bd. 3, obbligazioni e contratti, Turin, 1989; zit.: Geri/Breccia/Busnelli/Natoli, Obbligazioni, S.
Ghera, Edoardo	La vendita di autoveicoli con riserva di proprietà ed il privilegio speciale automobilistico, in: Giust. civ., 1961, I, S. 169-184.
Gianturco, Luigi	Compravendita, Neapel, 1905; zit.: Gianturco, Compravendita, S.
Giordano,Allessandro	Obbligazioni delle parti nella vendita con risverva di dominio, in: Giur. compl. civ. cass., 1945, I, S. 198-200.
Giudici, Antonio/ Angiolino, Anna Maria	Codice del fallimento, hrsg. v. Piero Pajardi, Mailand, 1995; zit.: Pajardi- Giudici/Angiolino, Art. S.
Giuliano, Mario	Il fallimento nel diritto processuale civile internazionale, Mailand, 1943; zit.: Giuliano, Fallimento, S.

ders. — Fallimento (dir. int.), in: Enciclopedia del diritto, Bd. XVI, Mailand, 1967, zit.: Enciclopedia- Giuliano, Fallimento (dir. int.), S.

Giuzetti, Roberto — Codice del fallimento, hrsg. v. Piero Pajardi, Mailand, 1995; zit.: Pajardi- Giuzetti, Art. S.

Glaßer, Heinrich — Handbuch der europäischen Wirtschaftspraxis, hrsg. v. Hanns-Christian Salger, Herne, Berlin, 1996; zit.: Salger-Gaßler, Handbuch der europäischen Wirtschaftspraxis, §, Rz.

Goetsch, Hans Wilhelm — Kommentar zur Konkursordnung, hrsg. v. Harald Hess, 5. Aufl., Neuwied, Kriftel, Berlin, 1995; zit.: Hess-Goetsch, §, Rz.

Goode, R. M. — Reservation of title, the EEC's faulty approach, in: The Company Lawyer 1980, S. 185-189.

ders. — Transcending the boundaries of earth and space: The prelimanary draft unidroit convention on international interests in mobile equipment, aktualisierte Version eines in Uniform Law Review, 1998 I, S. 52 ff. veröffentlichten Artikels, freundlicherweise vom UNIDROIT-Institut zur Verfügung gestellt, zit.: Goode, Transcending the boundaries, S.

Gorla, Gino — La compravendita e la permuta, in: Trattato di diritto civile italiano, hrsg. v. Filippo Vassalli, Bd. VII.1, Turin, 1937; zit., Gorla, Compravendita, S.

ders. — Acceptance or Acknowledgment of Receipt of Offer, Italian report, in: Formation of contracts; a study of the common core of legal systems, hrsg. v. Rudolf B. Schlesinger, Bd. II, London, 1968; zit.: Schlesinger- Gorla, Formation of contracts, Bd. II, S.

Gounalakis, Georgios/ Radke, Wolfram — Das Verhältnis des Internationalen Privatrechts zum europäischen Gemeinschaftsrecht am Beispiel des Diskriminierungsverbot (Art. 6 EGV), der Niederlassungsfreiheit (Art. 52, 58 EGV) und des Kollisionsrechts der EG-Darlehensrichtlinie, in: ZfVglRWiss. 98 (1999), S. 1-27.

Gottheiner, Hans Georg — Zum Eigentumsübergang beim Kauf beweglicher Sachen, eine rechtsvergleichende und kollisionsrechtliche Betrachtung unter besonderer Berücksichtigung des nordischen Rechts, in: RabelsZ 18 (1953), S. 356-375.

Gottwald, Peter/ Adolphsen, Jens — Die Rechtsstellung dinglich gesicherter Gläubiger in der Insolvenzordnung, in: Kölner Schriften zur Insolvenzordnung, das neue Insolvenzrecht in der Praxis, hrsg. v. Arbeitskreis für Insolvenz und Schiedsgerichtswesen e. V.; Köln, Herne, Berlin, 1997, S. 803-835; zit.: Gottwald/ Adolphsen, Rechtsstellung, Rz.

Gottwald, Peter — Grenzüberschreitende Insolvenzen, in: Schriften der juristischen Studiengesellschaft Regensburg e. V., Heft 17,

München, 1997; zit.: Gottwald, Grenzüberschreitende Insolvenzen, S.

ders. Mobiliarsicherheiten im Konkurs, in: Insolvenzrechtshandbuch, hrsg. v. Peter Gottwald, München, 1990; zit.: Gottwald/Gottwald, §, Rz.

Grasso, Biagio Codice civile, annotato con la dottrina e la giurisprudenza, hrsg. v. Pietro Perlingieri, Bd. 4.1, 2. Aufl., Neapel, Rom, Benevento, 1991, zit.: Perlingieri- Grasso, Art. S.

Gravenhorst, Wulf Mobiliarsicherheiten für Darlehens- und Warenkredite in den sechs Ländern der Europäischen Gemeinschaften, hrsg. v. Ernst v. Caemmerer, 1972, Frankfurt a. M., 1972; zit., Gravenhorst, Italien, S.

ders. Eigentumsvorbehalt gleich Sicherungsübereignung, in: JZ 1971, S. 494-497.

Greco, Paolo/ Cottino, Gastone Della vendita, in: Commentario del codice civile, hrsg. v. Antonio Scialoja u. Giuseppe Branca, Art. 1470-1547, Bologna, Rom, 1962,zit.: Scialoja-Greco/Cottino, Art.,S.

Grugnola, Paola Breve note sulla successione nei contratti e nei debiti relativi all'azienda cedutta e sulla vendita con riserva di proprietà, in: Giust. civ., 1979, I, S. 1502-1508.

Grunewald, Barbara Erman, Bürgerliches Gesetzbuch, Handkommentar, hrsg. v. Harm Peter Westermann, Bd. 1, 10. Aufl., Münster, 2000; zit.: Erman- Grunewald, §, Rz.

Grunsky, Wolfgang Grundzüge des Zwangsvollstreckungs- und Insolvenzrechts, 5. Aufl. Tübingen, 1996; zit.: Grunsky, Grundzüge, Rz.

Gudian, Gunter Das Besitzrecht des Vorbehaltskäufers, in: NJW 1967, S. 1786-1789.

Gursky, Karl Heinz J. v. Staudinger Kommentar zum Bürgerlichen Gesetzbuch mit Einführungsgesetz und Nebengesetzen, begründet v. Julius v. Staudinger, hrsg. v. Günther Beitzke, §§ 986-1011, 13. Aufl., Berlin, 1995; zit.: Staudinger-Gursky, §, Rz.

ders. Westermann, Sachenrecht: Ein Lehrbuch, begründet v. Harry Westermann, fortgeführt v. Harm Peter Westermann, 7. Aufl., Heidelberg, 1998, zit.: Westermann-Gursky, Sachenrecht, §, S.

Hadding, Walther/ van Look, Frank Vertraglicher Abtretungsausschluß - Überlegungen de lege lata und de lege ferenda, in: WM 1988, Sonderbeilage Nr. 7.

Hanisch, Hans Deutscher Eigentumsvorbehalt im französischen Insolvenzverfahren, in: IPRax 1992, S. 187-191.

ders. I diritti reali, con particolare riguardo alle cose mobili ed alle garanzie mobiliare senza possesso, in: Il nuovo diritto internazionale privato in Svizzera, hrsg. v. Gerado Broggini, Mailand, 1990, S.143-182; zit.: Hanisch, I diritti reali, S.

Hartwieg, Oskar — Die Publizität von Mobiliarsicherheiten im deutschen, US-amerikanischen und japanischen Recht, in: ZIP 1994, S. 96-114.

ders. — Die Klassifikation von Mobiliarsicherheiten im grenzüberschreitenden Handel, in: RabelsZ 75 (1993), S. 607-642.

Häsemeyer, Ludwig — Insolvenzrecht, 2. Aufl., Köln u.a., 1998; zit.: Häsemeyer, Insolvenzrecht, S.

ders. — Das funktionelle Synallagma im Konkurs- und Vergleichsverfahren, in: KTS 1973, S. 2-16.

ders. — Vorbehaltskauf und Finanzierungsleasing im geltenden und künftigen Insolvenzrecht, in: Festschrift für Rolf Serick, hrsg. v. Ulrich Huber u. Erik Jayme, Heidelberg, 1992, S. 153- 169, zit:, Häsemeyer, FS für Serick, S.

ders. — Urteilsanmerkung, in: JR 1992, 423, S. 179.

Hauschild, Winfried M. — Creditor protection in the european community, in: Int. Comp. L. Q. 1982, S. 17-35.

Heck, Philipp — Grundriß des Sachenrechts, Neudruck der Ausgabe Tübingen 1930, Aalen, 1960; zit.: Heck, Sachenrecht, §, S.

Heldrich, Andreas — Palandt, Bürgerliches Gesetzbuch, Kommentar, 59. Aufl., München, 2000, zit.: Palandt- Heldrich, §, Rz.

Heidland, Herbert — Verlängerter und erweiterter Eigentumsvorbehalt im Insolvenzverfahren in: KTS 1960, S. 17-26.

Heinrichs, Helmut — Palandt, Bürgerliches Gesetzbuch, Kommentar, 59. Aufl., München, 2000, zit.: Palandt- Heinrichs, §, Rz.

ders. — Die Entwicklung des Rechts der allgemeinen Gechäftsbedingungen im Jahre 1997, in: NJW 1998, S. 1447-1462.

Hefermehl, Wolfgang — Schlegelberger, Handelsgesetzbuch, Kommentar, hrsg. v. Ernst Geßler u. a., Bd. V, 5. Aufl., München, 1982; zit.: Schlegelberger- Hefermehl, § , Rz.

ders. — Erman, Bürgerliches Gesetzbuch, Handkommentar, hrsg. v. Harm Peter Westermann, Bd. 1, 10. Aufl., Münster, 2000; zit.: Erman- Hefermehl, §, Rz.

Heldrich, Andreas — Palandt, Bürgerliches Gesetzbuch, Kommentar, 59. Aufl., München, 2000, zit.: Palandt- Heldrich, §, Rz.

Henckel, Wolfram — Konkursordnung, Grosskommentar, gegründet v. Ernst Jaeger, §§ 1-42, 9. Aufl., Berlin-New York, 1997; zit.: Jaeger- Henckel, §, Rz.

ders. — Urteilsanmerkung, in: JZ 1987, S. 359-361.

Hepting, Reinhard — Die ADSp im internationalen Speditionsverkehr. Ein Beitrag zum Internationalen Privatrecht der Allgemeinen Geschäftsbedingungen, in: RIW 1975, S. 457-464.

Hess, Harald — Kommentar zur Konkursordnung, hrsg. v. Harlad Hess, 6. Aufl., Neuwied, Kriftel, Berlin, 1998; zit.: Hess- Hess, KO, §, Rz.

Hök, Götz-Sebastian — Neues zum Internationalen Privatrecht des Bauvertrages, in: ZfBR 2000, S. 5-9.

Hoffmann, Uwe — Die Formen des Eigentumsvorbehalts, in: Jura 1995, S. 457-460.

Hofmann, Paul — Verarbeitungsklausel und § 950 BGB, in: NJW 1962, S. 1978-1803.

Hohloch, Gerhard — Erman, Bürgerliches Gesetzbuch, Handkommentar, hrsg. v. Harm Peter Westermann, Bd. 1, 10. Aufl., Münster, 2000; zit.: Erman- Hohloch, §, Rz.

Honsell, Heinrich — Aktuelle Probleme des Eigentumsvorbehalts, in: JuS 1981, S. 705-712.

ders. — J. v. Staudinger Kommentar zum Bürgerlichen Gesetzbuch mit Einführungsgesetz und Nebengesetzen, begründet v. Julius v. Staudinger, hrsg. v. Günther Beitzke, §§ 433-534, 13. Auf., Berlin, 1995; zit.: Staudinger- Honsell, § 455, Rz.

Huber, Michael — Besonderheiten einzelner Vertragstypen, in: Insolvenzrechtshandbuch, hrsg. v. Peter Gottwald, München, 1990; zit.: Gottwald/Huber, §, Rz.

Huber, Ulrich — Die Stellung des Abnehmers im Konkurs des Lieferanten beim Kauf unter EV, in: BB 1964, S. 731-736.

ders. — Gefahren des vertraglichen Abtretungsverbotes für den Schuldner der abgetretenen Forderung, in: NJW 1968, S. 1905-1912.

ders. — Der Eigentumsvorbehalt im Synallagma, in: ZIP 1989, S. 750-759.

Hübner, Ulrich — Zur dogmatischen Einordnung der Rechtsposition des Vorbehaltskäufers, in: NJW 1980, S. 729-735.

ders. — Internationalprivatrechtliche Anerkennungs- und Substitutionsprobleme bei besitzlosen Mobiliarsicherheiten, in: ZIP 1980, S. 825-832.

Iaccarino, Ugo — Appunti dalle lezioni di diritto internazionale privato, Neapel, 1997, zit.: Iaccarino, Lezioni, S.

Impallomenti, Gianbattista — In tema di traslazione delle proprietà con riferimento alle compravendite internazionale, in: Studi in onore di Maurio Udina, hrsg. v. der juristischen Fakultät Triest, Bd. II, Mailand, 1975, S. 1057-1077; zit.: Impallomenti, FS für Udina, Bd. II, S.

Jahr, Günther — Konkursordnung mit Einführungsgesetzen, Grosskommentar, begründet v. Ernst Jaeger, Bd. 2, 2. Halbband, 8. Aufl., Berlin, New York, 1973; zit.: Jaeger- Jahr, KO, §, Rz.

Jauernig, Ottmar — Trennungsprinzip und Abstraktionsprinzip, in: JuS 1994, S. 721-727.

ders. — Zwangsvollstreckungs- und Konkursrecht, 20. Aufl., München, 1996; zit.: Jauernig, §, S.

Jayme, Erik — Konsensualprinzip und obligatorischer Kaufvertrag im italienischen Zivilrecht, in: Festschrift für Otto Mühl, hrsg. v.

	Jürgen Damrau, Alfons Kraft, Walther Fürst, Stuttgart u. a., 1981, S. 339-347; zit.: Jayme, FS für Mühl, S.
ders.	Le condizioni generali di contratto nei rapporti giuridici italo-tedeschi, in: Le condizioni generali di contratto, hrsg. v. C. M. Bianca, Bd. I, Mailand, 1979, S. 191-200; zit.: Bianca- Jayme, Condizioni generali, Bd, 1, S.
ders.	Sanierung von Großunternehmen und internationales Konkursrecht, in: Festschrift für Stefan Riesenfeld, hrsg. v. Erik Jayme u. a., Heidelberg, 1983, S. 117-128; zit.: Jay-- me, FS für Riesenfeld, S.
ders.	Transposition und Parteiwille bei grenzüberschreitenden Mobiliarsicherheiten, in: Festschrift für Rolf Serick, hrsg. v. Ulrich Huber u. Erik Jayme, Heidelberg, 1992,S. 241-253; zit.: Jayme, FS für Serick, S.
ders.	Allgemeine Geschäftsbedingungen und internationales Privatrecht, in: ZHR 142 (1978), S. 105-123.
ders./ Kohler, Christian	Das internationale Privat- und Verfahrensrecht der EG nach Maastricht, in: IPRax 1992, S. 346-356.
Joneleit, Wulf-Gerd/ Imberger, Frank	Frankfurter Kommentar zur Insolvenzordnung, hrsg. v. Klaus Wimmer, Neuwied, Kriftel, 1999; zit.: FK- InsO Joneleit/Imberger, §, Rz.
Junker, Abbo	Internationales Privatrecht, München, 1998, zit.: Junker, Internationales Privatrecht, Rz.
Kaiser, Erhard	Verlängerter Eigentumsvorbehalt und Globalzession im IPR, Diss., Freiburg im Breisgau, 1985 (Pfaffenweiler 1986), zit.: Kaiser, Verlängerter EV, S.
Kallenberg, Gerold	Das Sprachenproblem bei Vertragsabschlüssen mit ausländischen Verbrauchern -eine analytische Untersuchung zur Frage des Bestehens besonderer Aufklärungspflichten gegenüber dem sprachunkundigen Verbraucher unter Berücksichtigung des EG-Rechts und des Internationalen Privatrechts-, Diss., Rostock, 1997; zit.: Kallenberg, Sprachenproblem, S.
Kegel, Gerhard/ Schurig, Klaus	Internationales Privatrecht, 8. Aufl, München, 2000; zit.: Kegel/Schurig, Internationales Privatrecht, §, S.
ders.	Der Griff in die Zukunft- BGHZ 45, 95; in: JuS 1968, S. 162-166.
Kilger, Joachim/ Schmidt, Karsten	Insolvenzgesetze KO / VglO / GesO, 17. Aufl., München 1997; zit.: Kilger/Karsten Schmidt, §, Anm.
Kieninger, Eva-Maria	Mobiliarsicherheiten im Europäischen Binnenmarkt: Zum Einfluß der Warenverkehrsfreiheit auf das nationale und internationale Sachenrecht der Mitgliedstaaten, Diss., Berlin, 1995 (Baden-Baden 1996); zit.: Kieninger, Mobiliarsicherheiten, S.
Kindler, Peter	Einführung in das italienische Recht, München, 1993; zit.: Kindler, Einführung, §, Rz.

ders.	Internationale Zuständigkeit und anwendbares Recht im italienischen IPR-Gesetz von 1995, in: RabelsZ 61 (1997), S. 227-284.
Kirchhof, Hans Peter	Heidelberger Kommentar zur Insolvenzordnung, v. Dieter Eickmann, Heidelberg, 1999; zit.:Kirchof in HK-InsO,§, Rz.
Klasmeyer, Bernd/ Elsner, Bernd P./ Ringstmaier, Andreas	Ausgewählte Probleme bei der Verwertung von Mobiliarsicherheiten, in: Kölner Schriften zur Insolvenzordnung das neue Insolvenzrecht in der Praxis, hrsg. v. Arbeitskreis der Insolvenz und Schiedsgerichtswesen e. V., Herne, Berlin, 1997, S.837-850; zit.: Klasmeyer/Elsner/Ringstmaier, Probleme, Rz.
Koether- Ruchatz, Inge	Die Haftung des Minderjährigen auf Schadensersatz nach §§ 989, 990 BGB, in: NJW 1973, S. 1444-1447.
Kötz, Hein	Münchner Kommentar zum Bürgerlichen Gesetzbuch, hrsg. v. Kurt Rebmann, Bd. 1, 3. Aufl., München, 1993, zit.: MüKo- Kötz, Art., Rz.
Kohler, Christian	Gerichtsstandsklauseln in fremdsprachigen AGB: Das clair-obscur des Art. 17 EuGVÜ, in: IPRax 1991, S. 299-302.
Kreft, Gerhard	Die Wende in der Rechtsprechung zu § 17 KO, in; ZIP 1997, S. 865-871.
Kreuzer, Karl	Münchner Kommentar zum Bürgerlichen Gesetzbuch, hrsg. v. Kurt Rebmann, Bd. 10, 3. Aufl., München, 1998 zit.: MüKo-Kreuzer, Art., Rz.
ders.	Europäisches Mobiliarsicherungsrecht oder: Von den Grenzen des internationalen Privatrechts, in: Kollision und Vereinheitlichung, Mèlanges en l'honneur d' Alfred E. von Overbeck, hrsg. v. Walter A. Stoffel u. Paul Volken, Fribourg, 1990, S. 615-641; zit.: Kreuzer, FS für Overbeck, S.
ders.	Die Inlandswirksamkeit fremder besitzloser vertraglicher Mobiliarsicherheiten: Die italienische Autohypothek und das US-amerikanische mortgage an Luftfahrzeugen, in: IPRax 1993, S. 157-162.
ders.	Die Europäisierung des Internationalen Privatrechts -Vorgaben des Gemeinschaftsrechts-, in: Gemeinsames Privatrecht in der Europäischen Gemeinschaft, hrsg v. Peter-Christian Müller-Graff, Baden-Baden, 1993, S. 373-448; zit.: Kreuzer, Europäisierung, S.
ders.	Gutachtliche Stellungnahme zum Referentenentwurf eines Gesetzes zur Ergänzung des Internationalen Privatrechts (Außervertragliche Schuldverhältnisse und Sachen) - Sachenrechtliche Bestimmungen, in: Vorschläge und Gutachten zur reform des deutschen internationalen Sachen- und Immaterialgüterrechts, vorgelegt v. Dieter

	Henrich, Tübingen, 1991, S. 38-166; zit.: Kreuzer, Stellungnahme, S.
Kronke, Herbert	Zur Verwendung von Allgemeinen Geschäftsbedingungen im Verkehr mit Auslandsberührung, in: NJW 1977, S. 992-993.
Kropholler, Jan	Internationales Privatrecht, 3. Aufl., Tübingen, 1997; zit.: Kropholler, Internationales Privatrecht, §, S.
Krüger, Wolfgang	Das Anwartschaftsrecht, ein Faszinosum, in: JuS 1994, S. 905-909.
Kübler, Bruno M.	Urteilsanmerkung, in: ZIP 1980, S. 39-40.
Kübler, Bruno M./ Prütting, Hans	Das neue Insolvenzrecht, hrsg. v. Bruno M. Kübler u. Hans Prütting, 2 Bände, InsO, EGInsO, Köln, 1994; zit.: Kübler/Prütting, Bd., Gesetz, S.
Kuhn, Georg/ Uhlenbruck, Wilhelm	Konkursordnung, Kommentar, hrsg. v. Georg Kuhn u. Wilhelm Uhlenbruck, 11. Aufl., München, 1994; zit.: Kuhn/ Uhlenbruck, §, Rz.
Kuhn, Georg	Der Eigentumsvorbehalt im Konkurs, in: WM 1972, S. 206-212.
Lambsdorff, Hans, Graf	Der Eigentumsvorbehalt bei Kollision von Verkaufs- und Einkaufsbedingungen, in: ZIP 1987, S. 1370-1373.
Larenz, Karl	Lerhbuch des Schuldrechts, Zweiter Band, Besonderer Teil, 1. Halbband, 13. Aufl., München, 1986; zit.: Larenz, Schuldrecht BT II.1, §, S.
Laut, Thomas	Universalität und Sanierung im internationalen Insolvenzrecht, Diss., Freiburg (Breisgau) 1995, (Berlin 1997); zit.: Laut, Universalität, S.
Leipold, Dieter	Miniatur oder Bagatelle - das deutsche internationale Insolvenzrecht im deutschen Reformwerk 1994, in: Festschrift für Wolfram Henckel, hrsg. v. Walter Gerhardt u. a., 1995, S. 533-548; zit.: Leipold, FS für Henckel, S.
Levati, Mario	Data certa, in: Novissimo digesto italiano, Bd. II, 3. Aufl. Turin, 1981; zit.: Nov. Digesto- Levati, Data certa, S.
Libertini, Mario	Questione in tema di vendita con riserva di proprietà e fallimento del compratore, in: Giur. comm, 1980, II, S. 16-29.
Lieb, Manfred	Eigentumsvorbehalt und Abwehrklauseln, Versuch einer Neubesinnung, in: Festschrift für Gottfried Baumgärtel, hrsg. v. Hanns Prütting, Köln u. a., 1990, S. 311-324; zit.: Lieb, FS für Baumgärtel, S.
Liebl, Christian	Die dinglichen Anwartschaftsrechte und ihre Behandlung im Konkurs, Diss., Regensburg, 1989 (Fankfurt a. M., 1990); zit.: Liebl, Anwartschaftsrechte, S.
Lindacher, Walter F.	AGB -Gesetz: Gesetz zur Regelung der Allgemeinen Geschäftsbedingungen, Kommentar, v. Manfred Wolf, Norbert Horn u. Walter F. Lindacher, 4. Aufl., München, 2000; zit.: Lindacher in Wolf/Horn/Lindacher, §, Rz.
Lipari, Marco	Vendita con riserva di proprietà, in: Enciclopedia del

diritto, Bd. XLVI, Mailand, 1993, zit.: Enciclopedia- Lipari, Vendita con riserva, S.

Lisi, Lycia Gardani Contursi — La compravendita, in: Giurisprudenza sistematica civile e commerciale, begründet v. Walter Bigiavi, Bd. 4.7, 2. Aufl., Turin, 1986; zit.: Lisi, Compravendita, S.

Lo Cascio, Giovanni — Il fallimento e le altre procedure concorsuali, 2. Aufl., Mailand, 1995; zit.: Lo Cascio, Fallimento, S.

Löwe, Walter/ Westphalen, Friedrich Graf v./ Trinkner, Reinhold — Großkommentar zum AGB-Gesetz, hrsg, v. Walter Löwe, Friedrich Graf v. Westphalen, Reinhold Trinkner, Bd. 3, Einzelklauseln und Klauselwerke, 2. Aufl., Heidelberg, Loseblattwerk, Stand 1985; zit.: Löwe/Trinkner/v. Westphalen, Bd. III, EV, Rz.

Lordi, Luigi — Le obbligazioni commerciali, 2. Aufl., Mailand, 1936; zit: Lordi, Obbligazioni, S.

Lüderitz, Alexander — Bürgerliches Gesetzbuch mit Einführungsgesetz und Nebengesetzen, Kommentar, begründet v. H. Th. Soergel, neu hrsg. v. W. Siebert u.a., Bd. 10, 12. Aufl., 1996, zit.: Soergel- Lüderitz, Art., Rz.

Lüer, Hans Jochen — Konkursordnung, Kommentar, hrsg. v. Georg Kuhn u. Wilhelm Uhlenbruck, 11. Aufl., München, 1994; zit.: Kuhn/ Uhlenbruck- Lüer, §, Rz.

ders. — Deutsches internationales Insolvenzrecht nach der neuen Insolvenzordnung, in: Kölner Schriften zur Insolvenzordnung, das neue Insolvenzrecht in der Praxis, hrsg. v. Arbeitskreis für Insolvenz und Schiedsgerichtswesen e. V.; Köln, Herne, Berlin, 1997, S. 1217-1239; zit.: Lüer, Internationales Insolvenzrecht, Rz.

Lüke, Wofgang — Zu neueren Entwicklungen im deutschen internationalen Konkursrecht, in: KTS 1986, S. 1-19.

Luminoso, Angelo — La compravendita, corso di diritto civile, Turin, 1991; zit.: Luminoso, Compravendita, S.

Lupone, Angela — L'insolvenza transnazionale, Procedure concorsuali nello stato e beni all'estero, Padova, 1995; zit.: Lupone, Insolvenza, S.

Luzzatto, Ricardo — Proprietà (dir. intern. priv.), in: Enciclopedia del diritto, Bd. XXXVII, Mailand, 1988, zit.: Enciclopedia- Luzzatto, Proprietà (dir. int. priv.), S.

ders. — Commentario del nuovo diritto internazionale privato, studi e pubblicazioni della rivista di diritto internazionale privato e processuale, Mailand, 1996; zit.: Commentario- Luzzatto, Art., S.

ders. — Sulla riforma del sistema italiano di diritto processuale civile internazionale, in: La riforma del diritto internazionale privato e processuale, hrsg. v. Giorgio Gaja, Mailand, 1994, S. 151-171; zit.: Luzzatto, Sulla riforma, S.

Luzzatto, Ruggero — La compravendita, Turin, 1964; zit.: Luzzatto, Compravendita, S.

Maffeis, Daniele — La risoluzione e il recesso nei contratti di finanziamento al consumo, in: Recesso e risoluzione nei contratti, hrsg. v. Giorgio de Nova, Mailand, 1994; zit.: Maffeis, Risoluzione, S.

Maglio, Valentina/ Thorn, Karsten — Neues internationales Privatrecht in Italien, eine kritische Betrachtung, in: ZfVglRWiss 96 (1997), S. 347-385.

Maiorca, Sergio — Condizione, in: Digesto delle discipline privatistiche, sezione civile, Bd. III, Turin, 1988; zit.: Digesto- Maiorca, Condizione, S.

Malagù, Luca — Commentario breve al codice di procedura civile, hrsg. v. Frederico Carpi, Vittorio Colesanti u. Michele Taruffo, 2.Aufl., Padova,1988; zit.: Carpi/Taruffo-Malagù, Art.,S.

Malatesta, Alberto — La cessione del credito nel diritto internazionale privato, Padova, 1996; zit.: Malatesta, La cessione, S.

Marotzke, Wolfgang — Das Anwartschaftsrecht- ein Beispiel sinnvoller Rechtsfortbildung?, Diss., Bielefeld, (Berlin) 1977; zit.: Marotzke, Anwartschaftsrecht, S.

ders. — Gegenseitige Verträge im Konkurs und Vergleich, HabilSchr., München, 1985, zit.: Marotzke, Verträge, S.

ders. — Das Konkurrenzverhältnis von § 17 und § 24 KO - ein Scheinproblem, in: JZ 1977, S. 52-554.

ders. — Der Eigentumsvorbehalt im neuen Insolvenzrecht, in: JZ 1995, S. 803-814.

ders. — Die dinglichen Sicherheiten im neuen Insolvenzrecht, in: ZZP 109 (1996), S. 429-471.

ders. — Die Behandlung der „schwebenden Rechtsgeschäfte", in: Insolvenzrecht im Umbruch, Analysen und Alternativen, hrsg. v. Dieter Leipold, Köln u. a., 1991; S. 183-196; zit.: Marotzke, Behandlung, S.

ders. — Heidelberger Kommentar zur Insolvenzordnung, hrsg. v. Dieter Eickmann u. a., Heidelberg, 1999; zit.: Marotzke in HK-InsO, §, Rz.

Martiny, Dieter — Internationales Vertragsrecht, das internationale Privatrecht der Schuldverträge, hrsg. v Christoph Reithmann u. Dieter Martiny, 5. Aufl., Köln, 1996, zit.: Reithmann/Martiny, Internationales Vertragsrecht, Rz.

Massari, Alberto — Il patto di riservato dominio nella vendita di autoveicoli, in: Giur. it., 1956, I, 2, S. 923-928.

ders. — Vendita con riserva di proprietà e fallimento del compratore, in: Giur.it.,1956, I, 2, S. 987-994.

Matteo, Luigi — Commentario al codice civile, hrsg. v. Paolo Cendon, Bd. IV, Turin, 1991; zit.: Cendon- Matteo, Art., S.

Maupoli, Ettore — Il curatore ed i beni del fallito sito all'estero: Iniziative corrette (e meno corrette) per la loro acquisizione, in: Fall. 1991, S. 580-584.

Mazzoca, Domenico — Manuale di diritto fallimentare, 2. Aufl., Neapel, 1986, zit.: Mazzoca, Manuale, S.

Medicus, Dieter — Bürgerliches Recht, 18. Aufl., Köln u. a., 1999, zit.: Medicus, Bürgerliches Recht, Rz.

ders. — Münchner Kommentar zum Bürgerlichen Gesetzbuch, hrsg. v. Kurt Rebmann, Bd. 6, 3. Aufl., München, 1993, zit.: MüKo-Medicus, Art., Rz.

Memmo,Daniele — Difformità del testo bilingue ed interpretazione del contratto, in: Giur. it., 1994, I, 2, S. 381-386.

Mengoni, Luigi — Gli acquisti „a non dominio", 3. Aufl., Mailand, 1975; zit.: Mengoni, Acquisti, S.

Mengozzi, Paolo — Le disposizioni sulla legge in generale: gli articoli da 16 a 31, in: Trattato di diritto privato, hrsg. v. Pietro Rescigno, Bd.I, Turin,1982; zit.: Rescigno-Mengozzi, Disposizone, S.

Merz, Franz — Probleme des internationalen Konkursrechts im Verhältnis zwischen der Bundesrepublik Deutschland und Italien, in: Jahrbuch für italienisches Recht, hrsg. v. der Vereinigung zwischen deutschen und italienischen Juristen e. V., Bd. 1, Heidelberg, 1988, S. 3-10, zit.: Merz, JbItalR 1 (1988), S.

Merz, Sandro — Manuale pratico del fallimento, commentato con la normativa fiscale, Mailand, 1993; zit.: Merz, Manuale, S.

Messineo, Francesco — Contratto (dir. priv.), in: Enciclopedia del diritto, hrsg. v. Francesco Calasso, Mailand,. 1961, Mailand, Bd. IX; zit.: Enciclopedia- Messineo, Contratto (dir. priv.), S.

Metzger, Ingrid — Die Umsetzung des Istambuler Konkursübereinkommens in das neue deutsche Internationale Insolvenzrecht, Diss., Freiburg (Breisgau), 1994, zit: Metzger, Umsetzung, S.

Mezger, Hans — Das Bürgerliche Gesetzbuch mit besonderer Berücksichtigung der Rechtsprechung des Reichsgerichts und des Bundesgerichtshofs, Kommentar, Hrsg. v. Mitgliedern des Bundesgerichtshofs, Bd. II, 2. Teil, Berlin, New York, 1978; zit.: RGRK- Mezger, §, Rz..

Micio, Renato — La vendita con riserva di proprietà e gli effetti dell'inadempimento del compratore, in: Foro it., 1951, I, S. 1195-1202.

Migliazzi, Alessandro — Nazionalismo e internazionalismo nel sistema italiano di diritto processuale civile internazionale, in: Riv. dir. proc., 1996, S. 675-693.

Mignoli, Ariberto — La vendita con riserva di proprietà nel fallimento, in: Riv. dir. civ., 1962, I, S. 328-372.

Mirabelli, Giuseppe — Dei singoli contratti, in: Commentario del codice civile, Bd. 3, Turin, 1960; zit.: Mirabelli, Art., S.

ders. — Delle obbligazioni dei contratti in generale, in: Commen-

	tario del codice civile, Bd. IV, 2. Aufl., Turin, 1984, zit.: Mirabelli, Art., S.
Misera, Karlheinz	Zum Eigentumsvorbehalt im klassischen römischen Recht, in: Festschrift für Rolf Serick, hrsg. v. Ulrich Huber u. Erik Jayme, Heidelberg, 1992, S. 275-283; zit:, Misera, FS für Serick, S.
Mohrbutter, Jürgen/ Mohrbutter, Harro	Handbuch der Konkurs- und Vergleichsordnung, 6 Aufl., Köln u. a., 1990; zit.: Mohrbutter/Mohrbutter, Handbuch, Rz.
Monaco, Ricardo	L'efficacia della legge nello spazio, trattato di diritto civile italiano, hrsg. v. Filippo Vassali, 2. Aufl., Turin, 1964; zit.: Monaco, Efficacia, S.
Montessori, Roberto	Della riserva di dominio nella vendita, in: Riv dir. comm., 1908, II, S. 577-581.
Monti, Giorgio/ Nejman, Gilles/ Reuter, Wolf J.	The future of reservation of title in the European Community, in: Int. Comp. L. Q. 46 (1997), S. 866-907.
Morelli, Gaetano	Elementi di diritto internazionale privato italiano, 12. Aufl., Neapel, 1986; zit.: Morelli, Elementi, S.
Morello, Alberto	Condizioni generali di contratto, in: Digesto delle discipline privatistiche, sezione civile, Bd, III, Turin, 1988, zit.: Digesto- Morello, Condizioni generali, S.
Mormann (o. Vorname)	Der Erwerb beweglicher Sachen auf Grund guten Glaubens in der Rechtsprechung des Bundesgerichtshofs, in: WM 1966, S. 2-10.
Mosconi, Franco	Diritto internazionale privato e processuale, Parte speciale, Turin, 1997; zit.: Mosconi, Diritto internazionale, Parte speciale, S.
Mossa, L.	Esecuzione del venditore sulla cosa venduta con riserva di proprietà, in: Riv. dir. comm., 1915, I, 1, S. 246-251.
Mühl, Dorothe	Sicherungsübereignung, Sicherungsabtretung und Eigentumsvorbehalt im italienischen Recht, eine rechtsvergleichende Untersuchung, Berlin, 1980; zit.: Mühl, Rechtsvergleich, S.
Mühl, Otto	Bürgerliches Gesetzbuch mit Einführungsgesetz und Nebengesetzen, Kommentar, begründet v. H. Th. Soergel, neu hrsg. v. W. Siebert u.a., Bd. 3, 12. Aufl., Stuttgart, Berlin, Köln, 1991; zit.: Soergel- Mühl, §, Rz.
Müller, Klaus	Zum Herausgabeanspruch des Vorbehaltskäufers, in: DB 1969, S. 1493-1499.
Müller-Freienfels, Wolfram	Auslandskonkurs und Inlandsfolgen, in: Vom deutschen zum europäischen Recht, Festschrift für Hans Dölle, Bd. II, hrsg. v. Ernst v. Caemmerer, Arthur Nikisch u. Konrad Zweigert, Tübingen, 1963, S. 359-398; zit.: Müller-Freienfels, FS für Dölle, S.
Müller-Laube, Hans-Martin	Die Konkurrenz zwischen Eigentümer und Anwart-

	schaftsberechtigter um die Drittschutzansprüche, JuS 1993, S. 529-536.
Munari, Francesco	Erste Bemerkungen zum neuen italienischen internationalen Privat- und Verfahrensrecht, in: Jahrbuch für italienisches Recht, hrsg. v. der Vereinigung zwischen deutschen und italienischen Juristen e. V., Bd. 9, Heidelberg, 1996, S. 37-60, zit.: Munari, JbItalR 9 (1996), S.
Musielak, Hans Joachim	Die Erfüllungsablehnung des Konkursverwalters. Zur Auslegung des § 17 Abs. 1 der Konkursordnung, in: AcP 179 (1979), S. 189-213.
Napoli, Emlio Vito	Le condizioni generali di contratto nella giurisprudenza, in: Condizioni generali di contratto, hrsg. v. C. M. Bianca, Bd. II, Mailand, 1981, S. 3-82; zit.: Bianca- Napoli, Condizioni generali, Bd. II, S.
Neuhof, Rudolf	16 Jahre Kreditsicherheiten Makulatur?, in: NJW 1993, S. 2840- 2845.
ders.	Inhaltskontrolle formularmäßig bestellter Kreditsicherheiten, in: NJW 1994, S. 841- 843.
Nirk, Rudolf	Interessenswiderstreit des Waren- und Geldkreditgebers, in: NJW 1971, S. 1913-1920.
Nuti, Guiseppe Attilio	Dogmatica e pratica della vendita con riserva di proprietà, in: Riv. dir. comm., 1947, I, 1, S. 301-341.
Obermüller, Manfred/ Hess, Harald	Eine systematische Darstellung der Insolvenzordnung unter Berücksichtigung kreditwirtschaftlicher und arbeitsrechtlicher Aspekte, Heidelberg, 1995; zit.: Obermüller/ Hess, InsO, Rz.
Obermüller, Manfred	Auswirkungen des Wahlrechts des Insolvenzverwalters auf Zessionen und Avale, in: Kölner Schriften zur Insolvenzordnung, das neue Insolvenzrecht in der Praxis, hrsg. v. Arbeitskreis der Insolvenz und Schiedsgerichtswesen e. V. Köln; Köln, Herne, Berlin, 1997, S. 751-773; zit.: Obermüller, Auswirkungen, Rz.
ders.	Auswirkungen der Insolvenzrechtsreform auf Kreditgeschäfte und Kreditsicherheiten, Teil II, in: WM 1994, S. 1869-1875.
Osimo, Arturo	Domanda di risoluzione di vendita con riserva di proprietà proposta prima del fallimento, in: Foro pad., 1955, I, S. 1481-1484.
Pagano, Placidio	Urteilsanmerkung, in: Foro it, 1957, I, S. 1336.
Pajardi, Piero	Manuale di diritto fallimentare, 4. Aufl., Mailand, 1993; zit.: Pajardi, Manuale, S.
Pape, Gerhard	Ablehnung und Erfüllung schwebender Rechtsgeschäfte durch den Insolvenzverwalter, in: Kölner Schriften zur Insolvenzordnung, das neue Insolvenzrecht in der Praxis, hrsg. v. Arbeitskreis der Insolvenz und Schiedsgerichts-

wesen e. V.; Köln, Herne, Berlin, 1997, S. 405-454; zit.: Pape, Ablehnung, Rz.

Paradiso, Massimo — Commentario al codice civile, hrsg. v. Paolo Cendon, Bd. III, Turin, 1991, zit.: Cendon- Paradiso, Art., S.

Patti, Guido/ Patti, Salvatore — Responsabilità precontrattuale e contratti standard, il codice civile, commentario, hrsg. v. Piero Schlesinger, Art. 1337-1342, Mailand, 1993; zit.: Schlesinger- Patti, Art., S.

Patti, Salvatore/ Cubeddu, Maria G. — Italien, in: Handbuch des Kaufvertragsrechts in den EG-Staaten: hrsg. v. Friedrich Graf v. Westphalen, Köln, 1992; zit.: Graf v. Westphalen- Patti/Cubeddu, Italien, Rz.

Patti, Salvatore — Le condizioni generali di contratto, Mailand, 1996; zit.: Patti, Condizioni generali, S.

ders. — Der Schutz des Konsumenten vor mißbräuchlichen Klauseln im italienischen Recht, in: Jahrbuch für italienisches Recht, hrsg. v. der Vereinigung zwischen deutschen und italienischen Juristen e. V., Bd. 10, Heidelberg, 1997, S. 77-80; zit.: Patti, JbItalR 10 (1997), S.

ders. — Silenzio, inerzia e comportamento concludente nella convenzione di Vienna sui contratti di vendita internazionale di beni mobili, in: Riv. dir. comm., 1991, I, 1, S. 135-147.

Paulus, Christoph G. — „Protokolle“- ein anderer Zugang grenzüberschreitender Insolvenzen, in: ZIP 1998, S. 977-982.

Pavarin, Giovanni — Commentario breve al codice civile, hrsg v. Giorgio Cian u. Alberto Trabucchi, 5. Aufl., Mailand, 1997, zit.: Cian/Trabucchi- Pavarin, Art. S.

Pelosi, Angelo Carlo — La proprietà risolubile nella teoria del negozio condizionato, Mailand, 1973; zit.: Pelosi, Proprietà, S.

Pescatore, G./ Ruperto, C. — Codice civile, annotato con la giurisprudenza, Bd. 1, 10. Aufl., Mailand, 1997; zit.: Pescatore/Ruperto, Art. S.

Peters, Frank — Zur Wirkung des Eigentumsvorbehalts bei Verjährung der Kaufpreisforderung, in: JZ 1980, S. 178-181.

Petzold, Eckart — Exportverträge im deutsch-italienischen Handel, in: Deutsche Unternehmen in Italien, hrsg. v. Henning v. Boehmer, Stuttgart, 1993, S. 87-109; zit.: Petzold, Exportverträge, S.

ders. — Das Sprachrisiko im deutsch-italienischen Rechtsverkehr, in: Jahrbuch für italienisches Recht, hrsg. v. der Vereinigung zwischen deutschen und italienischen Juristen e. V., Bd. 2, Heidelberg, 1989, S. 77-99; zit.: Petzold, JbItalR 2 (1989), S.

Pfeiffer, Thomas — Die Entwicklung des Internationalen Vertrags-, Schuld und Sachenrechts, in: NJW 1999, S. 3674-3687.

ders. — Der Stand des Internationalen Sachenrechts nach seiner Kodifikation, in: IPRax 2000, S. 270-281.

Pick, Eckhart — Die (neue) Insolvenzordnung - ein Überblick, in: NJW 1995, S. 992-997.

Pikart, Heinz	Das Bürgerliche Gesetzbuch mit besonderer Berücksichtigung der Rechtsprechung des Reichsgerichts und des Bundesgerichtshofs, Kommentar, hrsg. v. Mitgliedern des Bundesgerichtshofs, Bd. III, 1. Teil, Berlin, New York, 1979; zit.: RGRK- Pickart, §, Rz.
Pisu, Luciana, Cabella	Commentario al codice civile, hrsg. v. Paolo Cendon, Bd. IV, Turin, 1991; zit.: Cendon- Pisu, Art., S.
Plehwe, Thomas von	Besitzlose Warenkreditsicherheiten im internationalen Privatrecht, eine rechtsvergleichende Untersuchung unter besonderer Berücksichtigung der Rechte der USA, Kanadas, Italiens, der Schweiz und der Bundesrepublik Deutschland, Diss., Bonn, 1987; zit.: v. Plehwe, Warenkreditsicherheiten, S.
Pocar, Fausto	Il nuovo diritto internazionale privato italiano, Mailand, 1997; zit.: Pocar, Nuovo diritto, S.
ders.	Das neue italienische Internationale Privatrecht, in: IPRax 1997, S. 145-161.
Poggeschi, Rafaele	Bollo postale e data certa di scrittura privata, in: Riv. trim. dir. proc. civ., 1965, S. 344-352.
Principe, Angela	Codice civile, annotato con la dottrina e la giurisprudenza, hrsg. v. Pietro Perlingieri, Bd. 4.2, 2. Aufl., Neapel, Rom, Benevento, 1991; zit.: Perlingieri- Principe, Art., S.
Provinciali, Renzo	Manuale di diritto fallimentare, Bd. II, 5. Aufl., Mailand, 1970; zit.: Provinciali, Manuale, Bd. II, S.
ders.	Manuale di diritto fallimentare, Bd. III, 5. Aufl., Mailand, 1970; zit.: Provinciali, Manuale, Bd. III, S.
Provinciali, Renzo/ Ragusa Maggiore, G.	Istituzioni di diritto fallimentare, Padova, 1988; zit. Provinciali/Ragusa Maggiore, Istituzioni, S.
Prütting, Hanns	Aktuelle Entwicklungen im internationalen Insolvenzrecht, in: ZIP 1996, S. 1277-1284.
Punzi, Carmine	La tutela del terzo nel processo esecutivo, Mailand, 1971; zit.: Punzi, Tutela, S.
Putzo, Hans	Palandt, Bürgerliches Gesetzbuch, Kommentar, 59. Aufl. München, 2000, zit.: Palandt- Putzo, §, Rz.
Quadri, Rolando	Note sulla pubblicità nel diritto internazionale privato italiano, in: Studi in onore di Giorgio Balladore Pallieri, Bd, II, Mailand, 1978, S. 506-520; zit.: Quadri, FS für Balladore Pallieri, S.
Quack, Friedrich	Münchner Kommentar zum Bürgerlichen Gesetzbuch, hrsg. v. Kurt Rebmann u.a., Bd. 6, 3. Aufl., München, 1997; zit.: MüKo- Quack, §, Rz.
Raape, Leo	Internationales Privatrecht, 5. Aufl., Frankfurt am Main, 1961; zit.: Raape, Internationales Privatrecht, §, S.
Ragusa Maggiore, G.	Istituzioni di diritto fallimentare, 2. Aufl., Mailand, 1994; zit.: Ragusa Maggiore, Istituzioni, S.

ders.	Effetti del fallimento del compratore nella vendita a rate, in: Dir. fall., 1965, II, S. 361-365.
Raiser, Ludwig	Dingliche Anwartschaften, Tübingen, 1961; zit.: Raiser, Anwartschaften, S.
ders.	Urteilsanmerkung, in: NJW 1953, S. 217.
Ranieri, Filippo	Handbuch der Quellen und Literatur der neueren europäischen Privatrechtsgeschichte, hrsg. v. Helmut Coing, Bd. III, 1.Halbband, München, 1982, zit., Coing-Ranieri, Handbuch der Privatrechtsgeschichte, Bd., S.
Reich, Norbert	Reform der Kreditsicherung, in: JZ 1976, S. 463-469.
Reinicke, Dietrich/ Tiedtke, Klaus	Kaufrecht, 6. Aufl., Neuwied, Kriftel, Berlin, 1997; zit.: Reinicke/Tiedtke, Kaufrecht, Rz.
Reinhart, Gert	Verwendung fremder Sprachen als Hindernis beim Zustandekommen von Kaufverträgen, in: RIW 1977, S. 16-20.
Reinhart, Stefan	Zur Anerkennung ausländischer Insolvenzverfahren, in: ZIP 1997, S. 1734-1739.
Rescigno, Pietro	Manuale del diritto privato italiano, 7. Aufl., Neapel, 1986, zit.: Rescigno, Manuale, S.
ders.	Condizione, in: Enciclopedia del diritto, hrsg. v. Francesco Calasso, Bd. VIII, Mailand, 1961; zit.: Enciclopedia-Rescigno, Condizione, S.
Richter, Elena Stella	Condizioni generali di contratto, capitolati d'oneri e negozio per relationem, in: Giust. civ., 1993, I, 1880- 1884.
Ricciuto, Vincenzo	Codice civile, annotato con la dottrina e la giurisprudenza, hrsg. v. Pietro Perlingieri, Bd. 3, 2. Aufl., Neapel, Rom, Benevento, 1991, zit.: Perlingieri- Ricciuto, Art. S.
Rizzio, Vito	Condizioni generali di contratto e predisposizione normativa, Neapel, 1983; zit.: Rizzio, Condizioni, S.
Roller, Machtolf	Kein Eigentumsvorbehalt nach den „Tegernseer Gebräuchen", in: BB 1981, S. 587.
Romano, Geremia	Codice civile, annotato con la dottrina e la giurisprudenza, hrsg. v. Pietro Perlingieri, Bd. 4.1, 2. Aufl., 1991, Neapel, Rom, Benevento, zit.: Perlingieri- Romano, Art., S.
Romano, Salvatore	Vendita, contratto estimatorio, in: Trattato di diritto civile, hrsg. v. Giuseppe Grossi u. Francesco Santorio Pasarelli, Bd. V, Mailand, 1960; zit.: Romano, Vendita, S.
Ronzitti, Natalino	Mutamento della situazione della cosa e legge regolatrice del diritto reale, in: Riv. dir. int., 1967, S. 33-80.
Roppo, Enzo	Il contratto, Bologna, 1978; zit.: Roppo, Contratto, S.
ders.	Contratti standard, Mailand, 1975; zit.: Roppo, Contratti standard, S.
Roth, Andreas	Abstraktions- und Konsensualprinzip und ihre Auswirkungen auf die Rechtsstellung der Kaufvertragsparteien, in: ZfVglRWiss 92 (1993), S. 371-394.

Roth, Wulf-Henning — Die Freiheiten des EG-Vertrages und das nationale Privatrecht, in: ZEuP 1994, S. 5-33.

Rubino, Domenico — La compravendita, in: Trattato di diritto civile e commerciale, hrsg. v. A. Cicu u. F. Messineo, Bd. XXIII, Mailand, 1962; zit.: Cicu- Rubino, Compravendita, S.

Rühl, Helmut — Eigentumsvorbehalt und Abzahlungsgeschäft, Berlin, 1930; zit.: Rühl, Eigentumsvorbehalt, S.

Ruisi, Giuseppe G./ Jorio, Alberto/ Maffei Alberti, Alberto/ Tedeschi, Guido Uberto — Il fallimento, gegründet v. Walter Bigliavi, Bd. I u. II, 2. Aufl. Turin, 1978; zit.; Ruisi/Jorio/Maffei Alberti/Tedeschi, Fallimento, Bd., S.

Sacco, Rodolfo — Se il terzo di mala fede sia tutelabile ai sensi dell' Art. 1524, 2 comma codice civile, in: Riv. dir. comm., 1952, I, 2, S. 273-277.

Säcker, Franz-Jürgen — Zum Begriff des Herstellers in § 950 BGB, in: JR 1966, S. 51-53.

Sandrock, Otto — Die Bedeutung des Gesetzes zur Neuregelung des internationalen Privatrechts für die Unternehmenspraxis, in: RIW 1986, S. 841-855.

Satta, Salvatore — Istituzioni di diritto fallimentare, 3. Aufl., Rom, 1949; zit.: Satta, Istituzioni, S.

ders. — Diritto fallimentare, 2. Aufl., bearbeitet v. Romano Vaccarella u. Francesco P. Luiso, Padova, 1990, zit.: Satta, Diritto fallimentare, S.

Satta, Salvatore/ Punzi, Carmine — Diritto processuale civile, 11. Aufl., Mailand, 1992, zit.: Satta/Punzi, Diritto processuale, S.

Salaris, Fernando — La azione a difesa della proprietà, in: Trattato di diritto privato, hrsg. v. Pietro Rescigno, Bd. VII, 2. Aufl., Turin, 1984; zit.: Rescigno- Salaris, Difesa della proprietà, S.

Salerno, Francesco — Legge di riforma del diritto internazionale privato e giurisdizione fallimentare, in: Riv. dir. int. priv. proc., 1998, S. 5-50.

ders. — Su alcune questioni di diritto processuale civile internazionale, in: La riforma del diritto internazionale privato e processuale, hrsg. v. Giorgio Gaja, Mailand, 1994, S. 385-393; zit.: Salerno, Questioni, S.

Schalfjiew, (o. Vorname) — Der Eigentumsvorbehalt in der Rechtsprechung, in: Der Eigentumsvorbehalt in Wirtschaft und Recht, Berlin, Leipzig, 1931, S. 95-118; zit.: Schalfjiew, Eigentumsvorbehalt, S.

Schiemann, Gottfried — Über die Funktion des pactum reservati dominii während der Rezeptionen des römischen Rechts in Italien und Mitteleuropa, in: SZ 93 (1976), S. 160-207, romanistische Abteilung.

Schilken, Eberhard — Münchner Kommentar zur Zivilprozeßordnung, hrsg. v.

	Gerhard Lüke u. Alfred Walchshöfer, Bd. 3, München, 1992; zit.: MüKo- Schilken, § ZPO, Rz.
Schilling, Theodor J. R.	Some European decisions on non-possessory security rights in private international law, in: Int. Comp. L. Q., 1985, S. 87-114.
Schlechtriem, Peter	Deutsche Grundsätze zum „Sprachrisiko" als Datum unter italienischem Vertragsstatut, in: IPRax 1996, S. 184.
Schlosser, Peter	J. v. Staudinger Kommentar zum Bürgerlichen Gesetzbuch mit Einführungsgesetz und Nebengesetzen, begründet v. Julius v. Staudinger, hrsg. v. Günther Beitzke, Bd. Gesetz zur Regelung der Allgemeinen Geschäftsbedingungen, (AGBG). 13. Aufl., Berlin, 1998, zit.: Staudinger-Schlosser, §, AGBG, Rz.
ders.	Kommentar zum Gesetz zur Regelung der Allgemeinen Geschäftsbedingungen, hrsg. v. Peter Schlosser, Dagmar Coester Waltjen u. Hans Ulrich Graba, Bielefeld, 1977, zit.: Schlosser- Schlosser, AGBG, §, Rz.
Schmidt, Harry	AGB-Gesetz: Kommentar zum Gesetz zur Regelung der allgemeinen Geschäftsbedingungen, hrsg. v. Peter Ulmer u. a., 8. Aufl., Köln, 1997; zit.: Schmidt in Ulmer/Brandner/Hensen, §, Rz.
Schmidt, Jürgen	System des deutschen internationalen Konkursrechts, Frankfurt. a. M., 1972; zit.: Schmidt, System, S.
Schmidt, Karsten,	Handelsrecht, 4. Aufl, Köln u. a., 1994, zit.: K. Schmidt, Handelsrecht, §, S.
Schmidt-Räntsch, Ruth	Insolvenzordnung mit Einführungsgesetz, erläuternde Dar stellung des neuen Rechts anhand der Materialien, 1. Aufl. Köln, 1995: zit.: Schmidt-Räntsch, InsO, S.
Schulte, Hans	Zur Möglichkeit stillschweigenden Eigentumsvorbehalts, in: BB 1977, S. 269-274.
Schulze, Götz	Die zukunftsbezogene Auslegung des geltenden Insolvenzrechts, in: NJW 1998, S. 2100-2102.
Schultz-Gerstein, Hans-Georg	Der Kauf unter Eigentumsvorbehalt im deutschen und italienischen Recht unter besonderer Berücksichtigung der Rechtsstellung des Käufers, Diss., Hamburg, 1973; zit.: Schultz-Gerstein, Kauf unter EV, S.
Schurig, Klaus	Schiffbruch beim Eigentumsvorbehalt - Sachenrechtsstatut, Vertragsstatut, Sprachenrisiko, in: IPRax 1994, S. 28-33.
Schwab, Karl Heinz/ Prütting, Hans	Sachenrecht: Ein Studienbuch, 28. Aufl., Köln, 1999; zit.: Schwab-Prütting, Sachenrecht, Rz.
Schwarz, Eckhard	Das „Sprachrisiko" im internationalen Geschäftsverkehr-ein deutsch-portugiesischer Fall, in: IPRax 1988, S. 278-280.
Schwerdtner, Peter	Anwartschaftsrechte, in: Jura 1980, S. 661-668.
Scognamiglio, Claudio	Condizioni generali di contratto nei rapporti tra imprendi-

tori e la tutela del „contraente debole", in: Riv. dir. comm., 1987, II, S. 425-439.

ders. Commentario del codice civile, hrsg. v. Antonio Scialoja u. Giuseppe Branca; Art. 1321-1352, Bologna, Rom, 1970; zit.: Scialoja- Sconamiglio, Art., S.

Scozzafava, Oberdan T. La natura dei contratti standard: Un problema di metodo, in: Riv. trim. dir. proc. civ., 1979, S. 960-977,

Serick, Rolf Freigabeverpflichtung, Deckungsgrenze und Haftobergrenze, in: NJW 1997, S. 1529-1533.

ders. Der erweiterte Eigentumsvorbehalt in Formularverträgen ohne zureichende Freigabeklausel bei unverhältnismäßigen Übersicherungen und § 9 AGBG, in: JZ 1994, S. 714-719.

ders. Eigentumsvorbehalt und Sicherungsübereignung, Bd. I, Heidelberg, 1963; zit.: Serick, Bd. I, §, S.

ders. Eigentumsvorbehalt und Sicherungsübereignung, Bd. IV, Heidelberg, 1976; zit.: Serick, Bd. IV, §, S.

ders. Eigentumsvorbehalt und Sicherungsübereignung, Bd. V, Heidelberg, 1982; zit.: Serick, Bd. V, §, S.

ders. Eigentumsvorbehalt und Sicherungsübereignung, Bd. VI, Heidelberg, 1986; zit.: Serick, Bd. VI, §, S.

ders. Eigentumsvorbehalt und Sicherungsübereignung, Neue Rechtsentwicklungen, 2. Aufl., Heidelberg, 1993; zit.: Serick, Neue Rechtsentwicklungen, §, S.

ders. Mobiliarsicherheiten im Diskussionsentwurf zur Reform des Insolvenzrechts - Möglichkeiten der Enteignung zum Nulltarif, in: ZIP 1989, S. 409-421.

Sicchiero, Gianluca Condizioni generali di contratto, in: Riv. dir. civ. 1987, II, S. 215-239.

ders. Condizioni generali di contratto, in: Riv. dir. civ. 1992, II, S. 469-477.

Siebert, Wolfgang Ist bei aufschiebend bedingter Übereignung die Fortdauer der Einigung bis zum Eintritt der Bedingung erforderlich, in: JW 1933, S. 2440-2441.

Sieg, Oliver Allgemeine Geschäftsbedingungen im grenzüberschreitenden Geschäftsverkehr, in: RIW 1997, S. 811-819.

Siehr, Kurt Der Eigentumsvorbehalt an beweglichen Sachen im Internationalen Privatrecht, insbesondere im deutsch-italienischen Rechtsverkehr, in: RIW 1971, S. 10-22.

Simone, Roberto Cessione in garanzia di crediti futuri: La cassazione ci ripensa, in: Foro it., 1991, I, S. 2490-2494.

Smid, Stefan Insolvenzordnung (InsO), Kommentar, hrsg. v. Stefan Smid, Stuttgart, Berlin, Köln, 1999; zit.: InsO- Smid, §, Rz.

Sonnenberger, Hans Jürgen Kompetenzfragen des italienischen Konkursrechts bei Insolvenzen italienischer Kapitalgesellschaften, insbesondere der s.r.l.; in: Festschrift für Werner Lorenz, hrsg. v. Bernhard Pfister u. Michael R. Will, Tübingen, 1991, S. 543-560; zit.: Sonnenberger, FS für Lorenz, S.

ders. — Münchner Kommentar zum Bürgerlichen Gesetzbuch, hrsg. v. Kurt Rebmann, Bd. 10, 3. Aufl., München, 1998; zit.: MüKo- Sonnenberger, Art., Rz.

ders. — Das internationale Privatrecht der Mobiliarsicherheiten in Deutschland, in: Quartalshefte der Girozentrale Wien, 1986/IV, S. 9-29; zit.: Sonnenberger, Quartalshefte, 1986/ IV, S.

ders. — Europarecht und internationales Privatrecht, in: ZfVglR-Wiss 95 (1996), S. 3-47.

Spellenberg, Ulrich — Münchner Kommentar zum Bürgerlichen Gesetzbuch, hrsg. v. Kurt Rebmann, Bd. 10, 3. Aufl., München, 1998; zit.: MüKo- Spellenberg, Art., Rz.

ders. — Fremdsprache und Rechtsgeschäft, in: Festschrift für Murad Ferid zum 80. Geburtstag, hrsg. v. Andreas Heldrich u. H. J. Sonnenberger, Frankfurt. a. M., 1988, S. 463-499; zit.: Spellenberg, FS für Ferid 80, S.

Spickhoff, Andreas — Die Restkodifikation des Internationalen Privatrechts: Außervertragliches Schuld- und Sachenrecht, in: NJW 1999, S. 2209-2215.

Stadler, Astrid — Gestaltungsfreiheit und Verkehrsschutz durch Abstraktion. Eine rechtsvergleichende Studie zur abstrakten und kausalen Gestaltung rechtsgeschäftlicher Zuwendungen anhand des deutschen, schweizerischen, österreichischen, französischen und US-amerikanischen Rechts, Habil-Schr, Freiburg 1993 (Tübingen 1996); zit.: Stadler, Gestaltungsfreiheit, S.

Stanford, Martin J. — Special European Governmental Briefing, Preliminary Draft Convention on International Interests in Mobile Equipment; basic Features, a briefing organises by the Aviation Working Group and the International Air Transport Association, Brussels, 14. 5. 1998, S. 1-6; zit.: Stanford, Governmental Briefing v. 14. 5. 1998, S.

Sterzenbach, Georg — Anerkennung des Auslandskonkurses in Italien: Eine Studie zum internationalen Konkursrecht in Italien, Diss., Bayreuth, 1993; zit.: Sterzenbach, Anerkennung, S.

Stolfi, Giuseppe — Appunti sul c. d. principio consensualistico, in: Riv. dir. comm., 1977, I, 1, S. 1-10.

Stoll, Hans — Rechtskollision beim Gebietswechsel beweglicher Sachen, in: RabelsZ 38 (1974), S. 450-467.

ders. — Zur gesetzlichen Regelung des internationalen Sachenrechts in Artt. 43-46 EGBGB, in: IPRax 2000, S. 259-270.

ders. — J. v. Staudinger Kommentar zum Bürgerlichen Gesetzbuch mit Einführungsgesetz und Nebengesetzen, begründet v. Julius v. Staudinger, hrsg. v. Günther Beitzke, Bd.

Einführungsgesetz zum Bürgerlichen Gesetzbuch/IPR., Internationales Sachenrecht, 13. Aufl., Berlin, 1996, zit.: Staudinger- Stoll, IntSachR, Rz.

Stradella, Umberto — La vendita con riserva di proprietà, in: Nuova giur. civ. comm., 1987, II, S. 321-330.

Strub, Andreas — Insolvenzverfahren im Binnenmarkt zwischen Universalität und Territorialität, in: EuZW 1994, S. 424-427.

ders. — Das Europäische Konkursübereinkommen, in: EuZW 1996, S. 71-74.

Stürner, Rolf — Aktuelle Probleme des Konkursrechts, in: ZZP 94 (1981), S. 263-310.

Sturm, Fritz — Neue Vorschläge zur IPR-Reform, in: NJW 1974, S. 1036-1037.

Sulpasso,Cassandra,Bianca — Comparazione giuridica ed uniformazione delle legislazione: le garanzie mobiliari, in: Riv. dir. civ., 1995, I, S. 567-594.

Summ, Cornelia — Anerkennung ausländischer Konkurse in der Bundesrepublik Deutschland, eine Darstellung am Beispiel englischer, italienischer und französischer Insolvenzverfahren, Diss., Mainz 1991, (Berlin 1992); zit.: Summ, Anerkennung, S.

Tabet, Andrea — Specificazione (dir. priv), in: Novissimo digesto italiano, hrsg. v. Antonio Azara u. Ernesto Eula, Bd. XVII, 3. Aufl, Turin, 1970; zit.: Nov. Digesto- Tabet, Specificazione, S.

Tatarano, Giovanni — Codice civile, annotato con la dottrina e la giursprudenza, hrsg. v. Pietro Perlingieri, Bd. 4.2, 2. Aufl., 1991, Neapel, Rom, Benevento; zit.: Perlingieri-Tatarano, Art. S.

Tazzara, Luigi — Codice civile, annotato con la dottrina e la giurisprudenza, hrsg. v. Pietro Perlingieri, Bd. 3, Neapel, Rom, Benevento, 1991; zit.: Perlingieri- Tazzara, Art., S.

Thamm, Manfred — Untergang des Eigentumvorbehalts wegen wesentlicher Bestandteilseigenschaft eines Grundstücks/Gebäudes, in: BB 1990, S. 866-869.

Thiemann, Bernd — Die Entwicklung der Eigentumsanwartschaft beim Vorbehaltskauf in der Neueren Deutschen Privatrechtsgeschichte, Diss., Münster, 1974; zit.: Thiemann, Entwicklung, S.

Thieme, Jürgen Dieter — Inlandsvollstreckung und Auslandskonkurs, in: RabelsZ 37 (1973), S. 682-718.

ders. — Notiziarium zur italienischen Rechtsprechung auf dem Gebiet des internationalen Privat- und Privatverfahrensrechts für die Jahre 1989-1991, in: Jahrbuch für italienisches Recht, hrsg. v. der Vereinigung zwischen deutschen und italienischen Juristen e. V., Bd. 8, Heidelberg, 1995, S. 83-187, zit.: Thieme, JbItalR 8 (1995), S.

ders.	Notiziarium zur italienischen Rechtsprechung auf dem Gebiet des internationalen Privat- und Privatverfahrensrechts für die Jahre 1992 und 1993, Teil II, in: ZfVglRWiss. 96 (1997), S. 259-305.
ders.	Notiziarium zur italienischen Rechtsprechung auf dem Gebiet des internationalen Privat- und Privatverfahrensrechts für die Jahre 1992 und 1993, Teil III, in: ZfVglRWiss. 97 (1998), S. 57-110.
Thur, Andreas von	Der allgemeine Teil des Deutschen Bürgerlichen Rechts, Bd. 1, Allgemeine Lehren und Personenrecht, Berlin, 1910; zit.: v. Thur, Bd. I, §, S.
Tiedtke, Klaus	Die Rechte des Vorbehaltskäufers bei Verjährung der Kaufpreisforderung, in: DB 1980, S. 1477-1482.
Tilla, Maurizio de	Il diritto immobiliare, trattato sistematico di giurisprudenza ragionata per casi, la vendita, Mailand, 1995, zit.: Tilla, Vendita, S.
Tintelnot, Albrecht	Die gegenseitigen Verträge im neuen Insolvenzverfahren, in: ZIP 1995, S. 616-623.
ders.	InsO, Kommentar zur Insolvenzordnung, hrsg. v. Bruno M. Kübler u. Hanns Prütting, Loseblattwerk, Std. August 2000; zit.: Kübler/Prütting- Tintelnot, §, Rz.
Torrente, Andrea Schlesinger, Piero	Manuale di diritto privato, 14. Aufl, Mailand, 1994; zit.: Torrente/Schlesinger, Manuale, S.
Trabucchi, Alberto	Istituzioni di diritto privato, 37. Aufl., Mailand, 1997; zit.: Trabucchi, Istituzioni, S.
Treves, Tulio	Commentario del nuovo diritto internazionale privato, studi e pubblicazioni della rivista di diritto internazionale privato e processuale, Mailand, 1996; zit.: Commentario-Treves, Art., S.
Trimarchi, Pietro	Istituzioni di diritto privato, 9. Aufl., Mailand, 1993, zit.: Trimarchi, Istituzioni, S.
Troike Strambaci, Hannelore	Der Eigentumsvorbehalt im italienischen Recht, in: AnwBl. 1984, S. 304-305.
Tului, Franco	Osservazioni sulla natura giuridica della vendita con riserva di proprietà, in: Riv. dir. comm., 1980, I, 1, S. 355-406.
Uhlenbruck, Wilhelm	Urteilsanmerkung, in: JZ 1992, S. 425-426.
Ulmer, Peter	AGB-Gesetz: Kommentar zum Gesetz zur Regelung der allgemeinen Geschäftsbedingungen, hrsg. v. Peter Ulmer u. a., 8. Aufl., Köln, 1997; zit.: Ulmer in Ulmer/Brandner/Hensen, §, Rz.
ders.,/Schmidt, Harry	Nachträglicher „einseitiger" Eigentumsvorbehalt, in: JuS 1984, S. 18-25.
van Look, Frank/ Stoltenberg, Frank	Eigentumsvorbehalt und Verjährung der Kaufpreisforderung, in: WM 1990, S. 661-668.

Venditti, Arnaldo	Della trascrizione del patto di riservato dominio nella vendita di autoveicoli, in: Giust. civ., 1955, I, 1, S. 1980-1987.
Venturini, Gian Carlo	Property, in: International Encyclopedia of comparative law, volume III, chapter 21, Tübingen, 1976; zit.: Encyclopedia- Venturini, Property, S.
ders.	Diritto internazionale privato, Bd. II, diritti reali ed obbligazioni, 2. Aufl. 1956; zit.: Venturini, Diritto internazionale, S.
ders.	Diritti reali (diritto internazionale privato), in: Enciclopedia del diritto, Bd. XII, Mailand, 1964; zit.: Enciclopedia-Venturini, Diritti reali (dir. int. priv.), S.
ders.	Diritti reali, in: Diritto internazionale e privato processuale, in: Enciclopedia giuridica, begründet v. Giovanni Treccani, Bd. XI, Rom, 1989; zit.: Enc. giur.- Venturini, Diritti reali (dir. int.), S.
Verde, Giovanni	Pignoramento in generale, in: Enciclopedia del diritto, Bd. XXXIII, Mailand, 1983, zit.: Enciclopedia- Verde, Pignoramento in generale, S.
Verheul, J. P.	Reservation of title (Conditional Sale) in Private International Law, in: Hague-Zagreb essays 5 on the law of international trade, hrsg. v. C. C. A. Voskuil u. J. A. Wade, Dordrecht, Boston, Lancaster, 1985, S. 54-72, zit.: Verheul, Reservation, S.
Verità, Marco dalla/ Leogrande, Giuseppe	Commentario breve alla legge fallimentare, hrsg. v. Alberto Maffei Alberti, 3. Aufl., Mailand, 1991; zit.: Maffei-Verità/Leogrande, Art., S.
Vidari, Ercole	La vendita con patto di riserva di dominio, in: Riv. dir. comm., 1911, II, S. 876-886.
Virgos, Miguel/ Schmit, Etienne	Erläuternder Bericht zu dem EU-Übereinkommen über Insolvenzverfahren, in: Vorschläge und Gutachten zur Umsetzung des EU-Übereinkommens über Insolvenzverfahren im deutschen Recht, vorgestellt v. Hans Stoll, Tübingen, 1997, S. 32-134; zit.: Virgos/Schmit, Erläuternder Bericht, Nr., S.
Vitta, Edoardo	Diritto internazionale privato, Bd. III, Turin, 1975; zit.: Vitta, Diritto internazionale, Bd. III, S.
ders.	Corso di diritto internazionale privato e processuale, hrsg. v. Franco Mosconi, 4. Aufl., Turin, 1991; zit.: Vitta, Corso, S.
ders.	Diritto internazionale privato, in: Digesto delle discipline privatistiche, sezione civile, Bd. VI, 4. Aufl., Turin, 1990, zit.: Digesto- Vitta, Diritto internazionale privato, S.
Vivante, C.	Urteilsanmerkung, in: Foro it., 1897, I, S. 780-784.
Voskuil, C. C. A./ Wade, J. A.	Hague-Zagreb essays 5 on the law of international trade, hrsg. v. C. C. A. Voskuil u. J. A. Wade, Dordrecht, Boston, Lancaster, 1985; zit.: Voskuil/Wade, Hague-Zagreb essays 5, S.

Wagner, Claus — Handelsgesetzbuch, Kommentar, hrsg. v. Volker Röhricht u. Friedrich Graf v. Westphalen, Köln, 1998; zit.: Röhricht-Wagner, HGB, §, Rz.

Wagner, Eberhard — Zur Kollision von verlängertem Eigentumsvorbehalt und eingeschränktem Abtretungsverbot, in: JZ 1988, S. 698-706.

Wagner, Rolf — Ein neuer Anlauf zur Vereinheitlichung des Internationalen Privatrechts für außervertragliche Schuldverhältnisse auf EU-Ebene, in: EuZW 1999, S. 709-714.

Walter, Gerhard — Reform des internationalen Zivilprozeßrechts in Italien, in: ZZP 109 (1996), I S. 3-28.

Weber, Hansjörg — Reform der Mobiliarsicherheiten, in: NJW 1976, S. 1600-1607.

Weber, Martin — Erweiterter Eigentumsvorbehalt und Konzernvorbehalt in allgemeinen Verkaufsbedingen, in: BB 1989, S. 1768-1775.

Weber, Rolf H. — Parteiautonomie im internationalen Sachenrecht, in: RabelsZ 44 (1980), S. 510-530.

Wegener, Burghard — Frankfurter Kommentar zur Insolvenzordnung, hrsg. v. Klaus Wimmer, Neuwied, Kriftel, 1999; zit.: FK- InsO-Wegener, §, Rz.

Weimar, Wilhelm — Die vom Verwender von AGB anzuwendende Sprache bei Ausländern als Vertragspartner, in: DB 1978, S. 243.

Westermann, Harm Peter — Münchner Kommentar zum Bürgerlichen Gesetzbuch, hrsg. v. Kurt Rebmann, Bd. 3, 3. Aufl, München, 1995; zit.: MüKo- Westermann, § 455, Rz.

ders. — Sachenrecht. Ein Lehrbuch, begündet v. Harry Westermann, fortgeführt v. Harm Peter Westermann, 7. Aufl., Heidelberg, 1998, zit.: Westermann- Westermann, Sachenrecht, §, S.

Westermann, Harry — Sachenrecht. Ein Lehrbuch, 5. Aufl., Karlsruhe, 1966; zit.: Westermann, Sachenrecht, 5. Aufl., §, S.

Westphalen, Friedrich, Graf v. — Allgemeine Verkaufsbedingungen, 2. Aufl., München, 1993, zit.: v. Westphalen, Verkaufsbedingungen, S.

Wiegand, Wolfgang — Die Entwicklung des Sachenrechts im Verhältnis zum Schuldrecht, in: AcP 190 (1990), S. 112-138.

ders. — J. v. Staudinger Kommentar zum Bürgerlichen Gesetzbuch mit Einführungsgesetz und Nebengesetzen, begründet v. Julius v. Staudinger, hrsg. v. Günther Beitzke, §§ 925-984, 13. Aufl., Berlin, 1995; zit.: Staudinger- Wiegand, §, Rz.

Wieser, Eberhard — Zur Rückgabepflicht des Vorbehaltskäufers beim Konkurs des Verkäufers, in: NJW 1970, S. 913-917.

Wiethölter, Rudolf — Kauf unter Eigentumsvorbehalt und Gewährleistung für Rechtsmängel, in: JZ 1961, S. 693-695.

Wilmowsky, Peter von — Europäisches Kreditsicherungsrecht: Sachenrecht und Insolvenzrecht unter dem EG-Vertrag, HabilSchr, Frankfurt, 1994, (Tübingen, 1996), zit.: v. Wilmowsky, Europäisches Kreditsicherungsrecht, S.

Windel, Peter A. — Die Insolvenzordnung: Reform im Banner von Masseanreicherung, Unternehmenssanierung und Schuldbefreiung, in: Jura 1999, S. 1-10.

Wolf, Manfred — AGB-Gesetz: Gesetz zur Regelung der Allgemeinen Geschäftsbedingungen, Kommentar, hrsg. v. Manfred Wolf, Norbert Horn, Walter F. Lindacher, 4. Aufl., München; 2000; zit.: Wolf in Wolf/Horn/Lindacher, §, Rz.

ders. — Privates Bankvertragsrecht im EG-Binnenmarkt, Auswirkungen der II. EG-Bankrechts-Richtlinie auf privatrechtliche Bankgeschäfte, in: WM 1990, S. 1941-1952.

ders. — Sachenrecht, 15. Aufl., München, 1999; zit.: Wolf, Sachenrecht, Rz.

Wunner, Sven Erik — Der Eigentumsvorbehalt im italienischen Recht, in: NJW 1960, S. 1846-1847.

Zaccaria, Alessio — Commentario breve al codice civile, hrsg v. Giorgio Cian u. Alberto Trabucchi, 5. Aufl., Mailand, 1997, zit.: Cian/Trabucchi- Zaccaria, Art., S.

ders. — Commentario breve alla legge fallimentare, hrsg. v. Alberto Maffei Alberti, 3. Aufl., Mailand, 1991; zit.: Maffei Zaccaria, Art., S.

Zanarone, Giuseppe — Commentario alla legge fallimentare, hrsg. v. Franco Bricola, Franceso Galgano u. Gerardo Santini, Art. 72-83, Bologna, Rom, 1979; zit.: Zanarone, Art. S.

ders. — Fallimento VII: Effetti sui rapporti giuridici preesistenti, in: Enciclopedia giuridica, begründet v. Giovanni Treccani, Bd. XIII, Rom, 1991; zit.: Enc. giur.- Zanarone, Fallimento, VII, S.

Zerella, Elisabetta — Codice civile, annotato con la dottrina e la giurisprudenza, hrsg. v. Pietro Perlingieri, Bd. 6, Neapel, Rom, Benevento, 1991; zit.: Perlingieri- Zerella, Art., S.

Zimmermann, Rudolf — Italien, in: Eigentumsvorbehalt und Sicherungsübereignung im Ausland, hrsg. v. Herbert Stumpf, 4. Aufl., Heidelberg, 1980; zit.: Stumpf- Zimmermann, Italien, S.

Zuccala, Michele — Privilegio, contestualità e revocatoria nella vendita di macchine, in: Giur. it., 1967, I, 2, S. 395-398.

Zuddas, Gioffredo — Sequestro conservativo di autoveicoli venduti all'estero con patto di riservato dominio, in: Riv. dir. civ., 1975, I, 1, S. 540-549.

Quellenverzeichnis

1. Deutschland

AGBG	Gesetz zur Regelung der allgemeinen Geschäftsbedingungen vom 9. 12. 1976, BGBl. I S. 3317, zuletzt geändert durch Gesetz zur Änderung des AGB- Gesetzes und der Insolvenzordnung vom 19. 7. 1996, BGBl. I,1013.
BGB	Bürgerliches Gesetzbuch vom 18. 8. 1896, RGBl. S. 195.
BGHZ	Entscheidungen des Bundesgerichtshofs in Zivilsachen, hrsg. v. den Mitgliedern des Bundesgerichtshofes und der Bundesanwaltschaft, Berlin, Köln.
BT- Drs. 12/2443	Entwurf einer Insolvenzordnung, Bundestagsdrucksache 12/2443 v. 15. 04. 1992, S. 5 ff.
BT-Drs. 12/7302	Beschlußempfehlung und Bericht des Rechtsausschusses, Bundestagsdrucksache 12/7302 v. 19. 4. 1994, 1 ff.
BT- Drs. 14/343	Entwurf eines Gesetzes zum Internationalen Privatrecht für außervertragliche Schuldverhältnisse und für Sachen, BT- Drs. 14/343 v. 1. 2. 1999
	Entwurf einer Insolvenzordnung, mit Begründung und Anhang, veröffentlicht vom Bundesministerium der Justiz 1988, Köln.
EGBGB	Einführungsgesetz zum Bürgerlichen Gesetzbuch v. 18. 8. 1896 in der Fassung der Bekanntmachung v. 21. 9. 1994, BGBl. I, S. 2494.
EGInsO	Einführungsgesetz zur Insolvenzordnung, v. 5. 10. 1994, BGBl. I 1994, 2911.
	Gesetz betreffend der Abzahlungsgeschäfte vom 16. 5. 1894, RGBl. S. 450 f
	Gesetz zur Änderung des D-Markbilanzgesetzes und anderer handelsrechtlicher Bestimmungen v. 25. 7. 1994, BGBl. I, S. 1682.

Gesetz zum Internationalen Privatrecht für außervertragliche Schuldverhältnisse und für Sachen v. 21. 5. 1999, BGBl I, 1026.

Gesetz vom. 5. 10. 1994, BGBl., I, S. 2911.

InsO — Insolvenzordnung, v. 5. 10. 1994, BGBl. I, S. 2866.

KO — Konkursordnung, v. 10. 2. 1877, RGBl. S. 351 in der Fassung der Bekanntmachung v. 20. 5. 1898, RGBl S. 612.

Protokolle der Kommission für die zweite Lesung des Entwurfs des BGB, Bd. II, Berlin, 1898.

Referentenentwurf — Entwurf einer Insolvenzordnung, mit Begründung und Anhang, veröffentlicht vom Bundesministerium der Justiz, Köln, 1989.

RGZ — Entscheidungen des Reichsgerichts in Zivilsachen, hrsg. v. den Mitgliedern des Gerichtshofes und der Reichsanwaltschaft, Berlin, Leipzig

VerbrKrG — Verbraucherkreditgesetz v. 17. 12. 1990, BGBl. I S. 2840.

51. DJT, IV, 9, — 51. Deutscher Juristentag in Stuttgart, Die Beschlüsse IV. Abteilung Kreditsicherung, abgedruckt in NJW 1976, S. 2007 ff.

Mugdan, R. — Die gesamten Materialien zum Bürgerlichen Gesetzbuch für das deutsche Reich, hrsg. v. R. Mugdan, Bd. II, Recht der Schuldverhältnisse, Berlin, 1899; zit.: Mugdan, Bd., II, S.

2. Italien

c.c. (1865) — Codice civile del regno d'Italia, legge v. 2. 4. 1865, n. 2215.

c.c. — Codice civile, regio decreto v. 16. 3. 1942, n. 262, G. U. v. 4. 4. 1942, n. 79 u. 79 bis.

c. p. c. — Codice di procedura civile, regio decreto v. 28. 10. 1940, n. 1443.

Decreto consulare v. 5. 1. 1967, n. 200, G. U. v. 19. 4. 1967, n. 98, ratifiziert gem. legge v. 12. 4. 1973, n. 176, G. U. v. 11. 5. 1973, n. 121..

Decreto legge v. 15. 3. 1927, n. 436, G. U. v. 11. 4. 1927, n. 84 und decreto d'attuazione v. 29. 7. 1927, n. 1814 G. U. v. 5. 10. 1927.

Decreto ministeriale v. 10. 3. 1965, G. U. v. 24. 3. 1966, n. 73.

IPRG — Riforma del sistema Italiano di diritto internazionale privato, legge v. 31. 5. 1995 n. 218, G. U. v. 3. 6. 1995,n. 128.

LF — Legge fallimentare, regio decreto v. 16 3 1942 n. 267, G. U. v. 6. 4. 1942, n. 81.

Legge v. 24. 2. 1948, n. 114, G. U. v. 12. 3. 1948, n. 61.

Legge v. 15. 9. 1964, n. 755, regolamentazione della vendita a rate, G. U. v. 22. 9. 1964, n. 233, teilweise ausgesetzt bis 31. 12. 1973 gemäß Art. 1 legge v. 15. 12. 1971, n. 1118, G. U. v. 29. 4. 1971, n. 329 und aufgehoben durch legge v. 27. 12. 1973, n. 843, G. U. v. 31. 12. 1973, n. 334.

Legge v. 28. 11. 1965, n. 1329, , G. U. v. 14. 12. 1965, n. 311, Provvedimenti per l'acquisto di nuove macchine untensili.

Legge v. 14. 8. 1971, n. 817, G. U. v. 14. 10.1971, n. 261.

Legge v. 19. 2. 1992 n. 142 , G. U. v. 20. 2. 1992, n. 42.

Legge v. 6. 2. 1996, n. 52, G. U. v. 10. 2. 1996, n. 34.

Legge v. 23. 12. 1996, n. 649, G. U. v. 23. 12. 1996, n. 300

3. Europäische Quellen und Abkommen

EGV	Vertrag zur Gründung der Europäischen Gemeinschaft v. 25. 3. 1957, zuletzt geändert durch den Vertrag von Amsterdam zur Änderung des Vertrages über die Europäische Union, der Verträge zur Gründung der Europäischen Gemeinschaften sowie einiger damit zusammenhängender Rechtsakte, BGBl. 1998 II, S. 387.
	Entwurf einer Richtlinie über die Anerkennung der besitzlosen Sicherheiten an beweglichen Sachen und der Eigentumsvorbehaltsklauseln bei den Verkäufen beweglicher Sachen, Kommission der EG, Generaldirektion Binnenmarkt v. 1973, Dokument XI/466/73-D.
	Entwurf eines Übereinkommens über den Konkurs, Vergleiche und ähnliche Verfahren, Kommission der Europäischen Gemeinschaften, Generaldirektion Binnenmarkt und gewerbliche Wirtschaft, Direktion Rechtsangleichung Niederlassungs- und Dienstleistungsrecht III/D-1, Dokument III/D/72/80-DE v. 1980, abgedruckt in ZIP 1980, S. 582-593.
EuGVÜ	Brüsseler EWG-Übereinkommen über die gerichtliche Zuständigkeit und die Vollstreckung gerichtlicher Entscheidungen in Zivil- und Handelssachen, v. 27. 9. 1968, BGBl. 1972 II, S. 774, in der Form des 3. Beitrittsübereinkommens v. 26. 5. 1989, BGBl. 1994, II, S. 519.
EuIÜ	Europäisches Übereinkommen über Insolvenzverfahren vom 23. 11.1995.
	Europäische Konvention über bestimmte internationale Aspekte des Konkurses, vom 5. 6. 1990, abgedruckt in Hess- Goetsch, § 237, Rz. 37.
EVÜ	Römisches EWG-Übereinkommen über das auf vertragliche Schuldverhältnisse anzuwendende Recht vom 19. 6. 1980, BGBl. 1986 II, S. 810; abgedruckt in Jayme/Hausmann, Internationales Privatrecht, Nr. 43.
IPR- Gesetz der Schweiz	Schweizer Bundesgesetz über das Internationale Privatrecht vom 18. 12. 1987, AS Nr. 44 v. 15. 11.

1998, S. 1775.

Vorschlag einer Richtlinie über die rechtlichen Folgen von Vereinbarungen eines einfachen Eigentumsvorbehalts an Waren, Kommission der EG, Generaldirektion Binnenmarkt v. 1979, Dokument III/ 872/79-EN, veröffentlicht in Voskuil/Wade, Hague-Zagreb Essays 5, Appendix V, S. 114 ff.

Richtlinie 87/102/EWG des Rates zur Angleichung der Rechts- und Verwaltungsvorschriften der Mitgliedstaaten über den Verbraucherkredit vom 22. 12. 1986, ABl. Nr. L 42 v.12. 2. 1987, S. 48.

Richtlinie 90/88/EWG des Rates zur Änderung der Richtlinie 87/102/EWG zur Angleichung der Rechts- und Verwaltungsvorschriften der Mitgliedstaaten über den Verbraucherkredit vom 22. 2. 1990, ABl. Nr. L 61 v. 10. 3. 1990, S. 14.

Richtlinie 2000/35/EG des Europäischen Parlamentes und des Rates vom 29. Juni 2000 zur Bekämpfung vonZahlungsverzug im Geschäftsverkehr, ABl. L 2000 v.8.8.2000, S. 35 ff.

Übereinkommen zwischen der Bundesrepublik Deutschland und Italien über die gegenseitige Anerkennung von Rechtsakten von Rom v. 7. 7. 1969, G. U. v. 11. 5. 1973, n. 121, ratifiziert gemäß legge v. 12. 4. 1973, n. 176, G. U. v. 11. 5. 1973, n. 121.

Vorentwurf eines Übereinkommens über den Konkurs, Vergleiche und ähnliche Verfahren, Kommission der Europäischen Gemeinschaften, Generaldirektion Binnenmarkt und Rechtsangleichung, Dokument 3327/XIV/1/70-D v. 16. 2. 1970, abgedruckt in RabelsZ 36 (1972), 734-766.

4. International

CISG — Wiener UN-Übereinkommen über Verträge über den internationalen Warenkauf vom 11. 4. 1980, BGBl., 1989, II, S.588, deutsche Übersetzung abgedruckt in Jayme/Hausmann, Internationales Privatrecht, Nr. 48.

Official Records of the General Assembly, Twenty-fifth Session, Supplement No 17 (A/8017), UNCITRAL Yearbook, Volume I (1968-70), New York, 1971.

Official Records of the General Assembly, Twenty-ninth Session, Supplement No 17 (A/10017), UNCITRAL Yearbook, Volume VI (1975), New York, 1976.

Official Records of the General Assembly, Thirty-fourth Session, Supplement No 17 (A/34/17), UNCITRAL Yearbook, Volume X (1979), New York, 1980.

Report of the Secretary-General: (A/CN9/102), UNCITRAL Yearbook, Volume VI (1975), New York, 1976.

Report of the Secretary-General: (A/CN.9/165), UNCITRAL Yearbook, Volume X (1979), New York, 1980.

Report of the Secretary-General: (A/CN.9/186), UNCITRAL Yearbook, Volume XI, (1980), New York, 1981.

UCC — Uniform Commercial Code (U. S. A.), 1978, official text, abgedruckt in Uniform law review, 1990, S. 203 ff.

The Alberta (Canada) Personal Property Security Act, Bill 5, 1988, abgedruckt in Uniform law review, 1990, S. 205.

UNIDROIT-Grundsätze — Grundregeln der internationalen Handelsverträge, abgedruckt in IPRax 1997, S. 205-224.

UNIDROIT-Übereinkommen von Ottawa über das internationale Factoring v. 28. 5. 1988, deutsche Übersetzung abgedruckt in Jayme/Hausmann, Internationales Privatrecht, Nr. 48 b.

Analysis of the replies to the questionnaire on an international regulation of aspects of security interests in mobile equipment, UNIDROIT 1991, Study LXXII - Doc. 3, Rom, 1991.

Basic issues identified in responses to the questionnaire on an international regulation of aspects of security interests in mobile equipment, UNIDROIT 1992, Study LXXII - Doc. 4, Rom, 1992.

Report, UNIDROIT 1992, Study LXXII- Doc. 5, Rom, 1992.

Unidroit Convention on Security Interests in Mobile Equip-ment, UNIDROIT 1993, Study LXXII - Doc. 8, Rom, 1993.

Preliminary Draft Unidroit convention on international interests in mobile Equipment, UNIDROIT 1998, Study LXXII - Doc. 42, Rom, 1998.

Preliminary Draft Protocol on matters specific to Aircraft Equipment, UNIDROIT 1998, Study LXXII - Doc. 41, Rom, 1998.

Preliminary Draft Protocol on matters specific to Aircraft Equipment: Discussionspaper on the legal relationship between Preliminary Draft Convention and its equipment-specific protocols, UNIDROIT 1999, Study LXXII - Doc. 47, Rom, 1999.

Rechtsprechungsverzeichnis

I. Deutsche Rechtsprechung

1. Bundesgerichtshof

BGH,	Urteil vom	14. 07. 1952,	IV ZR 1/52,	in:	BGHZ 7, 111 ff.;
BGH,	Urteil vom	19. 01. 1951,	I ZR 17/50,	in:	BB 1951, 456;
BGH,	Urteil vom	24. 09. 1952,	II ZR 305/51,	in:	BGHZ 7, 187 ff.;
BGH,	Urteil vom	02. 10. 1952,	IV ZR 2/52,	in:	NJW 1953, 217ff.;
BGH,	Urteil vom	25. 10. 1952,	I ZR 48/52,	in:	BGHZ 7, 365 ff.;
BGH,	Urteil vom	11. 05. 1953,	IV ZR 170/52,	in:	BGHZ 10, 14 ff.;
BGH,	Urteil vom	21. 05. 1953,	IV ZR 192/52,	in:	BGHZ 10, 69 ff.;
BGH,	Urteil vom	05. 11. 1953,	IV ZR 95/53,	in:	BGHZ 11, 37 ff.;
BGH,	Urteil vom	24. 05. 1954,	IV ZR 184/53,	in:	NJW 1954, 1325 f.;
BGH,	Urteil vom	28. 06. 1954,	IV ZR 40/54,	in:	BGHZ 14, 114 ff.;
BGH,	Urteil vom	17. 09. 1954,	I ZR 18/53,	in:	BB 1954, 882;
BGH,	Urteil vom	10. 11. 1954,	II ZR 21/54,	in:	BGHZ 15, 171 ff.;
BGH,	Urteil vom	29. 05. 1955,	II ZR 210/54,	in:	BGHZ 18, 212 ff.;
BGH,	Urteil vom	06. 02. 1956,	II ZR 21/55,	in:	WM 1956, 669;
BGH,	Urteil vom	22. 02. 1956,	IV ZR 164/55,	in:	BGHZ 20, 88 ff.;
BGH,	Urteil vom	03. 03. 1956,	IV ZR 334/55,	in:	BGHZ 20, 159 ff.;
BGH,	Urteil vom	25. 01. 1957,	VI ZR 319/55,	in:	WM 1957, 514 ff.;
BGH,	Urteil vom	16. 12. 1957,	VII ZR 49/57,	in:	BGHZ 26, 186 ff.;
BGH,	Urteil vom	24. 06. 1958,	VIII ZR 205/57,	in:	BGHZ 28, 16 ff.;
BGH,	Urteil vom	07. 04. 1959,	VIII ZR 219/57,	in:	NJW 1959, 1223 ff.;
BGH,	Urteil vom	21. 09. 1959,	III ZR 103/58,	in:	BGHZ 30, 374 ff.;
BGH,	Urteil vom	11. 06. 1959,	VII ZR 53/58,	in:	BGHZ 30 176 ff.;
BGH,	Urteil vom	04. 02. 1960,	VII ZR 161/57,	in:	NJW 1960, 774 f.;
BGH,	Urteil vom	11. 06. 1960,	V ZR 200/58,	in:	MDR 1960, 1004 f.;
BGH,	Urteil vom	24. 01. 1961,	VIII ZR 98/59,	in:	BGHZ 34, 191 ff.;
BGH,	Urteil vom	10. 04. 1961,	VIII ZR 68/60,	in:	BGHZ 35, 85 ff.;
BGH,	Urteil vom	30. 05. 1962,	VIII ZR 36/61,	in:	NJW 1962, 1511 f.;
BGH,	Urteil vom	10. 10. 1962,	VIII ZR 203/61,	in:	NJW 1962, 2296ff.;
BGH,	Urteil vom	20. 03. 1963,	VIII ZR 130/61,	in:	BGHZ 39, 173 ff.;
BGH,	Urteil vom	26. 06. 1963,	III ZR 61/62,	in:	BGHZ 40 ff.;
BGH,	Urteil vom	22. 01. 1964,	VIII ZR 111/63,	in:	NJW 1964, 589 f.;
BGH,	Urteil vom	15. 06. 1964,	VIII ZR 305/62,	in:	BGHZ 42, 53 ff.;
BGH,	Urteil vom	02. 02. 1966,	VIII ZR 153/64,	in:	BGHZ 45, 95 ff.;
BGH,	Urteil vom	21. 03. 1966,	VIII ZR 51/64,	in:	BB 1966, 425;
BGH,	Urteil vom	19. 10. 1966,	VIII ZR 152/64,	in:	BGHZ 54, 214 ff.;
BGH,	Urteil vom	09. 07. 1970,	VII ZR 70/68,	in:	BGHZ 54, 236 ff.;
BGH,	Urteil vom	11. 11. 1970,	VIII ZR 242/68,	in:	BGHZ 55, 20 ff.;
BGH,	Urteil vom	10. 02. 1971,	VIII ZR 186/69,	in:	JZ 1971, 506 f.;
BGH,	Urteil vom	24. 03. 1971,	VIII ZR 145/69,	in:	BGHZ 56, 34 ff.;
BGH,	Urteil vom	05. 04. 1971,	VIII ZR 99/69,	in:	BGHZ 56, 88 ff.;
BGH,	Urteil vom	12. 01. 1972,	VIII ZT 147/70,	in:	JZ 1972, 185 ff.;

BGH,	Urteil vom	26. 09. 1973,	VIII ZR 106/72,	in:	BGHZ 61, 282 ff.;
BGH,	Urteil vom	09. 07. 1975,	VIII ZR 89/74,	in:	BGHZ 64, 395 ff.;
BGH,	Urteil vom	30. 06. 1976,	VIII ZR 267/75,	in:	DB 1976, 1616 f.;
BGH,	Urteil vom	10. 12. 1976,	V ZR 145/74,	in:	WM 1977, 451 f. ;
BGH,	Urteil vom	09. 02. 1977,	VIII ZR 249/75,	in:	WM 1977, 451;
BGH,	Urteil vom	16. 03. 1977,	VIII ZR 215/75,	in:	BGHZ 68, 199 ff.;
BGH,	Urteil vom	05. 05. 1977,	VII ZR 85/76,	in:	BGHZ 68, 379 ff.;
BGH,	Urteil vom	14. 11. 1977,	VIII ZR 66/76,	in:	NJW 1978, 696 f.;
BGH,	Urteil vom	23. 11. 1977,	VIII ZR 7/76,	in:	NJW 1978, 632 f.;
BGH,	Urteil vom	07. 12. 1977,	VIII ZR 168/76,	in:	BGHZ 70, 96 ff.;
BGH,	Urteil vom	01. 02. 1978,	VIII ZR 232/75,	in:	BGHZ 70, 299 ff.;
BGH,	Urteil vom	07. 06. 1978,	VIII ZR 145/77,	in:	NJW 1978, 2243 f.;
BGH,	Urteil vom	25. 10. 1978,	VIII ZR 206/77,	in:	NJW 1979, 213 f.;
BGH,	Urteil vom	10. 05. 1979,	VII ZR 30/78,	in:	BGHZ 74, 258 ff.;
BGH,	Urteil vom	04. 07. 1979,	VIII ZR 68/78,	in:	NJW 1979, 2195 f.;
BGH,	Urteil vom	23. 10. 1979,	VIII ZR 298/78,	in:	KTS 1980, 136 ff.;
BGH,	Urteil vom	24. 10. 1979,	VIII ZR 289/78,	in:	BGHZ 75, 221 ff.;
BGH,	Urteil vom	18. 06. 1980,	VIII ZR 119/79,	in:	BGHZ 77, 274 ff.;
BGH,	Urteil vom	03. 02. 1982,	VIII ZR 316/80,	in:	NJW 1982, 1749 f.;
BGH,	Urteil vom	05. 05. 1982,	VIII ZR 162/81,	in:	NJW 1982, 1751;
BGH,	Urteil vom	13. 07. 1983,	VIII ZR 246/82,	in:	ZIP 1983, 961 ff.;
BGH,	Urteil vom	16. 05. 1984,	VIII ZR 18/83,	in:	NJW 1984, 2937 f.;
BGH,	Urteil vom	11. 07. 1985,	IX ZR 178/84,	in:	BGHZ 95, 256 ff.;
BGH,	Urteil vom	20. 03. 1985,	VIII ZR 342/83,	in:	BGHZ 94, 105 ff.;
BGH,	Urteil vom	20. 03. 1985,	VIII ZR 327/83,	in:	NJW 1985, 1838ff.;
BGH,	Urteil vom	30. 10. 1985,	VIII ZR 251/84,	in:	BGHZ 96, 182 ff.;
BGH,	Urteil vom	05. 03. 1986,	VIII ZR 97/85,	in:	NJW-RR 1986,984 f;
BGH,	Urteil vom	18. 06. 1986,	VIII ZR 165/85,	in:	ZIP 1986, 1052 ff.;
BGH,	Urteil vom	09. 07. 1986,	VIII ZR 232/85,	in:	BGHZ 98, 160 ff.;
BGH,	Urteil vom	08. 10. 1986,	VIII ZR 342/85,	in:	BGHZ 98, 303 ff.;
BGH,	Urteil vom	25. 02. 1987,	VIII ZR 341/86,	in:	NJW 1987, 1940 ff.;
BGH,	Urteil vom	08. 04. 1987,	VIII ZR 211/86,	in:	BGHZ 100, 321 ff.;
BGH,	Urteil vom	03. 12. 1987,	VIII ZR 374/86,	in:	BGHZ 102, 293 ff.;
BGH,	Urteil vom	11. 02. 1988,	IX ZR 36/87,	in:	NJW 1988, 1790 ff.;
BGH,	Urteil vom	20. 03. 1988,	VIII ZR 340/86,	in:	BGHZ 104, 129 ff.;
BGH,	Urteil vom	30. 03. 1988,	VIII ZR 340/86,	in:	ZIP 1988, 781 ff.;
BGH,	Urteil vom	03. 11. 1988,	IX ZR 213/87,	in:	NJW 1989, 895 ff.;
BGH,	Urteil vom	20. 12. 1988,	IX ZR 50/88,	in:	BGHZ 106, 236 ff.;
BGH,	Urteil vom	08. 06. 1989,	IX ZR 234/87,	in:	NJW 1989, 2542 ff.;
BGH,	Urteil vom	19. 06. 1989,	VII ZR 211/88,	in:	BGHZ 108, 172 ff.;
BGH,	Urteil vom	20. 06. 1990,	VIII ZR 158/89,	in:	BGHZ 111, 176 ff.;
BGH,	Urteil vom	31. 10. 1999,	VIII ZR 330/88,	in:	IPRax 1991, 326;
BGH,	Urteil vom	27. 09. 1990,	I ZR 244/88,	in:	NJW 1991, 1480 ff.;
BGH,	Urteil vom	11. 03. 1991,	II ZR 88/90,	in:	NJW 1991, 1415 ff.;
BGH,	Urteil vom	23. 01. 1991,	VIII ZR 122/90,	in:	NJW 1991, 1604 ff.;
BGH,	Urteil vom	07. 06. 1991,	IX ZR 17/90,	in:	ZIP 1991, 845 ff.;
BGH,	Urteil vom	20. 06. 1990,	VIII ZZ 158/89,	in:	BGHZ 111, 376 ff.;
BGH,	Urteil vom	21. 11. 1991,	IX ZR 290/90,	in:	BGHZ 116, 156 ff.;

BGH,	Urteil vom	04. 02. 1992,	X ZR 105/90,	in:	NJW-RR 1992,626f ;
BGH,	Urteil vom	12. 02. 1992,	VIII ZR 84/91,	in:	BGHZ 117, 190 ff.;
BGH,	Urteil vom	04. 03. 1993,	IX ZR 169/92,	in:	ZIP 1993, 600 ff.;
BGH,	Urteil vom	02. 12. 1992,	VIII ZR 241/91,	in:	BGHZ 120, 300 ff.;
BGH,	Urteil vom	04. 20. 1993,	II ZR 156/92,	in:	NJW 1994, 133 f.;
BGH,	Urteil vom	09. 02. 1994,	VIII ZR 176/92,	in:	BGHZ 125, 83 ff.;
BGH,	Urteil vom	13. 04. 1994,	II ZR 196/93,	in:	NJW 1994, 2022 ff.;
BGH,	Urteil vom	05. 01. 1995,	IX ZR 241/93,	in:	ZIP 1995, 290 ff.;
BGH,	Urteil vom	26. 01. 1995,	IX ZR 99/94,	in:	ZIP 1995, 480 ff.;
BGH,	Urteil vom	22. 03. 1995,	VIII ZR 20/94,	in:	NJW 1995, 1671 f.;
BGH,	Urteil vom	06. 04. 1995,	IX ZR 108/94,	in:	ZIP 1995, 816 ff.;
BGH,	Urteil vom	04. 05. 1995,	IX ZR 256/93,	in:	BGHZ 129, 336 ff.;
BGH,	Urteil vom	23. 11. 1995,	IX ZR 18/95,	in:	NJW 1996, 461 ff.;
BGH,	Urteil vom	25. 09. 1996,	VIII ZR 76/95,	in:	RIW 1997, 327 f.;
BGH,	Urteil vom	14. 11. 1996,	IX. ZR 339/95,	in:	ZIP 1997, 39 ff.
BGH,	Urteil vom	21. 11. 1996,	IX ZR 148/95,	in:	WM 1997, 178 ff.;
BGH,	Urteil vom	27. 02. 1997,	IX ZR 5/96,	in:	ZIP 1997, 688 ff.;
BGH,	Urteil vom	13. 05. 1997,	IX ZR 309/96,	in:	ZIP 1997, 1242 ff.;
BGH, Großer Senat,					
Beschluß vom 27. 11. 1997,			GSZ 1 U 2/97,	in:	NJW 1998, 671 ff.;
BGH,	Urteil vom	05. 05. 1998,	XI ZR 234/95,	in:	NJW 1998, 2206 f.;
BGH,	Urteil vom	09. 11. 1998,	II ZR 144/97,	in:	WM 1998, 2532 ff.;

2. Oberlandesgericht

OLG Jena,	Urteil vom	30. 5. 1906,	1 U 7/06,	in:	Seuferts Archiv 62 (1907),Nr.35, S.59f.;
OLG Stuttgart,	Urteil vom	09. 10. 1930,	9 U 693/30,	in:	JW 1931, 550;
OLG Kiel,	Urteil vom	16. 11. 1937,	1 U 717/36,	in:	HRR 1938, 637;
OLG München,	Urteil vom	29. 09. 1941,	5 U 1019/39,	in:	HRR 1942, Nr. 275;
OLG Hamburg,	Urteil vom	14. 12. 1950,	3 U 277/50,	in:	DB 1951, 77;
OLG Bremen,	Urteil vom	22. 11. 1951,	2 W 198/51,	in:	MDR 1952, 237;
OLG Hamm,	Urteil vom	10. 03. 1954,	15 W 96/53,	in:	MDR 1954, 427;
OLG DÜsseldorf,	Urteil vom	27. 07. 1955,	9 U 258/54,	in:	BB 1955, 941;
OLG Oldenburg,	Urteil vom	04. 05. 1956,	2 W 85/56,	in:	MDR 1957, 172;
OLG Düsseldorf,	Urteil vom	09. 07. 1959,	6 U 63/59,	in:	NJW 1960, 157;
OLG Stuttgart,	Urteil vom	19. 07. 1962,	2 U 131/62,	in:	RIW 1962, 260;
OLG Hamburg,	Urteil vom	02. 06. 1965,	5 U 101/64,	in:	RabelsZ 32, 535;
OLG Karlsruhe,	Urteil vom	29. 10. 1965,	2 U 144/65,	in:	NJW 1966, 885 f.;
OLG München,	Urteil vom	29. 01. 1971,	12W1724/70,	in:	MDR 1971, 580;
OLG Karlsruhe,	Urteil vom	09. 05. 1972,	8 U 193/71,	in:	NJW 1972, 2185;
OLG Düsseldorf,	Urteil vom	02. 11. 1973,	16 U 68/73,	in:	RIW 1974, 103 f.;
OLG München,	Urteil vom	04. 04. 1975,	24 U 930/73,	in:	RIW 1975, 424 f.;
OLG Frankfurt/M.,	Urteil vom	27. 04. 1976,	5 U 173/76,	in:	RIW 1976, 532;
OLG Celle,	Urteil vom	14. 10. 1976,	7 U 2/76,	in:	KTS 1977, 175 ff.;
OLG Hamburg,	Urteil vom	01. 06. 1979,	11 U 32/79,	in:	NJW 1980, 1232 ff.;
OLG Köln,	Urteil vom	19. 03. 1980,	2 U 95/79,	in:	BB 1980, 1237 ff.;

OLG Frankfurt/M.,	Urteil vom	11. 09. 1980,	6 U 184/79,	in:	NJW 1981, 130;
OLG Stuttgart,	Urteil vom	16. 10. 1980,	3 U 130/80,	in:	ZIP 1981, 176 ff.;
OLG Frankfurt/M.,	Urteil vom	28. 04. 1981,	5 U 119/80,	in:	DB 1981, 1612;
OLG Hamm,	Urteil vom	11. 07. 1983,	2 U 86/83,	in:	BB 1983, 1814 ff.;
OLG Koblenz,	Urteil vom	14. 07. 1983,	6 U 977/82,	in:	WM 1984, 1347 ff.;
OLG Hamm,	Urteil vom	04. 02. 1985,	5 U 65/84,	in:	WM 1985, 785 ff.;
OLG Celle,	Urteil vom	28. 10. 1987,	3 U 11/87,	in:	ZIP 1988, 384 ff.;
OLG Stuttgart,	Urteil vom	16. 06. 1987,	2 U 291/86,	in:	IPRax 1988, 293 ff.;
OLG Karlsruhe,	Urteil vom	11. 01. 1989,	1 U 1654/87,	in:	WM 1989, 535 ff.;
OLG Hamm,	Urteil vom	13. 07. 1989,	5 U 46/89,	in:	RIW 1991, 155 f.;
OLG München,	Urteil vom	28. 09. 1989,	24 U 391/87,	in:	IPRax 1991, 46 ff.;
OLG Koblenz,	Urteil vom	16. 01. 1992,	5 U 534/91,	in:	RIW 1992, 1019 ff.;
OLG Köln,	Urteil vom	08. 01. 1993,	19 U 123/92,	in:	RIW 1993, 414 ff.;
OLG Karlsruhe,	Urteil vom	09. 10. 1992,	15 U 67/92,	in:	NJW-RR 1993, 567;
OLG Hamm,	Urteil vom	08. 07. 1993,	27 U 155/91,	in:	NJW-RR 1993,1444;
OLG Köln,	Urteil vom	07. 12. 1993,	22 U 140/93,	in:	BB 1994, 1740;
OLG Hamm,	Urteil vom	28. 06. 1994,	19 U 179/93,	in:	RIW 1994, 877 f.;
OLG Koblenz,	Urteil vom	16. 01. 1992,	5 U 534/91,	in:	IPRax 1994, 46;
OLG Frankfurt/M.,	Urteil vom	20. 12. 1994,	5 U 253/93,	in:	ZIP 1995, 369 ff.;
OLG Hamm,	Urteil vom	08. 02. 1995,	11 U 206/93,	in:	RIW 1997, 153 ff.;
OLG Hamburg,	Urteil vom	23. 02. 1995,	6 U 252/94,	in:	RIW 1997, 70 f.;
OLG Köln,	Urteil vom	27. 10. 1995,	19 U 140/95,	in:	WM 1996, 214 ff.;
OLG Düsseldorf,	Urteil vom	24. 04. 1996,	11 U 54/95,	in:	NJW-RR 1997,946 f;

3. Landgericht

LG Karlsruhe,	Urteil vom	03. 12. 1929,	1 H 8/29,	in:	JW 1930, 2238 f.;
LG Bielefeld,	Urteil vom	07. 03. 1952,	2 T 139/52,	in:	MDR 1952, 433;
LG Hamburg,	Urteil vom	10. 07. 1953,	6 W 202/53,	in:	MDR 1953, 685 f.;
LG Aachen,	Urteil vom	10. 01. 1958,	5 S 208/57,	in:	MDR 1958, 514;
LG Hildesheim,	Urteil vom	29. 04. 1958,	6 O 49/57,	in:	NJW 1958, 1499;
LG Frankfurt/M.,	Urteil vom	09. 07. 1958,	2/6 O 9/58,	in:	RIW 1958, 190;
LG Aachen,	Urteil vom	10. 01. 1958,	5 S 208/57,	in:	MDR 1958, 514;
LG Hagen,	Urteil vom	27. 02. 1975,	8 HO 10/75,	in:	BB 1976, 723;
LG Düsseldorf,	Urteil vom	26. 03. 1980,	12 O 452/79,	in:	WM 1980, 1272 f.;
LG Braunschweig,	Urteil vom	27. 01. 1981,	9 O 124/80,	in:	in: ZIP 1981, 876 ff.;
LG Hamburg,	Urteil vom	14. 07. 1981,	22 O 33/79,	in:	ZIP 1981, 1238 f.;
LG Frankfurt/M.,	Urteil vom	11. 04. 1988,	24 S 102/86,	in:	ZIP 1988, 767 ff.;
LG Köln,	Urteil vom	24. 03. 1992,	27 O 276/91,	in:	ZIP 1992, 851;
LG Rottweil,	Urteil vom	04. 03. 1992,	4 O 78/92,	in:	NJW -RR 1992, 688;
LG Marburg,	Urteil vom	17. 06. 1993,	4 O 9/92,	in:	NJW-RR 1993,1505;
LG Bonn,	Urteil vom	11. 12. 1995,	10 O 306/95,	in:	WM 1996, 930 ff.;

4. Amtsgericht

AG Offenbach, Urteil vom 25. 04. 1986, 2 Ss 27/86, in: NJW 1987, 387 f.;

5. Reichsgericht

RG,	Urteil vom	28. 03. 1882	III ZR 241/82,	in:	RGZ 6, 400 ff.;
RG,	Urteil vom	11. 12. 1884	I ZR 346/84,	in:	RGZ 14, 405 ff.;
RG,	Urteil vom	23. 12. 1899	V ZR 233/99,	in:	RGZ 45, 80 ff.;
RG,	Urteil vom	20. 03. 1888	II ZR 346/87,	in:	RGZ 21, 7 ff.;
RG,	Urteil vom	15. 11. 1901	II ZR 234/01,	in:	RGZ 49, 170 ff.;
RG,	Urteil vom	11. 07. 1902	II ZR130/02,	in:	RGZ 52, 155;
RG,	Urteil vom	28. 03. 1903	I ZR 420/02,	in:	RGZ 54, 193 f.;
RG,	Urteil vom	28. 04. 1903	II ZR 461/02,	in:	RGZ 54, 396 ff.;
RG,	Urteil vom	22. 12. 1905	II ZR 211/05,	in:	RGZ 62, 197 ff.;
RG,	Urteil vom	21. 10. 1906	I ZR 141/06,	in:	RGZ 64, 204 ff.;
RG,	Urteil vom	23. 03. 1907	VII ZR 246/06,	in:	JW 1907, 315;
RG,	Urteil vom	01. 10. 1907	VII ZR 524/06,	in:	RGZ 67, 166 ff.;
RG,	Urteil vom	04. 10. 1907	II ZR 138/07,	in:	RGZ 66, 344 ff.;
RG,	Urteil vom	17. 04. 1912	III ZR 441/11,	in:	RGZ 79, 241 ff.,
RG,	Urteil vom	05. 11. 1918	VII ZR 202/18,	in:	RGZ 94, 305 ff.;
RG,	Urteil vom	04. 03. 1919	VII ZR 396/18,	in:	RG 95, 105 ff.;
RG,	Urteil vom	02. 06. 1931	VII ZR 461/30,	in:	RGZ 133, 40 ff.;
RG,	Urteil vom	11. 11. 1927	II ZR 127/27,	in:	RGZ 119, 64 ff.;
RG,	Urteil vom	14. 06. 1932	VII ZR 43/32,	in:	RGZ 136, 395 ff.;
RG,	Urteil vom	20. 03. 1933	II ZR406/32,	in:	RGZ 140 156 ff.;
RG,	Urteil vom	04. 04. 1933	VII ZR 21/33,	in:	RGZ 140, 223 ff.;
RG,	Urteil vom	28. 11. 1933	VII ZR 187/33,	in:	RGZ 143, 14 ff.;
RG,	Urteil vom	28. 02. 1934	I ZR 235/33,	in:	RGZ 144, 62 ff.;
RG,	Urteil vom	15. 03. 1935	II ZR 283/34,	in:	RGZ 147, 321 ff.;
RG,	Urteil vom	05. 01. 1937	VII ZR 138/36,	in:	RGZ 153, 200 ff.;
RG,	Urteil vom	21. 01. 1938	VII ZR 106/37,	in:	RGZ 156, 395 ff.;
RG,	Urteil vom	01. 07. 1942	III ZR 2/42,	in:	RGZ 170, 1 ff.;

II. Italienische Rechtsprechung

1. Kassationshof

Cass.,	Urteil vom	31. 12. 1910,	(ohne Nr.	in:	Foro it., 1911, I, Sp. 494 ff.;
Cass.,	Urteil vom	04. 07. 1933,	n. 2817,	in:	Rep. Foro it., 1933, voce „Falli-„mento", Nr. 565;
Cass.,	Urteil vom	23. 12. 1947,	n. 1736,	in:	Foro it., 1948, I, Sp. 949 ff.;
Cass.,	Urteil vom	21. 06 1949,	n. 1298,	in:	Rep. Foro it., 1949, voce „Vendi-„ta" Nr. 265;
Cass.,	Urteil vom	07. 08. 1950,	n. 2426,	in:	Foro it., 1950, I, Sp. 1284 ff.;
Cass.,	Urteil vom	14. 04. 1951,	n. 920,	in:	Foro it., 1951, I, Sp. 1194 ff.;
Cass.,	Urteil vom	11. 05. 1954,	n. 1493,	in:	Riv. dir. comm., 1955, II, S. 236 ff.;
Cass.,	Urteil vom	24. 10. 1955,	n. 3468,	in:	Giust. civ. mass. 1965, S. 1300;
Cass.,	Urteil vom	23. 10. 1956,	n. 3835,	in:	Foro it., 1957, I, Sp. 1219;
Cass.,	Urteil vom	19. 07. 1957,	n. 3027,	in:	Giust. civ. mass., 1957, S. 1142;
Cass.,	Urteil vom	02. 04. 1958,	n. 1143,	in:	Giur. it., 1958, I, S. 662;
Cass.,	Urteil vom	18. 06. 1958,	n. 2105,	in:	Giust. civ., 1958, I, 1S. 909 ff.;
Cass.,	Urteil vom	05. 11. 1959,	n. 3279,	in:	Giur. it., 1960, I, 1, S. 400 ff.;
Cass.,	Urteil vom	23. 02. 1960,	n. 305,	in:	Giur. it., 1960, I, 1, S. 1266 ff.;
Cass.,	Urteil vom	28. 06. 1960,	n. 1708,	in:	Giust. civ., 1961, I, S. 129 ff.;
Cass.,	Urteil vom	14. 04. 1961,	n. 809,	in:	Giust. civ. mass., 1961, S. 343;
Cass.,	Urteil vom	01. 12. 1962,	n. 3250,	in:	Giust. civ. mass., 1962, S. 1517;
Cass.,	Urteil vom	10. 07. 1963,	n. 1863,	in:	Foro it., 1964, I, Sp. 65 ff.;
Cass.,	Urteil vom	02. 08. 1963,	n. 2296,	in:	Giust. civ. mass., 1963, S. 1080;
Cass.,	Urteil vom	12. 08. 1963,	n. 2308,	in:	Foro it., 1964, I, Sp. 107 ff.;
Cass.,	Urteil vom	16. 03. 1964	n. 590,	in:	Foro it., 1964, I, Sp. 880 ff.;
Cass.,	Urteil vom	27. 03. 1964,	n. 695,	in:	Giust. civ., 1964, I, S. 1687;
Cass.,	Urteil vom	09. 05. 1964,	n. 1113,	in:	Giur. it., 1965, I, 1, S. 448;
Cass.,	Urteil vom	08. 07. 1964,	n. 1803,	in:	Giust. civ. mass., 1964, S. 819 f.;
Cass.,	Urteil vom	07. 03. 1966,	n. 649,	in:	Giust. civ. mass., 1966, S. 363 f.;
Cass.,	Urteil vom	17. 05. 1966,	n. 1249,	in:	Giur. it., 1967, I, 1, S. 1303 ff.;
Cass.,	Urteil vom	10. 08. 1966,	n. 2179,	in:	Riv. dir. comm., 1967, II, S. 123;
Cass.,	Urteil vom	01. 02. 1967,	n. 292,	in:	Foro it., 1967, I, Sp. 983 ff.;
Cass.,	Urteil vom	05. 05. 1967,	n. 863,	in:	Giur. it., 1968, I, 1, S. 162ff.;
Cass.,	Urteil vom	12. 10. 1967,	n. 241,	in:	Giur. it., 1968, I, 1, S. 730;
Cass.,	Urteil vom	26. 04. 1968,	n. 1268,	in:	Foro it., 1968, I, Sp. 3027 ff.;
Cass.,	Urteil vom	27. 04. 1968,	n. 1303,	in:	Giur. it., 1968, I, 1, S. 931 ff.;
Cass.,	Urteil vom	17. 10. 1968,	n. 3339,	in:	Giust. civ. mass., 1968, S. 1738;
Cass.,	Urteil vom	04. 03. 1969,	n. 692,	in:	Giur. it.,1969, I, 1, S. 2162 ff.;
Cass.,	Urteil vom	31. 03. 1969,	n. 1075,	in:	Foro it., 1969, I, 1, Sp. 1771 ff.;
Cass.,	Urteil vom	03. 05. 1969,	n. 1492,	in:	Giust. civ. mass., 1969, S. 763;
Cass.,	Urteil vom	10. 09. 1969,	n. 308,	in:	Giust. civ., 1969, I, S. 1389 ff.;
Cass.,	Urteil vom	26. 01. 1971,	n. 174,	in:	Foro it., 1971, I, Sp. 342 ff.;
Cass.,	Urteil vom	09. 10. 1971,	n. 2815,	in:	Giust. civ., 1972, I, S. 111 ff.;
Cass.,	Urteil vom	17. 06. 1972,	n. 2190,	in:	Foro it., 1972, I, Sp. 2389 ff.;

Cass.,	Urteil vom	22. 06. 1972,	n. 2040,	in:	Giust. civ., 1972, I, S. 1144 ff.;
Cass.,	Urteil vom	28. 07. 1972,	n. 2587,	in:	Dir. Fall., 1973, II, S. 321;
Cass.,	Urteil vom	06. 06. 1973,	n. 1622,	in:	Giust. civ., 1974, I, S. 669 ff.;
Cass.,	Urteil vom	04. 01. 1974,	n. 6,	in:	Giust. civ. mass., 1974, S. 5;
Cass.,	Urteil vom	17. 07. 1974,	n. 2142,	in:	Foro it., 1975, I, Sp. 392 ff.;
Cass.,	Urteil vom	21. 06. 1974,	n. 1860,	in:	Riv. dir. int. priv. proc., 1975, S.335;
Cass.,	Urteil vom	15.11. 1974,	n. 3649,	in:	Giust. civ. mass., 1974, S. 1578;
Cass.,	Urteil vom	09. 01. 1975,	n. 42,	in:	Foro it., 1975, I, Sp. 2306;
Cass.,	Urteil vom	12. 02. 1975,	n. 556,	in:	Foro it., 1975, I, Sp. 2560 ff.;
Cass.,	Urteil vom	14. 02. 1975,	n. 566,	in:	Giust. civ. mass., 1975, S. 262 f.;
Cass.,	Urteil vom	12. 03. 1975,	n. 921,	in:	Giust. civ. mass., 1975, S. 417;
Cass.,	Urteil vom	16. 05. 1975,	n. 1910,	in:	Giust. civ., 1975, I, S. 1710 ff.;
Cass.,	Urteil vom	21. 05. 1975,	n. 2016,	in:	Giur. it. mass., 1975, S. 650 f.;
Cass.,	Urteil vom	06. 06. 1975,	n. 2248,	in:	Giust. civ. mass., 1975, S. 1042;
Cass.,	Urteil vom	24. 10. 1975,	n. 3519,	in:	Giust. civ. mass., 1975, S. 1645;
Cass.,	Urteil vom	13. 12. 1975,	n. 4100,	in:	Giust. civ. mass., 1975, 1S. 918 f.;
Cass.,	Urteil vom	14. 06. 1976,	n. 2211,	in:	Giust. civ. mass., 1976,S. 966 f.;
Cass.,	Urteil vom	15. 06. 1976,	n. 2240,	in:	Giust. civ. mass., 1976, S. 979;
Cass.,	Urteil vom	05. 10. 1976,	n. 3272,	in:	Giust. civ. mass., 1976, S. 1388;.
Cass.,	Urteil vom	18. 04. 1977,	n. 1432,	in:	Giust. civ. mass., 1977, S. 617;
Cass.,	Urteil vom	18. 05. 1977,	n. 2023,	in:	Giust. civ., 1977, I, S. 1318 ff.;
Cass.,	Urteil vom	30. 05. 1977,	n. 2209,	in:	Giur. it., 1977, I, 1, S. 1658 ff.;
Cass.,	Urteil vom	02. 08. 1977,	n. 3421,	in:	Giust. civ. mass., 1977, S. 1361 f.;
Cass.,	Urteil vom	15. 10. 1977,	n. 4409,	in:	Giust. civ. mass., 1977, S. 1755;
Cass.,	Urteil vom	06. 12. 1977,	n. 5279,	in:	Giust. civ. mass., 1977, S. 2128 f.;
Cass.,	Urteil vom	23. 01. 1978,	n. 298,	in:	Giur. it., 1979, I, 1S. 47 ff.;
Cass.,	Urteil vom	15. 10. 1978,	n. 2357,	in:	Giur. comm., 1979, II, S. 797 ff.;
Cass.,	Urteil vom	06. 01. 1979,	n. 40,	in:	Giust. civ., 1979, I, S. 1500 ff.;
Cass.,	Urteil vom	16. 01. 1979,	n. 318,	in:	Giust. civ. mass., 1979, S. 147;
Cass.,	Urteil vom	22. 02. 1979,	n. 1144,	in:	Giust. civ. mass., 1977, S. 504 f.;
Cass.,	Urteil vom	17. 05. 1979,	n. 2826,	in:	Giust. civ. mass., 1979, S. 1220 f.;
Cass.,	Urteil vom	28. 09. 1979,	n. 4998,	in:	Fall.,1980, S. 452;
Cass.,	Urteil vom	03. 04. 1980,	n. 2167,	in:	Giust. civ. mass., 1980, S. 943;
Cass.,	Urteil vom	10. 07. 1980,	n. 4427,	in:	Giust. civ. mass., 1980, S. 1894;
Cass.,	Urteil vom	19. 02. 1981,	n. 1007,	in:	Giust. civ., 1981, I, S. 1699 ff.;
Cass.,	Urteil vom	18. 03. 1981,	n. 1606,	in:	Giust. civ. mass., 1981, S. 621;
Cass.,	Urteil vom	08. 03. 1982,	n. 1463,	in:	Foro it., 1983, I, Sp. 172 f.;
Cass.,	Urteil vom	14. 06. 1982,	n. 2630,	in:	Rep. foro it., 1982, voce „Agricultura“, Nr. 107;
Cass.,	Urteil vom	11. 01. 1983,	n. 186,	in:	Giust. civ. mass., 1983, S. 75;
Cass.,	Urteil vom	21. 02. 1983,	n. 1432,	in:	Giust. civ. mass., 1983, S. 501 f.;
Cass.,	Urteil vom	06. 04. 1983,	n. 2427,	in:	Rep. foro it., 1983, voce „Prova documentale“, Nr. 11, S.104;
Cass.,	Urteil vom	30. 05. 1983,	n. 3708,	in:	Giust. civ. mass., 1983, S. 1314;
Cass.,	Urteil vom	03. 06. 1983,	n. 3800,	in:	Giust. civ. mass., 1983, S. 1350;
Cass.,	Urteil vom	04. 06. 1983,	n. 3803,	in:	Giust. civ. mass., 1983, S. 1352;
Cass.,	Urteil vom	18. 06. 1983,	n. 4196,	in:	Giust. civ. mass., 1983, S. 1495;

Cass.,	Urteil vom	06. 12. 1983,	n. 7267,	in:	Giust. civ. mass., 1983, S. 2475;
Cass.,	Urteil vom	06. 12. 1983,	n. 7271,	in:	Giust. civ. mass., 1983, S. 2476;
Cass.,	Urteil vom	12. 10. 1983,	n. 5947,	in:	Giust. civ. mass., 1983, S. 2077 f.;
Cass.,	Urteil vom	07. 01. 1984,	n. 103,	in:	Foro it., 1984, I, Sp. 398 ff.;
Cass.,	Urteil vom	24. 01. 1984,	n. 582,	in:	Giust. civ. mass., 1984, S. 198;
Cass.,	Urteil vom	09. 02. 1985,	n. 1072,	in:	Giust. civ. mass., 1985, S. 363 f.;
Cass.,	Urteil vom	08. 05. 1985,	n. 2858,	in:	Giust. civ. mass., 1985, S. 886;
Cass.,	Urteil vom	11. 10. 1985,	n. 4945,	in:	Giust. civ. mass., 1985, S. 1515 f.;
Cass.,	Urteil vom	06. 02. 1986,	n. 723,	in:	Giust. civ. mass., 1986, S. 224 ff.;
Cass.,	Urteil vom	07. 04. 1986,	n. 2392,	in:	Giust. civ. mass., 1986, S. 660 f.;
Cass.,	Urteil vom	22. 05. 1986,	n. 3407,	in:	Riv. dir. comm., 1987, II, S. 418 ff.;
Cass.,	Urteil vom	09. 06. 1986,	n. 3815,	in:	Giust. civ. mass., 1986, S. 1083;
Cass.,	Urteil vom	14. 08. 1986,	n. 5052,	in:	Giust. civ. mass., 1986, S. 1468;
Cass.,	Urteil vom	12. 12. 1986,	n. 7385,	in:	Foro it., 1987, I, Sp. 799 ff.;
Cass.,	Urteil vom	16. 04. 1987,	n. 3784,	in:	Giust. civ. mass., 1987, S. 1088;
Cass.,	Urteil vom	01. 08. 1987,	n. 6652,	in:	Foro it., 1988, I, Sp. 31 ff.;
Cass.,	Urteil vom	26. 11. 1987,	n. 8784,	in:	Giust. civ. mass., 1987, S. 2427;
Cass.,	Urteil vom	11. 01. 1988,	n. 46,	in:	Foro it., 1988, I, Sp. 387 ff.;
Cass.,	Urteil vom	15. 04. 1988,	n. 2975,	in:	Foro it., 1989, I, Sp. 3444 ff.;
Cass.,	Urteil vom	03. 04. 1989,	n. 1611,	in:	Foro it., 1989, I, Sp. 1428 ff.;
Cass.,	Urteil vom	14. 04. 1989,	n. 1802,	in:	Foro it., 1989, I, Sp. 3444 ff.;
Cass.,	Urteil vom	21. 04. 1989,	n. 1907,	in:	Foro it., 1990, I, 205 ff S. 73;
Cass.,	Urteil vom	20. 07. 1989,	n. 3386,	in:	Giust. civ. mass., 1989, S. 806;
Cass.,	Urteil vom	08. 05. 1990,	n. 1822,	in:	Foro it., 1991, I, Sp. 2489 ff.;
Cass.,	Urteil vom	24. 08. 1990,	n. 8692,	in:	Giust. civ. mass., 1990, S. 1606;
Cass.,	Urteil vom	17. 12. 1990,	n. 11960,	in:	Giust. civ. mass., 1990, S. 2939;
Cass.,	Urteil vom	09. 12. 1990,	n. 12031,	in:	Giur. it., 1991, I, 1, S. 909 ff.;
Cass.,	Urteil vom	13. 05. 1991,	n. 5324,	in:	Giust. civ. mass. 1991, S. 680 f.;
Cass.,	Urteil vom	13. 07. 1991,	n. 7805,	in:	Giust. civ. mass., 1991, S. 1061;
Cass.,	Urteil vom	30. 08. 1991,	n. 9282,	in:	Rep. Foro it., 1992, voce „Vendita"; Nr. 212;
Cass.,	Urteil vom	25. 11. 1991,	n. 12629,	in:	Giust. civ., 1992, I, 1, S. 656 ff.;
Cass.,	Urteil vom	26. 11. 1991,	n. 12654,	in:	Giust. civ. mass., 1991, S. 1704;
Cass.,	Urteil vom	08. 01. 1992,	n. 126,	in:	Giust. civ. mass., 1992, S. 15;
Cass.,	Urteil vom	16. 04. 1992,	n. 4659,	in:	Giust. civ. mass., 1992, S. 640;
Cass.,	Urteil vom	30. 10. 1992,	n. 11825,	in:	Giust. civ. mass., 1992, S. 1576 f.;
Cass.,	Urteil vom	07. 01. 1993,	n. 77,	in:	Giust. civ. mass., 1993, S. 14;
Cass.,	Urteil vom	23. 03. 1993,	n. 3418,	in:	Foro it., 1993, I, Sp. 2517 ff.;
Cass. ,	Urteil vom	05. 05. 1993,	n. 5213,	in:	Giust. civ. mass., 1993, S. 816;
Cass.,	Urteil vom	18. 05. 1994,	n. 4830,	in:	Giust. civ. mass., 1994, S. 672;
Cass.,	Urteil vom	20. 05. 1994,	n. 4976,	in:	Foro it., 1995, I, Sp. 893 ff.;
Cass.,	Urteil vom	26. 11. 1994,	n. 10102,	in:	Giust. civ. mass., 1994, S. 1493;
Cass.,	Urteil vom	01. 03. 1995,	n. 2347,	in:	Giust. civ. mass., 1995, S. 488 ff.;
Cass.,	Urteil vom	10. 01. 1996,	n. 166,	in:	Giust. civ. mass., 1996, S. 22:
Cass.,	Urteil vom	24. 01. 1996,	n. 1448,	in:	Giust. civ. mass., 1996, S. 248;
Cass.,	Urteil vom	23. 09. 1996,	n. 8405,	in:	Rep. foro it., 1996, voce „Contratto in genere", Nr. 266;

2. Corte di Appello

App. Firenze,	Urteil vom 11. 07. 1942,	in:	Monit. trib., 1942, S. 80;
App. Milano,	Urteil vom 14. 03. 1952,	in:	Riv. dir. comm.,1952, II, S. 273;
App. Napoli,	Urteil vom 05. 07. 1955,	in:	Foro it., 1956, I, Sp. 101 f.;
App. Milano,	Urteil vom 06. 04. 1956,	in:	Foro it., 1957, I, Sp. 1856 f.;
App. Firenze,	Urteil vom 18. 07. 1956,	in:	Rep. Foro it., 1956, voce „Autoveicolo“, Nr. 40, 41;
App. Milano,	Urteil vom 06. 04. 1957,	in:	Foro it., 1957, I, Sp. 1855 ff.;
App. Napoli,	Urteil vom 15. 04. 1957,	in:	Rep. Giur. it., 1957, voce „Vendita“,Nr. 317;
App. Firenze,	Urteil vom 31. 05. 1957,	in:	Rep. Foro it., 1957, voce „Vendita“, Nr. 234;
App. Palermo,	Urteil vom 02. 10. 1957,	in:	Foro it., 1958, I, Sp. 1992 ff.;
App. Napoli,	Urteil vom 26. 05. 1959,	in:	Giur. it., 1960, I, 2, S. 686;
App. Brescia,	Urteil vom 25. 03. 1960,	in:	Foro it., 1960, I, Sp. 1540 ff.;
App. Bolongna,	Urteil vom 22. 05. 1965,	in:	Giur. it., 1965, I, 2, S. 792;
App. Genua,	Urteil vom 02. 08. 1966,	in:	Riv. dir. int. priv. proc., 1967, S.139;
App. Firenze,	Urteil vom 22. 04. 1968,	in:	Rep. foro it., 1968, voce „Vendita“;
App. Bologna,	Urteil vom 06. 12. 1975,	in:	Giur. comm., 1977, II, 571 ff.;
App. Firenze,	Urteil vom 22. 05. 1982,	in:	Fall., 1983, S. 91 ff.;
App. Milano,	Urteil vom 28. 09. 1982,	in:	Fall., 1983, S. 837;
App. Milano,	Urteil vom 17. 10. 1986,	in:	Riv. dir. int. priv. proc.,1988,S.103f.;
App. Milano,	Urteil vom 19. 07. 1988,	in:	Banca, borsa e titoli di crediti,1989, II, S. 325 ff.;

3. Tribunale

Trib. Lucca,	Urteil vom 04. 06. 1948,	in:	Foro it., 1949, Sp. 83 ff.;
Trib. Torino,	Urteil vom 05. 01. 1950,	in:	Giur. it., 1950, I, 2, S. 748 ff.;
Trib. Salerno,	Urteil vom 30. 07. 1950,	in:	Giur. it., 1955, I, 2, S. 143;
Trib. Roma,	Urteil vom 21. 03. 1957,	in:	Rep. Foro it., 1957, voce „Vendita“, Nr. 237;
Trib. Salerno,	Urteil vom 30. 07. 1954,	in:	Foro it., 1955, I, Sp. 618 ff.;
Trib. Allessandria,	Urteil vom 04. 08. 1954,	in:	Foro pad., 1955, I, Sp. 1481 ff.;
Trib. Lucca,	Urteil vom 29. 03. 1955,	in:	Giust. civ., 1955, I, S. 1980 ff.;
Trib. Varese,	Urteil vom 17. 06. 1955,	in:	Foro it., 1956, I, Sp. 1007 f.;
Trib. Firenze,	Urteil vom 03. 11. 1955,	in:	Giur. it., 1965, I, 2, S. 987 ff.;
Trib. Verona,	Urteil vom 09. 10. 1956,	in:	Riv. pen., 1957, I, S. 136;
Trib. Messina,	Urteil vom 31. 12. 1959,	in:	Giur. it., 1960, I, 2, S. 938;
Trib. S. Maria CapuaVetere,	Urteil vom 07. 03. 1960,	in:	Giust. civ., 1961, I, S. 169 ff.;
Trib. Bologna,	Urteil vom 28. 03. 1961,	in:	Giur. it., 1962, I, 2, S. 680 ff.;
Trib. Salerno,	Urteil vom 16. 04. 1962,	in:	Foro pad. 1963, I, Sp. 102 ff.;
Trib. Roma,	Urteil vom 22. 06. 1964,	in:	Dir. fall., 1964, II, S. 559;
Trib. Catania,	Urteil vom 08. 10. 1964,	in:	Dir. fall., 1965, II, 361 S. 188;
Trib. Salerno,	Urteil vom 01. 02. 1966,	in:	Foro pad., 1967, I, Sp. 311 ff.;

Trib. Reggio Emilia,	Urteil vom 04. 02. 1966,	in:	Rep. foro it., 1966, voce „Obbligazioni e contratti", Nr. 191;
Trib. Rimini,	Urteil vom 11. 05. 1967,	in:	Foro it., 1968, I, Sp. 273 ff.;
Trib. Latina,	Urteil vom 19. 02. 1973,	in:	Giur. it., 1974, I, 2, S. 421 ff.;
Trib. Genova,	Urteil vom 13. 03. 1973,	in:	Giur. it., 1973, I, 2, S. 293 ff.;
Trib. Torino,	Urteil vom 25. 02 1978,	in:	Giur. comm., 1979, II, S. 89 ff.;
Trib. Torino,	Urteil vom 25. 03. 1982,	in:	Riv. dir. int. priv. proc., 1982,S. 625;
Trib. Genova,	Urteil vom 30. 05. 1984,	in:	Fall., 1985, S. 456;
Trib. Torino,	Urteil vom 07. 03. 1985,	in:	Fall., 1985, S. 791;
Trib. Torino,	Urteil vom 16. 06. 1987,	in:	Fall., 1987, S. 1105;
Trib. Lecco,	Urteil vom 24. 09. 1987,	in:	Giur. it., 1989, I, 2, 808 ff.;
Trib. Torino,	Urteil vom 16. 02. 1988,	in:	Fall., 1988, S. 723;
Trib. Bologna,	Urteil vom 19. 03. 1988,	in:	Fall., 1988, S. 1030;
Trib. Genova,	Urteil vom 18. 05. 1988,	in:	Riv. dir. int. priv. proc., 1988, 770;
Trib. Bolzano,	Urteil vom 13. 08. 1992,	in:	Giur. it., 1994, I, 2, S. 381 ff.;
Trib. Bolzano,	Urteil vom 26. 10. 1992,	in:	Giur. it., 1994, I, 2, S. 382 ff.;
Trib. Modena,	Urteil vom 30. 04. 1994,	in:	Rep. Foro it., 1995, voce „Vendita", Nr. 82;
Trib. Sup. Acque,	Urteil vom 16. 01. 1995,	in:	Rep. foro it., 1995, voce „Vendita", Nr. 81;

4. Pretura

Pret. Milano,	Urteil vom 15. 03. 1956,	in:	Giur. it., 1956, I, 2, S. 923 f.;
Pret. Padova,	Urteil vom 10. 12. 1956,	in:	Foro pad., 1957, I, Sp. 631 ff.;

Kolibri 360 GmbH
Ferdinand-Jühlke-Straße 7
99095 Erfurt, Deutschland
produktsicherheit@kolibri360.de

Druck:
CPI Druckdienstleistungen GmbH
im Auftrag der
Kolibri 360 GmbH
Ferdinand-Jühlke-Str. 7
99095 Erfurt